Thomas Hoeren (Hrsg.)
Zivilrechtliche Entdecker

Thomas Hoeren (Hrsg.)

Zivilrechtliche Entdecker

Verlag C. H. Beck München 2001

Die Deutsche Bibliothek – CIP-Einheitsaufnahme

Zivilrechtliche Entdecker / Thomas Hoeren (Hrsg.). –
München : Beck, 2001
ISBN 3-406-47962-6

ISBN 3 406 47962 6

© 2001 Verlag C.H. Beck oHG
Wilhelmstraße 9, 80801 München
Druck: fgb · freiburger graphische betriebe
Bebelstraße 11, 79108 Freiburg
Satz: Fotosatz H. Buck,
Zweikirchener Str. 7, 84036 Kumhausen

Gedruckt auf säurefreiem, alterungsbeständigem Papier
(hergestellt aus chlorfrei gebleichtem Zellstoff)

Inhaltsübersicht

Juristische Entdeckungen – eine Einführung *(Prof. Dr. Thomas Hoeren)*	1
Juristische Entdeckungen. Festvortrag *(Prof. Dr. Hans Dölle †)*	5
Vom „Knastbruder" zum Professor der Rechte – Johann Apel zur Unterscheidung zwischen obligatorischen und dinglichen Rechten *(Stephan Balthasar)*	37
Friedrich Carl von Savigny und das Abstraktionsprinzip *(Ulrike Prange)*	73
Wer fühlt nicht, daß es hier einer Schadensersatzklage bedarf – Rudolf von Jhering und die „culpa in contrahendo" *(Kai Kindereit)*	107
Paul Laband und die Abstraktheit der Vollmacht vom Kausalverhältnis oder „Der Meister des Staatsrechts auf Abwegen" *(Dörte Diemert)*	151
Hermann Staub und die Lehre von den positiven Vertragsverletzungen *(Günter Elschner)*	191
Ernst von Caemmerer und die Lehre von der Trennung der Bereicherungstatbestände *(Richard Bley)*	245
Ernst Wolf und die Reale Rechtslehre *(Bettina Wendlandt)* .	275
Bernd Rüthers – Die „Unbegrenzte Auslegung" *(Sebastian Seedorf)*	317
Claus-Wilhelm Canaris – Die Vertrauenshaftung im deutschen Privatrecht *(Ulrich Florian)*	377
Reinhard Zimmermann und das römisch-kanonische Recht als Grundlage einer europäischen Zivilrechtsordnung *(Stephan Mittelsten Scheid)*	411

Juristische Entdeckungen – eine Einführung

I. Hans Dölle und die juristische Entdeckung

Als Hans Dölle 1958 seinen Vortrag über juristische Entdeckungen hielt, betrat er – ohne es zu wissen – Neuland. Denn auch die Vorstellung eines juristischen Entdeckers ist ihrerseits eine Entdeckung. Mir ist keine Stelle bekannt, in der jemand vor Dölle Rechtsgelehrte als „Entdecker" tituliert und gefeiert hat. Der Begriff des „Entdeckers" hat ein breites Konnotat. Juristen ist er aus dem Patentrecht geläufig. Nach § 1 Abs. 2 Nr. 1 PatG werden Entdeckungen nicht als Erfindungen angesehen und aus diesem Grund vom Schutz des Gesetzes ausgenommen. Die patentrechtliche Lehre greift diese Differenzierung auf und verweist auf den wesensmäßigen Unterschied: Erfindungen seien Lehren zum technischen Handeln; gerade daran fehle es den Entdeckungen. Denn letztere beziehen sich nur auf das Auffinden von etwas Vorhandenem, das bisher nicht bekannt war. Diese Lehre entspricht dem allgemeinen Sprachverständnis. Die Tätigkeit der Entdecker spielt sich in der Außenwelt ab, zielt auf die Erkundung bestehender, aber bislang unbekannt gebliebener Räume. Der Erfinder ist in sich gekehrt, auf sich bezogen, zieht seine Kraft aus der Introversion. Sein Spezifikum ist nicht der Wagemut eines Vasco da Gamas oder eines Fritjof Nansen, sondern die Kreativität eines Daniel Düsentrieb.

Wie paßt das Bild des Entdeckers zu dem der Jurisprudenz? Hier wird es schwierig, verweist diese Frage doch auf philosophische Grundannahmen über die Jurisprudenz. Was ist eigentlich Recht? Was ist Jurisprudenz: Entdecken oder Erfinden? Entdeckungen sind nur möglich, wenn man das juristische Universum als einen festgefügten Regelraum mit immanenten Strukturen versteht. Der Rechts-Entdecker wagt sich in diese Regelwelt, um die ihr zugrunde liegenden Strukturen auf einen Punkt zu bringen. Ein solches Verständnis hat es in der Geschichte der Rechtsphilosophie immer schon gegeben, schaut man sich etwa die Überlegungen von Platon, Thomas von Aquin oder Hegel an. Und doch stand diesem eher systemorientierten Ansatz ein anderes Modell gegenüber, das den Rechtsgelehrten als Erfinder, als Schöpfer eigener Ideenwelten begriff. Aristoteles, Duns Scotus oder Kant waren die Vordenker dieser handlungsorientierten Richtung, ohne jedoch deren Implikationen für das Rechtssystem in vollem Umfang nachvollzogen zu haben. Dazu kam es erst infolge von Jhering und dem Aufkommen der Interessenjurisprudenz.

Dölle selbst verweist in dem erwähnten (und in diesem Buch noch einmal veröffentlichten) Vortrag auf denkbare Lösungen für dieses Dilemma. So behilft er sich mit der Konstruktion der Analogie. Juristen seien keine Entdecker, sie seien nur ähnlich wie naturwissenschaftliche Entdecker zu behandeln. Das ist aber ein fragwürdiger Ansatz. Denn das Tertium comparationis beider Formen der Entdeckung sieht Dölle in „ihrer das bisherige geistige Dunkel erhellenden Leuchtkraft" (vgl. u. S. 7): Denn es „haben uns gewisse schöpferische rechtswissenschaftliche Leistungen in der Tat über bestimmte Zusammenhänge und Wesensgesetzlichkeiten juristischer Phänomene ... ,ein Licht aufgesteckt'" (vgl. u. S. 7). Am Ende seines Festvortrags verweist Dölle auf den Anspruch der Juristen „auf Teilnahme an dem Suchen nach der Wahrheit, die letztlich überall eine und dieselbe sein muß" (vgl. u. S. 32 f.). Dölle erweist sich insoweit als typisches „Kind" der fünfziger Jahre. Bedingt durch die Erfahrung des Nationalsozialismus erlebte das Nachkriegsdeutschland eine Naturrechtswelle ungeahnten Ausmaßes. Die feine juristische Gesellschaft sehnte sich nach ehernen Werten, glaubte zutiefst an eine vorgegebene, übergesetzliche Sittenordnung und konnte gerade dadurch die innere Auseinandersetzung mit dem eigenen Versagen während der NS-Zeit vermeiden. Daß man mit dieser Renaissance der Naturrechtsdiskussion die naturrechtlich geprägte Ideologie des Nationalsozialismus unreflektiert perpetuierte, blieb nahezu unbemerkt.

Heutzutage erscheinen Denkansätze wie die von Dölle bei aller rhetorischen Brillianz als Relikt einer vergangenen Zeit. Bedingt durch den Bruch der Studentenrevolution und des Poststrukturalismus appelliert heute kaum noch jemand an die ewige Wahrheit oder die der Jurisprudenz inhärente Gerechtigkeit. Auch die Fragestellung Entdecker oder Erfinder ist infolgedessen nur eine rhetorische. Juristen sind weder Entdecker noch Erfinder, wir können sie allenfalls für die Zwecke eines hoffentlich unterhaltsamen Büchleins als solche beschreiben. Es handelt sich nur um rhetorische Figuren, die allerdings sehr gut auf zwei Phänotypen der Forschung verweisen, den des Sammlers und den des Jägers. Der Sammler sammelt Belege, Meinungen, Fußnoten und strukturiert sie. Der Jäger liest und ordnet nur solange, wie er auf einen Geistesblitz, einen zündenden Gedanken wartet. In der juristischen Forschungslandschaft unterscheiden sich Sammler und Jäger durch die Länge ihrer Beiträge und der Anzahl ihrer Fußnotenbelege. Die im weiteren vorgestellten „Entdecker" sind jedoch nicht nach diesen beiden Phänotypen ausgewählt; es finden sich in diesem Band folglich Sammler und Jäger.

II. Die Konzeption des Buches

Damit komme ich auf das Anliegen dieses Buches zu sprechen, das thematisch und personell ungewöhnlich ist. Thematisch fällt die Auswahl potentieller Entdecker auf, die notgedrungen subjektiv und einseitig ist. Sicherlich wird der Leser den einen oder anderen Pionier vermissen; insbesondere straf- oder verwaltungsrechtlich Interessierte, FrauenforscherInnen und Rechtsvergleicher kommen hier nicht auf ihre Kosten. Auch mag einem mancher der ausgewählten Entdecker nicht gefallen; insbesondere bei „noch" Lebenden ist eine Aufnahme in die „Hall of Fame" immer ein Wagnis. Wir, Herausgeber und Autoren, hoffen jedoch, daß die Auswahl zumindest auf das mehrheitliche Placet der Leser stoßen wird.

Aber auch personell ist das vorliegende Werk frag-würdig. Hier haben nicht die „Big-Shots" geschrieben, nicht die Päpste, Kardinäle oder Bischöfe der wissenschaftlichen Zunft. Nein, die Texte stammen sämtlichst aus studentischer Feder. Studierende der Universitäten Düsseldorf und Münster haben über mehrere Jahre hinweg recherchiert und redigiert: in unzähligen Sitzungen haben wir Manuskripte besprochen und überarbeitet. Ich möchte an dieser Stelle den Autorinnen und Autoren für ihren Enthusiasmus danken. Gleichzeitig danke ich den Zeitzeugen, denen wir auf „die Pelle rücken" durften und ohne deren Unterstützung dieses Buch nicht hätte geschrieben werden können. Dank gilt auch Frau Mey Marianne Unruh für die Betreuung der Manuskripte sowie Frau Angela Lixfeld und Herrn Joachim Hübner, die sehr engagiert und fachkundig einzelne, besonders komplexe Beiträge inhaltlich redigiert haben. Mein besonderes Dankeschön gilt schließlich dem C.H. Beck Verlag, voran Frau Claudia Priemer für die intensive redaktionelle Betreuung und Herrn Ulrich Wittek, für die außergewöhnliche Hilfsbereitschaft und die spontane Zustimmung zu diesem Experiment.

Münster, im März 2001

Prof. Dr. Thomas Hoeren

Festvortrag

von Professor Dr. Hans Dölle, Hamburg

Juristische Entdeckungen*

Meine sehr verehrten Damen und Herren!

Die Ankündigung eines für den Deutschen Juristentag bestimmten Festvortrages mit dem Thema „Juristische Entdeckungen" möchte vielfach Erstaunen, ja Befremden hervorgerufen haben. Das wäre begreiflich. Denn – mindestens auf den ersten Blick – wird man mit dem Begriff der „Juristischen Entdeckungen" nichts Rechtes anfangen können. Ist von Entdeckungen die Rede, so denkt man gemeinhin an den Bereich der Naturwissenschaften. Dort ist uns die Entdeckung geläufig, dort bedeutet sie für uns das Auffinden bisher unbekannter Gegebenheiten oder Gesetzlichkeiten der Natur – ich brauche nur an die uns heute so vertraut gewordene Entdeckung des Radiums oder die Möglichkeit der Atomspaltung zu erinnern. Was aber soll die „Entdeckung" im Zusammenhang mit unserer Wissenschaft, mit der Rechtswissenschaft, für einen Sinn haben?

Ich glaube, daß man auch hier von echten Entdeckungen sprechen darf und daß es nicht müßig ist, sich juristische geistige Hochleistungen mit nachhaltiger Erkenntniswirkung einmal von diesem Gesichtspunkt aus zu vergegenwärtigen. Was ich damit meine, wird deutlicher werden, wenn ich zunächst das Wesen der naturwissenschaftlichen Entdeckung mit dem Charakter des Vorgangs vergleiche, dem ich das Prädikat der juristischen Entdeckung vindizieren möchte.

---

* aus: Verhandlungen des 42. Deutschen Juristentages, hrsg. von der Ständigen Deputation des Deutschen Juristentages, Tübingen 1958, S. B 1 ff.

Innerhalb der naturwissenschaftlichen Entdeckungen wird man diejenigen unterscheiden können, welche auf Akten des Wahrnehmens und des Erkennens beruhen. Findet etwa der forschende Zoologe eine bisher unbekannte Tierart auf, so macht er damit gewiß eine Entdeckung. Er hat etwas wahrgenommen, was vorher niemals bewußt gesehen und daher in der Regel als nicht existent behandelt worden war. Sprechen wir hier von Akten des Wahrnehmens (im Gegensatz zu denen des Erkennens), so verknüpft sich damit nicht etwa ein abwertendes Urteil. Denn, um die Wahrnehmung machen zu können, dazu bedarf es bestimmter Kenntnisse und darüber hinaus nicht selten eines ungewöhnlichen Spürsinnes und Kombinationsvermögens. Zu Entdeckungen solcher Art finden wir zweifellos Parallelen im Bereich der Geisteswissenschaften, auch in dem der Rechtswissenschaft. Als *Niebuhr* 1816 das Gajus-Palimpsest in der Stiftsbibliothek zu Verona auffand, da hatte er gewiß eine echte Entdeckung der erwähnten Art gemacht, d.h. er hatte für unsere wissenschaftliche, namentlich für unsere rechtshistorische und dogmatische Erkenntnis bedeutsames, bislang unbekanntes Material der Vergessenheit entrissen. Das war ein Akt des Wahrnehmens mit einem kognitiven Forschungsergebnis von sehr erheblichem Wert. Gleichwohl möchte ich in dem gegenwärtigen Zusammenhang Entdeckungen solchen Charakters nicht als eigentliche juristische Entdeckungen anerkennen, und zwar deswegen nicht, weil sie unsere rechtswissenschaftliche Erkenntnis lediglich unterstützen, aber nicht selbst unmittelbar bewirken. Vorgänge dieser Art scheide ich also aus meiner Betrachtung aus. – Anders steht es mit Entdeckungen, die auf spekulativen Akten beruhen und bestimmte gesetzmäßige Zusammenhänge erkennen lassen, deren man sich bis dahin nicht bewußt geworden war. Für die Naturwissenschaft macht es dabei keinen Unterschied, ob die forschende Spekulation sich des Experiments bedient oder auf anderem Wege ihr Ergebnis erlangt hat, ob sie dieser oder jener Methode gefolgt ist. Das Resultat besteht immer darin, daß ein in der Natur (im weitesten Sinne) begegnendes Phänomen in seinem Wesen erklärt wird, das heißt, daß alle seine Erscheinungen von einer Grundthese (oder Hypothese) aus sich zu einem widerspruchfreien Begriffskosmos zusammenfügen. Wir nennen das ein Naturgesetz. Dürfen wir davon reden, daß auch in der Rechtswissenschaft dergleichen gesetzmäßige Zusammenhänge entdeckt werden können und entdeckt worden sind? Ich glaube, daß wir das dürfen (wie ich schon eingangs angedeutet habe), aber freilich gilt es, indem wir die Analogie zu vollziehen wagen, mit aller Deutlichkeit die Unterschiede zu betonen, welche zwischen den naturwissenschaftlichen Entdeckungen und jenen rechtswissenschaftlichen Leistungen bestehen, die wir in ihrer Art auch als Entdeckungen in Anspruch nehmen wollen. Bekanntlich halten wir Juristen uns zu einer analogen Anwendung von Rechtssätzen dann für befugt, wenn die Unterschiede zwischen dem Tatbestand der anzuwendenden Norm und dem zu beurteilenden realen Tatbestand (für den eine Norm fehlt) so unwesentlich sind, daß die an jenen geknüpfte Rechtsfolge auch für diesen angemessen (d.h. den Intentionen unserer Rechtsordnung gemäß) erscheint. Vielleicht dürfen wir auch bei unserer Frage diesem Rezept folgen. Was ist das Wesentliche der Entdeckung? Offenbar liegt es nicht in ihrem Objekt, nicht darin, daß sie gerade in einem bestimmten Bereich bisher verborgene Gesetzlichkeiten ans Licht der Erkenntnis bringt, sondern es liegt in dem Wesen des entdeckenden Aktes selbst, eben in ihrer das bisherige geistige Dunkel erhellenden Leuchtkraft. Ist das richtig, dann scheint es auch juristische Entdeckungen zu geben[1]. Denn wie noch zu zeigen sein wird, haben uns gewisse schöpferische rechtswissenschaftliche Leistungen in der Tat über bestimmte Zusammenhänge und Wesensgesetzlichkeiten juristischer Phänomene (wie man mit einem treffenden Bilde zu sagen pflegt) „ein Licht aufgesteckt". Allerdings sind diese Phänomene von anderer Art als die Gegeben

---

[1] *Ihering*, Geist des römischen Rechts auf den verschiedenen Stufen seiner Entwicklung II 2. 6./7. Aufl. (1923) S. 370 f. hat die gestaltende juristische Konstruktion als „Erfindung" bezeichnet und ihr in naturalistischer Weise die „kunstgerechte Gestaltung des juristischen Körpers", worunter er die Rechtsinstitute versteht, als Aufgabe gestellt.

heiten der sog. Natur. Sie sind sämtlich normativen Charakters, d.h., das gesamte Reich der rechtswissenschaftlichen Daten ist ein Erzeugnis menschlichen Wollens und Sollens, ist ein Zweig dessen, was wir Kultur zu nennen pflegen. Es leuchtet ein, daß sich Entdeckungen in den Provinzen eines so beschaffenen Reiches etwas anders darstellen müssen als im Reich der Natur. Allein das ändert nichts am Wesen der Entdeckung selbst. Hier wie dort bleibt sie schöpferischer Erkenntnisakt. Freilich wird man noch zwei Momente als für den Begriff der Entdeckung konstitutiv fordern müssen. Ich meine erstens ein gewisses Maß von Spontaneität, das es gestattet, die konkrete Leistung des Entdeckers als selbständigen erkenntnisfördernden Akt zu bestimmen, und zweitens ein gewisses Maß von Wirkung, dergestalt, daß unser Denken auf Grund der neuen Erkenntnis auf neue Grundlagen gestellt und auf neue Wege gewiesen wird. Auch diese Anforderungen gelten in gleicher Weise sowohl für natur- wie für geisteswissenschaftliche Entdeckungen. Einzuräumen ist, daß die Grenzen zwischen der Entdeckung und solchen Erkenntnissen, die nicht ausreichend spontan oder nicht ausreichend wirkungskräftig sind, zuweilen schwer gezogen werden können. Aber das mag man in Kauf nehmen und die Entscheidung jedem einzelnen überlassen. Es wird genug Fälle geben, über die man einig sein, über deren Qualität als echte Entdeckung es nur eine Stimme geben wird.

Lassen Sie mich den Versuch machen, Ihnen einige Beispiele aus dem mir nahestehenden Bereich des Bürgerlichen Rechts und des Internationalen Privatrechts nahezubringen.

Ich beginne mit einem Vorgang, von dem man zweifeln könnte, ob er wirklich als eine juristische Entdeckung bezeichnet werden darf, weil es sich bei ihm nicht um eine ganz spontane, völlig neue und überraschende Aufhellung bisher total verborgener Zusammenhänge durch eine Persönlichkeit gehandelt hat, sondern mehr darum, daß etwas, was gleichsam schon seit geraumer Zeit „in der Luft lag", nunmehr durch einen Gelehrten mit einer solchen Kraft der Überzeugung und einer solchen Schärfe der Demonstration ins allgemeine Bewußtsein gehoben wurde, daß von da ab niemand mehr an der Richtigkeit der hier aufgestellten These zweifeln konnte. Ich meine die von *Laband* im Jahre 1866 in einer Abhandlung der Zeitschrift für Handelsrecht dargelegte *Unterscheidung der Vollmacht von dem ihr zugrunde liegenden Verhältnis*[2]; wie *Laband* vereinfachend zu formulieren pflegte, vom Auftrag. Die römische Jurisprudenz war bekanntlich nie dazu gelangt, einen abstrakten Begriff der Vertretungsmacht aufzustellen[3]. Zwar ist auch dem römischen Rechtsleben der Gedanke der Stellvertretung nicht völlig unbekannt geblieben, aber gerade das wichtigste Gebiet des privatrechtlichen Verkehrs, das Gebiet der Schuldverträge, war und blieb der direkten Stellvertretung fast ganz verschlossen, und mit dem Stellvertretungsbegriff fehlte der römischen Dogmatik natürlich auch der abgeleitete Begriff der Vollmacht. Im gemeinen Recht ist die Zulässigkeit einer Stellvertretung seit dem 17. Jahrhundert gewohnheitsrechtlich allgemein anerkannt. Allein man betrachtete die Stellvertretung nur als die äußere Seite des ihr zugrunde liegenden Kausalverhältnisses und unterwarf sie daher denselben Rechtsregeln, welche dieses Verhältnis beherrschen. Umfang und Dauer der Vertretungsvollmacht fallen nach dieser Auffassung zusammen mit dem Umfang und der Dauer der internen Geschäftsführungsbefugnis. Demgemäß wurde allgemein die gewillkürte Vertretungsmacht auch nur als die äußere Seite des Mandatsverhältnisses verstanden[4]. Die Begriffe Stellvertretung, Bevollmächtigung und Mandatsvertrag werden daher in der älteren Lehre synonym verwendet. Man geht davon aus, daß die Vollmacht immer und wesentlich auf einem Auftrag beruhe und mit ihm stehe und falle. Diese undifferenzierte Verkoppelung von Auftrag und Vollmacht ist auch für ältere Kodifikationen wie das Preußische Allgemeine Landrecht, das österreichische ABGB und für den fran-

---

[2] *Laband*, Die Stellvertretung bei dem Abschluß von Rechtsgeschäften nach dem allgemeinen Deutschen Handelsgesetzbuch: Zeitschrift für Handelsrecht 10 (1866) S. 183 ff.

[3] *Hupka*, Die Vollmacht (1900) S. 7 f.

[4] *Glück*, Pandekten XV (1813) S. 239 ff.; *Puchta*, Pandekten, 12. Aufl. (1877) § 323.

zösischen Code Civil charakteristisch[5]. Als erster hat *Ihering*[6] betont, daß das Zusammentreffen des Mandats mit der Stellvertretung dem Wesen nach zufällig sei. Es gebe Beauftragte ohne Vertretungsmacht und Vertreter ohne Auftrag. Aber trotz dieser Erkenntnis sieht auch *Ihering* den Auftrag als den einzig denkbaren Entstehungsgrund für eine gewillkürte Vertretungsmacht an[7], hat sich also noch nicht von der Vorstellung freigemacht, daß es sich bei Vollmacht und Auftrag um zwei Seiten eines im Grunde einheitlichen Phänomens handele. Erst nachdem das Deutsche Allgemeine Handelsgesetzbuch erkennen ließ, daß die Vollmacht von den ihr zugrunde liegenden Geschäftsführungsbeziehungen der Beteiligten unabhängig zu denken sei, was ihre Entstehung, ihren Umfang und ihre Dauer angehe, erst da wurde die Notwendigkeit gefühlt, die bisherige Auffassung zu korrigieren und jene bislang wie selbstverständlich hingenommene Verschmelzung von Vertretungsmacht und Grundverhältnis aufzugeben. *Laband* ist damals zum Organ dieser neuen theoretischen Erkenntnis geworden. Er hat ausgesprochen, was schon gefühlt, mehr oder weniger auch erkannt, aber noch nicht überzeugend ins allgemeine Bewußtsein gehoben war. Ohne die Formulierungen des Allgemeinen Handelsgesetzbuchs und ohne die Vorarbeiten der Redaktoren dieses Gesetzbuches wäre allerdings *Laband* schwerlich dazu gekommen, den Nachweis zu führen, daß man immer zwischen Auftrag und Vollmacht unterscheiden müsse, wie es (außer an zwei Stellen) das Allgemeine Handelsgesetzbuch getan habe. Den bis dahin meist gleichfalls verkannten Unterschied zwischen der negotiorum gestio und der Vertretung ohne Vertretungsmacht hat *Laband* übrigens bei dieser Gelegenheit mit heraus-

---

[5] Preußisches Allgemeines Landrecht I 13 § 5: „Die Willenserklärung, wodurch einer dem anderen das Recht erteilt, ein Geschäft für ihn zu betreiben, wird Auftrag oder Vollmacht genannt"; ähnlich österr. ABGB § 1002 und französischer Code Civil, Art. 1984.
[6] Iherings Jahrb. I (1857) S. 312.
[7] *Hupka*, a.a.O. S. 12.

gearbeitet[8]. Freilich nahm *Laband* an (und darin zeigt sich immer noch ein Rest der früheren Einheitsvorstellung, zugleich ein Beweis für das außerordentlich schwer zu überwindende Beharrungsvermögen eingewurzelter Konzeptionen), daß die Vollmacht nicht durch einseitiges Rechtsgeschäft, sondern durch Abschluß eines Bevollmächtigungsvertrages geschaffen werde, eines Vertrages, der allerdings von dem zugrunde liegenden Kausalverhältnis scharf unterschieden werden müsse[9]. Betrachtet man nun diese dogmengeschichtlichen Vorgänge von dem hier interessierenden Aspekt der „Entdeckung" aus, so möchte man, abgesehen von dem vielleicht in der Tat festzustellenden Mangel der notwendigen Spontaneität, zu bedenken geben, die schließlich anerkannte Trennung zwischen Vertretungsmacht und Grundverhältnis habe doch wohl immer schon die Überzeugung vorausgesetzt, daß es sich bei diesen beiden juristischen Phänomenen um etwas Verschiedenes handele und daß nur das Maß ihrer wechselseitigen Verknüpfung oder vielleicht das angeblich Wesensnotwendige dieser Verknüpfung durch die neuen Erkenntnisse richtiggestellt worden sei. Gewiß, das trifft zu. Allein einfach liegen die Dinge trotzdem nicht. Vielmehr muß man sich offenbar das Freilegen der Wahrheit als einen allmählich vor sich gehenden geistigen Prozeß denken, an dem viele beteiligt sind, und in dessen Verlauf mit dem Zweifel an dem wechselseitigen Zusammenhang zwischen Vertretungsmacht und Grundverhältnis die Erkenntnis aufdämmert, daß jene das rechtliche Können bedeutet, unter gewissen Voraussetzungen unmittelbar für andere Subjekte Rechtswirkungen zu erzeugen, während das Grundverhältnis (das Innenverhältnis, wie wir bildlich zu sagen pflegen) bestimmt, was jemand mit unmittelbarer Wirkung für sich, aber für Rechnung eines anderen tun darf und tun soll, so, daß dieser andere aus einem solchen Tun Rechte gegen den Handelnden gewinnt und ihm gegenüber Pflichten auf sich lädt. Man darf vielleicht sagen: *Ihering* hat den

---

[8]) *Laband* a.a.O. S. 207, 229 ff.
[9]) *Laband* a.a.O. S. 208.

Unterschied zwischen Vollmacht und Auftrag als erster klar festgestellt, während *Laband* die wechselseitige Unabhängigkeit dieser beiden Phänomene bewußt gemacht hat[10]. Freilich findet sich schon bei dem dänischen Gelehrten *Örstedt*[11] eine schärfere Unterscheidung zwischen Mandat und Vollmacht, als sie sonst um diese Zeit gemacht zu werden pflegte, aber erst seit *Laband* hat man auch in Skandinavien die überkommene Mandatstheorie überwunden. Über die weltweite Wirkung der neuen Erkenntnis kann es keinen Zweifel geben. Man braucht nur an das Schweizerische Zivilgesetzbuch und das deutsche Bürgerliche Gesetzbuch zu denken[12]. Und auch die Gesetze Japans, Schwedens, Dänemarks, Norwegens, Finnlands, Polens, Chinas, Italiens, Griechenlands und der Tschechoslowakei schlossen sich der neuen Lehre an[13], während allerdings das englische und amerikanische Recht bis heute nicht mit der anderwärts beobachteten strengen Konsequenz die *Laband*sche Ansicht von der Abstraktheit der Vollmacht durchgeführt haben, obwohl auch sie zwischen der Vollmacht und dem ihr zugrunde liegenden Verhältnis unterscheiden[14]. In den Ländern aber, deren Gesetze (man denke namentlich an Frankreich und Österreich[15]) noch von der alten Einheitsauffassung geprägt sind, entziehen sich gleichwohl weder Lehre noch Praxis den Einsichten, die seit dem Inkrafttreten ihrer Kodifikationen gewonnen worden sind[16], und stützen sich dabei auf den

---

[10]) So *Müller-Freienfels*, Die Vertretung beim Rechtsgeschäft (1955) S. 2 Anm. 7 und 8.

[11]) *Örstedt*, Handbuch über die dänische und norwegische Gesetzeskunde VI (1835) S. 1 ff.

[12]) § 164 ff. BGB; Art. 32 ff. schweizerisches OR.

[13]) Siehe die Nachweise bei *Müller-Freienfels* a.a.O. S. 2–3 Anm. 13–22.

[14]) *Müller-Freienfels* a.a.O. S. 3 Anm. 23.

[15]) Siehe oben Anm. 5.

[16]) *Planiol-Ripert*, Traité pratique de droit civil français VI (1930) Nr. 55; *Colin-Capitant-Julliot de la Morandière*, Traité de droit civil I (1953) Nr. 104; *Ehrenzweig*, System des österreichischen allgemeinen Privatrechts, 2. Aufl. (1951) I 1 S. 271; *Klang(-Swoboda)*, Kommentar zum Allgemeinen Bürgerlichen Gesetzbuch II 2 (1934) Anm. IV zu § 1002.

altbekannten Satz, daß „Konstruktionen" des Gesetzgebers nicht zu binden vermögen. Man darf also sagen: die „Entdeckung" des wahren Wesens der Vertretungsmacht, ihres richtigen Verhältnisses zur Grundbeziehung, hat sich die Welt erobert, obwohl sich ihr zunächst heftiger Widerspruch entgegensetzte[17]. Es ist nicht ohne Interesse, zu vermerken, daß auf diesem Gebiet die Entwicklung nicht stillsteht, sondern daß immer wieder Revisionen der anscheinend stabilisierten Dogmen angestrebt werden. So ist in jüngerer Zeit behauptet worden, daß die Alternative zwischen dem Handeln im eigenen Namen und im fremden Namen keine ausschließende sei, daß es vielmehr ein tertium, ein neutrales Handeln, gebe[18], und *Müller-Freienfels* hat sich um den Nachweis bemüht, daß ein spezifischer und für die rechtliche Beurteilung höchst bedeutsamer Zusammenhang zwischen der Bevollmächtigung und dem auf ihrer Grundlage vom Vertreter abgeschlossenen Geschäft bestehe[19]. Gewiß werden uns die noch zu gewinnenden Erkenntnisse künftig zu Korrekturen unserer gegenwärtigen Auffassung nötigen; das liegt im Wesen jeder Wissenschaft. Aber trotzdem werden wir behaupten dürfen, daß ohne jene „Entdeckung" des Wesens der Vertretungsmacht diese Entwicklung nicht denkbar sein würde.

Auch bei dem zweiten Fall einer juristischen „Entdeckung", zu dem ich nunmehr übergehe, steht der Name *Ihering* im Vordergrund: bei der sog. *culpa in contrahendo*. Auch hier handelt es sich, wie mir scheint, darum, daß ein Rechtsgelehrter kraft seines analytischen Genies, getrieben von seinem Gerechtigkeitsbedürfnis und gelenkt von einem starken sozialen Einfühlungsvermögen, für die rechtliche Beurteilung bestimmter Lebenssachverhalte einen neuen Aspekt gewonnen hat, der es erlaubte, dort zu billigen Ergebnissen zu gelangen, wo eingewurzelte und durch das positive Recht an scheinend legitimierte Vorstellungen das auszuschließen schienen.

---

[17] Vgl. z.B. *Hupka* a.a.O. S. 13 ff.
[18] *Dölle*, Neutrales Handeln im Privatrecht: Festschrift Fritz Schulz II (1951) S. 268 ff.
[19] Vgl. *Müller-Freienfels* a.a.O.

Schon *Franz Wieacker*[20] hat von den großen „dogmatischen Entdeckungen" *Iherings* gesprochen und zu diesen auch die Lehre vom Verschulden beim Vertragsschluß gezählt. Ich darf kurz rekapitulieren, was jedem deutschen Juristen in seinen Grundzügen vertraut ist. Vom Standpunkt des modernen (kodifizierten) Rechts aus hat sich das Bedürfnis geltend gemacht, eine Partei auch dann nach den Grundsätzen des Vertragsrechts (und nicht nur nach denen des Deliktsrechts) haften zu lassen, wenn sie beim Vertragsschluß, insbesondere im Verlauf von Vertragsverhandlungen, ein den Gegner schädigendes Verhalten in vorwerfbarer Weise beobachtet, gleichviel, ob ein Vertragsverhältnis zustande kommt oder nicht, und gleichviel, ob das beanstandete Verhalten mit dem Vertragsinhalt im Zusammenhang steht, oder ob das nicht der Fall ist. Das ist namentlich wichtig bei einer Schädigung durch Gehilfen und Vertreter, für die Verjährung, die Beweislast, den Haftungsmaßstab und für die Frage, ob das Erfüllungs- oder das negative Interesse zu ersetzen sei. Bis zu der Abhandlung *Iherings* aus dem Jahre 1861 über „Culpa in contrahendo oder Schadensersatz bei nichtigen oder nicht zur Perfektion gelangten Verträgen"[21] hatte zwar unser Problem schon die Aufmerksamkeit einer Reihe von Juristen gefunden, und auch einige Kodifikationen der deutschen Einzelstaaten enthalten Vorschriften, die sich auf die Folgen des Verhaltens der Parteien beim Vertragsschluß beziehen[22], allein erst *Ihering* hat das Problem als eine grundsätzliche Frage gestellt und es unternommen, mit geschichtlichen und dogmatischen Argumenten darzutun, daß bereits durch Vertragsverhandlungen zwischen den verhandelnden Parteien ein Rechtsverhältnis entstehe, aus dem die für gerechte Ergebnisse erforderlichen Konsequenzen abgeleitet werden können. Zwar hat man, wohl mit Recht, der aus den geschichtlichen Quellen abgeleite-

---

[20] *Wieacker*, Rudolf v. Ihering, Eine Erinnerung zu seinem 50. Todestage (1942) S. 19, 20.
[21] Iherings Jahrb. 4 (1861) S. 1 ff.
[22] Siehe *Ihering* a.a.O. S. 45 ff.

ten Begründung *Iherings* den Vorwurf gemacht, sie sei etwas gewaltsam, sie interpretiere die Quellen nicht nach ihrem objektiven Gehalt, sondern nach dem Wunsch, das aus ihnen herauszulesen, was man aus ihnen gern gewinnen möchte[23]. Aber das scheint mir nicht entscheidend zu sein. Entscheidend ist, daß *Ihering* das normative Prinzip „entdeckt" hat, wonach bereits in der vorvertraglichen Phase unter bestimmten Voraussetzungen die verhandelnden Parteien in ein konkretes, Pflichten und Rechte erzeugendes Schuldverhältnis treten, das seine Maßstäbe von dem Vertrag gewinnt, den die Parteien miteinander schließen oder doch schließen wollten. Es ist allgemein bekannt, welche Entwicklung in Lehre und Rechtsprechung die Bemühungen genommen haben, für das Zustandekommen dieses Schuldverhältnisses eine befriedigende theoretische Begründung zu finden. Über die Annahme mehr oder weniger fiktiver Willenserklärungen der Parteien ist man schließlich zu der These gelangt, durch den Eintritt in Vertragsverhandlungen werde eine vertragsähnliche Vertrauensbeziehung geschaffen, die als ein ex lege entstehendes Schuldverhältnis zu werten sei[24]. Mir scheint, das, was *Ihering* als erster deutlich gemacht hat, ist die so überaus wichtige Einsicht, daß Deliktsregeln nur dort angemessen sind, wo ein Konflikt zwischen Personen stattfindet, die nicht schon durch einen intensiven sozialen Kontakt miteinander in der Sphäre verknüpft sind, in welcher der Konflikt begegnet, zwischen Personen also, die insoweit als Fremde aneinander geraten. Dort aber, wo ein solcher sozialer Kontakt die Personen bereits in eine konkrete Lebensbeziehung gesetzt hat mit entsprechend konkreten Pflichten der wechselseitigen Rücksichtnahme, dort sanktioniert auch die Rechtsordnung diese Lebensbeziehung als Rechtsverhältnis, aus dem sich für die beteiligten Subjekte ganz konkrete Schuldpflichten ergeben. Hier han-

---

[23] *Mommsen*, Die Haftung der Contrahenten bei der Abschließung von Schuldverträgen (Erörterungen aus dem Obligationenrecht II, 1879) S. 33 ff.; *Brock*, Das negative Vertragsinteresse (1902) S. 20 ff.
[24] Siehe etwa *Enneccerus-Lehmann*, Recht der Schuldverhältnisse 14. Aufl. (1954) S. 183; *Larenz*, Lehrbuch des Schuldrechts I (1957) S. 66.

delt es sich also, wenn Verstöße vorkommen, nicht mehr um die Verletzung allgemeiner Gebote oder Verbote, die grundsätzlich gegenüber jedermann beachtet werden müssen und deren Nichtachtung eine unerlaubte Handlung darstellt, sondern hier liegen Verletzungen konkreter Forderungsrechte ganz bestimmter Beziehungsgegner vor: es gilt demnach Vertragsrecht bei der Behandlung von Gehilfen, bei der Beweislast, der Verjährung, bei der Frage nach dem Haftungsmaßstab usw. Gewiß bildet der Eintritt in Vertragsverhandlungen ein besonders repräsentatives Beispiel für diese Art des ein Schuldverhältnis begründenden sozialen Kontaktes, aber doch nur ein Beispiel. Vielmehr beginnt sich, letzten Endes immer noch auf den Spuren *Iherings*, die Erkenntnis durchzusetzen, daß auch ohne Vertragsverhandlungen und ohne vertraglichen Willen Rechts- und Schuldverhältnisse schlechthin aus objektiven sozialen Zusammenhängen zustande kommen können[25] und als solche rechtliche Anerkennung verdienen, weil sonst Deliktsregeln zuständig wären und diese sich als unangemessen erweisen würden. Man sieht also: *Ihering* hat mit seiner Eindeckung der sog. culpa in contrahendo eine überaus weittragende Entwicklung eingeleitet und uns den Weg zu einer gerechten und vernünftigen Beurteilung zahlreicher sozialer Gegebenheiten gebahnt. Es sei noch bemerkt, daß rechtsvergleichende Untersuchungen den vielfachen Einfluß der *Ihering*schen Gedanken auf die Gestaltung des ausländischen Rechts nachgewiesen haben[26]. In manche Rechtsordnungen hat die Lehre von der culpa in contrahendo geradezu als solche Eingang gefunden, zuweilen nicht nur in Lehre und Rechtsprechung, sondern in Gestalt ausdrücklicher Normen in neueren Kodifikationen: ich denke z.B. an das neue griechische Zivilgesetzbuch und an den neuen italienischen

---

[25] *Haupt*, Über faktische Vertragsverhältnisse: Festschrift Siber II (1943) 1-37; auch separat (1941); *Dölle*, Außergesetzliche Schuldpflichten: Zeitschrift für die gesamte Staatswissenschaft 103 (1943) S. 67 ff.; *Simitis*, Die faktischen Vertragsverhältnisse (1957); BGHZ 21, 319 (333); 23, 175 (177).

[26] *Nirk*, Rechtsvergleichendes zur Haftung für culpa in contrahendo: RabelsZ 18 (1953) S. 310 ff.

Codice Civile[27]. Anderwärts sind wenigstens Grundsätze entwickelt worden über einen verschärften Schutz der Parteien in der „période précontractuelle"[28], kurz: in weiten Teilen unserer Welt hat die Entdeckung *Iherings* Folgen gehabt.

Von vielleicht weniger weitreichenden Folgen, aber von hohem Erkenntniswert sind zwei weitere dogmatische Entdeckungen, die ich nunmehr behandeln möchte: die Gestaltungsrechte und die Doppelwirkungen.

Worin das Wesen des subjektiven Rechtes liege, von welchen Kriterien man die Anerkennung eines subjektiven Rechtes abhängig zu machen habe, das sind Fragen, mit denen die Theorie sich bis in unsere Tage immer wieder beschäftigt hat, wahrscheinlich gehören diese Fragen zu den ewigen Aufgaben unserer Wissenschaft. Im Zuge der hier angestrengten Bemühungen ist, wie Sie wissen, eine Systematik der subjektiven Rechte entwickelt worden; das heißt, man ist bestrebt gewesen, alle Phänomene, die als subjektive Rechte angesprochen werden können, in ein umfassendes Ganzes einzuordnen und sie innerhalb dieses Ganzen nach bestimmten Merkmalen in einzelne Arten und Kategorien zu gliedern. Es braucht kein Wort darüber verloren zu werden, welchen gewaltigen Erkenntniswert ein solches System haben muß und welche Hilfe bei der Orientierung in der so vielfältigen Welt der rechtlichen Erscheinungen es gewährt. Im Laufe der Zeit haben wir uns daran gewöhnt, die von der Rechtsordnung dem einzelnen Subjekt zuerkannten Befugnisse etwa als Herrschaftsrechte oder als Ansprüche zu qualifizieren, womit dann zugleich prinzipiell alles Wesentliche über ihre Struktur, über ihre Absolutheit oder über ihre Relativität, über das in ihnen enthaltene Können und Dürfen, über die Rechtsfolgen ihrer Geltendmachung und Ausübung, über ihre Grenzen und so fort bestimmt ist. Ich glaube nun, daß die Vermehrung unserer Kategorien der subjektiven Rechte um die sog. *Gestaltungsrechte* eine sehr wesentliche „Ent-

---

[27] Art. 197, 198 Griech. ZGB von 1940; Art. 1337 ital. Codice Civile von 1942.
[28] Siehe im einzelnen die Arbeit von *Nirk* a.a.O.

deckung" in dem hier verwendeten Sinn dieses Begriffs gewesen ist. Die Basis für diese Entdeckung hat, wenn ich recht sehe, *Enneccerus* gelegt, indem er in seinem Werk über das Rechtsgeschäft[29] die sog. Erwerbsberechtigungen behandelt und damit das Vorkommen sowie das Wesen von subjektiven Rechtspositionen darzutun versucht hat, die in den bis dahin anerkannten Klassen der subjektiven Rechte nicht untergebracht werden konnten. Mit der für die Durchsetzung einer neuen Erkenntnis nötigen Klarheit, Präzision und Allgemeinheit hat dann *Ernst Zitelmann* den Begriff der „Rechte des rechtlichen Könnens", der „Kannrechte" in seinem Werk über Internationales Privatrecht[30] geprägt. *Hellwig* hat sich ihm alsbald angeschlossen[31], und *Emil Seckel* hat schließlich in einer der glänzendsten Studien, die unsere deutsche Zivilrechtsdogmatik aufzuweisen hat[32], sprachschöpferisch sehr treffend und prägnant von „Gestaltungsrechten" sprechend, bis in die feinsten Distinktionen vorstoßend, eine umfassende Theorie dieser neuentdeckten Rechte entwickelt, ihr Wesen kennzeichnend, ihre Entstehung, ihre Veränderungen, ihre Abtretbarkeit, ihren Untergang usw. untersuchend, und auf diese Weise trotz mancherlei Verschiedenheiten zwischen ihren einzelnen Erscheinungsweisen den Nachweis geführt, daß wir es hier mit einer einheitlichen neuen Kategorie der subjektiven Rechte zu tun haben, für die im wesentlichen die gleichen Grundsätze gelten. Das war eine echte Entdeckung, die eine Lücke in unserem System der subjektiven Rechte geschlossen hat! Dagegen kann auch nicht eingewendet werden, daß Widerspruch gegen die neue Lehre nicht ausgeblieben, und daß man schließlich auch ohne sie ausgekommen ist. Entscheidend ist, ob das neue Vorstellungsbild, das hier von rechtlichen Phänomenen mit einem deutlich erkennbaren Profil entworfen wurde, geeignet ist, unser Verständnis für diese Phänomene zu ver-

---

[29]) *Enneccerus*, Rechtsgeschäft, Bedingung und Anfangstermin (1889) S. 600 ff.
[30]) *Zitelmann*, Internationales Privatrecht II 1 (1912) S. 32 ff.
[31]) *Hellwig*, Lehrbuch des deutschen Civilprozeßrechts I (1903) S. 215, 232 ff.
[32]) *Seckel*, Die Gestaltungsrechte des bürgerlichen Rechts: Festschrift für Koch (1903) S. 205 ff.; auch separat (1954).

tiefen, und das ist unbedingt zu bejahen. Von dem Augenblick an, in dem ich dort, wo die Rechtsordnung einem Rechtssubjekt das rechtliche Können einräumt, durch ein einseitiges Verhalten bestimmte rechtsgeschäftliche Folgen zu erzeugen, daran gewöhnt werde, von einem subjektiven Recht eigener Art zu sprechen, von diesem Augenblick an bilden sich für mich Fragestellungen, die für die Handhabung mit diesen Positionen ganz wesentlich sind und die ohne jene Grundanschauung nicht hätten erfaßt werden können. Wie steht es mit der Geschäftsfähigkeit, wie mit der selbständigen Abtretbarkeit und Verpfändbarkeit, welche Folgen hat die einmalige Ausübung und so weiter? Natürlich bleiben immer noch Probleme übrig, Probleme grundsätzlicher Art, wie etwa die Frage nach der Systematik: ist das Wesentliche an diesen Rechten ihre Ausübung durch einseitige willentliche Gestaltung, oder muß man, wie z.B. *Nipperdey* das will[33], eine Kategorie von Rechten auf Rechtsänderung anerkennen, bei der die Rechtsänderung auch ohne Mitwirkung des Willens eintritt? Ich möchte das nicht glauben, sondern meinen, daß Warterechte dieser Art sich prinzipiell von den Gestaltungsrechten unterscheiden. Jene sind nichts weiter als die bereits gegenwärtig geschützten und daher auch im allgemeinen bereits gegenwärtig disponiblen (künftigen) Vollrechte, auf die man wartet, also keine eigenständigen Rechte von besonderem Charakter, sondern gleichsam deren Vorformen selbst, während die Gestaltungsrechte Hilfsbefugnisse sind, vermöge deren ein Rechtssubjekt die Macht hat, durch einseitigen Willensakt ein anderes umfassenderes Rechtsverhältnis zu begründen, zu verändern oder aufzuheben. Oder Einzelprobleme: Ist die Einrede ein Gestaltungsrecht? *Seckel* will das im Gegensatz zu anderen nicht wahrhaben[34]. Ich glaube, daß er recht hat. Man muß, wie mir scheint, die Frage so stellen: „Bewirkt das Vorbringen einer Einrede, daß das Hauptrecht, dessen Geltendma-

---

[33] *Enneccerus-Nipperdey*, Allgemeiner Teil des bürgerlichen Rechts (14. Aufl., 1952) § 73 I 3 (S. 280 f.).
[34] *Seckel*, a.a.O. S. 216, in der Sonderausgabe S. 19.

chung man widerspricht, *ein für alle Mal* lahmgelegt ist, oder bedeutet es nur, daß es *für dieses eine Mal* lahmgelegt ist und daß man bei einer wiederholten Geltendmachung des Hauptrechtes von neuem Widerspruch erheben muß, um es unwirksam zu machen?" Nur in jenem Fall würde die Einrede als Gestaltungsrecht bezeichnet werden können, weil sie nur dann endgültig gestalten würde. Ist sie nur die Befugnis, jedesmal der Geltendmachung eines Hauptrechtes zu widersprechen, dann hat sie lediglich temporäre Bedeutung und würde sich dadurch von den anderen Befugnissen, welche wir als Gestaltungsrecht zu bezeichnen pflegen, erheblich unterscheiden. Namentlich prozessuale Erwägungen scheinen mir dafür zu sprechen, man möge für die Wirksamkeit der Einrede verlangen, daß sie jeweilig vorgebracht werde, wenn das Hauptrecht in seiner Geltendmachung gehemmt werden soll. Aber mag dem sein, wie ihm wolle, die Entdeckung der Figur des Gestaltungsrechts hat unsere Erkenntnis der rechtlichen Phänomene entscheidend erweitert, hat die Tafel der subjektiven Rechte vervollständigt und uns dadurch in den Stand gesetzt, mit einem besseren systematischen Überblick und mit richtigen dogmatischen Fragestellungen die vielfältigen juristischen Form-Elemente zu handhaben, die wir zu einer ordnungsmäßigen Bewältigung des sozialen Lebens jedenfalls auch brauchen.

Eine echte Entdeckung war, wie ich überzeugt bin, auch die Erkenntnis, daß der Eintritt einer Rechtsfolge auf Grund eines bestimmten Tatbestandes unter gewissen Voraussetzungen der Geltendmachung derselben Rechtsfolge auf Grund eines anderen Tatbestandes nicht im Wege steht. Das ist das Phänomen der *Doppelwirkungen im Recht*, das zum ersten Mal *Theodor Kipp* in seinem berühmten Beitrag zur Festschrift für Martitz[35] 1911 ins allgemeine Bewußtsein gehoben hat. Ich darf den maßgebenden Gedankengang rekapitulieren. Unsere Sprache, und unsere Rechtssprache zumal, kann der Verwendung von Bildern nicht entraten. Namentlich dort,

---

[35] *Kipp*, Über Doppelwirkungen im Recht, insbesondere über die Konkurrenz von Nichtigkeit und Anfechtbarkeit: Festschrift Martitz (1911) S. 211 ff.

wo sie mit Abstrakta, mit rein gedanklichen Gegenständen zu operieren hat, wählt sie zur Veranschaulichung Vorgänge aus der uns umgebenden Körperwelt, um jenes geistige, jenes gedachte, einem anderen Existenzmodus angehörende rechtliche Geschehen zu verdeutlichen. Sie spricht zum Beispiel davon, daß ein Recht „untergeht", ein Anspruch „erlischt", eine Forderung „übertragen" wird, daß jemand in ein fremdes Schuldverhältnis „eintritt" usw. Gewöhnt man sich an diese Ausdrucksweise, so liegt die Gefahr nahe, daß man ihren Gleichnischarakter allmählich vergißt und nun aus der körperweltlichen Anschauung Folgerungen zieht, welche dem Charakter von Rechtsfolgen, um die es sich in Wahrheit doch handelt, nicht gemäß sind. So sagt man schlechthin, ein nichtiges Rechtsgeschäft kann nicht mehr angefochten werden, denn wenn es nichtig ist, so ist nichts mehr vorhanden, was durch die Anfechtung zerstört werden kann. Gegen dieses gefährliche und nicht selten zu höchst unerfreulichen Ergebnissen führende Quid pro Quo, gegen diese scheinlogische Vertauschung zweier verschiedener Welten hat *Kipp* in seiner Abhandlung Widerspruch erhoben, hat schädliche Vorurteile beseitigt und an einer Reihe von Beispielen gezeigt, daß nur *die wahre Erkenntnis von Rechtsfolgen* in ihrer eigenständigen spirituell-normativen Bedeutung gerechte Resultate gewährleiste und überdies einer echten, dem Gegenstand des juristischen Denkens angemessenen, von zutreffenden Prämissen ausgehenden Logik entspreche. Ich darf mich mit einem *Schulbeispiel* begnügen. Hat A durch arglistige Täuschung den Eigentümer E, der zwar geistig wieder gesund, aber wegen Entmündigung noch immer geschäftsunfähig ist, zur Übereignung einer beweglichen Sache an ihn, den A, veranlaßt, so ist A wegen der Geschäftsunfähigkeit des E nicht Eigentümer der Sache geworden. Veräußert A diese Sache an B weiter, so wird B Eigentümer, wenn er ohne grobe Fahrlässigkeit an das Eigentum des A geglaubt hat[36]. Angenommen, B habe zwar von der arglistigen Täu-

---

[36] Der Eigentumserwerb von B scheitert nicht daran, daß die Sache dem geistig gesunden, aber geschäftsunfähigen Eigentümer E durch die Veräußerung an A abhan-

schung des A bei dessen Erwerb gewußt, die Geschäftsunfähigkeit des E sei ihm aber ohne grobe Fahrlässigkeit unbekannt geblieben, so hat B zunächst das Eigentum an der Sache erlangt. Würde man sich auf den Standpunkt stellen, der Vormund des E könne die Veräußerung an A wegen der arglistigen Täuschung nicht anfechten, weil die Veräußerung ja ohnehin wegen der Geschäftsunfähigkeit des E nichtig sei, so besteht keine Möglichkeit, den § 142 Abs. 2 BGB ins Spiel zu bringen, der bestimmt, daß derjenige, der die Anfechtbarkeit kannte oder kennen mußte, wenn die Anfechtung erfolgt, so zu behandeln ist, wie wenn er die Nichtigkeit des Rechtsgeschäfts gekannt hätte oder hätte kennen müssen. Das heißt, man kann auf diese Weise dem B die Sache nicht abnehmen, obwohl er die Fragwürdigkeit des Erwerbs seines Vorgängers gekannt hat. *Anders, wenn man zugesteht, daß das wegen Geschäftsunfähigkeit nichtige Rechtsgeschäft wegen arglistiger Täuschung angefochten werden kann.* Daß daran ein Interesse wegen der damit verknüpften Rechtsfolgen besteht, ist offensichtlich. Und es ist ebenso offensichtlich, daß unsere Rechtsordnung die Geltendmachung dieser Rechtsfolgen gestatten will. Darauf aber kommt es allein an, nicht auf die Technik, mit deren Hilfe das Gesetz bestimmte Rechtsfolgen herbeiführen läßt, weil diese Technik in der Regel das beste Mittel für den erstrebten Erfolg ist. Es wäre geradezu grotesk, wenn die Vindikation des schutzbedürftigen Eigentümers daran scheitern sollte, daß er einen Rechtsbehelf (die Anfechtung) deswegen nicht verwenden

---

den gekommen wäre. Es ist allgemein anerkannt, daß maßgebend für die freiwillige Besitzaufgabe nicht der rechtliche, sondern der tatsächliche Wille des Eigentümers ist (BGHZ 4, 10 (34 ff.) im Anschluß an RGZ 101, 224 (225); RGR-Kommentar (10. Aufl. 1954) Anm. 4 zu § 935). Dann ist es nur folgerichtig anzunehmen, daß auch ein Geschäftsunfähiger mit gesundem Willen den Besitz an einer Sache aufgeben kann (so OLG Hamburg, Hanseatische Gerichtszeitung 1923 B 239, 240; offenbar auch RGR-Kommentar Anm. 4 zu § 935; *Staudinger-Berg*, Sachenrecht I (11. Aufl. 1954) Anm. 8 zu § 935; noch weitergehend *Soergel-Butteweg*, BGB (8. Aufl. 1955) Anm. 2 zu § 935. A.A. ein obiter dictum des KG, OLG 15, 356; *Palandt-Hoche*, BGB (16. Aufl. 1957) Anm. 4 zu § 935; *Westermann*, Lehrbuch des Sachenrechts (2. Aufl. 1953) S. 236).

kann, weil er bereits einen weitergehenden Rechtsbehelf (die Nichtigkeitsfolge) erhalten hat! Niemand wird es wagen, ein solches Ergebnis zu befürworten. Man wird mit einem argumentum a majore ad minus arbeiten oder ähnliche Erwägungen anstellen, um das Bedürfnis nach einer stichhaltigen Begründung zu befriedigen. Aber die richtige Begründung liegt in der von *Kipp* geförderten Erkenntnis, daß die Rechtsfolge nicht körperweltlich vorgestellt werden darf, sondern einer normativen Welt angehört, in der es gilt, das Zusammenleben einer sozialen Gemeinschaft gerecht und zweckmäßig zu regeln. In dieser Welt hat es nichts Anstößiges, wenn dieselbe Rechtswirkung als Folge verschiedener, auch nacheinander eintretender sozialer Lebenssachverhalte gewertet wird, sofern das nur im Hinblick auf die Funktion der Rechtsordnung angemessen erscheint. Übrigens sei zum Abschluß dieser Betrachtungen noch darauf hingewiesen, daß die Anerkennung der Doppelwirkungen im Recht auch für den Beweis wesentlich werden kann. Vermag ich z.B. die Nichtigkeit eines Rechtsgeschäfts nicht oder nur mit Schwierigkeiten darzutun, so muß es mir freistehen, von einem Anfechtungsrecht Gebrauch zu machen, um auf diese Weise jeden Zweifel über den Nichteintritt der maßgebenden Rechtsfolgen zu beseitigen. Die Gedanken *Theodor Kipps* sind viel erörtert[37] und für mannigfache Zusammenhänge, kürzlich auch für das Internationale Privatrecht[38], fruchtbar gemacht worden. An Gegnern hat es gleichfalls nicht gefehlt, und auch heute noch gibt es Autoren, die sich mit der Theorie der Doppelwirkungen nicht befreunden können[39] und lieber an den

---

[37] Dafür haben sich u.a. ausgesprochen *Peter*, Arch. civ. Pr. 132 (1930) S. 1 ff.; *Hubernagel*, Arch. civ. Pr. 137 (1933) S. 205 ff., 138 (1934) S. 224 ff.; Enneccerus-Nipperdey a.a.O. II (14. Aufl. 1955) § 203 III 7; *Staudinger-Coing*, BGB I (11. Aufl. 1957) Anm. 15 ff. zu § 123 gegen *Staudinger-Riezler* (10. Auflage) Anm. 18 zu § 142. Dagegen namentlich: *v. Tuhr*, Der allgemeine Teil des deutschen bürgerlichen Rechts II 1 (1914) S. 299 f.; *Soergel-Lindenmaier*, BGB I (8. Aufl. 1952) Anm. VI zu § 123.

[38] *Serick*, Parallelwirkungen im internationalen Privatrecht, ein Beitrag zu der Lehre von den Doppelwirkungen: RabelsZ 21 (1956) S. 207 ff.

[39] Namentlich *Zepos*, Die Unmöglichkeit von Doppelwirkungen im Recht: Archiv für Rechts- und Sozialphilosophie 27 (1934) S. 480 ff.; *Husserl*, Bemerkungen zur

altgewohnten Vorstellungen festhalten möchten. Eins ist aber doch wohl sicher: von der Entdeckung *Kipps* sind überaus wertvolle Anregungen ausgegangen, und vor allem hat er uns an der Hand seiner rechtsdogmatischen Studie exemplarisch in das Wesen der Rechtsfolge grundsätzliche Einsichten verschafft.

Es wäre nicht schwer, noch mehr Beispiele für zivilrechtliche Entdeckungen in dem hier gemeinten Sinne vorzubringen. Man könnte etwa an den Wegfall der Geschäftsgrundlage denken oder an die positiven Vertragsverletzungen, obwohl bei ihnen der Einwand zu erwarten ist, die Entdeckung *Staubs* besitze keinen grundsätzlichen Erkenntniswert, sondern habe nur auf eine Lücke in den Regeln des Bürgerlichen Gesetzbuchs aufmerksam gemacht. Ich glaube freilich, damit würde die Leistung *Staubs* zu niedrig bewertet werden. Denn die Entwicklung hat doch gezeigt, daß die in unserer Kodifikation allein ausdrücklich normierten Forderungsverletzungen: die Unmöglichkeit der Leistung und der Verzug, ganz abgesehen von der deutschen positivrechtlichen Gestaltung und Systematik, nicht ausreichen, um alle denkbaren Verstöße gegen die aus einem Schuldverhältnis resultierenden Pflichten befriedigend zu erfassen. Betrachtet man die seit der Jahrhundertwende erlassenen ausländischen zivilrechtlichen Kodifikationen, den Fortschritt der schuldrechtlichen Dogmatik und Rechtsprechung, das anglo-amerikanische Recht sowie den Entwurf des Einheitsgesetzes über den internationalen Kauf von Mobilien[40], so wird sehr deutlich, daß der Werdegang eine Richtung genommen hat, die schon von *Staub* angebahnt wurde: man hat erkannt, daß die alten Kategorien nicht genügen. Die Vielfalt der

---

Lehre von den sogenannten Doppelwirkungen im Recht: Archeion Idiotikon Dikaion I (1934) S. 690 ff.

M.E. verkennen diese Autoren den normativen Sinn des Phänomens: Rechtswirkung, indem sie es – wenn auch nicht naturalistisch – „vergegenständlichen". Die erforderliche gründliche Auseinandersetzung mit *Zepos* und *Husserl* kann an dieser Stelle nicht erfolgen.

[40] Art. 40 ff. des Entwurfs eines einheitlichen Gesetzes über den internationalen Kauf beweglicher Sachen, französischer Text und deutsche Übersetzung in RabelsZ 22 (1957) S. 124 ff.

denkbaren und tatsächlich begegnenden Leistungsstörungen ist zu groß, als daß sie noch mit den einfachen, geschichtlich überkommenen Schemata bewältigt werden können. So gelangt man von einem allgemeinen Oberbegriff der Forderungsverletzung aus zu einer in den Prämissen und Sanktionen stark nuancierenden Behandlung der mannigfachen Leistungshindernisse. Das ist im Grunde das Rezept, das *Staub* schon für unser Bürgerliches Gesetzbuch empfohlen hatte. – Das Treuhand-Geschäft, an das in dem gegenwärtigen Zusammenhang gleichfalls gedacht werden könnte, würde ich eher eine *Erfindung* nennen als eine Entdeckung. Denn bei ihm handelt es sich nicht eigentlich um die Gewinnung grundsätzlich neuer Erkenntnisse, als vielmehr um die für praktische Ziele sinnreich erdachte Konstruktion von Rechtsbeziehungen unter Benutzung wohlbekannter juristischer Elemente. Man schaltet dem Rechtssubjekt, das letztlich Destinatär bestimmter wirtschaftlicher Ergebnisse sein, aber gewisse damit verknüpfte Folgen nicht oder noch nicht tragen oder erhalten soll, ein anderes Rechtssubjekt vor, macht dieses zum formellen Vollrechtsinhaber, bindet es aber durch intern wirkende Schranken dem Destinatär gegenüber. Das Neue an dieser Konstruktion ist die Gesamtkonstruktion selbst, die Bauelemente sind bekannt. Das Ganze ist ein rechtstechnischer, zuweilen überaus wirkungsvoller Kunstgriff, in England unter dem Druck praktischer Bedürfnisse erfunden und weiterentwickelt, wie man gesagt hat: das illegitime Kind des mittelalterlichen Kanzlers, ein geschichtliches Erzeugnis des Nebeneinander von legal und equitable interests, von strengem und Billigkeitsrecht. Wir würden in unserer modernen Sprache von einer „Erfindung der Kautelarjurisprudenz" reden.

Lassen Sie mich jetzt noch zwei Beispiele für „Entdeckungen" aus dem Bereich des internationalen Privatrechts bringen. Als erstes die – sit venia verbo – kopernikanische Wendung[41], die *Savigny* im 19. Jahrhundert (als Siebzigjähriger im 8. Band seines 1849 erschiene-

---

[41] So *Neuhaus*, Savigny und die Rechtsfindung aus der Natur der Sache: RabelsZ 15 (1949/50) S. 364 ff., 366.

nen Systems des heutigen römischen Rechts) dem Kollisionsrecht durch seine berühmte *Lehre von der Maßgeblichkeit des Sitzes des Rechtsverhältnisses* gegeben hat[42]. Bekanntlich hat die sog. Statutentheorie, im frühen Mittelalter entwickelt, fast fünf Jahrhunderte lang die Theorie und Rechtsprechung des internationalen Privatrechts im wesentlichen allenthalben beherrscht, mit der Fragestellung: worauf sich die objektiven Rechtssätze, die statuta, die coutumes, die deutschen Partikularrechtsnormen bezogen, auf Personen, auf Sachen oder auf Handlungen. Danach wurde der Geltungsbereich der einzelnen Gesetze abgesteckt, nach diesem Maßstab ihre Einteilung in statuta personalia, statuta realia und statuta mixta vorgenommen und gelehrt, daß das Realstatut die im räumlichen Herrschaftsgebiet des Statuts belegenen Grundstücke ergreife, das Personalstatut für diejenigen Personen gelte, die im Gebiet ihren Wohnsitz haben oder aus dem Gebiet stammen, und daß das statutum mixtum auf solche Handlungen anwendbar sei, die im Gebiet des Statuts vorgenommen worden sind. Bei außerordentlich zahlreichen Verschiedenheiten im einzelnen ist doch allen Gelehrten von *Bartolus* bis in das 19. Jahrhundert zweierlei gemeinsam: Sie wollen die Rechtsnormen selbst nach ihrem Hauptgegenstande daraufhin prüfen, wann sie anzuwenden sind. Und sie wollen ferner Grundsätze aufstellen, die überstaatlich gelten sollen. Auch die Gesetzgebungen haben die Statutentheorie in der einen oder anderen Weise übernommen und zum Teil weitergebildet. Erst das 19. Jahrhundert bringt die Erkenntnis, daß die Statutentheorie ihre Aufgabe nicht erfüllen konnte. Ihre Vielgestaltigkeit und Mehrdeutigkeit, die seit langem bemerkt worden waren, ihre Einkleidung in naturrechtliche Gewänder, ihr Bestreben, in wenigen Leitsätzen den Anwendungsbereich der Rechtsnormen zusammenzufassen, das alles wurde im 19. Jahrhundert von anderen Prinzipien verdrängt, und derjenige, der mit einer ganz veränderten Fragestellung gegenüber den Sachverhalten mit internatio-

---

[42] *Von Savigny*, System des heutigen römischen Rechts VIII (1849), Neudruck (1956), S. 108, 120 und öfter.

nalem Einschlag einen neuen methodischen Aspekt für diese Welt „entdeckte", ist *Savigny* gewesen. *Savigny* fragt nicht mehr, wie die Vertreter der Statutentheorie es getan hatten, welche Natur die einzelnen Rechtssätze haben, ob sie sich auf Personen, Sachen oder Handlungen beziehen, sondern er geht von einer ganz anderen Seite an das Problem der lokalen Gesetzeskonflikte heran. Er fragt nach der Natur der einzelnen Rechtsverhältnisse[43]. Die Rechtsverhältnisse, nicht die Rechtssätze will er klassifizieren[44]. Bei jedem Rechtsverhältnis, so lehrt *Savigny*, ist das Gebiet aufzusuchen, dem es seiner eigentümlichen Natur nach angehört oder unterworfen ist[45]. Für jede Klasse der Rechtsverhältnisse ist ein bestimmter Sitz zu ermitteln[46]. Dieses berühmt gewordene Bild vom Sitz des Rechtsverhältnisses gab fortan die methodische Richtung an, in der sich Wissenschaft und Praxis des internationalen Privatrechts bewegten. An die Stelle des von der Statutentheorie begünstigten Strebens, den Anwendungsbereich der Rechtssätze von wenigen allgemeinen Prinzipien aus deduktiv systematisch zu bestimmen, trat die nach dem Charakter des zuzuordnenden Lebensverhältnisses individualisierende Methode, die – trotz einigen Rückwendungen zu den alten Grundsätzen – bis auf den heutigen Tag herrschend geblieben ist. Welch eine Stärke und Unabhängigkeit des Geistes gehörte dazu, eine jahrhundertealte Betrachtungsweise zu ersetzen durch eine ganz neue Art, die Zusammenhänge zu sehen, und dadurch die bisher geltenden Grundsätze durch völlig andere Leitgedanken abzulösen. Auch hier ist es freilich wie bei den meisten „Entdeckungen" zugegangen. *Savigny* ist nicht ohne Vorgänger gewesen und nicht ohne Gegner geblieben. Der Statutentheorie war schon früher, namentlich von *Carl Georg v. Wächter* (1841)[47], der Todesstoß ver-

---

[43] Vgl. dazu den Aufsatz von *Neuhaus* a.a.O.
[44] *Savigny* a.a.O. S. 120 ff.
[45] *Savigny* a.a.O. S. 28, 108 und öfter.
[46] *Savigny* a.a.O. S. 120.
[47] *Von Wächter*, Über die Collision der Privatrechtsgesetze: Arch. civ. Pr. 24 (1841) 230 ff., 25 (1842) 1 ff., 162 ff., 361 ff.

setzt worden, indem ihre Mängel aufs deutlichste aufgewiesen wurden, und der große nordamerikanische Jurist *Joseph Story* hatte in seinen 1834 erschienenen Commentaries on International Law gezeigt, wie das geltende Recht aus einer empirisch-induktiven Untersuchung der gerichtlichen Entscheidungen zu gewinnen sei. Aber diese Vorgänge vermögen *Savignys* Verdienst nicht im geringsten zu schmälern, zumal da *Savigny* einen ganz anderen Ausgangspunkt nahm als *Story* und über die recht enge eigene Lehre *Wächters* weit hinausgelangte. Man hat *Savigny* vorgeworfen, daß er mit einem bloßen Bild operiert habe, das sei zu vage, das führe zu juristischem Impressionismus[48]. Aber wir wissen, was es mit den Bildern im juristischen Sprachgebrauch und bei der juristischen Begriffsbildung auf sich hat. Wir können sie gar nicht vermeiden. Es kommt nur darauf an, sich ihres funktionalen Charakters bewußt zu bleiben. *Savigny* hat jedenfalls durch sein Bild vom Sitz des Rechtsverhältnisses (das *Gierke* dann durch das Bild vom „Schwerpunkt" ersetzen wollte)[49] den schlechthin entscheidenden methodischen Hinweis gegeben: das konkrete, zu beurteilende Lebensverhältnis mit Auslandsberührung irgendwelcher Art ist derjenigen Rechtsordnung zu unterstellen, zu der es die intensivsten Beziehungen aufweist! Schwerlich wird es jemals gelingen, diese für die internationalprivatrechtliche Behandlungsweise maßgebend gewordenen Ausgangsformeln durch bessere und präzisere zu ersetzen. – Über *Savignys* wahrhaft weltweite Wirkung brauche ich hier kaum etwas zu sagen; sie ist allgemein bekannt. Seine Lehre wurde gemeines deutsches Recht, hat vielfach zu einer Umdeutung deutscher Landesgesetze geführt und auf die Rechtsentwicklung des Auslandes großen Einfluß geübt. Franzosen haben *Savigny* als Franzosen in Anspruch nehmen wollen[50], und in der angelsächsischen Rechtsprechung spielt *Savigny* die

---

[48]) *Von Bar*, Theorie und Praxis des IPR I (1889) 77; *Niboyet*, Précis élémentaire de droit international privé (1928) S. 143.
[49]) *O. Gierke*, Deutsches Privatrecht I (1895) S. 217.
[50]) Vgl. *Martin Wolff*, Das internationale Privatrecht Deutschlands (3. Aufl. 1954) S. 22 Anm. 7.

Rolle einer Autorität gleichen Ranges mit *Story*[51]. Ganz abgesehen von der Bedeutung, die *Savigny* sonst als großer deutscher Rechtsdenker hat, er gehört auch zu denen, die eine weittragende juristische „Entdeckung" gemacht haben!

Eine wahrhafte „Entdeckung" war auch die Erkenntnis des Problems der sogenannten *Qualifikationen* im Internationalen Privatrecht. *Batiffol* sagt in seinem Traité Elémentaire de Droit International Privé[52] von dem Problem der Qualifikationen: „... qui constituait une véritable découverte pour la science française du conflit des lois." Damit hat es insofern eine bemerkenswerte Bewandtnis, als hier ein Vorgang zu beobachten ist, wie er bei naturwissenschaftlichen Entdeckungen häufig vorkommt. Unabhängig voneinander sind zwei Gelehrte (verschiedener Nationalität) zu etwa derselben Zeit auf dieselbe Frage gestoßen und haben sie in ungefähr derselben Weise zu lösen versucht. Im Jahre 1891 hatte *Franz Kahn* das Qualifikationsproblem aufgespürt und unter der Bezeichnung „latente Konflikte" in Deutschland bewußt gemacht[53]. 1897 folgte dann der berühmt gewordene Artikel *Bartins* im Journal Clunet über „le problème des qualifications"[54], ohne daß eine Abhängigkeit von *Kahns* vorangegangener Arbeit vorgelegen hätte, und nun setzte die Diskussion über die Qualifikationen ein, verbreitete sich über die ganze Erde und ist bis heute nicht zur Ruhe gekommen. Natürlich war schon vor *Kahn* und *Bartin*, wie wir aus den Quellen entnehmen können, das Qualifikationsproblem aufgetaucht, nur war es als solches nicht erkannt worden. Diese Erkenntnis, die klare Einsicht in

---

[51]) Siehe *Martin Wolff*, Private International Law (2. Aufl. 1950) S. 37; *Gutzwiller*, Der Einfluß Savignys auf die Entwicklung des internationalen Privatrechts (Collectanea Friburgensia, n.F. 19, 1913) 109 ff.

[52]) *Batiffol*, Traité élémentaire de droit international privé (2. Aufl. 1955) S. 340.

[53]) *Kahn*, Gesetzeskollisionen, ein Beitrag zur Lehre des Internationalen Privatrechts: Iherings Jahrb. 30 (1891) 1 ff. (107 ff.) = Abhandlungen zum Internationalen Privatrecht (1928) S. 1 ff. (92 ff.).

[54]) *Bartin*, De l'impossibilité d'arriver à la suppression définitive des conflits de lois: Clunet 1897, S. 225 ff., 466 ff., 720 ff.

die hier gegebene Problematik verdanken wir erst den Entdeckungen *Kahns* und *Bartins*. Worum handelt es sich? Ich darf, auf die Gefahr hin, Bekanntes zu sagen, soviel andeuten: Jede Rechtsordnung „qualifiziert" die von ihr geregelten Beziehungen, indem sie ihnen einen bestimmten juristischen Charakter aufprägt. So behandelt sie zum Beispiel die Vermögensrechte einer Ehefrau bei der Eheauflösung als ehegüterrechtlich oder erbrechtlich, die Verjährung als privatrechtlich oder prozeßrechtlich, das Eheaufgebot oder den Verwandtenkonsens als materielle Ehevoraussetzung oder als Teil der Eheschließungsform, den Verlöbnisbruch als Vertragsverletzung oder als Delikt usw. Derartige Qualifikationen haben nicht nur systematische, sondern in aller Regel unmittelbar normative Bedeutung, insofern, als in ihnen meist das rechtliche Gebot enthalten ist, die in bestimmter Weise qualifizierte Beziehung einer entsprechend bestimmten rechtlichen Behandlung zu unterwerfen. Qualifiziert z.B. unser Recht die vermögensrechtlichen Befugnisse der Ehefrau bei der Eheauflösung als ehegüterrechtlich (und nicht als erbrechtlich), so liegt darin das Gebot, darüber abgeschlossene Verträge als Eheverträge und nicht etwa als Erbverträge zu behandeln, die Rechte der Ehefrau dem Zugriff der Nachlaßgläubiger zu entziehen und anderes. Problematisch in dem hier interessierenden Zusammenhang wird nun die Lage namentlich dann, wenn die eigene Kollisionsnorm, um einen bestimmten Lebenssachverhalt einem bestimmten Recht zu unterstellen, diesen Sachverhalt durch einen, der internen Rechtsordnung entnommenen, Sammelbegriff abkürzend qualifiziert, und nunmehr in dem zur Anwendung berufenen Recht eine andere Qualifikation dieses Lebenssachverhaltes begegnet. Ein klassisches Beispiel: Ein Holländer errichtet in Deutschland ein eigenhändiges Privattestament. Nach seinem Tode wird in Deutschland die Frage streitig, ob das Testament gültig sei. Denn nach Art. 992 des niederländischen Zivilgesetzbuchs kann ein Holländer nicht holographisch testieren, auch nicht im Ausland. Wie hat der deutsche Richter vorzugehen? Drei deutsche Kollisionsnormen (die immer seinen Ausgangspunkt bilden müssen) bieten sich ihm prima facie an: Art. 7 EGBGB, der die Geschäftsfähigkeit (Testierfähigkeit?) dem Heimatrecht des Handelnden unterwirft; Art. 11 EGBGB, der für die Form eines Rechtsgeschäfts die Beobachtung des Ortsrechts genügen läßt; und die Art. 24, 25 EGBGB, aus denen sich ergibt, daß eine Person nach ihrem Heimatrecht zur Zeit ihres Todes beerbt wird. Man sieht also ganz deutlich, die Entscheidung ist davon abhängig, wie die vorliegende Frage das zu beurteilende Rechtsverhältnis qualifiziert, wie es eingeordnet wird. Handelt es sich bei der Errichtung des holographischen Testaments durch einen Niederländer in Deutschland um einen Vorgang, dessen rechtliche Wertung durch seine Form oder durch die dem Handelnden von seinem Heimatrecht zu- oder aberkannte Fähigkeit bestimmt wird, oder hat man sich etwa mit der Feststellung zu begnügen, daß der Vorgang jedenfalls die Beerbung betrifft? Es ist hier nicht der Ort, die Antwort auf diese Fragen zu diskutieren, über die bis heute eine allgemeine Verständigung nicht erfolgt ist. Es genügt, noch einmal zu betonen, daß unsere Wissenschaft Männern wie *Franz Kahn* und *Bartin* überhaupt erst das Verständnis für die Fragestellung verdankt, die es ermöglicht hat, dem Problem zu Leibe zu gehen und seiner Lösung nahezukommen oder doch zu bemerken, daß manche scheinbar problematische Fälle in Wahrheit ein Problem gar nicht enthalten. Übrigens ist die heute noch herrschende Lehre, wonach die Qualifikation in erster Linie nach der lex fori vorzunehmen sei, schon von *Kahn* und von *Bartin* vertreten worden. Freilich scheint sich auf die Dauer die, namentlich von *Ernst Rabel* geförderte[55] Erkenntnis durchzusetzen, daß die Qualifikation nach der lex fori sich Modifikationen gefallen lassen muß, welche der Eigenständigkeit und der spezifischen Funktion der Kollisionsnormen Rechnung tragen.

Diese Beispiele sollen genügen. Meine Damen und Herren, ich habe die große Ehre, diesen Vortrag über „Juristische Entdeckun-

---

[55] *Rabel*, Das Problem der Qualifikation: RabelsZ 5 (1931) S. 241 ff.; auch als Sonderdruck (1956).

gen" vor dem Deutschen Juristentag zu halten, nicht anders ausgelegt, als daß mir damit der Auftrag erteilt wurde, von geistigen Leistungen der Juristen zu künden, die nach ihrer Art und nach ihrer Wirkung den Vergleich mit Großtaten der Naturwissenschaft nicht zu scheuen brauchen. Ich glaube in der Tat, daß ein objektives Urteil bei einem Vergleich zwischen den Erkenntnissen, welche die Naturwissenschaft, und denen, welche die Geisteswissenschaften errungen haben, schwerlich zu einem Ergebnis gelangen würde, das jenen vor diesen oder diesen vor jenen den Vorrang einräumt. Der Schein trügt. Naturwissenschaftliche Entdeckungen zumal pflegen auf die Dauer unseren zivilisatorischen Standard in so augenfälliger Weise zu beeinflussen, daß auch diejenigen, denen die naturwissenschaftliche Grundlage fremd bleibt, davon einen imponierenden Eindruck gewinnen. Und es kann auch nicht geleugnet werden, daß epochale naturwissenschaftliche Entdeckungen unser Weltbild umzuformen imstande sind. Demgegenüber haben geisteswissenschaftliche Neuerkenntnisse einen schweren Stand. Meist erfahren von ihnen – mindestens zunächst – nur wenige. Es vergehen längere Zeiträume, bis sie sich durchsetzen und allgemeine Anerkennung finden. Und es liegt in der Natur der Sache, daß sie auch dann keineswegs als neugewonnene geistige Positionen bewußt werden, obwohl ihre Wirkung oder vielleicht sogar, weil ihre Wirkung breit und intensiv geworden ist. Erst der später die Entwicklung überschauende, ordnende und darstellende Historiker gewinnt die rechten Maßstäbe für die Bedeutung rein geistiger Ideen. Das alles nun gilt in besonderem Maße für Entwicklungsvorgänge im Bereich grundsätzlicher juristischer Erkenntnisse. Auch sie sind heute so stark an eine technisierte Begriffswelt gebunden, daß außerhalb der Fachgenossen kaum Anteil erwartet werden darf. Erst wenn die Ergebnisse auf die Dauer in wirtschaftlichen oder persönlichen Folgen sichtbar werden, dann wird das Interesse wach, aber auch dann richtet es sich nicht eigentlich auf die grundlegenden Konzeptionen, sondern auf das greifbar Vordergründige. Gleichviel, auch der Jurist – und das sollten meine Ausführungen zeigen – erhebt Anspruch auf Teilnahme an dem

Suchen nach der Wahrheit, die letztlich überall eine und dieselbe sein muß, und er darf diesen Anspruch erheben. Er lebt in der Zuversicht, daß auch seine neuen Erkenntnisse über die inneren, über die wesensmäßigen Zusammenhänge des Gerechten und Zweckmäßigen früher oder später diejenigen erreichen werden, für die sie bestimmt sind. Im übrigen ergibt er sich – um mit *Schopenhauer* zu reden – gelassen darein, daß auch seiner Arbeit in vollem Maße das Schicksal werde, welches jeder Erkenntnis, jeder Wahrheit zuteil ward: Ihr ist ein kurzes Siegesfest beschieden zwischen den beiden langen Zeiträumen, wo sie als paradox verdammt und als trivial geringgeschätzt wird[56].

---

[56] *Schopenhauer*, Die Welt als Wille und Vorstellung; Vorrede zur ersten Auflage a.E., Dresden 1818; Insel-Ausgabe, Sch. stl. Werke S. 15.

JOHANNES APEL,
Noribergensis.

ICtus, Canonicus primum et Consiliarius Wurce-
burgensis; dein Supremo Magistro ordinis Borussici,
et tandem ab A. 1534. ad A. 1536. Reipublicæ patriæ
à Consiliis.

Natus A. 1486. d.   Den. A. 1536. d. 27. Apr.

Vom „Knastbruder" zum Professor der Rechte – Johann Apel zur Unterscheidung zwischen obligatorischen und dinglichen Rechten

(Stephan Balthasar)

A. Der Entdecker

So etwas hatte man in Würzburg selten gesehen: Am 1. Juni des Jahres 1523 erschien auf der bischöflichen Kanzlei eine Truppe Stadtknechte, um die geistlichen Räte Johann Apel und Friedrich Fischer zu verhaften und auf die Festung Marienberg zu bringen. Die Vorgeschichte ist schnell berichtet: Nachdem Johann Apel von Papst Julius II. im Jahre 1516 ein Kanonikat am Neustift in Würzburg verliehen bekommen hatte, war er als Diakon zum Zölibat verpflichtet. Gleiches galt für seinen Kollegen Fischer, der ebenso wie Apel geistlicher Rat des Bischofs von Würzburg, Konrad III., war.

Nun hatte Fischer sich aber in ein Mädchen aus Mainz verliebt, das er heimlich zu sich nahm. Apel folgte diesem Beispiel und „entführte" eine Nonne aus dem Würzburger Kloster St. Marx. Als die Liebschaften bekannt wurden, „entstand ein gemein, offen Geschrei in der gantzen Stadt". Auch Bischof Konrad war von den Eskapaden seiner Hofjuristen nicht begeistert und forderte Apel auf, die Nonne dem Kloster zurückzubringen. Apel hatte jedoch Gefallen am „schönen Geschlecht" gefunden. Statt dem Ansinnen seines Arbeitgebers zu folgen, ließ er dem Bischof eine Verteidigungsschrift mit dem Titel „Defensio pro suo coniugio" zukommen. Das Ergebnis ist bekannt: Zwei Wochen später wurde Apel verhaftet. Friedrich Fischer – ebenso wie Apel mittlerweile glücklicher Ehemann – erging es nicht anders.

Apels Kollege Jacob Fuchs der Jüngere hatte die Geistesgegenwart, sofort nach der Verhaftung Fischers dessen Frau zu informieren, die zusammen mit Apels Angetrauter das Weite suchte. Auch Jacobs Fuchs der Ältere ergriff Partei für Apel und versuchte, den Bischof umzustimmen. Er hatte damit jedoch keinen Erfolg. Apels Verwandte und Freunde wandten sich daraufhin mit einer „supplicatio" an das Reichsregiment in Nürnberg. Hier vertrat Erzherzog Ferdinand seinen Bruder Kaiser Karl V. Die Rechtslage war durchaus günstig für Apel: Nach einem Reichsabschied vom 6. März 1523 durfte die Heirat geistlicher Herren nicht mit Gefängnis bestraft werden. Das Reichsregiment gab daher Bischof Konrad auf, Apel sofort freizulassen. Der Würzburger Bischof blieb jedoch hart und Apel sein Gefangener.

Nun entspann sich ein reger Schriftwechsel zwischen Apel, seiner Familie, seinen Freunden sowie dem Reichsregiment einerseits und dem Bischof andererseits. Bischof Konrad schimpfte auf die „verdampte Lutherische Lehre" und wollte einen kanonischen Prozeß nach allen Regeln der Kunst führen. Nach drei Monaten des Hin- und Herschreibens gab er jedoch schließlich nach: Am 27. August wurden Apel und Fischer freigelassen und mußten lediglich Urfehde schwören. Dies war ein juristischer Kniff: Wer Urfehde schwor, erkannte seine Verhaftung als rechtmäßig an und verzichtete auf jegliche Gegenrechte. Der Bischof begnügte sich damit, daß das geistliche Gericht die beiden Kanoniker der Stadt verwies und ihnen Ämter und Pfründe entzog (privatio ab officio et beneficio). Eine recht milde Folge, wenn man bedenkt, daß Geistliche, die sich verheirateten, andernorts enthauptet, gespießt oder lebendig verbrannt wurden.

Für einen juristischen Entdecker war das aber kein besonders guter Karrierestart. Apel, geboren in Nürnberg im Jahre 1486 als Sprößling eines wohlhabenden Tuchmachers, hatte seine juristische Laufbahn in Sachsen begonnen. Als im Herbst 1502 die neue Universität in Wittenberg eröffnet wurde, lautete die 41. Matrikel: „Ioannes Appell nurmbergen". Wie damals üblich, betrieb Apel nicht von Anfang an ein Fachstudium, sondern genoß zunächst eine allgemeine Ausbildung an der philosophischen Fakultät, an der in Wittenberg damals der Humanist Hermann v. d. Busche lehrte. Der Kontakt mit der Aufbruchstimmung des Humanismus wurde prägend für Apels weiteren Werdegang und seinen Entdeckergeist. So wie der Humanismus sich von der mittelalterlichen Unterrichtsmethode abwendete und die alten Autoritäten in Frage stellte, so stand auch Apel in seinem Fach der hergebrachten Lehre stets kritisch gegenüber.

Nachdem sich die öffentliche Stimmung in Würzburg gegen ihn gewandt hatte, mußte Apel nun anderswo sein Auskommen suchen. Sein Schicksal war natürlich besonders in reformatorischen Kreisen bekannt geworden; Luther selbst besorgte eine gedruckte Ausgabe der „Defensio" Apels. Möglicherweise hatten sich die beiden Männer schon 1518 kennengelernt, als Luther auf einer Reise nach Heidelberg in Würzburg Station machte und von dem damaligen Bischof, Herzog Lorenz von Bibra, herzlich aufgenommen worden war. Apel erinnerte sich seiner Beziehungen nach Wittenberg und wurde nicht enttäuscht. Sein Studiengefährte Georg Spalt, bekannt als Spalatinus, und Martin Luther schlugen dem sächsischen Kurfürsten Friedrich dem Weisen vor, Apel eine vakante Professur an der Universität Wittenberg zu verleihen; dort wurden dringend neue Rechtslehrer gebraucht. Apel übernahm den Lehrstuhl des verstorbenen Johann Schwertfeger. Für die Universität Wittenberg war der Neuzugang ein Glücksfall. Apel übernahm nicht nur im Wintersemester 1524/25 das Rektorat. Sein größter Erfolg war Apel in der Lehre beschieden. Bereits 1525 verdoppelte der neue Kurfürst Johann der Beständige das Gehalt Apels auf 80 Gulden jährlich. Damit aber gab sich die Universität nicht zufrieden und bat für Apel um eine weitere Zulage mit der Begründung: „dan er hat itzo fast die meisten Studenten und Zuherer under allen Doctoren in Rechten". Der Kurfürst kam dem Anliegen der Universität gerne nach und verdoppelte das Gehalt noch ein weiteres Mal.

In Wittenberg pflegte Apel eine enge Beziehung zu den reformatorischen Kreisen um Luther und Melanchthon: Kurze Zeit nach seiner Berufung war er einer der wenigen Trauzeugen der Hochzeit Luthers mit Katharina von Bora im Jahre 1524. Als Apel – inzwischen Dekan der juristischen Fakultät – sich auf einer Geschäftsreise in Nürnberg befand und seine kleine Tochter starb, war es Luther, der ihm dies persönlich in einem Brief mitteilte. Melanchthon schrieb gleichzeitig rührende Worte an Joachim Camerarius, Apels Gastgeber in Nürnberg: „Apel ist, wie ich vermute, schon bei Euch angekommen; ich bitte, daß Du bei seiner Aufnahme keine Freundespflicht verabsäumst. Denn er ist, wie Du weißt, gelehrt und es lastet auf ihm eine gewisse Mißgunst seiner Fachgenossen wegen der Anhänglichkeit an unsere wissenschaftliche Richtung. Gerade jetzt ist ihm etwas gar Bitteres begegnet; er verlor seine kleine Tochter. Da ich nun weiß, wie seine Seelenstärke durch mehrere Verluste in seiner Familie halb gebrochen ist und kaum hinreichen dürfte, den Stachel dieses Schmerzes zu ertragen, so bitte ich Dich bei Christus, seinen Kummer durch Liebesdienste, Aufmerksamkeiten und jeden Trost, der möglich ist, zu mildern. Hier gibt sich unser Freundeskreis alle Mühe, die gebeugte Seele der Frau einigermaßen wieder aufzurichten, die übrigens, damit er nicht in Sorge sei, sich wohl befindet, nur daß eben Trauer sie niederdrückt." Nach der Rückkehr Apels bemerkt Melanchthon in einem Brief: „Es ist jetzt unsere Aufgabe, die Trauer des vortrefflichen Mannes, so weit wir es vermögen, zu mildern. Doch trägt er, muß ich der Wahrheit gemäß sagen, seinen so großen Verlust mit erhabenem Geist."

Im Sommer 1527 brach in Wittenberg die Pest aus. An einen geordneten Vorlesungsbetrieb war daher nicht zu denken. Apel jedoch lehrte weiter, so gut es die Umstände zuließen. Bei seinen Vorlesungen bemerkte er, daß seine Studenten mit der juristischen Logik große Schwierigkeiten hatten, und kam so auf die Idee, die dialektische Methode Melanchthons auf die Jurisprudenz anzuwenden. Den Unterrichtsstoff zerlegte er im Interesse einer übersichtlichen Lehrweise in Definition, Unterteilung (divisio) in „species" oder „partes", Entstehungsgründe (causae), Wirkungen (effectus sive officia), Abgrenzung zu ähnlichen Begriffen (adfini) sowie Aufzählung der Gegenteile (contraria) und modifizierender Begleitumstände (circumstantiae). Alle diese Elemente illustrierte Apel mit Beispielen aus den Institutionen und hatte mit dieser Vorlesung einen solchen Erfolg, daß er sie schon im folgenden Semester wiederholen mußte. Einigen Privathörern diktierte er sie unter dem Titel „Methodica dialectices ratio".

Als der Rat der Stadt Nürnberg Apel 1527 zu einem Anstellungsgespräch einlud, wurde man in Wittenberg unruhig. Melanchthon stellte gegenüber seinem Nürnberger Freund Camerarius fest: „Apel dürfen wir unserer Schule nicht entziehen lassen." Auch wenn die Verhandlungen mit dem Nürnberger Rat nicht zum Abschluß kamen, sollte Apel seine Stelle in Wittenberg nicht mehr lange bekleiden. Sein Leidensgenosse aus Würzburg, Friedrich Fischer, war inzwischen zum Kanzler des Herzogs Albrecht in Königsberg ernannt worden. Als Fischer 1529 an den Folgen einer Tuberkulose starb, wandte sich Herzog Albrecht an Luther. Er möge ihm „helfen zu rathen, daß er einen oder zween geschickte Männer an Dr. Fischers seliger Statt haben" werde. Es bedarf keiner Erläuterung, wen Luther empfohlen hat. Noch ein letztes Mal las Apel seine „Methodica dialectices ratio", bevor er Urlaub nahm und 1530 zu neuen Ufern nach Königsberg aufbrach. Als Kanzler von Preußen war Apel Mitglied des geheimen Rates des Herzogs und leitete dort das Referat für Justizsachen. Insbesondere oblag ihm die Ausfertigung der herzoglichen Urteile und Bescheide. Bei Herzog Albrecht stand Apel nach kurzer Zeit in hohem Ansehen. So betraute ihn der Herzog bald auch mit so heiklen diplomatischen Missionen wie den Auseinandersetzungen mit seinem Lehnsherrn, der polnischen Krone.

Das Diktat der „Methodica dialectices ratio" war inzwischen mehrfach abgeschrieben und so weiterverbreitet worden. Seine Freunde mahnten daher den Autor, die Herausgabe zu besorgen, damit nicht die Gefahr bestehe, daß ihm ein gewinnsüchtiger Drucker – wie es damals mangels Urheberrechtsschutzes häufiger geschah – mit einer Veröffentlichung zuvorkommen könne. Auch der Baseler Jurist Claude Chansonette, bekannt unter dem Namen Cantiuncula, drängte ihn zur Herausgabe. Mit typisch humanistischer Schnörkelhaftigkeit „beruhigte" Cantiuncula in seinem Brief Apel damit, daß es einst auch niemand gewagt habe, den vom griechischen Maler Apelles unvollendeten Körper der Venus von Cos zu vollenden. Apel verbesserte daraufhin sein Werk noch auf der Grundlage der Pandektenausgabe Haloanders, gab ihm 1533 seine endgültige Fassung und widmete es dem Bischof von Przemysl, den er als Generalsekretär des polnischen Königs kennengelernt hatte. Um ganz sicherzugehen, ließ er auch den Brief Cantiunculas abdrucken. Fastnacht 1535 wurde das Werk dann bei Friedrich Peypus in Nürnberg in einer Auflage von 1000 Exemplaren verlegt, die bereits zu Pfingsten fast ausverkauft war. Das Werk sollte später noch dreimal nachgedruckt werden.

In Königsberg wurde Apel nicht recht heimisch. Ihn und seine Frau plagten gesundheitliche Probleme, und so kam es, daß Apel die Verhandlungen mit dem Nürnberger Rat wieder aufnahm. Im September 1534 trat er eine Stelle als Ratskonsulent und Advokat in Nürnberg an. Der Bruder Herzog Albrechts, Markgraf Georg, versuchte zwar, Apel wieder abzuwerben. Um ihn zu halten, erhöhte jedoch der Rat in Nürnberg Apels Jahresbesoldung auf 300 Gulden, zu der noch die Einkünfte aus der Praxis hinzukamen. Apel wurde auch zum Beisitzer am Stadtgericht bestellt und sollte sogar eine Assessur am Reichskammergericht übernehmen, die er jedoch ablehnte. Gelegentlich besorgte Apel auch noch Geschäfte für Herzog Albrecht und blieb mit ihm stets in engem Kontakt: Regelmäßig wurden Briefe gewechselt und von Zeit zu Zeit auch kleine Aufmerksamkeiten ausgetauscht; Apel unterrichtete Herzog Albrecht weiterhin über die religiösen und politischen Händel – nicht ohne zuweilen auch hohe Würdenträger aufs Korn zu nehmen. Über die Belehnung des sächsischen Kurfürsten und dessen Huldigung vor Kaiser Ferdinand, bei der sich der Kurfürst einige Freiheiten herausgenommen hatte, schreibt er an Herzog Albrecht: „In der Huldigung soll der Bischof von Brünn das Buch gehalten haben, und als er gehört, das von churfürstlichen Gnaden die Heiligen ausgelassen, habe er, mit Verlaub vor Euer Fürstlichen Gnaden zu schreiben, in die Hosen gethan vor großem Zorn."

Apels angeschlagene Gesundheit sollte sich in Nürnberg nicht nachhaltig bessern. Im Frühjahr 1535 litt er unter schweren Fieberanfällen, die sich im Januar 1536 zwar noch einmal besserten, dann aber zusehends verschlechterten. Die letzten Genesungswünsche des Herzogs Albrecht erhielt Apel nicht mehr. Er starb am 27. April 1536 im Alter von 50 Jahren. Sein Grabstein auf dem Friedhof St. Rochus in Nürnberg erhielt die Inschrift:

Francia me sensit testem pietatis Apellum;
Per me quod leges arte loquuntur habent.
Prussia post primum me summo duxit honore;
Nunc mea, qui patris, contegit ossa lapis.

(Franken kennt mich, Apel, als Zeugen der Frömmigkeit;
Durch mich haben die Gesetze ihren kunstvollen Ausdruck
gefunden.
Preußen hat mich zur höchsten Ehre geführt;
Nun ruhen unter diesem Stein meine Gebeine neben denen
des Vaters.)

Apels Testament, in dem er seine Frau zur Alleinerbin einsetzte, wurde von seinem Schwager und Freund Dominicus Schleupner vollstreckt. Dieser kam so in den Besitz eines Manuskripts, in dem Apel in der Form eines Dialoges zwischen drei Juristen die Institutionen erläutert. Er beschränkt sich dabei nicht allein auf eine Kritik an der herkömmlichen Unterrichtsmethode, die den Anfängern das Leben unnötig schwer machte, sondern er entwirft auch eigene Gedanken zum System des Privatrechts. Schleupner erkannte den Wert des Textes und sorgte für die Veröffentlichung. Im Jahre 1540, fünf Jahre nach Apels Tod, verließ dessen „Isagoge in quatuor libros Institutionum divi Justiniani Imperatoris per dialogum" die Presse in Königsberg. Dies war für die Nachwelt ein echter Glücksfall: Denn eben dieses Werk ist es, das für Aufsehen gesorgt und Apels Bekanntheit begründet hat. Es war stets der „Dialogus", der von nachfolgenden Juristen gelesen und zitiert wurde.

B. Apels Entdeckung: Die zivilrechtliche Systematik

Die juristische Entdeckung, so formulierte Dölle auf dem 42. Deutschen Juristentag, ist der wissenschaftliche Akt, der gesetzliche Zusammenhänge erkennen läßt, über die man sich nicht im klaren war. Kurz: Die Entdeckung erhellt geistiges Dunkel. Hätte man Apel nach seiner Meinung gefragt, so hätte er die Rechtswissenschaft seiner Zeit wahrscheinlich als ein einziges geistiges Dunkel bezeichnet. In einem Brief an Herzog Albrecht von Preußen aus dem Jahr 1535 schreibt er: „Bisanher haben wir dermassen in iure studirt, das unter dreissig gelarten Iuristen nit einer ein rechten lateinischen Brief schreiben kann."

I. Vorgeschichte

Apel weist sich als ein Kind des Humanismus aus, wenn er so hart über die Rechtslehre seiner Zeit urteilt. Um nachvollziehen zu können, mit welcher Realität Apel konfrontiert wurde, sollen ein paar kurze Erläuterungen zur geschichtlichen Entwicklung der Rechtswissenschaft vorangestellt werden. Die Rechtswissenschaft, die Apel kennenlernte, geht maßgeblich auf den „magister artium liberalium" des Irnerius zurück, der im 11. Jahrhundert in Bologna lehrte. Irnerius entdeckte nach fünfhundertjähriger Verschollenheit die Digesten wieder, den Hauptteil des römischen Rechts, das im „corpus iuris civilis" kodifiziert worden war. Er machte die Digesten zum Gegenstand seiner Studien und Vorlesungen.

Damit war der Startschuß für die Rezeption des römischen Rechts gefallen. Zwar war die römische Tradition nie ganz abgebrochen, durch den Niedergang des Weströmischen Reiches und die Völkerwanderungen aber auf ein unvergleichlich niedriges Niveau gesunken. Bis ins 12. Jahrhundert hinein schlummerten die Digesten in völliger Vergessenheit. Erst durch die Entdeckung des Irnerius lernte man die Stoffülle und den Gedankenreichtum des römischen Rechts wieder zu schätzen, das damit zur Grundlage der mittelalterlichen Rechtswissenschaft wurde.

Irnerius bearbeitete die Digesten, indem er sie mit kurzen Randerläuterungen, sogenannten Glossen, versah. Durch die Arbeit der Glossatoren emanzipierte sich die Rechtswissenschaft – bisher nur ein Teil der „artes liberales" – im folgenden zu einer selbständigen Wissenschaft. Binnen Kürze entbrannte in ganz Europa die Leidenschaft für das römische Recht, und an allen europäischen Universitäten des 13. Jahrhunderts wurde es zum Gegenstand der Rechtslehre. Die Glossatoren wetteiferten in ihrem Bemühen, den Stoff des römischen Rechts wieder beherrschbar zu machen. Ihr Anliegen bestand insbesondere darin, die in den Digesten enthaltenen Widersprüche im Sinne eines harmonischen Textes aufzulösen.

Accursius, der 1263 in Bologna starb, brachte wohl das berühmteste Werk der Glossatorenschule hervor. Seine „Glossa ordinaria" zum „corpus iuris civilis" sammelte die Parallel- und Konträrstellen zu jedem einzelnen Digestenparagraphen auf so umfassende Weise, daß sein Werk noch heute von Bedeutung ist – es umfaßt nahezu 100.000 Anmerkungen zu den einzelnen Digestenstellen. Die accursische Glosse wurde zum Maßstab des im Deutschen Reich angewendeten römischen Rechts: „Quidquid non agnoscit glossa, non agnoscit curia" (Was die Glosse nicht anerkennt, erkennt auch das Gericht nicht an). Auf die Glossatoren folgten im 14. Jahrhundert die Kommentatoren, die Praktiker. Sie begannen, die theoretischen Erkenntnisse der Glossatoren auf die öffentlichen und privaten Rechtshändel anzuwenden. Es entstand eine ausgedehnte Konsultationspraxis, durch die das justinianische Recht zu einem tatsächlichen gesamteuropäischen Gemeinrecht (ius commune) gemacht wurde. Der Gedanke, das alte römische Recht sei die „ratio scripta" der abendländischen Christenheit, wurde so zur greifbaren Wirklichkeit.

Durch die Wiederentdeckung des römischen Rechts und durch seine immer intensivere wissenschaftliche Erforschung entstand also eine eigenständige Rechtswissenschaft und mit ihr folglich auch ein Juristenstand, der einen Großteil der Aufgaben in der Verwaltung und Rechtsprechung sowohl des Staates als auch der Kirche für sich beanspruchte – Tätigkeiten, die lange Zeit von juristischen Laien wahrgenommen worden waren. Das Rechtsleben wurde dadurch dem Volke zusehends entfremdet. Hans Sachs reimte über den „Procurator", den vor Gericht auftretenden Rechtsanwalt:

> *„Ich procurir vor dem Gericht,*
> *und offt ein böse Sach verficht,*
> *durch Loic, falsche list und renck,*
> *durch auffzug, auffsatz und einklenck,*
> *darmit ichs Recht auffziehen thu:*
> *schlecht aber zuletzt unglück zu,*
> *daß mein Parthey ligt unterm gaul*
> *hab ich doch offt gfüllt beutl und maul"*
> (in: Laufs, Rechtsentwicklung, S. 66).

Die schärfste Kritik an der mittelalterlichen Jurisprudenz und ihrer scholastischen Methode kam aus den Reihen der Humanisten. Zunächst war die Universität Bourges Zentrum der Reformbewegung, die daher mit dem Schlagwort „mos gallicus", im Gegensatz zum überkommenen „mos italicus", bezeichnet wurde. Der „mos gallicus" warf der mittelalterlichen Scholastik nicht nur ihre sprachliche Unkultur vor; Accursius brachte beispielsweise für griechische Quellen überhaupt kein Interesse auf. Von ihm soll das geflügelte Wort stammen: „Graeca sunt, non leguntur" (Das ist Griechisch, das braucht man nicht zu lesen). Ein weiterer Kritikpunkt war das mangelnde historische Verständnis der Scholastiker, die das römische Recht nicht aus seiner Geschichte heraus zu erklären versuchten, sondern davon ausgingen, der Gesetzestext und ihre eigene Rechtswirklichkeit seien in eine perfekte Harmonie zu bringen. Damit verschlossen sie sich der Einsicht, daß die Digesten, in denen eine Vielzahl juristischer Zitate aus den verschiedensten Epochen zusammengestellt waren, gar nicht aus einem Guß sein konnten. Vielmehr verursachte das Harmoniebedürfnis der Scholastik eine extreme Weitschweifigkeit und ausfernde Diskussion in den Kontroversen.

Die Rechtswissenschaft erschöpfte sich in Schattengefechten um zahllose Einzelprobleme.

Diesen Zustand karikiert Apel in seinem „Dialogus", als der ältere Student Alberich den jungen Sempronius auf dem Weg zur Digestenvorlesung anspricht: „Über welche Stelle wird gelesen?" Sempronius: „Über die ‚Lex si non sortem Digestorum de condictione indebiti'." Alberich: „Hui, die schwere dunkle Stelle?" Sempronius: „So scheint's, Alberich, denn ich bin bei diesem Anfang blinder als ein Maulwurf und tauber als eine Drossel; vielmehr nicht taub, denn ich höre ja einzelne Worte, doch verstehe ich nicht mehr, als wenn russisch doziert würde." Alberich empfiehlt nun dem armen Sempronius die Institutionen, den ersten Teil des „corpus juris civilis"; Sempronius hingegen meint, der Institutionenlehrer sei noch viel schlimmer. Soviel „species" und „genera" plappere er hintereinander vor, daß auch der Geschwätzigste müde würde. Überhaupt dauere seine Vorlesung mittlerweile fünf Jahre und er habe sie immer noch nicht beendet.

Nicht nur Apel war der Meinung, daß die hoffnungslos überfrachtete und unübersichtliche Kasuistik des mittelalterlichen „mos italicus" durch ein logisch erschließbares System gebändigt werden müsse. Statt der analytischen Exegese der Scholastiker sollte der Stoff der Digesten durch eine folgerichtige Stoffvermittlung, ein vernunftgemäßes, dialektisches System behandelt werden. Die Frage nach einem erlernbaren, nachvollziehbaren Rechtssystem wurde damit zur zentralen Frage des Rechtswissenschaft im 16. Jahrhundert (vgl. Affolter, Institutionensystem, S. 95).

Das klassische römische Recht gab jedoch zu einem solchen System nicht viel her. Die Römer waren „Empiriker des Rechts", und jegliches Systematisieren lag ihnen fern. Es ist kein Zufall, daß der römische Jurist Iavolenus in den Digesten vor der heute geradezu berüchtigten juristischen Definitionssucht warnt: „Omnis definitio in jure civili pericolosa est" (D.50.17.202). Die römischen Juristen vermieden bewußt die analytische Zerlegung ihrer juristischen Figuren, und ebensowenig hatten sie das Bedürfnis, ihre Fallösungen aus abstrakten Oberbegriffen logisch abzuleiten (vgl. Dubischar, Zweiteilung, S. 4; Boehmer, S. 60 f.). Gerade in der empirischen, intuitiven Methode der Rechtsfindung lag ein Grund für die Kasuistik des „mos italicus".

Das römische Privatrecht wurde regelmäßig auf der Grundlage der Dreiteilung in „personae", „res" und „actiones" behandelt, die auf das Institutionenlehrbuch des römischen Juristen Gaius zurückgeführt wird (Gaii Inst.1.8). Unter den Begriff „res" fielen alle Dinge, die für das Recht in irgendeiner Weise von Bedeutung waren: Obligationen ebenso wie Tiere oder Geld (Gaii Inst.2.12–13). Dabei stellte das römische Recht nun alle möglichen objektiven Rechtspflichten der einzelnen Personen dar, beispielsweise die aus einem Vertrag oder aus einem Delikt sich ergebende Pflicht, eine bestimmte Sache zu leisten. Das subjektive Recht, d.h. der Anspruch, stand dabei im Hintergrund. Er war lediglich die aus dem objektiven Recht sich ergebende Pflicht eines anderen. Der Anspruch ist also nur ein Reflex dieser Rechtspflicht. Praktisch, wie die Römer waren, faßten sie subjektive Rechte erst dann ins Auge, wenn objektive Rechtspflichten verletzt worden waren. Dann wird nämlich die Frage akut, ob eine bestimmte Person dieser Rechtsverletzung durch eine Klage (actio) Abhilfe schaffen kann (vgl. Affolter, Institutionensystem, S. 104 f.).

Es stellt sich also im römischen Aktionenrecht nicht in erster Linie die Frage, welche materiellen Ansprüche jemand hat, sondern vielmehr, ob es für einen bestimmten Rechtsbruch eine gerichtliche Klage gibt und wem diese Klage zusteht, wer also berechtigt ist, dem objektiven Recht zur Geltung zu verhelfen. Denkt man in der Kategorie subjektiver Rechte, so stellt sich dieses Problem nicht: Wenn ein Anspruch besteht, so ist es regelmäßig Sache seines Inhabers, den Anspruch auch gerichtlich geltend zu machen. Gleiches gilt beispielsweise für den Eigentümer, der die Sache vom unrechtmäßigen Besitzer herausverlangen kann. Die Römer dachten anders: Sie gingen nicht aus vom Recht auf Leistung, sondern von der objektiven Pflicht zur Leistung und überlegten dann, wer das Recht auf Leistung sollte einklagen dürfen – beispielsweise derjenige, an den der Schuldner hätte leisten sollen. Diese Überlegungen wurden jedoch stets nur für eng umrissene Einzelfälle angestellt. Eine grundsätzliche, allgemeingültige Begründung der Klagebefugnis kannten die Römer nicht. Ihnen war eine Systematik materieller subjektiver Rechte fremd, und es ist nicht weiter verwunderlich, daß dem Begriff des Eigentums (dominium) bei den Römern ein ganz anderer Inhalt zukam als heute. Sie bezeichneten es nicht als subjektives Recht, sondern verstanden Recht und Eigentum sogar als begriffliche Gegensätze (Ulpian D.39.2.13.1; Gaius D.39.2.19.pr.; vgl. Ulpian D.7.6.5.pr). Der Eigentümer hat kein Recht, sondern er hat die Sache selbst. Dieses „Haben" wurde von den Römern im weitesten Sinne aufgefaßt; „dominium" konnte also nicht nur an körperlichen Sachen bestehen, sondern bezeichnete eine Art allgemeiner zivilrechtlicher Zuständigkeit. Daher gab es „Eigentum" an einer Erbschaft als Sachgesamtheit, an Nießbrauch und an Dienstbarkeiten (vgl. Glück, Erläuterungen, S. 503) und sogar an Rechten (vgl. Dubischar, Zweiteilung, S. 15, 38 m.w.N.). Der deliktische Schadensersatzanspruch im römischen Recht, die „lex Aquilia", schützte folglich nicht ein Recht an der Sache, sondern die Sache selbst (vgl. Coing, Systemgedanke, S. 37). Der Rechtsgedanke bestand also schlicht in dem Verbot, eine bestimmte Sache zu zerstören oder zu beschädigen. Man brauchte kein Eigentum als abstraktes Recht an der Sache zu konstruieren, das durch die Sachbeschädigung beeinträchtigt würde.

Die Digesten unterschieden jedoch bereits zwei unterschiedliche Prozesse, zum einen die Klage auf eine Sache, die auf dem Eigentum beruht, und zum anderen die Klage gegen eine Person, durch die eine Leistung des Schuldners eingeklagt wird:

„Actionum genera sunt duo; in rem quae dicitur vindicatio,
et in personam, quae condictio appellatur. In rem actio est,
per quam rem nostram petimus, et semper adversus eum qui
possidet. In personam actio est, qua cum eo agimus, qui

*obligatus est nobis ad faciendum aliquid vel dandum.
Et semper adversus eundem locum habet"*
(Ulpianus, D.44.7.25.pr).

Diese Unterscheidung war jedoch keine systematische, sondern beruhte darauf, daß die beiden Prozesse unterschiedlich verliefen. Den Klassikern fehlte die Vorstellung, daß der dinglich Berechtigte ein Recht gegen die Person des Besitzers hat; sein Anspruch richtet sich nur gegen die Sache selbst, auf die er greifen darf, bei wem immer er sie findet. Bei einer derartigen „actio in rem" herrschte daher für den Gegner Einlassungsfreiheit (vgl. Dubischar, Zweiteilung, S. 22 f.). Bei einer „actio personalis" gegen den Schuldner mußte der Gegner hingegen vor Gericht erscheinen. Kurz: Das „dominium" ist kein Recht, sondern begrifflich in der Sache selbst verkörpert. Der Begriff des Eigentums war für die Rechtspraxis daher so unbedeutend, daß er in den antiken Quellen nicht ein einziges Mal definiert ist. Dies geschieht erst in der Glosse des Bartolus, nach der das Eigentum in dem Recht besteht, über eine körperliche Sache nach Belieben zu verfügen, soweit es nicht das Gesetz verbietet: „dominium est jus de re corporali perfecte disponendi nisi lege prohibeatur." Aber noch der spätmittelalterliche Jurist Feldenus sprach dem Eigentum die Rechtsqualität ab – schließlich habe niemand ein Interesse daran, an einer Sache, die schon sein eigen ist, auch noch ein Recht zu haben: „Nego dominium esse ius quod in res suas nemo jus habere queat" (Dubischar, Zweiteilung S. 40). Auch Noodt stellte klar, daß für die Römer das Recht an der Sache das Eigentum nicht mit einschließt: „Sit igitur, volentibus loqui cum verteribus, vel dominium vel ius in re" (Noodt, Operum, S. 31, Lib. I Tit. VIII, De Divisione Rerum).

Der mittelalterliche Jurist Theophilus versuchte nun, den verschiedenen „actiones", den Klagearten, eine allgemeine Grundlage zu geben. Dazu entwickelte er die Theorie, nach der allein die Obligationen der Grund, sozusagen die Mütter aller Klagen sind: „matres enim actionum sunt obligationes." Mit jeder Klage werde eine Obligation durchgesetzt, d.h. wenn man von Klagen spreche, könne man genauso die Obligationen behandeln. Diese Lehre hat sich über lange Zeit gehalten, noch Schilter schreibt: „obligatio est fons omnis actionis tam praejudicialis quam realis et personalis" (Schilter, Praxis, Exerc. I § VI). Sie ist der erste Versuch, ein Prinzip zu finden, auf das man jede beliebige Klage stützen kann.

II. Apels Lehre

Dieser Versuch ist auch Ausgangspunkt der Forschungen Apels. Den Anstoß zu seinen systematischen Überlegungen, welche juristische Figur einer Klage zugrunde zu legen sei, geben die bereits geschilderten Probleme der Rechtslehre. Eine weitere Inspiration erhält Apel durch eine Entdeckung ganz im herkömmlichen Sinn: Apel findet nämlich eine Handschrift des Brachylogus, ein Werk aus dem 12. Jahrhundert, das völlig in Vergessenheit geraten war und dessen Autor bis heute nicht bekannt ist. Es handelt sich dabei um eine Zusammenfassung der kaiserlichen Institutionen, einer Art amtlichen Anfängerlehrbuchs, das im Jahr 533 unter dem oströmischen Kaiser Justinian zusammengestellt worden war. Der Brachylogus ist noch völlig unbeeinflußt von der Bologneser Rechtsschule geschrieben worden. Das Werk hat eine Besonderheit, die es von den überlieferten Texten deutlich abhebt.

In den Institutionen wird die Schenkung behandelt als eine Art des Eigentumserwerbs, und zwar zwischen den Titeln Besitzergreifung und Ersitzung (Inst. II.6) und Verfügungsberechtigung (Inst. II.8). Das war bei dem weiten Eigentumsbegriff der Römer auch nicht abwegig – schon allein deswegen nicht, weil es den Römern auf die praktische, reale Zuordnung ankam und nicht auf systematische, abstrakte Begriffsgenauigkeit. Der Brachylogus hingegen ordnet die Schenkung nach dem Auftrag als ganz normalen Konsensualvertrag ein. Die Glossatoren und Postglossatoren hingegen hatten in ihrer Gleichgültigkeit gegenüber systematischen Fragen und in ihrem Bemühen um die Harmonisierung von Lehre einerseits und Institutionen und Digesten andererseits die Anordnung im Brachylogus völlig verdrängt.

Über eben diesen Brachylogus, der mittlerweile von Würmern und Motten schon halb zerfressen war, stolperte Apel in einer Königsberger Bibliothek. Die von den Institutionen abweichende Anordnung der Materie war im Hinblick auf die Autoritätsgläubigkeit der scholastischen Rechtswissenschaft eine unerhörte Neuerung. Die Frage, nach welchen Prinzipien das Recht denn nun zu ordnen sei, war unausweichlich und bisher ohne zufriedenstellende Antwort geblieben.

In seinem Dialog kritisiert Apel nun die gaianische Dreiteilung in „personae", „res" und „actiones". Sie sei so obskur, daß sie niemanden wirklich beeindrucken könne. Im Prinzip seien Personen kein Hauptgegenstand des Zivilrechts: „primum persona ipsa non est peculiare iuris civilis" (Dialogus, S. 154). Vielmehr beziehen sich Rechtssätze auf Personen lediglich als Begleitumstände, wie dies auch Ort, Zeit, Art und Menge sind. Gaius habe die Personen nur deswegen gesondert erklärt, weil ihnen für die Rechtsverhältnisse eine wichtige Bedeutung zukommt. Zwar sei zuzugeben, daß das Recht den Menschen selbstverständlich besonders behandelt. Beispielsweise sagt Ulpian, daß auch ein Tier einen Schaden (pauperiem) anrichten könne, aber nur beim Menschen sei es möglich, dabei von Unrecht (iniuria) zu sprechen (D.9.1.2.). Gleichwohl handele es sich bei den Personen nur um modifizierende und daher untergeordnete Elemente.

Was die übriggebliebenen Kategorien „res" und „actiones" betrifft, so fragt Apel: „Quid enim in universa rerum natura non est res?" Was ist denn in einer Welt der Sachen kein Sache, wenn man darunter auch noch körperliche und unkörperliche Sachen versteht? Die Problematik der körperlichen Sachen, nämlich wie sie in unser Eigentum gelangen, wie das Eigentum an ihnen übertragen wird und wie man das Eigentum verliert, führe doch direkt zu der Frage nach dem Eigentum selbst. Viel treffender sei es daher, den weiten Begriff der „res" durch „dominium" zu ersetzen, so wie Bartolus es definiert hat: „Dominium est ius de re corporali perfecte disponendi si rei copiam habeas, sin minus, vendicandi, nisi vel lege vel conventione prohibearis" (Dialogus, S. 157; Methodica, Cap. I § Tertium). Das erste Element des Zivilrechts besteht demnach im Eigentum, dem Recht, über eine Sache, die man besitzt, beliebig zu verfügen, oder aber, wenn man sie nicht besitzt, sie vom Besitzer zurückzufordern. Dann besteht aber folgerichtig das Gegenstück nicht mehr in den „actiones", sondern in den „obligationes" (Dialogus, S. 160). Andernfalls würde man Ursache (causa efficiens) und Wirkung (effectus) verwechseln. Es verhalte sich nämlich so, daß jede Klage nur die Wirkung von Forderungen oder Eigentum ist. Die dingliche Klage, die „actio realis sive rei vindicatio", folge aus dem Eigentum, also aus dem „dominium", die persönliche Klage (actio personalis) hingegen aus der Verpflichtung (obligatio). Diesen beiden Bestandteilen sind alle Rechtsfragen untergeordnet, wenn es um ihre Arten, Ursachen, Wirkungen oder Umstände geht: „Sunt ergo duo universae Iurisprudentiae capita, Dominium et Obligatio." (Alles Privatrecht ist entweder Eigentum oder schuldrechtlicher Anspruch; Dialogus, S. 160; s. auch Methodica Cap. III § Hic ego soleo). Auf dieser Grundlage kann man auch die Schenkung zuverlässig einordnen. Das Schenkungsversprechen sei nach Iustinian hinreichender Grund für eine „actio personalis", folglich müsse es sich um eine Obligation handeln. Als Entstehungsgrund kommt aber bei der Schenkung weder Delikt noch Quasidelikt, sondern nur ein Vertrag in Betracht. Daher sei die Schenkung wie im Brachylogus ein gewöhnlicher Konsensualvertrag.

In der „Methodica" entwirft Apel nun folgendes verfeinertes Schema: „Iurisprudentia tractat 1. ius in re, cuius species dominium, quasi dominium, ius in re specificum 2. ius ad rem, quod est obligatio, cuius species obligatio civilis et naturalis." Gegenstand der Rechtswissenschaft sind also Rechte an einer Sache und Rechte auf eine Sache. Damit hat Apel die praktisch orientierte gaianische Dreiteilung durch eine logisch-systematische Zweiteilung ersetzt.

Eng mit der Gegenüberstellung von dinglichem und persönlichem Recht hängt die Unterscheidung von Erwerb des Eigentums und schuldrechtlichem Vertrag zusammen. Bei der Erläuterung des Eigentums greift Apel auf die dialektische Kategorie der „causae", d.h. der Entstehungsgründe, zurück. Zu der Frage, wie das Eigentum erworben wird, schreibt er im „Dialogus": „Atque hic te admoneo, ne modos accquirendi dominii cum contractibus et delictis confundas: neque enim donationibus aut similibus conventionibus – rerum dominia transferuntur, sed traditionibus et similibus modis." (Ich ermahne dich, nicht die Erwerbsarten des Eigentums mit Verträgen oder Delikten zu verwechseln: das Eigentum an Sachen wird nämlich nicht durch Schenkungen oder sonstige Verträge übertragen, sondern durch Übergabe oder sonstige Erwerbsarten; Dialogus, S. 164 f.; ebenso in der Methodica, Cap. III: De Causa). Das Eigentum wird also nicht etwa schon durch die schuldrechtliche Beziehung erworben, sondern erfordert einen eigenen Übertragungsmodus. Dieser kann zum Beispiel in der Übergabe einer Sache (traditio) liegen.

Natürlich kann die Übergabe als „causa proxima" allein nicht ausreichen. Auch der Vermieter überläßt dem Mieter die Sache, ohne aber sein Eigentum übertragen zu wollen. Daher führt nach Apel die Übergabe nur dann zur Übereignung, wenn ihr ein entsprechender Schuldvertrag zugrunde liegt. Übergibt der Verkäufer die Sache dem Käufer, so wird diese übereignet. Übergibt hingegen der Verleiher die Sache dem Entleiher, so wird diese nicht übereignet, weil das nicht Inhalt der schuldrechtlichen Verpflichtung geworden ist. Apel entwickelt daraus ein doppeltes Erfordernis für den Eigentumserwerb: Zum einen müsse als unmittelbarer Grund eine Erwerbsart, ein „modus", vorliegen und zum anderen sei ein mittelbarer Erwerbsgrund, eine „causa iusta" oder „causa remota", erforderlich. Diese sei in der schuldrechtlichen Verpflichtung zu sehen, das Eigentum an einer Sache zu übertragen. Die gesamte Kausalkette lautet also beim Kauf einer beweglichen Sache: Einigung (contractus) – Forderung (obligatio) – Übergabe (traditio) – Eigentum (dominium). „Dominium adquiritur iure gentium traditione. Quod tamen ad traditionem adtinet, requiritur ipsius traditionis iusta causa: nempe contractus, delictum et quasi ut emptio, donatio." (Das Eigentum wird nach dem ius gentium durch Übergabe erworben. Was nun noch zur Übergabe zusätzlich erforderlich ist, ist ein Grund für eben diese Übergabe: Vertrag, Delikt oder Quasidelikt, beispielsweise Kauf oder Schenkung (Methodica, Cap. III § Dominium primaevam causam)).

C. Rezeption

Apel entfernt sich damit nicht so weit von der exegetischen Methode des Mittelalters. Insbesondere die Lehre von den verschiedenen „causae" war schließlich aristotelischen Ursprungs und daher auch in der Scholastik gebräuchlich. Apel wendet diese Methode jedoch nicht auf einzelne Stellen im Gesetzestext an, sondern überträgt sie auf den gesamten Stoff. Der Fortschritt seiner Arbeit liegt in der Vereinfachung des Stoffes und in der Wahl sinnvoller Gesichtspunkte, um diesen zu ordnen (vgl. Stintzing/Landsberg, Deutsche Rechtswissenschaft, S. 289). Wieacker hingegen argwöhnt, Apel habe die praktischen Überlieferungswerte des „mos italicus" zugunsten eines weit sachwidrigeren Verfahrens der Rechtserkenntnis aufgegeben (vgl. Wieacker, in: Gründer und Bewahrer, S. 86). Im folgenden soll nun dargestellt werden, wie sich Apels Entdeckung und die damit zusammenhängenden Rechtsfragen weiterentwickelt haben, und welcher Nutzen aus Apels Verfahren zur Rechtserkenntnis gezogen werden kann.

I. Die Unterscheidung zwischen dinglichem und persönlichem Recht

Die beiden hier erwähnten Werke Apels sind mehrmals neu gedruckt worden. Die darin enthaltene systematische Unterscheidung zwischen persönlichen und dinglichen Rechten wurde von seinen Zeitgenossen jedoch nicht ohne Vorbehalte zur Kenntnis genommen. Insbesondere Ulrich Zasius, ein Freiburger Rechtsgelehrter, lehnte systematische Erneuerungen kategorisch ab. Trotzdem machte Apels Idee bald Schule. Zasius' Nachfolger, Joachim Münsinger von Frundeck, schloß sich der Apelschen Lehre von der Zweiteilung der Rechte an (vgl. Münsinger, Apotelesma, S. 32, Lib. I Tit. III). Auch Konrad Lagus, der von 1522 bis 1540 in Wittenberg lehrte, trennte die „obligationes" von den „res". Angesichts des engen zeitlichen Zusammenhangs ist es nur schwer zu erklären, daß er dabei nicht von Apel beeinflußt worden sein soll. Apels Gegenüberstellung von „dominium" und „obligatio" taucht auch im Lehrbuch Hubers auf, der sie jedoch sehr kritisch betrachtet (Pars I Lib. IV Cap. I, S. 229). Feltmann schließlich gründet die Gegenüberstellung von „jus ad rem" einerseits und „jus in re" andererseits auf Erwägungen der „justitia commutativa", also der ausgleichenden Gerechtigkeit (Cap. VIII, n. 31, S. 42).

In Frankreich rief schon Franz Duarenus 1545 in einem Brief an A. Gaillart nach einer systematischen Ordnung der Digesten. Sein Schüler, Hugo Donellus, greift in seinem Kommentar zum Zivilrecht diesen Gedanken wieder auf und beruft sich dabei ausdrücklich auf Apels „Dialogus" (vgl. Donellus, opera, Bd. I, Lib. II, Cap. VIII, § I). Er unterscheidet auf der einen Seite das Recht im Sinne des Gesetzes (ius ipsum seu lex) und auf der anderen Seite die dem einzelnen durch eben dieses Gesetz zugewiesenen Gegenstände (res eo iure constituta), also subjektive Rechtspositionen. Dabei entwickelt Donellus einen Aspekt, der bei Apel noch weniger deutlich zum Ausdruck kommt: Er unterteilt die Rechtspositionen nicht in Eigentum und Obligation, sondern stellt das, was uns zu eigen ist (ius vere et proprie nostrum) dem gegenüber, was uns geschuldet wird (quod nobis debetur). Das, was uns zu eigen ist, umfaßt nun nicht bloß das Eigentum. Vielmehr ist das dingliche Recht dahingehend auszudehnen, daß auch die Rechtsgüter darunterfallen, die – wie das Eigentum – absoluten Rang haben: Leben, körperliche Unversehrtheit, Freiheit und Ruf (vita, incolumitas corporis, libertas, existimatio). Damit wird zum Unterscheidungskriterium, gegen wen eine Rechtsposition geltend gemacht werden kann: Eigentum, Leben, Gesundheit, Freiheit und Ehre sind als absolute Rechte von jedermann zu achten. Die schuldrechtlichen Ansprüche aus Vertrag, Delikt oder Quasidelikt aber stehen uns nur gegenüber bestimmten Personen zu (zur Systematik des Donellus: vgl. Coing, Systemgedanke, S. 44 f.; Affolter, Institutionensystem, S. 98 ff.).

Es bedurfte jedoch noch der Klärung der Begriffe. Die Gelehrten stritten darüber, ob das Gegenstück zum absoluten dinglichen Recht ein „ius ad rem", ein Recht auf die Sache, ein „ius in personam", also ein Recht auf die Person, oder gar eine „obligatio" sei, und ob zwischen einer Obligation und dem „ius ad rem" ein Unterschied zu machen sei (vgl. Höpfner, Commentar, S. 231). Man fragte sich, ob der Begriff des „ius ad rem" überhaupt geeignet sei, alle Forderungen zu beschreiben, weil eine Forderung schließlich auch auf eine rein tatsächliche Handlung des Verpflichteten gerichtet sein kann, wie etwa beim Dienstvertrag. Noodt bemerkte dazu, daß aus der schuldrechtlichen Verpflichtung, der Obligation, sich kein Recht auf die Sache, sondern ein Recht gegen die verpflichtete Person ergebe: „obligatio contracta ex empto non est jus ad rem venditam, sed jus ad personam venditoris" (Noodt, Operum, S. 31, Lib. I Tit. VIII De Divisione rerum).

Glück half sich in seinem Pandektenkommentar damit, daß er unter Sachen (res) auch gewöhnliche menschliche Handlungen verstand, so daß mit dem Begriff des „ius ad rem" alle denkbaren Forderungen erfaßt waren (vgl. Glück, Erläuterungen, S. 496). Damit haftet also das dingliche Recht an der körperlichen Sache selbst, während das persönliche Recht nur gegen bestimmte Personen geht, die ihrerseits eine Leistung erbringen müssen (vgl. Glück, Erläuterungen, S. 502). Wüest schrieb in einer Würzburger Dissertation von der „berühmten" Unterscheidung des „jus in re" und „jus ad rem" (vgl. Wüest, Diss., S. 7), und Höpfner bemerkte: „Die Distinction zwischen ius in re und ius in personam ist die fundamentale Einteilung der Rechte" (Höpfner, Commentar, S. 212). Kurz: Das Vermögen der Privatrechtssubjekte besteht zum einen aus dinglichen – bzw. allgemeiner aus absoluten – und zum anderen aus obligatorischen Rechten.

Kaum jemand führt jedoch diese Unterteilung auf Apel zurück; vielmehr berufen sich viele Autoren auf das römische Recht selbst, insbesondere auf die Unterscheidung zwischen der „actio in rem" und der „actio in personam" (vgl. Struve, Syntagma, S. 151; Waldeck, Institutiones, S. 156). Thibaut und Glück geben als Entdecker Autoren an, die erst nach Apel gewirkt haben (vgl. Glück, Erläuterungen, § 175 b; Thibaut, Dingliches und persönliches Recht, S. 23). Außer Donellus und Münsinger hat keiner der hier untersuchten Autoren sich auf Apel berufen. Dies zeigt, daß Apels Entdeckung – wohl typisch für juristische Entdeckungen – eine Station in einem langwierigen Prozeß ist, bei dem keine meßbaren Kausalitäten mehr feststellbar sind. Ein weiterer Grund dafür, daß Apel so selten zitiert worden ist, mag darin liegen, daß Apel selbst keine praktischen Folgerungen aus seiner Systematik zog, sondern sich auf sein rechtstheoretisches und rechtsphilosophisches Anliegen beschränkte.

II. Bedeutung der Systematik Apels im heutigen Recht

Bei Apels systematischer Einteilung handelt es sich aber keineswegs um ein rein theoretisches Problem. Sie hat Auswirkungen auf praktische, auch heute noch bedeutsame Rechtsfragen. Dies soll im folgenden anhand der Forderungszession, der Eigentumsübertragung und der Systematik des § 823 Abs. 1 BGB dargestellt werden.

1. Der Vergleich der verschiedenen subjektiven Rechte bereitete zunächst den Boden für die Lehre, daß Forderungen genauso wie das Eigentum von der Person des Berechtigten trennbar und daher frei übertragbar sind (vgl. Affolter, Institutionensystem, S. 113 m.w.N.). Im klassischen römischen Recht herrschte demgegenüber die Auffassung, daß ein einzelner schuldrechtlicher Anspruch nicht abtretbar war. Es gab also keine Singularsukzession bei Forderungsrechten. Nur der Erbe trat die Universalsukzession auch hinsichtlich der Forderungen des Erblassers an. Gleichwohl entstand bei den Römern das Bedürfnis, den wirtschaftlichen Nutzen an einer Forderung einem anderen übertra-

gen zu können. Dazu bediente man sich zunächst der Hilfskonstruktion, daß der Inhaber der Forderung den „Erwerber" ermächtigte, die Forderung für ihn einzuziehen. Nachteilig an dieser Lösung war, daß der Inhaber der Forderung auch weiterhin über sie verfügen konnte, insbesondere konnte der Schuldner an ihn mit befreiender Wirkung leisten oder sich mit ihm über die Aufhebung der Forderung einigen. Später erreichte man ein der Forderungsabtretung ähnliches wirtschaftliches Ergebnis, indem Schuldner, Gläubiger und Erwerber sich dahingehend auf eine Novation einigten, daß die ursprüngliche Forderung aufgehoben und eine neue Forderung zwischen Schuldner und Erwerber begründet wurde. Weigerte sich der Schuldner jedoch, war diese „Abtretung" nicht möglich.

Geht man hingegen von der Zweiteilung der Rechte in dingliche und obligatorische aus, und steht darüber hinaus fest, daß die dinglichen Rechte von ihrem Inhaber jeder beliebigen Person übertragen werden können, so liegt die Erkenntnis nahe, daß auch obligatorische Rechte einer solchen – von der Zustimmung des Schuldners unabhängigen – Übertragung zugänglich sein müssen. Diese Auffassung ist heute in § 398 BGB zum Gesetz geworden: „Eine Forderung kann von dem Gläubiger durch Vertrag mit einem anderen auf diesen übertragen werden (Abtretung). Mit dem Abschlusse des Vertrages tritt der neue Gläubiger an die Stelle des bisherigen Gläubigers."

2. Die Lehre von „titulus" (causa) und „modus acquirendi" für die Übertragung dinglicher Rechte wurde in Laufe der Zeit immer weiter abstrahiert und auf alle Erwerbsarten ausgedehnt. So wurde beispielsweise die Zeugung als „modus acquirendi" der väterlichen Gewalt angesehen. Die Lehre von der Kausalität der Übereignung, nach der nicht schon die bloße Übergabe des Besitzes an einer Sache die Übereignung bewirkt, breitete sich immer weiter aus. Für die Übereignung sei grundsätzlich ein dahingehender Wille des Eigentümers erforderlich, der „animus rem alterius faciendi" (vgl. Waldeck, Institutiones, S. 180). Fehle es aber an einer

schuldrechtlichen Verpflichtung, so dürfe man nicht vermuten, der Eigentümer habe die Sache nicht nur übergeben, sondern auch übereignen wollen:

> *„Voluntas dominii transferendi necessaria est. Unde nuda traditio, quam venditio aut alia iusta causa minime praecessit, dominium non dicitur transferre, quod non praesumitur dominii transferendi voluntas esse"* (Duarenus, Opera, S. 613 Lib. XLI Pandectarum, Tit. De acquisitione rerum dominio, Cap. XIII).

Auch für die Forderungszession wurde – allerdings heftig bestritten – angenommen, daß für ihre Wirksamkeit ein „Rechtstitel" zugrunde liegen müsse. Diese Auffassung hat das Thüringische Oberappellationsgericht in Erfurt später in einer Entscheidung vom 8. Januar 1864 (R. Nr. 248 $^{63}/_{64}$, Bl. f. Rechtsanwendung 29.108) abgelehnt. Ein Schwiegervater hatte eine Kaufpreisforderung an seinen Schwiegersohn als Mitgift in einer notariellen Urkunde abgetreten. Der beklagte Schuldner verteidigte sich damit, daß aus der Urkunde nicht zu erkennen sei, warum der Gläubiger die Forderung an den Kläger abgetreten habe. Nach Ansicht des Gerichts war jedoch ein rechtfertigender Grund, eine „justa causa cessionis", für eine wirksame Abtretung nicht erforderlich: „Für den Beklagten ist es im Allgemeinen gleichgiltig, aus welchem speziellen Rechtstitel J.K. (Kl.) die fragliche Forderung dem Kläger zur Geltendmachung auf eigene Rechnung überlassen hat." Die abstrakte Forderungszession ist heute geltendes Recht.

Auch beim Eigentumserwerb war der Kausaltheorie in Deutschland kein besseres Schicksal beschieden. Einer der berühmtesten deutschen Juristen, Carl. F. v. Savigny, stand von Anfang an der Lehre von „titulus" (causa) und „modus" kritisch gegenüber. Er behauptete zunächst, sie sei bestenfalls auf die Übereignung anwendbar, nicht aber auf andere Erwerbsarten wie Ersitzung oder Aneignung. Aus dem Grundsatz „voluntas dominii transferendi necessaria est" folgerte er später, daß es auf das Bestehen einer schuldrechtlichen Forderung gar nicht ankomme. Die „justa causa" sei allein darin zu sehen, daß die Parteien sich darüber einig sind, das Eigentum zu übertragen. Diese dingliche Einigung hänge aber mit der schuldrechtlichen Verpflichtung nicht zusammen, sondern sei ganz unabhängig von ihr wirksam. Die Abstraktion des dinglichen Geschäfts von der schuldrechtlichen Verpflichtung ist zur Grundlage der Übereignung im § 929 S. 1 BGB geworden.

3. Die größte dogmatische Bedeutung der Unterscheidung zwischen dinglichen bzw. absoluten Rechten einerseits und relativen Rechten andererseits ist wahrscheinlich im heutigen Deliktsrecht zu sehen. Die außervertragliche Schadensersatzpflicht ist in den §§ 823 bis 853 BGB geregelt, deren erste Vorschrift bekanntlich lautet: „Wer vorsätzlich oder fahrlässig das Leben, den Körper, die Gesundheit, die Freiheit, das Eigentum oder ein sonstiges Recht eines anderen widerrechtlich verletzt, ist dem anderen zum Ersatze des daraus entstehenden Schadens verpflichtet." In der Praxis stellt sich nun die Frage, was alles unter „sonstige Rechte" im Sinne dieser Vorschrift fällt und damit ihren Schutz genießt. Die klassische Dogmatik zum BGB folgert aus der Aufzählung von „Leben, Körper, Gesundheit, Freiheit, Eigentum", daß § 823 Abs. 1 BGB nur absolute Rechte schützen soll. Darunter fallen zum einen weitere einzelne Persönlichkeitsrechte, zum anderen eigentumsähnliche Rechte, die sowohl eine positive Nutzungsfunktion haben als auch absolute Abwehrbefugnisse gewähren. In der Tat handelt es sich ja bei all diesen Rechten um solche, die in Donellus' Rubrik des dinglichen Rechts fallen, nämlich dessen, „quod vere et proprie nostrum est" Forderungen sollen demgegenüber kein sonstiges Recht im Sinne von § 823 Abs. 1 BGB darstellen. Ihre Beeinträchtigung oder Verletzung begründen daher keinen deliktischen Schadensersatzanspruch aus § 823 Abs. 1 BGB, sondern allenfalls einen in vielerlei Hinsicht schwächeren Bereicherungsanspruch. Nur im Falle

eines sittenwidrigen Verhaltens oder eines Verstoßes gegen Schutzgesetze sollen gemäß §§ 823 Abs. 2, 826 BGB sämtliche Vermögenswerte geschützt sein (etwa BGH, Urteil v. 24. Februar 1954 – II ZR 3/53, BGHZ 12, S. 308, 317f.). Diese systematisch gewiß folgerichtige Interpretation des § 823 Abs. 1 BGB zeigte jedoch bald ihre Grenzen. Sie führte immer dann zu Problemen, wenn der Schädiger keines der unter § 823 Abs. 1 BGB fallenden absoluten Rechte verletzt hatte, es aber trotzdem ungerecht schien, dem Geschädigten keinen Ersatzanspruch zu geben. Aus dieser Not entwickelte das Reichsgericht beispielsweise als sonstiges Recht das Recht am eingerichteten und ausgeübten Gewerbebetrieb (RG, Urteil v. 27.2.1904 – Rep. I 418/03, RGZ 58, S. 24 m.w.N.). Mit diesem sonstigen Recht wird alles, was in seiner Gesamtheit den wirtschaftlichen Wert des Betriebes ausmacht, vor rechtswidrigen und schuldhaften Beeinträchtigungen gemäß § 823 Abs. 1 BGB geschützt und so „eine sonst bestehende Lücke im Rechtsschutz geschlossen" (Palandt-Thomas, § 823, Rn. 19). Dabei wird übersehen, daß eben diese Lücke im Rechtsschutz überhaupt erst dadurch künstlich erzeugt wurde, daß man aus Begriffen wie absolutem und relativem Recht zufriedenstellende praktische Ergebnisse hat ableiten wollen. Die Richter erkannten demgegenüber, daß zuweilen auch das gesamte Vermögen eines deliktischen Schutzes bedarf. Folglich mußten sie mit Kunstgriffen wie der Kreation des Rechts am eingerichteten und ausgeübten Gewerbebetrieb dieses Problem beseitigen, was erst durch den vermeintlichen Gegensatz der Begriffe des absoluten und des relativen Rechts geschaffen worden war.

Die Bemühungen in der Praxis, die Folgen der dogmatisch-systematischen Auslegung des § 823 Abs. 1 BGB abzumildern, hat zuletzt Becker aufgegriffen. Er erinnert daran, daß es in der Geschichte des Privatrechts keineswegs eine Selbstverständlichkeit war, daß Eigentum nur an körperlichen Gegenständen, nicht aber an Forderungen bestehen kann. So bezeichnete beispielsweise das preußische allgemeine Landrecht noch den Inhaber einer Forderung als deren Eigentümer (vgl. Becker, AcP 196 (1996), S. 439 (467)). In der Tat setzte sich noch Höpfner im Jahre 1818 eingehend mit der Frage auseinander, ob der Inhaber einer Forderung auch ihr Eigentümer sei, legte dann aber fest, daß Eigentum nur an „res corporales" bestehe (vgl. Höpfner, Commentar, S. 216). Becker stellt nun darauf ab, daß sich zwar die Forderung insoweit vom Eigentum unterscheide, als sie selbstverständlich nur den Schuldner verpflichte. Nicht dieser schuldrechtliche Anspruch an und für sich könne das deliktisch geschützte sonstige Recht darstellen. Die Parallele zwischen Eigentum und Inhaberschaft an einer Forderung bestehe jedoch darin, daß allein der Inhaber der Forderung über diese verfügen könne und dürfe (vgl. Becker, AcP 196 (1996), S. 439 (459)). Daher könne man eine deliktische Verantwortung dann begründen, wenn ein Dritter in die beim Gläubiger liegende und als absolutes Recht anzusehende Zuständigkeit eingreife, die geschuldete Leistung zu erhalten, etwa in Fällen des § 407 Abs. 1 BGB (vgl. Becker, AcP 196 (1996), S. 439 (474)). Mit dieser Kritik an der grundsätzlichen Gegenüberstellung absoluter und relativer Rechte steht Becker keineswegs allein. Auch Canaris vertritt im Anschluß an Larenz die Auffassung, Forderungen könnten absolute Rechte im Sinne von § 823 Abs. 1 BGB darstellen (vgl. Larenz/Canaris, Schuldrecht II/2, S. 397f.). Dubischar geht noch weiter und formuliert eine sehr scharfe Kritik: „Geschichtlich betrachtet ist diese Dichotomie das Ergebnis einer Reihe von Fehlinterpretationen und vorschnell konstruierten Entsprechungen; logisch-philosophisch gesehen krankt sie daran, daß das principium divisonis auf der unsicheren Grundlage der spekulativen naturrechtlichen Axiomatik fußt" (Dubischar, Zweiteilung, S. 140). Damit ist ein erster, noch ziemlich alleinstehender Vorstoß gegen die grundsätzliche Gegenüberstellung der absoluten und relativen Rechte gewagt.

III. Systematik versus Empirik

Wohin sich diese Bemühungen entwickeln werden, bleibt abzuwarten. Sie führen jedoch ein grundsätzliches Problem der „Entdeckung" Apels vor Augen. Unbestritten ist, daß Apel, zusammen mit vielen anderen Rechtswissenschaftlern seiner Zeit, einen bedeutenden Fortschritt erzielt hat, indem er die Idee eines logischen, erklärbaren Systems, eben die Dialektik, auf die Rechtswissenschaft angewandt hat. Er vernachlässigte jedoch die Problematik des systematisierten Stoffes. Zwar ließ sich durch die Dialektik ein einfaches, besseres Lernschema des Rechts ableiten. Ergebnisse für die Rechtspraxis gab der systematische Aufbau allein allerdings noch nicht her. Vielmehr führte die humanistische Reform zu einer Entleerung des Rechts: Denn die Überzeugungskraft des Rechts beruht in erster Linie auf der praktischen Anwendung im Einzelfall, nicht aber auf der Stringenz, mit der ein bestimmtes System eingehalten wird (vgl. Wieacker, in: Gründer und Bewahrer, S. 85).

Insbesondere im Naturrecht ist jedoch die Suche nach *dem* System schlechthin mit zunehmendem Eifer betrieben worden. Das mathematische Formgesetz, der „mos geometricus", mit dem man alle Phänomene der natürlichen Welt in quantitative meßbare Größen gefaßt hat, wurde auch auf die Moralphilosophie übertragen; so trägt Spinozas Hauptwerk auch den Titel „Ethica more geometrico demonstrata". Christian Wolf wendet den „mos geometricus" schließlich auch auf rechtliche Fragen an. Über ihn wird bemerkt: „Es geht Wolf ums System und um die beste Demonstration, nicht etwa um die Rechtsgewinnung" (Boehmer, Grundlagen, S. 65).

Mit den verschiedenen systematischen Ansätzen türmen sich die Abstraktionen. Übersichten, Inhaltsangaben und Einleitungen sollen Ordnung schaffen und beleuchten statt dessen nur die hoffnungslose Verwirrung. Immer aber bleibt der Wahn, durch sorgfältige Systematisierung eine Zauberformel zur Beherrschung aller Einzelheiten gewinne zu können. Diese Bestrebungen gipfelten schließlich in der Begriffsjurisprudenz des vergangenen Jahrhunderts. Deren Vertreter meinten, die Interpretation einzelner Rechtssätze sei lediglich niedere Jurisprudenz. Nur die Rechtswissenschaft, die über den Rechtssätzen ein System von Begriffen errichte, sei „höhere Jurisprudenz" und damit die eigentliche Königsdisziplin (vgl. Coing, Europäisches Privatrecht II, S. 47).

Gerade diese Begriffsjurisprudenz ist jedoch gefahrvoll, weil man durch ihr Vorhandensein dazu verleitet wird, an die wirkliche Existenz eines definierten Systems zu glauben und diesen Glauben seinen Urteilen zugrunde zu legen (vgl. Dubischar, Zweiteilung, S. 128). Die oben geschilderte Problematik des § 823 Abs. 1 BGB zeigt, daß die nur mit einem System konstruierten Urteile den Bedürfnissen der Praxis nur dann gerecht werden, wenn die Praxis dem Schema entspricht, das dem System zugrunde gelegt worden ist. An dieser Frage prallen nun zwei Welten aufeinander, die des Systematikers und die des Empirikers. Der Systematiker sieht die Aufgabe des Juristen als eine im wesentlichen logische an. Durch logisches Erschließen könne man zwingende Ergebnisse erzielen und dadurch Rechtssicherheit und Gleichheit der Rechtsanwendung verwirklichen. Der Empiriker geht hingegen davon aus, daß der Jurist in erster Linie die sachlichen Umstände des Einzelfalles erfassen muß, weil gerechte Ergebnisse immer nur bezogen auf den Einzelfall erzielt werden können: „ex facto oritur ius".

Im 20. Jahrhundert wurde der Systemgedanke, der einem uneingeschränkten Glauben an die menschliche Vernunft zu gehorchen schien, zunehmend in Frage gestellt. Es entwickelte sich die sogenannte Interessenjurisprudenz, die maßgeblich von Philipp Heck und Rudolf von Jhering begründet wurde. Die Begriffsjurisprudenz und die Systematik allgemein gingen noch davon aus, daß es grundsätzlich möglich sei, im Gesetz alle nur denkbaren Fälle zu regeln. Heute weiß man, daß das Gegenteil der Fall ist. Immer häufiger stellt der BGH ausdrücklich klar, daß die Lösung des Einzelfalles nicht aus einem vorgefertigten Schema abgeleitet werden kann, sondern daß sich aus den konkreten Umständen die Antwort auf die Rechtsfrage ergebe. Beispielsweise soll ein sachgerechter Bereicherungsausgleich nur im Wege differenzierender Wertung zu finden sein, wie sich überhaupt bei der bereicherungsrechtlichen Behandlung von Vorgängen, an denen mehr als zwei Personen beteiligt sind, jede schematische Lösung verbiete und in erster Linie die Besonderheiten des einzelnen Falles zu beachten seien (BGH, Urteil v. 10. März 1993 – XII ZR 253/91, BGHZ 122, S. 46 (52f.)). Mit diesen Ausführungen macht sich der BGH nun eine primär empirische Rechtsfindung zu eigen, die er auch auf andere Rechtsfragen ausdehnt: „Angesichts der erforderlichen wertenden Beurteilung der Einzelfallumstände verbietet sich eine schematische Lösung auch im Bereich der Zurechnungsproblematik" (BGH, Urteil v. 24. November 1995 – V ZR 40/94, NJW 1996, S. 451 (452)). Der Rechtsanwender muß daher bei der Rechtserkenntnis im Prinzip auch auf außergesetzliche Quellen zurückgreifen, wenn er dem Einzelfall gerecht werden will.

Mit dieser methodischen Erkenntnis bewegen wir uns wieder auf den Punkt zu, von dem Apels Ideen ihren Ausgang genommen haben. Ein System von Rechtsbegriffen ist für die praktische Rechtsfindung eben nicht genügend, wie sich der Rechtsprechung des BGH entnehmen läßt. Der unbeirrbare Glaube an die Macht der Definition ist gebrochen, und die Warnung des römischen Juristen Javolenus wird heute wieder ernst genommen. Dies kann jedoch die Würdigung der Entdeckung Apels nicht beeinträchtigen. Die Empirik in ihrem Streben nach Einzelfallgerechtigkeit kann gleichwohl auch ihrerseits nicht völlig ohne Systematik auskommen, wenn sie nicht die Grenze zur Willkür überschreiten will. Vielmehr bedarf sie eines systematischen Unterbaus, der eine gewisse Berechenbarkeit und Nachvollziehbarkeit der Rechtsanwendung gewährleisten kann. Berücksichtigt man dies, so darf man Apels Ansätze keineswegs als „naiv" bewerten, wie dies Wieacker in seinem Aufsatz über Apel jedoch tut (vgl. Wieacker, in: Gründer und Bewahrer, S. 85). Denn genauso, wie sich Recht und Rechtswissenschaft mit der Zeit ändern, so muß auch die zivilrechtliche Entdeckung aus ihrem historischen Kontext heraus beurteilt werden. Apel selbst hat nie behauptet, aus seiner Systematik zwingende praktische Ergebnisse herleiten zu können. Schließlich war sein Anliegen in erster Linie ein pädagogisches (vgl. Merzbacher, Apels Methode, S. 373).

Für eben dieses Anliegen hat er auch eine sinnvolle Lösung entdeckt, nämlich die Systematik. Die daraus hervorgehende eigentliche Entdeckung, die Gegenüberstellung dinglicher und obligatorischer Rechte, hat schließlich durchaus einen praktischen Nutzen gehabt – man denke nur an die dogmatische Entwicklung zur Frage der Forderungszession. Seine Unterscheidung ist grundsätzlich geeignet, um die rechtliche Behandlung von Forderungen und Eigentum zu beurteilen. So ist es beispielsweise nur natürlich, daß man Eigentum aufgeben kann, ohne daß die Sache „erlischt" (§ 959 BGB). Verzichtet man hingegen auf die Forderung, so erlischt diese, wie es sich auch aus § 397 Abs. 1 BGB ergibt. Man darf nur nicht erwarten, daß ein solches Begriffssystem in der Lage ist, alle praktischen Probleme zufriedenstellend zu lösen. Bringt der Rechtsanwender hingegen die nötige Flexibilität mit, um Mängel des Systems zu erkennen, so steht der nutzbringenden Verwendung systematischer Entdeckungen wie der Johann Apels nichts im Wege.

Literatur

I. Werke Apels

Isagoge in quatuor libros Institutionum divi Justiniani Imperatoris per dialogum, Wratislaviae 1540 (zitiert: Dialogus – die Seitenangaben im Text beziehen sich auf den Abdruck hinter Ulrici Fabricii Confluentini, Basileae o. J. (nach 1541), Nachweise weiterer Ausgaben bei: Muther, a.a.O., S. 460 ff.).

Methodica dialectices ratio ad jurisprudentiam accomodata, authore Iohanne Apello, Norimbergae 1535 (zitiert: Methodica; Nachweise weiterer Ausgaben bei: Muther, a.a.O., S. 457 ff.).

II. Zur Person Apels

Hermann Lange, Apel, Johann, in: Bayerische Akademie der Wissenschaften (Hrsg.), Neue deutsche Biographie, Band 1: Aachen-Behaim, Berlin 1953, S. 322 ff.

Theodor Muther, Johann Apel, in: *Theodor Muther* (Hrsg.), Aus dem Universitäts- und Gelehrtenleben im Zeitalter der Reformation, Erlangen 1866, Neudruck Amsterdam 1966, S. 230 ff.

Franz Wieacker, Einflüsse des Humanismus auf die Rezeption. Eine Studie zu Johann Apels Dialogus oder Isagoge per dialogum in IV libros Institutionum, in: *Franz Wieacker* (Hrsg.), Gründer und Bewahrer, Göttingen 1959, S. 44 ff. (zitiert: Wieacker, in: Gründer und Bewahrer).

III. Zur Entdeckung, ihrer Entwicklung und Rezeption

Friederich X. Affolter, Das römische Institutionensystem. Sein Wesen und seine Geschichte, Einleitender Teil, Berlin 1897 (zitiert: Institutionensystem).

Christoph Becker, Schutz von Forderungen durch das Deliktsrecht, in: Archiv für die civilistische Praxis (AcP) 196 (1996), S. 439 ff.

Gustav Boehmer, Grundlagen der Bürgerlichen Rechtsordnung, Zweites Buch, Erste Abteilung, Tübingen 1951 (zitiert: Boehmer, Grundlagen).

Helmut Coing, Geschichte und Bedeutung des Systemgedankens in der Rechtswissenschaft, Frankfurt a. M. 1956 (zitiert: Coing, Systemgedanke).

ders., Europäisches Privatrecht, Band 1, München 1985: §§ 29, 30, Band 2, München 1989: § 7 (zitiert: Coing, Europäisches Privatrecht I bzw. II).

Hugo Donellus, Opera omnia, Commentarium de jure civili, Tom. I, Florentiae 1840 (zitiert: Donellus, Opera).

Christian F. Glück, Ausführliche Erläuterungen der Pandecten, Zweyter Theil, Erlangen 1791 (zitiert: Glück, Erläuterungen).

Ludwig J. F. Höpfner, Theoretisch-practischer Commentar über die Heineccischen Institutionen, 8. Aufl., Frankfurt a. M. 1818 (zitiert: Höpfner, Commentar).

Joachim Münsinger von Frundeck, Apotelesma hoc est corpus perfectum scholiorum, 4. Aufl., o.O. 1620 (zitiert: Münsinger, Apotelesma).

Gerard Noodt, Operum Omnium tom. II Continens Commentarium in D. Justiniani, 3. Aufl., Lugduni Batavorum 1767 (zitiert: Noodt, Operum).

Otto Palandt (Hrsg.), Bürgerliches Gesetzbuch, 59. Aufl., München 2000 (zitiert: Palandt-*Bearbeiter*).

Eduard Picker, Vertragliche und deliktische Schadenshaftung, in: Juristenzeitung (JZ) 1987, S. 1041 ff.

Johann Schilter, Praxis Juris Romani, 4. Aufl., Frankfurt a. M. 1733 (zitiert: Schilter, Praxis).

Roderich Stintzing/Ernst Landsberg, Geschichte der deutschen Rechtswissenschaft, Abteilung 1, München und Leipzig 1880, Neudruck Aalen 1957, S. 287 ff. (zitiert: Stintzing/Landsberg, Deutsche Rechtswissenschaft).

Georg Adam Struve, Syntagma Jurisprudentiae (auch: Syntagma Iuris civilis), Pars Prima, 3. Aufl., Frankfurt/Leipzig 1738 (zitiert: Struve, Syntagma).

Anton F. J. Thibaut, Über dingliches und persönliches Recht, in: *Anton F. J. Thibaut* (Hrsg.), Versuche über einzelne Teile der Theorie des Rechts, Band 2, 2. Aufl., Jena 1817, Neudruck Aalen 1970, S. 23 ff. (zitiert: Thibaut, Dingliches und persönliches Recht).

Peter Waldeck, Institutiones Iuris Civilis, 3. Aufl., Göttingen 1800 (zitiert: Waldeck, Institutiones).

Bernardus Vitus Wüest, Disputatio inauguralis de quinque speciebus Juris in re, Diss., Würzburg 1720 (zitiert: Wüest, Diss.).

Außerdem die unter II. genannten Arbeiten von *Theodor Muther* und *Franz Wieacker*.

Friedrich Carl von Savigny

Friedrich Carl von Savigny und das Abstraktionsprinzip
(Ulrike Prange)

Von Folianten rings umgeben
Sitzt der stolze Jakopone;
Hochgeehrt von den Klienten
Ist der junge, weise Doktor.

Ausgetreten seine Schwelle;
Denn mit vollen Händen kommen
Tausend, um in ihren Rechten
Weise Sprüche sich zu holen.
...
Er hielt streng bei den Gesetzen
Und schrieb dissertationem
Die ihn bracht' zu hohen Ehren:
De bonorum possessione. ...

Wenn er im Ornate stehet
Und krëieret die Doktoren,
Fließet ihm die stolze Rede
Gleich dem zweiten Cicerone.

Wüßten das, was er vergessen,
Manche andre Professoren,
Wäre ziehenden Studenten
Öfters aus der Not geholfen.

Und so ganz in Ehren schwebend,
Lebte er in seinem Stolze;
Seinem Ruhm sind nah und ferne
Tausend Schüler nachgezogen.

Der Mann, den Clemens Brentano hier in Gestalt des „Jakopone" in seinen „Romanzen vom Rosenkranz" verewigt hat, ist einer der bedeutendsten Juristen des 19. Jahrhunderts: Friedrich Carl von Savigny. Sein Name steht für elementare Entwicklungen der Rechtswissenschaft wie z.B. die Methodenlehre und die Historische Schule. Weniger bekannt ist aber vielleicht, daß auch das heute im deutschen Recht geltende „Abstraktionsprinzip" auf Savigny zurückgeht. Er ist der „Entdecker" des abstrakten dinglichen Vertrags.

A. Der Entdecker

Der „Goethe der Juristen" wurde wie der berühmte Dichter in Frankfurt geboren, am 21. Februar 1779. Seine Familie stammte aus lothringischem Adel, war aber schon seit dem 17. Jahrhundert in

Deutschland ansässig. Finanzielle Sorgen gab es in seinem Elternhaus nicht – sein Vater hatte von einem kinderlosen Onkel ein Millionenvermögen geerbt. Aber seine Kindheit war von Schicksalsschlägen überschattet: Nachdem 1790 das letzte seiner 12 Geschwister gestorben war, verlor er in den folgenden zwei Jahren auch seine Eltern. Ein Freund seines Vaters, Constantin von Neurath, Assessor am Reichskammergericht in Wetzlar, wurde Vormund und nahm den 13jährigen in sein Haus auf. Bei ihm erhielt Savigny seinen ersten elementaren Rechtsunterricht.

I. „Von Folianten rings umgeben ..." – Die Marburger Jahre

Als Savigny 1795 das juristische Studium in Marburg aufnahm, wurde dort wie auch an anderen deutschen Universitäten „gemeines Recht" gelehrt: die Summe der Rechtsregeln, die im Gegensatz zum Partikularrecht einheitlich in ganz Deutschland galten. Es bestand vor allem aus römischem Recht, aber auch aus germanischem Recht und neueren Modifikationen beider Rechtssysteme. Erst nach Abschluß des Studiums wurden die Juristen von den Praktikern an den Gerichten im Partikularrecht des jeweiligen Landes unterrichtet.

Es waren zwar schon einige Kodifikationen erschienen, die das gemeine Recht ablösen sollten, z.B. das Preußische Allgemeine Landrecht von 1794. Aber auch sie basierten zu großen Teilen auf dem römischen Recht. Goethe machte damals die Feststellung, das römische Recht sei „wie eine Ente". Manchmal sei es von großer Bedeutung, schwimme also quasi auf der Wasseroberfläche, manchmal tauche es in die Tiefe und sei den Blicken verborgen. Trotzdem sei es immer gegenwärtig (vgl. Stein, Römisches Recht, S. 189f.).

Erstmals „aufgetaucht" war das römische Recht in Deutschland schon einige Jahrhunderte zuvor. Eine wichtige Rolle spielte dabei die berühmte Rechtsschule in Bologna, wo es bereits im Jahre 1200 um die 1000 Jurastudenten gab, von denen etwa die Hälfte aus anderen europäischen Ländern kam. In Bologna wurden die Studenten anhand einer damals zufällig wiederentdeckten Abschrift der „Digesten" ausgebildet. Die 50 Digesten (auch „Pandekten" genannt) waren Rechtsbücher des oströmischen Kaisers Justinian aus den Jahren 533/34 n.Chr., eine Zusammenstellung von Auszügen aus den Schriften klassischer römischer Juristen. Zusammen mit den „Institutiones", einem Einführungslehrbuch, und einigen weiteren Werken bildeten diese Rechtsbücher das sogenannte „corpus juris civilis".

Die italienischen Rechtsgelehrten erläuterten die römischen Gesetze durch Randbemerkungen, sogenannte „Glossen", weshalb sie den Namen „Glossatoren" erhielten. Die Juristen, die in Italien römisches Recht gelernt hatten und in ihre Heimatländer zurückkehrten, arbeiteten auf der Grundlage des römischen Rechts weiter. So begann auch in Deutschland allmählich eine Verflechtung von römischem und örtlichem Recht. Römisches Recht wurde vor Gericht zunächst nur „hilfsweise" herangezogen, wenn das heimische Recht keine Lösung bot. Da dieses aber zum großen Teil Gewohnheitsrecht und als solches nur selten schriftlich niedergelegt war, bekam das römische Recht allmählich eine faktische Vorrangstellung, es wurde „rezipiert".

Seine Studienzeit (1795–1799) verbrachte Savigny – bis auf einen Abstecher nach Göttingen im Wintersemester 1796/97 – in Marburg. Besonders beeindruckt war er von Philipp Friedrich Weis, der dort lehrte. Weis weckte in Savigny die Leidenschaft für das römische Recht und regte ihn zum Quellenstudium an. Eine Leidenschaft, die Savigny sein ganzes Leben begleiten sollte.

Er entschloß sich, eine wissenschaftliche Laufbahn einzuschlagen. Zum Entsetzen seiner Verwandtschaft – für junge Adlige gehörte es sich damals, Karriere beim Militär oder als Diplomat im höheren Staatsdienst zu machen. Savigny selbst trug indes dazu bei, daß auch der Beruf des Rechtsgelehrten als würdige Beschäftigung Anerkennung gewann. Er setzte sich nicht nur für eine Erhöhung der Gehälter ein; seine Autorität und Leistung als Professor kamen dem Ansehen des ganzen Gelehrtenstandes zugute.

Seine Doktorarbeit, die er 1800 abschloß, schrieb Savigny zwar noch über ein strafrechtliches Problem, die Idealkonkurrenz. Der

21jährige hielt auch zunächst Vorlesungen über Strafrecht in Marburg. Doch der eigentliche Schwerpunkt seiner wissenschaftlichen Tätigkeit wurde schnell die Geschichte des römischen Rechts. Schon im folgenden Jahr hielt er Vorlesungen über Römisches Recht, Rechtsgeschichte und Methodenlehre.

Savigny begann damit, Textauszüge über das römische Recht zu sammeln und auszuwerten. Zunächst ohne konkrete Absicht, später mit dem Ziel, eine Geschichte des römischen Rechts zu schreiben. Eine äußerst umfangreiche Aufgabe, in die der wohlhabende Savigny nicht nur Fleiß, sondern auch viel Geld investierte. Immer wieder machte er ausgedehnte Studienreisen zu den wichtigsten europäischen Bibliotheken und Archiven, um Material zu sammeln. Auch seine Privatbibliothek wuchs im Laufe der Zeit immer weiter an – gegen Ende seines Lebens besaß er die stattliche Anzahl von über 10.000 Büchern.

II. „... und schrieb dissertationem, die ihn bracht' zu hohen Ehren ..." – Savigny als Gelehrter

Bereits das erste Produkt seiner Studien machte ihn schlagartig berühmt: Sein 1803 in nur sechs Wochen geschriebenes Buch über das „Recht des Besitzes". Im gleichen Jahr ernannte ihn die juristische Fakultät in Marburg zum außerordentlichen Professor. Rufe nach Heidelberg und Greifswald lehnte er ab, um sich ganz seinen Forschungen widmen zu können.

III. Kontakt mit der Romantik ...

Im Herbst 1804 beendete er seine Lehrtätigkeit, um sich auf eine Studienreise nach Paris via Heidelberg, Tübingen und Straßburg zu begeben. Es begleiteten ihn seine frisch angetraute Ehefrau Gunda, die Schwester des später so berühmten Dichters Clemens Brentano, deren Schwester Bettina und einer seiner Studenten – kein geringerer als Jakob Grimm.

Mit dem Romantiker Clemens Brentano hatte Savigny sich bereits kurz nach Beendigung seines Studiums auf einer Reise nach Jena im Jahre 1799 angefreundet; und das trotz aller Gegensätzlichkeiten, die zwischen ihnen bestanden. Dem nüchternen Savigny blieb romantisch Unklares und Verschwommenes Zeit seines Lebens eher unverständlich. Nach einer Rheinreise mit Savigny im Jahre 1803 beklagte sich Clemens Brentano in einem Brief: „Ich dachte, hier wo seine Studiermaschine nicht fortwährend im Gange ist, werde endlich einmal sein Inneres zu Wort kommen; doch stumm wie immer, marschiert er neben mir die Natur auf und ab, und das verdirbt mir alles Genießen. ... Er belächelt meine Reden, er belächelt meine Gedichte, er belächelt auch meine Verliebtheiten" (Gunda v. Savigny, Chronik, S.45).

Das Ehepaar Savigny kehrte erst im Jahre 1805 nach Marburg zurück, um ihr erstes Kind, eine Tochter, taufen zu lassen und brach schon im folgenden Jahr wieder zu einer Reise auf. Diesmal nach Nürnberg, München, Salzburg und Wien. In die Heimat zurückgekehrt, machte sich Savigny an die Auswertung des gesammelten Materials.

IV. „Wenn er im Ornate stehet" – Rufe nach Landshut und Berlin

Nachdem er 1808 eine Professur für Römisches Recht in Landshut angenommen hatte, folgte er bereits 1810 dem Ruf Wilhelm von Humboldts an die neugegründete Berliner Universität. Humboldt erhoffte sich von Savigny, der seiner Meinung nach „zu den vorzüglichsten lebenden deutschen Juristen" zählte (vgl. Stoll, Lebensbild II, S.6), Unterstützung beim Aufbau der Universität und der Juristischen Fakultät. Savigny enttäuschte ihn nicht. Er trat in die Gründungskommission unter Humboldt ein und wurde 1812/13 als Nachfolger Fichtes zum Rektor ernannt. Von 1811 bis 1826 wirkte er auch im Spruchkollegium seiner Fakultät mit.

Es waren unruhige, gefährliche Zeiten, die Zeit der Befreiungskriege gegen Napoleon. Als Berlin 1812/13 beim Rückzug Napoleons aus Rußland in den Krieg hineingezogen wurde, gehörte

Savigny als Vertreter des Adels zum sogenannten Landwehrausschuß für die Einrichtung einer Art Volksbewaffnung. Ihm und seinen Kollegen blieb allerdings eine direkte Konfrontation mit dem Feind erspart. Er rannte zwar manchmal schon „um drei Uhr in der Frühe wie besessen mit einem langen Spieß über die Straße", es war aber ein „Glück, daß diese Heroen von Zunge und Feder nicht zur Pistol haben greifen müssen", schrieb seine Schwägerin Bettina später (vgl. Stoll, Lebensbild II, S. 24 f.). Sie hatte inzwischen Achim von Arnim geheiratet und hielt sich zu dieser Zeit in Berlin auf.

V. Kodifikationsstreit – Weg mit der „Ente"

Im Zuge der allgemeinen nationalen Begeisterung, die dem erfolgreichen Ende der Befreiungskriege folgte, schien der Weg frei für ein gemeinsames bürgerliches Recht für alle deutschen Staaten. Mit der französischen Herrschaft war auch der 1804 erschienene „code civil" in viele dieser Staaten eingezogen, eine Kodifikation, die bei der Bevölkerung wegen ihrer Kürze und Klarheit sehr beliebt war. Sollte man diese Kodifikation jetzt beibehalten oder zum gemeinen Recht zurückkehren? Im Jahre 1814 veröffentlichte der Heidelberger Professor Thibaut seine Schrift „Ueber die Nothwendigkeit eines allgemeinen bürgerlichen Rechts für Deutschland" und schlug einen dritten Weg vor: Eine ganz neue Kodifikation für alle deutschen Staaten, da das bestehende gemeine Recht – nach Thibaut – letztlich durch seine Kompliziertheit nur den Anwälten auf Kosten der Bürger die Taschen fülle. Die „schönste Gabe des Himmels" sei dagegen ein einfaches Gesetzbuch für ganz Deutschland, durch das überdies die politische Zersplitterung in viele Einzelstaaten ein Gegengewicht erhalte. Denn „schlechte Anwälde würden nicht mehr Gelegenheit finden, bey dem Verkauf ihrer Rechtsgeheimnisse die armen Ausländer schändlich auszusaugen und zu mißhandeln" (Thibaut, Nothwendigkeit, S. 78).

Als Antwort auf diese Schrift veröffentlichte Savigny noch im selben Jahr seine Abhandlung „Vom Beruf unserer Zeit für Gesetzgebung und Rechtswissenschaft". Darin vertrat er die Ansicht, die Zeit sei noch nicht reif für eine Kodifikation. Zwar seien die Klagen über den bestehenden Rechtszustand berechtigt, da sich eine ungeheure Masse juristischer Begriffe und Ansichten angehäuft habe, die keiner mehr beherrschen könne. Die Lösung dafür sei aber nicht eine Kodifikation, die notwendigerweise auf dem schlechten Rechtszustand basieren müsse, sondern die „historische Methode der Rechtswissenschaft", das Bestreben, „jeden gegebenen Stoff bis zu seiner Wurzel zu verfolgen, und so sein organisches Princip zu entdecken, wodurch sich von selbst das, was noch Leben hat, von demjenigen absondern muß, was schon abgestorben ist, und nur noch der Geschichte angehört" (Savigny, in: Vom Beruf unserer Zeit, S. 166). Grundlage dieser Methode war Savignys Auffassung, „der Stoff des Rechts sey durch die gesammte Vergangenheit der Nation gegeben, doch nicht durch Willkühr, so daß er zufällig dieser oder ein anderer seyn könnte, sondern aus dem innersten Wesen der Nation selbst und ihrer Geschichte hervorgegangen." So beschrieb er seine „Historische Rechtsschule" 1815 in dem Einleitungsaufsatz seiner neuen „Zeitschrift für geschichtliche Rechtswissenschaft" (Savigny, Zweck, S. 264).

In Berlin hielt Savigny zunächst Institutionen- und Pandektenvorlesungen. Im Jahre 1819 kam er dann aber doch nicht mehr umhin, auch Vorlesungen über das Preußische Allgemeine Landrecht zu halten. „Ich fühle, daß das seyn muß, will ich nicht dem Lande und der zusammenhängenden Bildung der jungen Leute fremder bleiben als recht ist; ob und wie es mir gelingen wird, der Arbeit ein geistiges Leben abzugewinnen, weiß ich nicht, aber ... ich erkenne die Pflicht, die mich nöthigt, die innere Abneigung zu überwinden" (Stoll, Lebensbild II, S. 257). Er kam dieser Pflicht zwar nicht gerne nach, betrieb die Vorbereitung dann aber mit der gleichen Akribie wie für seine Vorlesungen über römisches Recht (vgl. Wollschläger, in: Allgemeines Landrecht, S. 202 ff.). Er wertete die 88 Bände mit Quellenmaterialien des Allgemeinen Landrechts aus, berücksichtigte die preußische Literatur und aktualisierte den Stoff nach der neuesten Gesetzgebung. Zugunsten dieser Arbeit verzichtete er sogar über neun Monate auf die Fortführung seines Werkes „Geschichte des Römischen Rechts im Mittelalter", das in mehreren Bänden in den Jahren 1815 bis 1831 erschien. Bei allem Bemühen um Objektivität machte Savigny stets deutlich, was er von der damaligen Rechtsentwicklung hielt. Er kritisierte, daß das Allgemeine Landrecht von der juristischen Vergangenheit losgerissen würde. Im Jahre 1824 zitierte er in seiner Vorlesung einen Staatsmann, der das Landrecht mit einer schönen Blume verglichen hatte. Es sei nur zu bedauern, daß man sie vom Stock abgeschnitten und in ein Wasserglas gesetzt habe (vgl. Savigny, in: Landrechtsvorlesung, S. 11).

Die Arbeit an seinen Büchern mußte Savigny noch oft unterbrechen, da ihn ein Nervenleiden quälte, das er auch auf einer Italienreise im Jahre 1826 nicht ganz auskurieren konnte. In einer Phase der Besserung begann Savigny 1835 die Arbeit am „System des heutigen Römischen Rechts", dessen erste drei Bände 1840 veröffentlicht wurden.

VI. „Ausgetreten seine Schwelle ..." – Nebentätigkeiten

Neben seiner Professur an der Berliner Universität und seinen Veröffentlichungen übernahm Savigny auch immer mehr praktische und politische Nebentätigkeiten. Als Lehrer des Kronprinzen erhielt Savigny Zugang zum preußischen Königshof. Im Jahre 1817 ernannte der König ihn als einzigen Professor zum Mitglied des neuen Staatsrates, wo er in der Abteilung für Justizangelegenheiten mit den aktuellsten rechtspolitischen Fragen befaßt war. Diese Tätigkeit blieb nicht ohne Kritik. „Sehr zu wünschen wäre es, daß der gute, gelehrte Herr von Savigny bei der antejustinianeischen und justinianeischen Jurisprudenz bliebe und nicht in unsern bäuerlichen Angelegenheiten kramte, die ihm durchaus unbekannt sind", wetterte der Reformer Freiherr vom Stein (vgl. Ebel, Savigny, S. 25). Er hielt Savigny und die übrigen Gelehrten sogar für „durchaus unfähig zur Teilnahme am praktischen Leben".

Savigny focht das nicht an. Er weitete seine praktischen Nebentätigkeiten sogar aus. Im Jahre 1819 erfolgte seine Ernennung zum Geheimen Oberrevisionsrat am Revisions- und Kassationshof für die Rheinprovinz. Als Vertreter dieses obersten Gerichts hatte er ab 1826 einen Sitz in der Gesetzeskommission, bis diese 1832 aufgelöst wurde. Den Höhepunkt bildete 1842 seine Ernennung zum Minister für Gesetzesrevision durch seinen ehemaligen Schüler, den seit 1840 regierenden preußischen König Friedrich Wilhelm IV. Für diese Tätigkeit gab er seine Professur ganz auf. Savignys Ministerzeit wird jedoch fast allgemein negativ beurteilt, obwohl das vielleicht nicht berechtigt ist. Jedenfalls konnte er maßgebliche Teile der Aufgaben durchführen oder vorbereiten, bis die Revolution von 1848 die Voraussetzungen hierfür zunichte machte (dazu Ebel, Savigny, S. 25).

VII. „Und so ganz in Ehren schwebend…" – Rückzug aus dem öffentlichen Leben

Die Vorgänge im März 1848 erzwangen den Rücktritt des ganzen preußischen Staatsministeriums, dessen Präsident er noch im Oktober 1847 geworden war. Als „Kronjurist" hatte Savigny gewöhnlich eher eine restaurative Position vertreten. Beispielsweise war er von dem Engagement der Brüder Grimm bei den „Göttinger Sieben" (1837) sehr befremdet. Die „Göttinger Sieben" hatten gegen das Außerkraftsetzen der Verfassung durch den König von Hannover protestiert und waren daraufhin ihrer Ämter enthoben und zum Teil des Landes verwiesen worden. Savigny half seinen Freunden zwar später, in Berlin eine neue Anstellung zu finden, stellte sich aber nicht öffentlich hinter sie, was ihm seine Schwägerin Bettina sehr verübelte (vgl. Gunda v. Savigny, Chronik, S. 58, 90).

In liberalen Kreisen schlug dem „Kronjuristen" sogar offener Haß entgegen (vgl. Hattenhauer, Grundlagen, S. 116 ff.). Heinrich Heine schrieb in seinem Gedicht „Die Menge tut es" im Jahre 1850: „Wie geht es dem elegant geleckten, / Süßlichen Troubadour der

Pandekten, / Dem Savigny? Die holde Person, / Vielleicht ist sie längst gestorben schon – / Ich weiß es nicht – Ihr dürft's mir entdecken, / Ich werde nicht zu sehr erschrecken."

Savigny, mittlerweile fast 70 Jahre, hatte sich seit 1848 aus dem öffentlichen Leben ganz zurückgezogen. Er fügte seinem Werk „System des Römischen Rechts" noch zwei Bände hinzu (1848/49) und schrieb das zweiteilige „Obligationenrecht" (1851/53). Am 25. Oktober 1861 starb er mit 82 Jahren in Berlin. Zu seiner Totenfeier erschienen alle Professoren der Universität und sogar der preußische König persönlich mit sämtlichen Prinzen. Savignys Grabstätte befindet sich auf dem Gut Trages bei Gelnhausen, das noch heute in Familienbesitz ist.

B. Die Entdeckung

Die Kernfrage, die letztlich zu Savignys „Entdeckung" führen sollte, ist auf den ersten Blick ganz einfach: Wie wird Eigentum übertragen?

I. Die Römer waren schuld ...

Die Römer waren die ersten, die sich diese Frage stellen mußten, da sie als erste überhaupt zwischen Eigentum (dominium) und Besitz (possessio) unterschieden. Ihre Antwort darauf, die sich schließlich im justinianischen Recht durchsetzte, war: Eigentum wird durch „traditio" übertragen. Wörtlich heißt das nur Übergabe. Sollte also Eigentumswechsel automatisch durch Übertragung des Besitzes erfolgen? Natürlich nicht!

Eine „Zutat" mußte zur Übergabe hinzutreten. Aber welche? Die römischen Quellen des „corpus juris" sind dazu nicht ganz eindeutig (dazu Haag Molkenteller, Die These vom dinglichen Vertrag, S. 61 ff.). In den Digesten schreibt Paulus von einer „justa causa praecedens", einem rechtmäßigen Grund, der der Übergabe vorhergehen muß, damit Eigentum übergehen kann. In § 40 II, 1 der Institutiones, dem Einführungslehrbuch, das auf einem Text des klassischen Juristen Gaius basiert, wird hingegen ein „animus dominii transferendi" (ungefähr: Übereignungswille) als Bedingung der Eigentumsverschaffung hervorgehoben. Und darüber hinaus gab es noch die berühmte Julian-Ulpian-Antinomie, zwei sich anscheinend widersprechende Stellen in den Digesten, an der sich ganze Generationen von Juristen später die Zähne ausbissen: Bei Julian (D. 41, 1, 36) heißt es: „... wenn ich dir ... Geld übergebe, um dir ein Geschenk zu machen, du es aber gleichsam als Darlehen empfängst, so steht fest, daß das Eigentum auf dich übergeht, und es macht kein Hindernis, daß wir über den Grund des Gebens und des Empfanges uneinig waren." Der etwa zwei Generationen später lebende Ulpian (D. 12, 1, 18) verneint den Eigentumsübergang in einem solchen Fall.

II. Einschleppen des Problems

Im Zuge der Rezeption des römischen Rechts stellte sich das Problem, wie Eigentum übertragen werden soll, auch in Deutschland. Die Lösung, die sich dort allmählich herauskristallisierte, war wahrscheinlich von den dort schon vorhandenen Vorstellungen beeinflußt.

Dem germanischen Recht war die römisch-rechtliche Unterscheidung von Eigentum und Besitz fremd. Zwar kannte man als Herrschaft über eine Sache die „Gewere". Sie war aber nicht nur ein tatsächliches Herrschaftsverhältnis, sondern verlieh dem Inhaber auch Abwehrrechte gegen den Entzug der Sache. Symbolisiert wurde die „Gewere" durch eine mit einem Handschuh bewehrte Hand, da sich das Rechtsdenken damals stark an äußeren Erscheinungsbildern und Zuordnungsprinzipien orientierte (vgl. dazu Haag Molkenteller, Die These vom dinglichen Vertrag, S. 47 ff.). Sollte die „Gewere" an einer Sache übertragen werden, so war dafür notwendig, daß die Veränderung der Herrschaftslage nach außen sichtbar wurde, etwa durch Übergabe der Sache selbst oder von Symbolen.

Für die Übertragung von Grundstücken gab es im deutschen Recht das Institut der „Sala". Der Veräußerer des Grundstücks übergab dem Erwerber dabei vor Zeugen z.B. eine Erdscholle mit einem aufgesteckten Zweig und erhielt dafür den Kaufpreis. Diese „Sala" bewirkte bereits einen gewissen Schutz des Erwerbers gegenüber dem Veräußerer. Erst in einem zweiten Schritt erfolgte die symbolische Investitur des Erwerbers in die „Gewere" durch Aus- und Anziehen eines Handschuhs und die Aufgabe der „Gewere" durch den Veräußerer. Damit war die Übertragung vollzogen.

Wohl schon in der Glossatorenzeit erklärte man sich diese „Sala" als ein „ius ad rem" (vgl. Felgentraeger, Savignys Einfluß, S. 2). Genaue Herkunft und Bedeutung des „ius ad rem" ist bis heute streitig. Weitgehend einig ist man sich darin, daß ein „ius ad rem" dem Käufer bereits mit Abschluß des verpflichtenden Rechtsgeschäfts einen beschränkten dinglichen Schutz gegen weitere Verfügungen des Verkäufers gewährte. Kam die Besitzübergabe hinzu, erstarkte das „ius ad rem" zum „ius in re" und wurde zum vollen Sachenrecht (vgl. Stadler, Gestaltungsfreiheit, S. 48). Notwendig für Eigentumsübergang war damit ein gültiges obligatorisches Rechtsgeschäft, z.B. ein Kaufvertrag. Dieses „ius ad rem" gab es im klassischen römischen Recht nicht; dort wurde nur zwischen „obligatio" (persönlicher Verpflichtung) und „ius in re" (Sachenrecht) unterschieden (vgl. Felgentraeger, Savignys Einfluß, S. 2).

III. „titulus" und „modus acquirendi"

Die konsequente Fortsetzung fand die Lehre vom „ius ad rem", die wohl von der deutschen „Sala" beeinflußt war, in der Lehre vom „titulus und modus acquirendi". Diese Begriffe wurden von Johann Apel geprägt, der zur Zeit Luthers an der Universität Wittenberg lehrte (siehe dazu oben den Beitrag von Balthasar). Für ihn ging Eigentum durch ein gültiges Grundgeschäft, „titulus", und einen sichtbaren Ausdruck der Übertragung, den „modus acquirendi" (die Art und Weise des Erwerbs), über. Der Begriff „titulus" kam zwar aus dem römischen Recht, hatte dort aber eigentlich nichts mit der Eigentumsübertragung durch „traditio" zu tun (vgl. Felgentraeger, Savignys Einfluß, S. 3). Trotz ihrer begrifflichen Schwächen setzte sich die Lehre aber im gemeinen Recht durch.

Die Gelehrten des Naturrechts, einer rechtsphilosophischen Strömung des 17. Jh., entwickelten die Begriffe Apels weiter und kamen zu dem Ergebnis, daß der „titulus" ein obligatorischer Vertrag sei, der in der Übergabe seinen äußeren Ausdruck finde. Und dieser „titulus" sei nichts anderes als die vom römischen Juristen Paulus geforderte „iusta causa praecedens" (vgl. Felgentraeger, Savignys Einfluß, S. 4 f.). Danach bewirkte – wenn auch nicht allein – ein obligatorischer Vertrag, daß ein dingliches Recht, nämlich Eigentum, übertragen wurde, er hatte also dingliche Wirkung. Er war für sie die „Zutat", die zur Übergabe hinzukommen mußte.

Die Lehre vom „titulus" und „modus acquirendi" wurde in der Folgezeit die allgemeine Theorie für den Erwerb dinglicher Rechte – selbst für den originären, d.h. nicht abgeleiteten Erwerb – und ging 1794 auch in das Preußische Allgemeine Landrecht ein. Dessen § 2 I, 9 definierte den „titulus" als „gesetzlichen Grund, vermöge dessen die äußere Handlung, der modus, die Kraft habe, daß dadurch das Eigenthum erworben werde".

Als Savigny seine wissenschaftliche Karriere begann, war die Lehre also sowohl im gemeinen Recht als auch im Landrecht die herrschende Meinung. Das hielt ihn aber nicht davon ab, die Begriffe schon in seiner ersten Methodologievorlesung 1802/03 als negatives Beispiel dafür anzuführen, wie sich „Willkühr … auf dem Weg der Form" einschleichen könne, wenn Juristen nicht wissenschaftlich arbeiteten (Savigny, in: Methodologie, S. 100).

Savigny gab nämlich in seinen Methodologievorlesungen den Studenten nicht nur Ratschläge, wie sie ihr Studium am besten aufbauen oder welche Bücher sie sich anschaffen sollten. Er entwickelte auch Grundsätze, wie eine wissenschaftliche Arbeitsweise in der Jurisprudenz sein sollte. Denn „Selbstdenkende Juristen" seien nicht schon „solche, die einen logisch richtigen Satz herausbringen können, ohne ihn abzuschreiben, oder auch die blind ins Zeug hinein meynen und schreiben". Das Ideal sei vielmehr „wissenschaftliche Individualität, die aber nur in der strengsten wissenschaftlichen Gesetzmäßigkeit möglich ist", schrieb er im Jahre 1804 (Savigny, in: Methodologie, S. 136).

Für Savigny stand fest: Bei der Ausdehnung der Lehre vom „titulus" und „modus acquirendi" auf den Erwerb aller dinglichen Rechte war unwissenschaftlich gearbeitet worden. Mit dieser Meinung stand er nicht alleine. Schon der Göttinger Professor Gustav Hugo hatte kritisiert, daß die „selbstgefälligen Systematiker" des Naturrechts – von ihm auch „Otterngezücht" genannt – Begriffe vermengt hatten, als sie die Lehre schufen (vgl. Felgentraeger, Savignys Einfluß, S. 21). Als Beispiel dafür, daß die Lehre nicht auf jeglichen Erwerb dinglicher Rechte passen kann, führte Savigny 1803 die „Occupatio" an, also den originären Eigentumserwerb an einer herrenlosen Sache. Einen zeitlich vorhergehenden „entfernteren Grund", einen „titulus" wie etwa einen Kaufvertrag, gebe es in diesem Fall offensichtlich nicht. Er könne auch nicht im Gesetz zu sehen sein, da die römischen Juristen von einer solchen Konstruktion nichts gewußt hätten. Sein Urteil: Es handele sich bei der Lehre um eine „Erfindung der neuern Juristen wie auch die Ausdrücke justus titulus und modus acq." selbst (Institutionenvorlesung 1803/4, Nachschrift Wilhelm Grimm bei Felgentraeger, Savignys Einfluß, S. 28). Für den abgeleiteten Eigentumserwerb ließ er die Lehre zunächst noch gelten.

IV. Savignys Lösung

Erst einige Jahre später verwarf er die Lehre selbst für ihren ursprünglichen Anwendungsbereich, die derivative Eigentumsübertragung. In seiner Pandektenvorlesung von 1815 (Nachschrift Burchardi bei Felgentraeger, Savignys Einfluß, S. 32 ff.) stellte er erstmals seine sensationelle „Entdeckung" vor:

„*Mehrere Neuere sagen, zur traditio sey ein obligatorisches Verhältnis und die factische Tradition erforderlich, ... es müssen also ... nach ihrer Meinung 2 Dinge zur traditio concurrieren. ... Aber wie steht es mit der Schenkung? Da ist ja gar kein obligator. Verhältnis, hier ist ja die bloße factische Tradition der Übergang des Eigenthums, wodurch nun ganz die Ansicht jener umfällt; denn die Absicht des Gebers macht den Beschenkten zum Eigenthümer, nichts anderes. Justa causa müssen wir also nur nennen, die Absicht des Eigenthümers mit der Tradition das Eigenthum zu übertragen. Dies ist der allgemeine Begriff von justa causa, der bei allen Geschäften in allen Fällen paßt. Alle anderen Erklärungen stoßen irgend wo an; und es ist ein großes Mißverständnis, wenn man ein obligatorisches Verhältnis als justa causa angenommen hat, jenes Verhältnis ist nur etwas Zufälliges, obgleich es gewöhnlich vorkömmt, nichts Wesentliches. Unsere Theorie ist nun auch ganz den Quellen gemäß, besonders dem § 40 Inst. ... (Einen sprechenden Beweis enthält ... auch Donellus Commentarius). Hierauf gründet sich der Satz, daß jede Tradition ihrer Natur nach ein wahrer Vertrag ist u. daß die justa causa nichts als diesen Vertrag ausdrückt. Aber es braucht nicht ein obligatorischer Vertrag zu seyn, denn sonst würden wir wieder in den gerügten Fehler verfallen, sondern sie ist ein wahrer dinglicher Vertrag, ein Vertrag des Sachenrechts.*"

Die Idee ist so einfach wie bestechend. Wenn es bei der Schenkung zur Eigentumsübertragung keines wirksamen Grundgeschäfts bedurfte – dies entsprach in der Tat dem damaligen Verständnis –, warum sollte es bei anders motivierten Übertragungen notwendig sein? Bewirke dort neben der Übergabe die bloße Absicht des Schenkers, den Beschenkten zum Eigentümer zu machen, eben diesen Erfolg, so sei das keine Zufälligkeit, sondern Ausdruck eines allgemeinen Prinzips. Nicht ein obligatorischer Vertrag, sondern ein von diesem streng zu unterscheidender dinglicher Vertrag sei die notwendige, die „traditio" ergänzende Zutat. Das Trennungsprinzip war geboren!

Später verlagerte Savigny den Schwerpunkt seiner Begründung auf § 40 der Institutionen, wo ein „animus dominii transferendi" (Übereignungswille) für den Eigentumsübergang entscheidend zu sein scheint. Auch der von ihm sehr geschätzte Jurist Hugo Donellus hatte sich im 16. Jahrhundert in einem Kommentar zur Glossensammlung des Accursius in diesem Sinne geäußert (Comment. Lib. IV, Cap. 16): „Nihil tertium praeter illa duo, traditionem et animum requiritur". Neben der Traditio und dem Willen ist nichts Drittes erforderlich.

Von einer „justa causa" oder einem „titulus" war an dieser Stelle der Institutionen nicht die Rede. Was meinten die anderen Quellen also, wenn sie von einer „justa causa" bei der „traditio" sprachen? Von seiner ursprünglichen Ansicht, die „justa causa" des Paulus sei dem Übereignungswillen gleichzusetzen, rückte Savigny später ab. Der „animus dominii transferendi" sei das „nicht ganz". „Justa causa ist der entferntere juristische Zweck, wodurch motivirt wird die Eigenthumsübertragung" (Savigny, in: Pandektenvorlesung, S. 106).

Erheblich für die Eigentumsübertragung selbst ist die „justa causa" für ihn aber nicht. Der dingliche Vertrag besteht nur darin: Die „Tradition (ist) ein wahrer Vertrag, da alle Merkmale des Vertragsbegriffs darin wahrgenommen werden: denn sie enthält von beiden Seiten die auf gegenwärtige Übertragung des Besitzes und des Eigenthums gerichtete Willenserklärung, und es werden die Rechtsverhältnisse der Handelnden dadurch neu bestimmt", schreibt er 1840 in seinem „System des heutigen Römischen Rechts" (Savigny, System III, S. 312). Völlig gleichgültig ist also, ob die Willenserklärungen „schenkungs-" oder „kaufeshalber" abgegeben würden. Und sogar eine „aus Irrtum entsprungene Tradition ... ist voll gültig", führt er aus. Wer beispielsweise „eine Sache von dem Eigenthümer tradirt bekommt, den er irrig für einen Nichteigenthümer hält, wird darum nicht minder Eigenthümer." Das folgt für ihn zum einen „aus der Natur des freyen Willens selbst, dessen Daseyn und Wirkung von den wahren oder irrigen Beweggründen ganz unabhängig" sei, zum anderen aber auch aus dem römischen Recht. So seien „die Condictionen ... völlig überflüssig, ... wenn nicht unser Satz als bekannte und unzweifelhafte Regel vorausgesetzt werden dürfte". In der regelmäßigen Unwirksamkeit des Irrtums sah Savigny sogar „die einzige Rettung des Verkehrs gegen gränzenlose Unsicherheit und Willkühr" (Savigny, System III, Beylage VIII, S. 354 ff.). Das Abstraktionsprinzip war geboren!

Aber was für eine Bedeutung hatte dann überhaupt noch ein obligatorischer Vertrag, wie z.B. ein Kaufvertrag, für die Übereignung? Nun, er kann als Indiz für den Übereignungswillen dienen, denn Savigny sieht selbst ein, daß es ziemlich unwahrscheinlich ist, daß ein dinglicher Vertrag immer ausdrücklich in der Praxis vereinbart wird: „... man könnte sagen, er sei zu abstract, zu theoretisch für eine so naturale Handlung, wie die Tradition. Um nun in zweifelhaften Fällen eine sichere Entscheidung zu finden, bleibt Nichts übrig, als auf die umgebenden Umstände, Absichten, Zwecke zu sehen, auf dasjenige Rechtsgeschäft, mit welchem die Tradition in Verbindung steht, wodurch sie herbeigeführt worden ist. Eben dieses nun ist die wahre Bedeutung der Justa causa, denn hieraus wird sich stets mit Sicherheit erkennen lassen, ob die Absicht auf Übertragung des Eigenthums gerichtet war (wie bei Kauf oder Tausch), oder nicht (wie bei Miete und dem Depositum)" (Savigny, Obligationenrecht II, S. 258).

C. Rezeption

I. Die ersten Reaktionen

Schon bevor Savigny seine Lehre in Buchform veröffentlicht hatte, verbreiteten und entwickelten seine Zuhörer und Schüler sie mit durchschlagendem Erfolg weiter (vgl. Felgentraeger, Savignys Einfluß, S. 42 ff.). Allmählich wurde der abstrakte dingliche Vertrag zur herrschenden Lehre auf dem Gebiet des gemeinen Rechts, und zwar für die Übereignung sowohl beweglicher als auch unbeweglicher Sachen. Beim Eingang ins Immobiliarsachenrecht mag geholfen haben, daß es im norddeutschen Raum schon etwa seit dem 14. Jahrhundert eine Art abstrakte Gestaltung im Stadtbuchwesen gab. Eine Eintragung hatte dort rechtsbegründende Kraft, wenn sie über eine gewisse Zeit unangefochten blieb.

Seltsamerweise fand die Lehre sogar Eingang in einen Kommentar zum Preußischen Allgemeinen Landrecht, obwohl dessen § 2 I, 9 doch ausdrücklich festlegte, daß ohne gültiges Kausalgeschäft kein Eigentum übergehen konnte. Auch im Sächsischen BGB von 1863/65 und im Entwurf eines BGB für das Königreich Bayern von 1864 wurde eine abstrakte Gestaltung des Eigentumsübergangs gewählt (vgl. Ranieri, Abstrakte Übereignung, S. 95).

Die Rechtsprechung nahm Savignys Lehre ebenfalls auf. In einer Entscheidung des Oberappellationsgerichts Celle von 1860 wird beispielsweise schon selbstverständlich davon ausgegangen: „Es würde ... die Ungültigkeit des Kaufcontractes allein nicht genügen, um die angestellte Eigenthumsklage als hinfällig erscheinen zu lassen, indem die zum Eigenthumserwerbe durch Tradition erforderliche justa causa traditionis an sich nur in dem übereinstimmenden, auf Geben und Nehmen von Eigenthum gerichteten Willen des Tradenten und Empfängers besteht ..." (zit. nach Kroeschell, Rechtsgeschichte, S. 137). Gegen Ende des Jahrhunderts schließlich hatte sich Savignys Entdeckung auch in der Rechtsprechung des Reichsgerichts etabliert.

II. Eingang in das BGB

Wie Savigny gingen auch die Kommissionen, die das BGB schufen, davon aus, daß Sachenrecht und Schuldrecht zwei völlig getrennte Gebiete seien. Dementsprechend unterschieden sie zwischen dinglichen und obligatorischen Verträgen (Trennungsprinzip!). Und der dingliche Vertrag sei „seinem Begriffe nach ein abstraktes Geschäft". Das „Verhältnis des dinglichen Vertrages zu dem obligatorischen Geschäfte" sei „das der Leistung zu dem rechtlichen Motive desselben". Der Vertrag bestehe, „wenn auch das Motiv fehlt oder wegfällt". Der Verfügende könne „die Leistung nur kondizieren" (Mugdan, Motive III, S. 8). Eher beiläufig wurde damit eine der zentralen Aufgaben des Bereicherungsrechts genannt: die „ungerechten" Folgen des Abstraktionsprinzips auszugleichen. Ein Verkäufer, der eine Sache aufgrund eines nichtigen Kaufvertrags wirksam übereignet hat, muß also nicht verzweifeln. Er kann die Sache zwar nicht mehr nach § 985 BGB herausverlangen, dafür aber nach § 812 Abs. 1 S. 1, 1. Alt. BGB (Leistungskondiktion). Auf diese Weise „heilt" das Gesetz die „Wunden, die das Gesetz selbst schlägt" (Dernburg, in: Jauernig, JuS 1994, S. 722). Oder anders ausgedrückt: Wer A (wie Abstraktionsprinzip) sagt, der muß auch B (wie Bereicherungsrecht) sagen. Das „Heilmittel" des bereicherungsrechtlichen Herausgabeanspruchs ist allerdings nicht so stark wie ein dinglicher Herausgabeanspruch, da sich der Verkäufer u. U. mit Wertersatz begnügen oder sogar die Entreicherung des Erwerbers gegen sich gelten lassen muß (vgl. dazu Peters, Jura 1986, S. 456).

Die Notwendigkeit eines solchen Heilmittels sah schon Savigny, der – wir erinnern uns – sogar umgekehrt von der Existenz des römischen Kondiktionenrechts darauf schloß, daß das Abstraktionsprinzip schon im römischen Recht galt. Damit hatte er aber eigentlich Grund und Folge vertauscht. Es kann in einer Rechtsordnung sehr wohl ein Bereicherungsrecht geben, ohne daß zwangsläufig auch das Abstraktionsprinzip gelten muß, wie das Beispiel Frankreichs zeigt (dazu Stadler, Gestaltungsfreiheit, S. 31 ff.): Dort ist ein „einmaliger" Konsens zur Übertragung des Eigentums erforderlich. Es wird nicht zwischen Verpflichtungs- und Verfügungsgeschäft getrennt. Ohne Trennungsprinzip aber auch kein Abstraktionsprinzip! Trotzdem gibt es in Frankreich ein Bereicherungsrecht – schon deswegen, um sonstige ungerechtfertigte Vermögensverschiebungen rückgängig zu machen.

Savignys dinglichen Vertrag findet man heute in § 929 BGB wieder: Die Übertragung des Eigentums erfolgt durch Einigung über den Eigentumsübergang und Übergabe der Sache. Die dingliche

Einigung ist dabei nicht von einer „causa" abhängig, sie ist also inhaltlich abstrakt. Spiegelbildlich fehlt dem Grundgeschäft, wie etwa einem Kaufvertrag, jedes auf die Eigentumslage einwirkende Moment. Wenn etwa §433 Abs. 1 S. 1 BGB den Verkäufer zur Eigentumsverschaffung „verpflichtet", ergibt sich zwingend, daß der Kaufvertrag selbst diese Wirkung nicht hat.

Aber nicht nur die Übereignung, auch die übrigen Verfügungsgeschäfte, d.h. Rechtsgeschäfte, die unmittelbar durch Belastung, Übertragung, Aufhebung oder Inhaltsänderung auf den Bestand eines Rechts einwirken, wurden als grundsätzlich abstrakt vom Rechtsgrund angesehen (vgl. Mugdan, Motive III, S. 1). Das gilt für die sachenrechtlichen Verfügungen (§§ 929 ff., 873 ff., 1273 ff. BGB), die Forderungsabtretung (§§ 398 ff. BGB) und außerhalb des Bereichs der Zuwendungen auch für die Erteilung rechtsgeschäftlicher Vertretungsmacht (vgl. Stadler, Gestaltungsfreiheit, S. 81). Verpflichtungsgeschäfte dagegen wurden nur ausnahmsweise abstrakt gestaltet. Im BGB gibt es das abstrakte Schuldversprechen (§ 780 BGB), das abstrakte Schuldanerkenntnis (§ 781 BGB) und die Annahme einer Anweisung (§ 784 BGB). Weitere abstrakte Verpflichtungen sind Wechsel- und Scheckverpflichtungen und Inhaberschuldverschreibungen.

III. Der Charme der neuen Lehre

Ein Grund für den Erfolg der Entdeckung war zunächst wohl die Ausstrahlung und natürliche Autorität des Entdeckers. Wenn man ihn „in den überfüllten Hörsaal geschritten sah, sollte man glauben, es sei einer der Olympier, der unter den Sterblichen einherwandelte, und wenn er auf dem Katheder stand und seine Augen langsam über die lautlose Schar schweifen ließ, während er mit einem feinen weißen Tuch seine goldene Lorgnette putzte, erhielt man Zeit, seine Seele mit Stolz zu erfüllen, einem Zeitalter anzugehören, das einen solchen Mann erzeugt hatte", schwärmte ein Student der Berliner Fakultät (Stoll, Lebensbild III, S. 191). Darüber hinaus schätzten die vielen Anhänger seiner Historischen Rechtsschule auch sehr, daß sich die römischen Quellen durch seine Theorie anscheinend „zu einem runden, glatten Ganzen" zusammenfügen ließen (Felgentraeger, Savignys Einfluß, S. 31). Und nicht nur das: Es kann für einen Juristen auch ein „ästhetischer Genuß" (Peters, Jura 1986, S. 454) sein, einen dinglichen Vertrag vor die Klammer zu ziehen, der sämtliche Übereignungen beweglicher Sachen unabhängig von ihrem konkreten Anlaß regelt und die sachenrechtliche Zuordnung erleichtert.

Wichtiger als diese Aspekte war aber wohl, daß der abstrakte dingliche Vertrag einige erfreuliche „Nebenwirkungen" hatte, die genau dem Interesse der Zeit entsprachen. Eine Folge des abstrakten dinglichen Vertrags ist zum Beispiel, daß der Erwerber sich nicht darum kümmern muß, ob der Veräußerer die Sache aufgrund eines gültigen Kaufvertrags besitzt. Das erleichtert den Warenverkehr, denn auch ein Verkäufer, der aufgrund eines unwirksamen Kaufvertrags Eigentümer geworden ist, kann wirksam Eigentum übertragen. Unter der Geltung des gemeinen Rechts war dies besonders wichtig, da es grundsätzlich keinen gutgläubigen Eigentumserwerb gab. Jhering bezeichnete die abstrakte Gestaltung wegen des damit bewirkten Verkehrsschutzes sogar als einen „der glücklichsten Gedanken des römischen Rechts" und einen der „festesten Anker für die Sicherheit des Eigentums" (Jhering, Geist des römischen Rechts, S. 208 ff.).

Offensichtliche ökonomische oder rechtspolitische Erwägungen als Motiv für den abstrakten dinglichen Vertrag findet man bei Savigny jedoch nicht; für ihn waren Rechtsverhältnisse ihrer Natur nach zweckfrei (vgl. Ranieri, Abstrakte Übereignung, S. 102). In der Praxis entsprach seine Lehre aber auch den Interessen der aufblühenden liberalen Wirtschaft seiner Zeit, da mit der zunehmenden Industrialisierung auch der Kapitalbedarf der Unternehmen und somit auch das Bedürfnis nach besseren Sicherungsmitteln wuchs. Das Pfandrecht des Allgemeinen Preußischen Landrechts war zur Sicherung eines Investitionskredits ebenso ungeeignet wie das BGB-

Pfandrecht gemäß §§ 1205 ff. Es war Faustpfand, zu dessen Begründung der Sicherungsgeber den Pfandgegenstand an den Sicherungsnehmer übergeben mußte (vgl. dazu Stadler, Gestaltungsfreiheit, S. 51). Um Zins und Tilgung zu erwirtschaften, stand der Pfandgegenstand damit nicht mehr zur Verfügung. Man brauchte ein Sicherungsmittel, das dem Darlehensnehmer die Nutzung der Sache erlaubte, aber dem Darlehensgeber trotzdem die Möglichkeit gab, die Sache u.U. zu verwerten: die Sicherungsübereignung. Diese praktische Konstruktion, bei der die Bank (fiduziarisches) Eigentum erhält, das sie berechtigt, die im Besitz des Schuldners verbliebene Sache bei Eintritt des Sicherungsfalls zu verwerten, wurde erst durch den abstrakten dinglichen Vertrag möglich. Denn im ALR brauchte man zur Übertragung von Eigentum einen Titel, der auf *dauernden* Eigentumserwerb gerichtet war.

Ein anderer Aspekt, der die rechtspolitische Diskussion des 19. Jahrhunderts prägte, war der Gedanke der Privatautonomie. Auch hier schien Savigny – ob er wollte oder nicht – den Nerv seiner Zeit getroffen zu haben. Abstrakte Verträge waren die ideale Entsprechung des liberalen Ideals des mündigen, von obrigkeitlichen Eingriffen freien Bürgers. Eine Rückbindung der Verfügung an das obligatorische Geschäft, durch die eine inhaltliche Kontrolle der „causa" durch den Richter möglich wäre, wurde sogar als unerwünschte Einmischung in den privaten Bereich angesehen (vgl. Stadler, Gestaltungsfreiheit, S. 52).

Die abstrakte Gestaltung als Ausdruck der Privatautonomie zog bald weitere Kreise. War ein abstrakter Vertrag auch im Schuldrecht möglich? Savigny selbst hatte einen abstrakten obligatorischen Vertrag für das gemeine Recht noch abgelehnt. Doch schon im Jahre 1855 veröffentlichte Otto Bähr in seinem Werk „Die Anerkennung als Verpflichtungsgrund" folgende Gedanken: Wenn „die freie Bewegung des Willens das Grundprincip des heutigen Obligationenrechts" überhaupt sei, dann müsse „dieser Wille auch die Fähigkeit haben, jene Verbindung" zwischen Versprechen und Rechtsgrund „aufzugeben und das einfache Versprechen isoliert zu einem vollendeten Vertrage zu erheben" (zitiert bei Kiefner, Der abstrakte obligatorische Vertrag, S. 82). Bährs abstrakter Schuldvertrag setzte sich durch, vor allem wohl durch die Akzeptanz der Gerichtspraxis. Man findet ihn heute in den §§ 780, 781 BGB wieder. „Der Wille als solcher erzeugt rechtliche Wirkung, nicht der Wille in Verbindung mit seinem Bestimmungsgrund", formulierte später Windscheid als allgemeines Prinzip (Windscheid, Lehrbuch, § 172, Anm. 16a). Auch die Forderungsabtretung und die Vollmachtserteilung wurden bald als abstrakt vom Rechtsgrund angesehen.

IV. Das Ausland bleibt skeptisch

Die Begeisterung für Savignys abstrakten dinglichen Vertrag ging so weit, daß Zitelmann 1888 schrieb: „Die Trennung der juristischen Existenz von Mittel und Zweck war eine der größten und folgenschwersten Taten des juristischen Geistes, eine Tat, ohne welche, man darf kühn sagen, die gesamte Entwicklung unseres modernen Vermögensverkehrsrechts unmöglich wäre. … Die Zweckmäßigkeit dieser Regelung ist so zweifellos, und zwar aus Gründen, die für alle Völker gleich maßgebend sind, daß jedes Recht früher oder später zu derselben Entscheidung kommen muß" (Zitelmann, AÖG 1888, S. 210). Hierin täuschte sich Zitelmann jedoch – außerhalb Deutschlands hat sich bis heute noch keine Rechtsordnung für das Abstraktionsprinzip entschieden.

Dieser Sachverhalt läßt sich nicht damit erklären, daß Savigny vielleicht im Ausland unbekannt gewesen wäre – manche bezeichnen ihn sogar als den in der zweiten Hälfte des 19. Jahrhunderts „ausstrahlungsmächtigsten Juristen der ganzen Welt" (Gmür, Savigny, S. 34). Erfolgreich war aber vor allem die Wissenschaftlichkeit seiner Historischen Rechtsschule. Die Idee, nach einer systematischen Struktur im Recht zu suchen und „den gegenwärtigen Zustand des Rechts allmählich von demjenigen zu reinigen, was durch bloße Unkunde und Dumpfheit literarisch schlechter Zeiten, ohne alles wahrhaft praktische Bedürfniß, hervorgebracht worden ist" (Savigny, Vom Beruf unserer Zeit, S. 167), übte eine große Anziehungskraft aus.

Auch der abstrakte dingliche Vertrag fand Beachtung. Übernommen wurde allerdings – wenn überhaupt – nur das Trennungsprinzip. Zwischen Verpflichtungs- und Verfügungsgeschäften unterschieden wird heute beispielsweise im Schweizer Recht und im Österreichischen Recht. Im Österreichischen Recht gab es sogar Bestrebungen, auch das Abstraktionsprinzip zu übernehmen, jedoch nur mit anfänglichem Erfolg (dazu Stadler, Gestaltungsfreiheit, S. 25 ff., Ferrari ZEuP 1993, S. 59 ff.).

Im anglo-amerikanischen Recht wird heute ebenfalls in gewisser Weise zwischen Verpflichtungen und Verfügungen getrennt. Es spricht einiges dafür, daß dies auf den Einfluß Savignys zurückzuführen ist (vgl. Stadler, Gestaltungsfreiheit, S. 41 ff., 72 ff., m.w.N.).

V. Die Kritik in der Heimat

Der abstrakte dingliche Vertrag blieb auch in Deutschland nicht lange von Kritik verschont. Allmählich setzte sich die Auffassung durch, dem klassischen römischen Recht sei ein abstrakter dinglicher Vertrag fremd gewesen. Savigny sei also nicht als dessen „Entdecker", sondern eher als dessen „Schöpfer" zu bezeichnen (dazu Haag Molkenteller, Die These vom dinglichen Vertrag, S. 63 ff., 70 ff., 176 ff. m.w.N.). Heute wird allgemein angenommen, die Eigentumsübertragung sei im klassischen römischen Recht sehr wohl von einem wirksamen Grund, einer „justa causa", abhängig gewesen. An eine Einigung im Sinne eines eigenständigen dinglichen Vertrags wurde bei der „justa causa" aber wohl nicht gedacht, zumal auch die Vertragslehre in der Form, in der wir sie heute kennen, im wesentlichen erst von Hugo Grotius (1583–1645) entwickelt wurde. Der § 40 der Institutionen, der von einem „animus dominii transferendi" spricht, ist nach heutigen Erkenntnissen wahrscheinlich in justinianischer Zeit überarbeitet worden, stammt also nicht vom klassischen Juristen Gaius. Bei zurückhaltender Interpretation der Überarbeitung dürfte zwar der Übertragungswille als Kriterium für die Eigentumsübertragung bestimmt worden sein, eine grundsätzliche Abkehr vom kausalen Übereignungssystem bedeutete dies notwendigerweise aber nicht. Auch die Julian-Ulpian-Antinomie wird heute eher so gedeutet, daß beide Autoren am Kausalerfordernis festhielten, nur war Julian zufolge die Hingabe des Geldes das verpflichtungsbegründende Element.

Damit brach Savignys Lehre gewissermaßen das Fundament unter den Füßen weg. Ihm wurde sogar vorgeworfen, seine ganze Lehre vom abstrakten dinglichen Vertrag beruhe auf einem Mißverständnis der römischen Quellen. Richtiger dürfte jedoch sein: Savignys Vorgehen war Ausdruck seiner Auffassung, allem Zivilrecht liege „ein System zum Grunde, oft unbewußt und unentwickelt" (vgl. Savigny, in: Methodologie, S. 148) und durch Interpretation müsse vor allem der Gedanke, der den einzelnen Gesetzen zugrunde liege, nachgedacht werden. Dementsprechend hatte er einen gewissen Hang zur Konstruktion und „überprüfte" eher, ob seine Erklärungen mit dem Gesamtbild der römischen Quellen übereinstimmten, als daß er von einzelnen Quellen ausging.

Nachdem das Fundament einmal „beschädigt" war, traten Kritiker hervor, die mit den liberalen, individualistischen Regelungen des BGB ohnehin nicht einverstanden waren (dazu Eisenhardt, FS Kroeschell, S. 218). Einer Strömung der Philosophie entsprechend, die den Einfluß des römischen Rechts bekämpfte, forderte etwa das Parteiprogramm der Nationalsozialisten „Ersatz für das der materialistischen Weltordnung dienende römische Recht durch ein deutsches Gemeinrecht." Das liberale BGB sollte durch ein sogenanntes „Volksgesetzbuch" ersetzt werden.

Im Zuge dessen erhielt Philip Heck von der 1933 gegründeten „Akademie für Deutsches Recht" den Auftrag, das abstrakte dingliche Rechtsgeschäft auf seine Verwendbarkeit für die Neugestaltung des deutschen Rechts zu untersuchen. Heck stellte fest, die Theorie Savignys beruhe „in letzter Linie auf zwei Ausgangspunkten, auf der Meinung, daß für das Privatrecht der Parteiwille entscheidend sei

(Dogma der Privatautonomie) und auf der Annahme, daß der rechtsgeschäftliche Parteiwille die ‚Änderung der Rechte' zum Inhalt hat" (Heck, Das abstrakte dingliche Rechtsgeschäft, S. 12 ff.). Beide Ausgangspunkte müsse der nationalsozialistische Gesetzgeber aber ablehnen, da sie auf individuellen und begriffsjuristischen Anschauungen beruhen würden. Die Herrschaft der Privatautonomie sei „kein Dogma, aus dem Folgerungen zu ziehen sind. Sondern der Gesetzgeber hat erst ... das Gebiet der Privatautonomie zu bestimmen." Außerdem habe Kruse – laut Heck – völlig Recht, wenn er sage: „Die dinglichen Wirkungen des Vertrags sind seine rechtlichen Wirkungen in bezug auf Dritte; über diese Rechtswirkungen zu bestimmen, steht letzten Endes nur der Rechtsordnung zu. Welchen Momenten die Rechtsordnung hier Bedeutung beimessen soll, muß ... ganz außerhalb des Willens der Parteien liegen". Heck kam zu dem Schluß, es sei „geboten, die abstrakte Gestaltung bei der Neuschaffung unseres Rechts durch eine kausale zu ersetzen" (Heck, Das abstrakte dingliche Rechtsgeschäft, S. 4). Zu einer Verwirklichung seines Vorschlags kam es aber nicht; die Arbeiten am Volksgesetzbuch wurden 1943 eingestellt. Nach dem Krieg verstummte die heftige Kritik am Abstraktionsprinzip zunächst, obwohl die von Heck vorgebrachten Argumente im wesentlichen als ideologiefrei gelten können, also nicht mit nationalsozialistischem Gedankengut belastet waren.

Zeitgenossen Hecks gingen noch weiter und plädierten für eine Abschaffung des Trennungsprinzips. Wirklich beseitigt wurde das Trennungsprinzip später aber nur in der DDR. Nach §§ 25, 26 des am 1.1.1976 in Kraft getretenen Zivilgesetzbuchs der DDR (ZGB) ging Eigentum grundsätzlich durch „Kauf, Schenkung und anderen Vertrag" sowie „Übergabe der Sache" über. Eine besondere, zusätzliche Einigung zwischen Veräußerer und Erwerber, daß Eigentum übergehen soll, war nicht erforderlich (vgl. Jauernig, JuS 1994, S. 726, Eisenhardt, FS Kroeschell, S. 229).

VI. Kleine Schönheitsfehler und wie man sie in den Griff bekommt

In der Bundesrepublik dagegen blieben Versuche, das Trennungsprinzip zu beseitigen oder zu durchbrechen, selten. Besonders das Argument der „Lebensfremdheit" konnte sich nicht durchsetzen. Dabei ist es in der Tat nicht nur für Laien schwer verständlich, daß jemand durch „Kauf" allein noch nicht Eigentum erlangen soll. Wer morgens mit einem Brötchen aus der Bäckerei kommt, wird sich zu Recht wundern, wenn man ihm erklärt, daß er gerade *drei* Verträge abgeschlossen hat: nicht nur einen Kaufvertrag, sondern auch zwei dingliche Verträge, durch die das Eigentum an Brötchen und Geldstücken übertragen worden ist.

Warum setzte sich die Meinung nicht durch, daß diese komplizierte, lebensfremde Konstruktion abgeschafft werden müßte? Vielleicht deshalb: Der Laie wird sich zwar wundern, aber die Information des Juristen hinnehmen, wenn sie nur zu Ergebnissen führt, die seinem Gerechtigkeitsgefühl entsprechen. Den Juristen hingegen wird freuen, daß die Konstruktion Vorteile bei den im modernen Wirtschaftsleben häufigen mehrstufigen Rechtsübertragungen bietet: Durch Trennung von Kauf und Übereignung können beispielsweise der zeitlich gestreckte Kauf, der Gattungskauf, der Eigentumsvorbehalt und die Sicherungsübereignung dogmatisch sauber konstruiert werden (dazu Stadler, Gestaltungsfreiheit, S. 80).

Doch fehlte es nicht an Stimmen, denen der Verkehrsschutz des Abstraktionsprinzips zu weit ging. Es wurde darauf hingewiesen, daß dieser Schutz durch die Regelung des gutgläubigen Erwerbs in den §§ 932 ff. BGB überstrahlt, der Verkehrsschutz also quasi doppelt genäht sei (vgl. Peters, Jura 1986, S. 456). Daraus wurde teilweise der Schluß gezogen, daß das Abstraktionsprinzip seine Daseinsberechtigung verloren habe (vgl. Ferrari, ZEuP 1993, S. 66; Heck, Das abstrakte dingliche Rechtsgeschäft, S. 21). Manchem erschien es auch gar nicht angemessen, daß selbst *der* Eigentümer wird, der *weiß*, daß sein Rechtsvorgänger Eigentum trotz eines fehlerhaften Verpflichtungsgeschäfts erworben hat (vgl. Ferrari, ZEuP 1993,

S. 66). Auch in Zwangsvollstreckung und Konkurs würden der Erwerber und seine Gläubiger ungerechtfertigterweise auf Kosten des Veräußerers und dessen Gläubiger bevorzugt. Gegen die vermeintlich schlechte Position des Veräußerers im Konkurs des Erwerbers kann man aber einwenden, daß jemand, der eine Sache freiwillig in fremdes Vermögen weggibt, weniger schutzwürdig sei. Außerdem werde der Veräußerer nicht schlechter behandelt als ein Geldgläubiger, der ebenfalls nur einen schuldrechtlichen Anspruch habe (dazu Stadler, Gestaltungsfreiheit, S. 78).

Statt den abstrakten durch einen kausalen dinglichen Vertrag zu ersetzen, bemühte sich die Dogmatik, unerwünschte Folgen des Abstraktionsgrundsatzes mit Mitteln zu beseitigen, die mit dem BGB in Einklang stehen. Als „Durchbrechungen" des Abstraktionsprinzips werden bis heute die drei Fallgruppen Fehleridentität, Bedingungszusammenhang und Geschäftseinheit diskutiert.

Die sogenannte „Fehleridentität" stellt eigentlich keine Durchbrechung des Abstraktionsgrundsatzes dar. Man spricht davon, wenn Verpflichtungs- und Verfügungsgeschäft denselben Mangel aufweisen. Problematisch ist dabei nur die Frage, ob z.B. § 138 BGB, der die Nichtigkeit sittenwidriger Geschäfte anordnet, ohne weiteres auf den teilweise als „sittlich neutral" angesehenen dinglichen Vertrag angewandt werden kann.

Anerkannt ist ferner, daß ein – nicht bedingungsfeindliches – Verfügungsgeschäft unter die Bedingung gestellt werden kann, daß das Grundgeschäft wirksam ist. Dafür spricht, daß auch das BGB einen Fall der bedingten Übereignung – den Eigentumsvorbehalt – ausdrücklich regelt. Dem Willen des BGB widersprechen würde es aber, das Abstraktionsprinzip aus den Angeln zu heben, indem man die Ausnahme zur Regel machte und grundsätzlich unterstellte, die Übereignung sei stillschweigend bedingt (vgl. Jauernig, JuS 1994, S. 723).

Vorsicht geboten ist ebenfalls bei Anwendung des § 139 BGB. Nach dieser Vorschrift erstreckt sich die teilweise Nichtigkeit eines Rechtsgeschäfts auf das ganze, *einheitliche* Rechtsgeschäft, wenn dies dem vermuteten Willen der Beteiligten entspricht. Auch wenn der BGH eine so enge Verknüpfung von Verpflichtungs- und Verfügungsgeschäft für möglich hält, daß diese „miteinander stehen und fallen" sollen (BGH MDR 1966, S. 749), so muß eine solche Annahme doch die Ausnahme bleiben. Andernfalls würde das Abstraktionsprinzip für Normalfälle ausgeschaltet (vgl. Stadler, Gestaltungsfreiheit, S. 95 m.w.N.; Peters, Jura 1986, S. 457).

Savignys abstrakter dinglicher Vertrag hat sich im deutschen Recht durchgesetzt und bis jetzt als erstaunlich widerstandsfähig erwiesen. Weder die Erkenntnis, daß Friedrich Carl von Savigny eher sein Schöpfer als sein Entdecker sei, noch die Tatsache, daß das deutsche Recht mit seinem „Abstraktionsprinzip" ziemlich allein dasteht, konnte den abstrakten dinglichen Vertrag beseitigen. Warum? Vielleicht, weil sich heute innerhalb des BGB durch das Zusammenspiel von Allgemeinem Teil, Schuldrecht, Sachenrecht und Bereicherungsrecht ein System ergibt, das insgesamt – und zudem mit „ästhetischer Klarheit" – zu interessengerechten Lösungen kommt. Warum sollte der deutsche Gesetzgeber also ein „Erdbeben" durch das BGB gehen lassen, nur um den abstrakten dinglichen Vertrag wieder abzuschaffen? Es bleibt zu vermuten, daß uns Friedrich Carl von Savignys „Entdeckung" im deutschen Recht noch lange erhalten bleiben wird.

Literatur

I. Werke Savignys

Pandektenvorlesung 1824/25, hrsg. von *Horst Hammen*, Frankfurt 1993 (zitiert: Savigny, in: Pandektenvorlesung).

Vorlesungen über juristische Methodologie 1802–1842, hrsg. von *Aldo Mazzacane*, Frankfurt 1993 (zitiert: Savigny, in: Methodologie).

Landrechtsvorlesung 1824, hrsg. von *Christian Wollschläger*, Frankfurt (zitiert: Savigny, in: Landrechtsvorlesung).

Vom Beruf unserer Zeit für Gesetzgebung und Rechtswissenschaft, in: *Jacques Stern* (Hrsg.), Thibaut und Savigny. Ihre programmatischen

Schriften, Neuauflage, München 1973, S. 95 ff. (zitiert: Savigny, Vom Beruf unserer Zeit).

Über den Zweck dieser Zeitschrift. Einleitungsaufsatz der Zeitschrift für geschichtliche Wissenschaft 1 (1815), in: *Jacqus Stern* (Hrsg.), Thibaut und Savigny. Ihre programmatischen Schriften, Neuauflage, München 1973, S. 261 ff. (zitiert: Savigny, Zweck).

System des heutigen Römischen Rechts. Band 3, Berlin 1840 (zitiert: Savigny, System III).

Das Obligationenrecht als Theil des heutigen Römischen Rechts. Band 2, Berlin 1853 (zitiert: Savigny, Obligationenrecht II).

II. Zur Person Savignys

Hans Hattenhauer, Die geistesgeschichtlichen Grundlagen des deutschen Rechts, Heidelberg 1996 (zitiert: Hattenhauer, Grundlagen).

Gunda von Savigny, Hof Trages. Chronik der Familie Savigny, Hanau 1998 (zitiert: Gunda v. Savigny, Chronik).

Adolf Stoll, Friedrich Karl v. Savigny. Ein Bild seines Lebens mit einer Sammlung seiner Briefe, 1. Band: Der junge Savigny, Berlin 1927, 2. Band: Professorenjahre in Berlin 1810–42, Berlin 1929, 3. Band: Ministerzeit und letzte Lebensjahre 1842–61, Berlin 1929 (zitiert: Stoll, Lebensbild I, II, bzw. III).

Christian Wollschläger, Savignys Landrechtsvorlesung, in: *Barbara Dölemeyer* (Hrsg.), 200 Jahre Allgemeines Landrecht für die preußischen Staaten, S. 187 ff. (zitiert: Wollschläger, in: Allgemeines Landrecht).

III. Zur Entdeckung, ihrer Entwicklung und Rezeption

Friedrich Ebel, Savigny officialis. Vortrag vor der Juristischen Gesellschaft Berlin am 22.10.1986, Berlin 1987 (zitiert: Ebel, Savigny).

Ulrich Eisenhardt, Die Entwicklung des Abstraktionsprinzips im 20. Jh., in: *Gerhard Köbler, Hermann Nehlsen*, (Hrsg.), Wirkungen europäischer Rechtskultur, Festschrift für Karl Kroeschell zum 70. Geburtstag, München 1997, S. 215 ff. (zitiert: Eisenhardt, FS Kroeschell).

Wilhelm Felgentraeger, Friedrich Carl von Savignys Einfluß auf die Übereignungslehre, Leipzig 1927 (zitiert: Felgentraeger, Savignys Einfluß).

Franco Ferrari, Vom Abstraktionsprinzip und Konsensualprinzip zum Traditionsprinzip. Zu den Möglichkeiten der Rechtsangleichung im Mobiliarsachenrecht, in: Zeitschrift für Europäisches Privatrecht (ZEuP) 1993, S. 52 ff.

Rudolf Gmür, Savigny und die Entwicklung der Rechtswissenschaft, Münster 1962 (zitiert: Gmür, Savigny).

Dieter Haag Molkenteller, Die These vom dinglichen Vertrag: zur formalen Struktur der Eigentumsübertragung nach § 929 Satz 1 BGB, Diss. Frankfurt 1991 (zitiert: Haag Molkenteller, Die These vom dinglichen Vertrag).

Philipp Heck, Das abstrakte dingliche Rechtsgeschäft, Tübingen 1937 (zitiert: Heck, Das abstrakte dingliche Rechtsgeschäft).

Othmar Jauernig, Trennungsprinzip und Abstraktionsprinzip, in: Juristische Schulung (JuS) 1994, S. 721 ff.

Rudolph von Jhering, Geist des römischen Rechts auf den verschiedenen Stufen seiner Entwicklung, 3. Teil, Leipzig 1888 (zitiert: Jhering, Geist des römischen Rechts).

Hans Kiefner, Der abstrakte obligatorische Vertrag in Praxis und Theorie des 19. Jh., in: *Helmut Coing* (Hrsg.), Wissenschaft und Kodifikation des Privatrechts im 19. Jh., Band 2, S. 74 ff. (zitiert: Kiefner, Der abstrakte obligatorische Vertrag).

Karl Kroeschell, Deutsche Rechtsgeschichte, Opladen 1989, (zitiert: Kroeschell, Rechtsgeschichte).

Benno Mugdan (Hrsg.), Die gesamten Materialien zum Bürgerlichen Gesetzbuch für das Deutsche Reich, Band 3 (Sachenrecht), Berlin 1899 (zitiert: Mugdan, Motive III).

Frank Peters, Kauf und Übereignung. Zum sogenannten Abstraktionsprinzip, in: Jura 1986, S. 449 ff.

Filippo Ranieri, Die Lehre der abstrakten Übereignung in der deutschen Zivilrechtswissenschaft des 19. Jh., in: *Helmut Coing* (Hrsg.), Wissenschaft und Kodifikation des Privatrechts im 19. Jh., Band 2: Die rechtliche Verselbstandıgung der Austauschverhältnisse vor dem Hintergrund der wirtschaftlichen Entwicklung und Doktrin, S. 90 ff. (zitiert: Ranieri, Abstrakte Übereignung).

Astrid Stadler, Gestaltungsfreiheit und Verkehrsschutz durch Abstraktion: eine rechtsvergleichende Studie zur abstrakten und kausalen Gestaltung rechtsgeschäftlicher Zuwendungen anhand des deutschen, schweizerischen, österreichischen, französischen und US-amerikanischen Rechts, Habil. Tübingen 1996 (zitiert: Stadler, Gestaltungsfreiheit).

Anton Friedrich Justus Thibaut, Ueber die Nothwendigkeit eines allgemeinen bürgerlichen Rechts für Deutschland, in: Thibaut und Savigny. Ihre programmatischen Schriften, Neuauflage, München 1973, S. 62 ff. (zitiert: Thibaut, Nothwendigkeit).

Bernhard Windscheid, Lehrbuch des Pandektenrechts, Band 1, Düsseldorf 1862 (zitiert: Windscheid, Lehrbuch).

Ernst Zitelmann, Die Möglichkeiten eines Weltrechts, in: Allgemeine Österreichische Gerichtszeitung (AÖG) 1888, S. 210 ff.

Rudolf von Jhering

Wer fühlt nicht, daß es hier einer Schadensersatzklage bedarf – Rudolf von Jhering und die „culpa in contrahendo"

(Kai Kindereit)

Was kann aus dem Sohn eines Anwalts und Sekretärs der ostfriesischen Stände werden, dessen direkte Vorfahren seit etwa 300 Jahren ausnahmslos Juristen waren, unter ihnen der 1606 geborene Hermann Conring, der durch seine Schrift „De origine juris germanici" als Begründer der deutschen Rechtsgeschichte als einer eigenständigen Disziplin gilt? Wäre es nach dem ursprünglichen Wunsch von Caspar Rudolf Jhering gegangen: Theologe. Geboren am 22. August 1818 in Aurich, fand er nach dem Abitur 1836 dann doch nicht zur Theologie, sondern auf den „rechten" Weg – zum Wohl der deutschen Jurisprudenz, die einen der bedeutendsten Rechtsgelehrten des 19. Jahrhunderts erhielt, einen Mann, dessen Arbeiten noch mehr als 100 Jahre nach seinem Tod fortwirken, insbesondere seine Entdeckung der „culpa in contrahendo".

A. Der Entdecker

Erster verbürgter Jurist in der Familie Jhering, die ihren Stammbaum bis in das Jahr 1473 zurückverfolgen kann, war Sebastian Jhering, geboren 1522. Rudolf Jhering kann also auf eine lange Tradition zurückblicken, als er den Gedanken an das Theologiestudium fallen läßt und sich am 2. Mai 1836 zum Studium der Jurisprudenz in Heidelberg immatrikuliert.

Der Grund für ihn, sich von der Religionswissenschaft abzuwenden, ist bezeichnend für die Denkweise Jherings und soll sein ganzes Werk prägen: Er ist im Konkreten verhaftet, kann sich nicht zu einer rein abstrakten Betrachtung hinaufschwingen. Glaubenssätze wie die jungfräuliche Empfängnis Marias stellen eine unüberwindliche Hürde für ihn dar. Von dem Schriftsteller Friedrich Hebbel, mit dem er sich während seiner Studienzeit in Heidelberg anfreundete, wird mitgeteilt: „Jhering erzählte mir heute, ihn habe, als er Theologie studieren wollte, immer die Vorstellung verfolgt, Gott und Maria …"

I. Der weite Weg in den Juristenhimmel

Nach zwei verbummelten Semestern in Heidelberg geht Jhering nach München. Die großstädtische Umgebung und das Wiedersehen mit Hebbel, der schon früher aus Heidelberg geflüchtet ist, haben allerdings zur Folge, daß er die Lust an der Juristerei vollständig verliert. Statt dessen erinnert er sich einer Begabung, die ihn bereits zu Schulzeiten auszeichnete. Von Hebbel ermutigt beginnt er, launige Essays zu verfassen. Die ersten humoristischen Manuskripte, die seine Familie in Aurich erreichen, haben jedoch eine nicht erwartete Wirkung. Jhering wird, wie er es später bezeichnet, nach Göttingen „strafversetzt", wo seine literarischen Ambitionen endlich einem Interesse an der Jurisprudenz weichen und er u.a. die Vorlesungen Thibauts hört, des erbitterten Gegners der Historischen Rechtsschule und Verfechters einer nationalen Kodifikation des Rechts. Angeregt durch die Pandekten-Lesung von Heinrich Thöl, dem er auch später noch freundschaftlich verbunden bleibt, beginnt er, juristische Werke zu lesen – wenn auch die nicht-juristische Lektüre noch immer überwiegt.

Im Dezember 1837 erlebt Jhering die Vertreibung der „Göttinger Sieben", jener Professoren – unter ihnen die Gebrüder Grimm –, die sich am 18. November gegen die Aufhebung der Verfassung durch den König von Hannover, König Ernst August II., auflehnen und deswegen entlassen werden. Thöl, der mit den Göttinger Sieben sympathisiert, wird mit Gehaltsentzug bestraft.

Jhering ist an diesen Geschehnissen jedoch nicht weiter interessiert. Aber auch für seine persönliche Entwicklung wird König

Ernst August von Bedeutung sein – zumindest im weiteren Sinne. Denn eigentlich beabsichtigt der junge Absolvent, in den hannoverschen Staatsdienst einzutreten. Doch Ernst August „fand sich nicht bewogen, den Rechtskandidaten R. Jhering zum Beamtenexamen zuzulassen", da schon einer seiner Brüder aufgenommen wurde. Es handelt sich hier allerdings eher um eine Scheinbegründung, ein Zeugnis für die Versuche Hannovers, die Selbständigkeit Ostfrieslands, damals hannoverischer Regierungsbezirk, zurückzudrängen und deswegen nur Adlige und Söhne hannoverischer Beamtenfamilien zuzulassen.

Somit entscheidet sich Jhering endlich unter dem Einfluß der Werke Puchtas, des neben Savigny bedeutendsten Vertreters der Historischen Rechtsschule, und auf Anraten seines ehemaligen Gymnasiallehrers Wilhelm Reuter für die akademische Laufbahn. Eine Berufung, die schon sein Repetitor erkannt hatte: Ihm waren Jherings selbständiges Denken und theoretisches Talent aufgefallen. Geprägt durch Thöl wendet sich Jhering dem römischen Privatrecht zu. Am 26. Juli 1842 promoviert er bei Homeyer in Berlin mit einer Arbeit zur Besitzfähigkeit der Erbschaft („De hereditate possidente"). Ein Werk von gerade einmal 47 Seiten, für damalige Verhältnisse allerdings ein durchaus üblicher Umfang. Kaum ein Jahr später folgt die Habilitationsschrift auf dem Gebiet der ungerechtfertigten Bereicherung; die Gutachter Puchta und Rudorff sind begeistert und loben Jherings wissenschaftliches Talent.

Es schließt sich die typische Dozentenlaufbahn an: Im Jahre 1843 Tätigkeit als Privatdozent (vor einem zahlenden und sechs gelegentlichen Hörern) in Berlin, 1845 ein angenommener Ruf nach Basel, 1846 Rostock, 1849 Kiel. Wiederum drei Jahre später wird Jhering nach Gießen gerufen. Das kleine Städtchen reizt ihn allerdings wenig. In der Hoffnung, man werde ihn ablehnen, stellt er geradezu unverschämte Gehaltsforderungen, die zu seinem Erstaunen jedoch allesamt erfüllt werden. Jhering bleibt nichts anderes übrig, als den Ruf anzunehmen; ganze 16 Jahre wird er an der beschaulichen Wilhelms-Universität lehren.

Erst ein persönlicher Schicksalsschlag treibt ihn dann doch aus Gießen fort, wo er sich behaglich eingerichtet hatte. Nachdem 19 Jahre zuvor seine erste Frau Helene Hoffmann nach zweijähriger Ehe bei der Geburt eines Sohnes gestorben war, stirbt im September 1867 seine zweite Frau Ida Fröhlich an Tuberkulose. Jhering, der die Vorstellung eines erneuten Wechsels zunächst als „abenteuerlich" abtut, gibt schließlich der Anfrage nach einer anderweitigen Berufung nach, der er in seiner Trauer teilnahmslos entgegensah. Am 16. Oktober 1868 hält er in Wien seine außerordentlich gut besuchte Antrittsvorlesung.

Doch auch Wien verläßt Jhering wieder, allerdings mit gemischten Gefühlen. Er verteufelt die Donaustadt wegen ihres „schlechten Klimas" (und bezieht sich damit nicht nur auf das Wetter) und denkt doch später wehmütig an diese Zeit zurück. Er hat dort viele Freunde gefunden und seine Lehrtätigkeit ihren Höhepunkt erreicht.

Während die großen Fakultäten in Heidelberg und Leipzig über geringe studentische Beteiligung klagen und Jhering selbst noch in Gießen bangen mußte, ob sich wohl eine zweistellige Zahl von Hörern einfinden würde, lauschen in Wien oft mehr als 400 Studenten seinen Vorlesungen. Sein 1872 vor der Juristischen Gesellschaft gehaltener Abschlußvortrag „Der Kampf um's Recht", in dem Jhering seine Vorstellung vom Recht als einen steten Kampf beschreibt und die Verteidigung des Rechts zur sozialen Pflicht des Einzelnen erhebt, ist so erfolgreich, daß die gedruckte Ausgabe noch zu seinen Lebzeiten in 17 Sprachen übersetzt wird und insgesamt mehr als 20 deutsche Neuauflagen erlebt. Diese Leistungen sind so ungewöhnlich, daß er künftig seine Briefe mit „R. v. Jhering" unterzeichnen kann: Jhering verläßt Wien mit dem erblichen Adelstitel.

Dieses Mal wechselt er an die Universität, an die er einst als halbherziger Student „strafversetzt" wurde. An der Göttinger Georgia Augusta kann er sich endlich wieder in Ruhe der wissenschaftlichen Tätigkeit zuwenden. Nichts zieht ihn mehr von dort fort, Rufe an die renommierten Fakultäten von Heidelberg und Leipzig lehnt er ab. Dankbar für seine Tätigkeit errichtet ihm die Universität schon zu seinen Lebzeiten eine Marmorbüste – eine bis heute einmalige Auszeichnung.

Jhering ist es gelungen, zu einem der bedeutendsten deutschen Rechtswissenschaftler zu werden und weit über die Grenzen Deutschlands hinaus Anerkennung zu finden. Ausländische Studenten, sogar ein russischer Fürst, kommen nach Deutschland, um ihn zu hören. In den Vereinigten Staaten, wo bedeutende Rechtsströmungen wie „sociological jurisprudence" und „legal realism" von Jhering geprägt sind, wird ihm noch heute große Anerkennung gezollt. Als um 1960 in Deutschland der (inzwischen überwundene) Vorwurf aufkommt, Jherings Ansichten hätten geholfen, einen Nährboden für die Perversion des Rechtsdenkens im Nationalsozialismus zu schaffen, wird aus den USA vehement widersprochen.

Am späten Nachmittag des 17. September 1892 stirbt Jhering an Herzversagen und wird in Göttingen bestattet, betrauert von seinen fünf Kindern aus der zweiten Ehe und seiner dritten Frau Luise Wilder, der ehemaligen Erzieherin seiner Kinder. Einer der wenigen Kollegen unter den Trauergästen ist sein guter Freund Bernhard Windscheid, wie Jhering ein bedeutender Romanist und einer der Väter des BGB. Es ist sein letzter öffentlicher Auftritt; Windscheid überlebt Rudolf von Jhering nur um sechs Wochen.

II. Licht- und Schattenseiten einer (Rechts-)Persönlichkeit

Jhering ist nie jemand gewesen, der nur Bücher verschlingt. Er war ein Genußmensch, wie er im Buche steht. Häufig empfängt er Gäste, regelmäßig trifft er sich mit Freunden zum Kartenspiel (vornehmlich Whist) und musiziert mit seiner Familie. Während der 16 Jahre in Gießen ist fast jeder Abend mit Vergnügungen ausgefüllt. Er initiiert Konzerte mit Künstlern aus aller Welt, greift auch schon mal selbst zum Taktstock oder setzt sich an den Flügel und hält dadurch fast im Alleingang den Kulturbetrieb aufrecht.

Auch das leibliche Wohl schätzt er sehr. Zahlreiche Anekdoten berichten von seinen kulinarischen Eskapaden, die er immer wieder mit längeren Kuraufenthalten bezahlen muß. So begibt er sich mit einem Freund auf eine Wandertour, um mehrere Weingüter zu besuchen. Als endlich das ihm genehme Tröpfchen gefunden ist, kauft Jhering gleich ein „Stückfaß". Ein Maß, das er in einem Brief an seinen Freund Windscheid genauer beschreibt: 1330 Liter! Allerdings ist für diese Größe der heimische Keller in Gießen nicht gedacht, zumindest nicht die Tür. Doch den Wein auf Flaschen zu ziehen, ist ein Unding. Also müssen Maurer und Zimmermann anrücken, um die Tür und ein Stück der Mauer zu entfernen. Danach kann der gute Tropfen im Dunkel des Kellers in Ruhe reifen. An Windscheid schreibt Jhering stolz, daß seine „Bibliothek unter der Erde" besser sei als die über der Erde. Wobei jene „Bibliothek" – ursprünglich noch gedacht für seine „Kinder und Kindeskinder" – doch recht schnell „ausgelesen" wird: Von jenem Stückfaß ist nach fünf Jahren kein Tropfen mehr übrig.

Auch sein Hausgrundstück in Gießen wird intensiv genutzt. Auf immerhin fünf Morgen führt Jhering geradezu das Leben eines Landwirts. Er beschneidet einige hundert Obstbäume, bindet Weinstöcke ab, hält Tauben, Hühner, Bienen, ein Schwein und eine Kuh, und während Jhering dem eigens eingestellten Knecht bei der Arbeit zusieht, träumt er vom „Schinken aus meinem Selbstverlag".

Nicht nur die Juristerei, auch die Begeisterung für gutes Essen und Trinken, die Jhering mitunter sogar gegen den Vorwurf behaupten muß, sie lasse sich nicht mit gewissenhafter Gelehrsamkeit verbinden, hat Familientradition. Von Großvater Caspar Rudolf Jhering, dem Organisator des Familienguts „Jhering-Fehn" und Begründer einer der ersten Feuerversicherungen Deutschlands, ist eine besondere Erfindung überliefert: ein Zinnteller mit doppeltem Boden, in den heißes Wasser gefüllt werden konnte, damit bei Fischgerichten die zerlassene Butter nicht so schnell erkaltet.

Aller nach außen gezeigten Lebenskunst zum Trotz ist Rudolf von Jhering kein einfacher Mensch. Schon seine Mutter, die nach dem frühen Tod des Vaters die sechs Kinder alleine aufziehen muß, bekommt dies zu spüren. Wie Friedrich Hebbel mitteilt, kehrt der

Knabe Rudolf eines Tages heim, unter dem Arm ein damals sehr bekanntes Buch zur Kinderpädagogik; er überreicht es seiner Mutter mit der Anweisung, sie möge ihn nach den darin aufgestellten Grundsätzen erziehen.

Selbst in seinen besten Jahren und bei entsprechender Gesundheit glaubt Jhering immer wieder, kurz vor dem Tode zu stehen; zeitweise vermutet er eine unheilbare „Gehirnerweichung". Er bemüht sich wenig, seine Mißstimmungen zu verbergen. Mit der Ausdauer eines Querulanten ficht er in Gießen drei Prozesse mit seinem Vermieter aus, die der schon damals sehr angesehene Jurist allesamt verliert. Und während jener Gießener Zeit geschieht es auch, daß an einem warmen Sommertag ein nicht mehr ganz genießbarer Kalbsbraten von Jhering mitsamt Geschirr in hohem Bogen in den Garten befördert wird. Wie sooft ist es Aufgabe seiner damaligen Frau, den Familienfrieden wiederherzustellen. Und wie meistens gelingt es ihr, so daß schon kurz darauf der Nachtisch direkt in der Krone des Kirschbaums eingenommen werden kann.

III. Scherz und Ernst in der Jurisprudenz

Auch die Wissenschaft betreibt Jhering mit Leidenschaft. Sein Verhältnis zur Arbeit ist ein ständiges Auf und Ab. Kann er sich oftmals in Büchern vergraben, vertrödelt er zu anderen Zeiten ganze Monate ohne jedes wissenschaftliche Arbeiten und beklagt, überhaupt jemals die Rechtswissenschaften studiert zu haben. Nimmt er sich aber eines Problems an, so identifiziert sich Jhering ganz mit ihm, macht seine Überzeugungen rückhaltlos geltend und ist reizbar gegenüber jedem Widerspruch, was ihm so manchen Kollegen zum Gegner macht.

Jene Verbissenheit macht sich besonders in einem der wohl merkwürdigsten Werke Jherings bemerkbar. In der Abhandlung „Das Trinkgeld" von 1882 wettert er auf etwa 80 – wenn auch großzügig bedruckten – Seiten gegen diese „durch die Sitte organisierte Art der Bettelei" und „wahre Plage des gesellschaftlichen Lebens". Das hält

Jhering jedoch nicht davon ab, nach einer bis spät in die Nacht dauernden „Arbeitssitzung" mit einem Schüler im Weinhaus dem Kellner ein ansehnliches Extrageld zu geben. Vom Schüler darauf angesprochen, erwidert er: „Sagen Sie's nicht weiter, mein Buch ist ja noch nicht erschienen!" Diese Episode offenbart es: Sowenig Jhering fremden Widerspruch duldet, so leicht fällt es ihm, einen selbst erkannten Fehler einzugestehen und mit Witz und Sarkasmus aufzudecken. Eine besondere, geradezu diebische Freude bereitet es ihm, wenn er eine frühere Ansicht widerlegen kann, der andere kluge Köpfe widerspruchslos gefolgt sind.

Kaum weniger Ehrgeiz als auf den Inhalt richtet er auf seinen Ausdruck. Zum Glück, denn ganz im Gegensatz zu anderen „alten Meistern" lassen sich seine Werke selbst heute, bis zu 150 Jahre nach ihrer Entstehung, leicht und verständlich lesen. Jhering gibt sich stets größte Mühe mit seinen Formulierungen, schreibt teilweise dutzendfach um: „Je klarer und je verständlicher ein Gedanke ausgedrückt ist, um so leichter haftet er in der Erinnerung des Lesers." Das Ergebnis seiner Bemühungen ist umstritten. Wird ihm einerseits bis heute vorgeworfen, seine Schreibweise sei „wahllos bis zum Unleidlichen" und die „geistige und erzieherische Leidenschaft" verkläre die „allzu zwanglose Form", so bescheinigen ihm andererseits Größen der Juristerei wie Franz von Liszt einen eingängigen und verständlichen Stil.

Prägend ist auch die humoristische Note, die er – in seinen frühen Essays und Novellen erprobt – nun vielen seiner juristischen Abhandlungen gibt. Nirgendwo aber kommt sein Witz so sehr zum Ausdruck wie in den seit 1861 in loser Folge in der „Preußischen Gerichtszeitung" erscheinenden anonymen „Vertraulichen Briefen über die heutige Jurisprudenz". Zusammen mit den ab 1880 in den Wiener „Juristischen Blättern" veröffentlichten heiteren „Plaudereien eines Juristen" werden sie später abgedruckt in „Scherz und Ernst in der Jurisprudenz". In den „Briefen" nimmt sich Jhering der Unsinnigkeiten an, die sich aus dem damaligen Verständnis des römischen Rechts entwickelt haben. Äußerst pointiert und humorig zeigt er ihre Absurditäten auf, wobei er auch sich selbst mit seinen frühen Irrungen nicht ausnimmt. Um nur ein Beispiel zu geben: Die verdrehte Ansicht, daß Gläubiger einer verbrieften Forderung eigentlich das Papier selbst sei, bringt Jhering zu der merkwürdigen, aber streng nach den damaligen Grundsätzen konstruierten Schlußfolgerung, daß dann Berechtigter einer Theaterkarte die Karte selbst sei. Folglich sei es auch nur ihr gestattet, die Vorstellung zu besuchen. „Danken Sie der Theater-Direktion, daß sie hier Repräsentation zuläßt!"

Auch als Lehrer pflegt Jhering einen eigenwilligen Stil. Er selbst charakterisiert sich als einen Dozenten, „über den, je nachdem man ihn von dieser oder jener Seite ansehen will, das Urteil gerade entgegengesetzt lauten kann." Er beherrscht den freien Vortrag, in den auch viele humorige Bemerkungen einfließen, und unterstreicht ihn stets mit allerlei Gesten. An die Studenten stellt er dabei jedoch hohe Anforderungen, denn von einer geordneten Vorlesung kann keine Rede sein. Ihn persönlich begeisternde Themen behandelt er in aller Breite und Tiefe, andere werden auf bloße Hinweise reduziert. Dabei geht er in einem solchen Tempo vor, daß eine ordentliche Mitschrift nicht mehr möglich ist. Den persönlichen Kontakt zu seinen Studenten sucht er zwar, was aber nur Privilegierten zugute kommt – vornehmlich jenen, die er auch zu seinen musikalischen Abenden lädt.

Seine liebsten Veranstaltungen sind ihm stets die Pandekten-Praktika. Mit diesen verbindet sich eine „Entdeckung", die vielleicht noch bedeutender ist als die culpa in contrahendo. Jhering erkennt die didaktische Bedeutung der praktischen Übungen, setzt sich für ihre Anerkennung als gleichrangige Veranstaltung neben den eigentlichen Vorlesungen ein und erreicht, daß sie zu Pflichtveranstaltungen an allen juristischen Fakultäten und eine Hauptsäule der Ausbildung werden. Als Lehrer fühlt sich Jhering hier besonders gefordert. Denn bei der Lösung von Fällen des täglichen Lebens könne sich der Dozent nicht auf seine Reputation verlassen, sondern müsse im Streitgespräch mit den Studenten durch Argumente überzeugen. Bewußt setzt Jhering auch seinen Witz als didaktisches Mittel ein. „Bringe ich meinen Zuhörern merkwürdige Vorfälle aus dem täglichen Leben auf solche komische Art und erörtere deren rechtliche Seite, so bleiben ihnen solche Beispiele und ihre Entscheidungen dauernd in Erinnerung, was nicht der Fall ist mit Diskussionen und Streitfragen zwischen A und B." Die Vorstellung, mit rein theoretischen Überlegungen ließen sich praxistaugliche Juristen schulen, vergleicht er mit der Idee, Barbiere von Scherenschleifern ausbilden zu lassen. Den Irrungen und Verwirrungen der rein theoretisch ausgebildeten Juristen in der täglichen Praxis gilt auch sein Spott in den „Briefen".

Jherings Ziel ist einfach: Er will Lernende *und* Lehrende dazu bringen, „das abstrakte Denken durch das kasuistische zu kontrollieren". Um das zu erreichen, veröffentlicht Jhering zwei juristische Fallsammlungen, die „Civilrechtsfälle ohne Entscheidungen" und „Die Jurisprudenz des täglichen Lebens", von denen letztere in mehrere Sprachen übersetzt und noch nach Jherings Tod von bedeutenden Juristen wie Oertmann bis in die 15. Auflage fortgesetzt wird. In beiden Werken versucht Jhering, den Studenten einfache und amüsante Fälle zu präsentieren, an denen die Grundzüge des Rechts verdeutlicht werden können; wie beispielsweise anhand einer Dame, die sich scheut, einen schlüpfrigen Roman auf eigenen Namen zu beziehen. Sie bedient sich eines „vertrauten Herren", der später jedoch indiskret wird, wodurch sich die Frage stellt, von wem der Buchhändler nun den Kaufpreis verlangen kann.

IV. *Jherings „Bekehrung"*

Jherings Gespür und Vorliebe für Alltägliches ist Ergebnis eines Entwicklungsprozesses, an dessen Anfang ein ausgeprägtes Streben nach Abstraktion und Ordnung steht. Zu Beginn seiner juristischen Laufbahn wird Jhering von den herausragenden Vertretern der Historischen Rechtsschule, Savigny und Puchta, geprägt, steht ihnen allerdings kritisch gegenüber. Das hat auch persönliche Gründe, da der Student Jhering von Savigny bei einem Treffen in Berlin sehr herablassend behandelt wird. Seitdem ist ihm der „Juristenhalbgott" unsympathisch; in mehreren Schriften geht er hart mit ihm ins Gericht (zu Savigny siehe den Beitrag von Prange).

Jhering beginnt, seine eigene Ansicht zu entwerfen, wie sich die Jurisprudenz entwickeln solle. Er unterhält enge Freundschaften mit Naturwissenschaftlern, ist von deren Erkenntnissen begeistert und besucht 1860 sogar ein Kolleg über physikalisch-chemische Probleme und Meteorologie bei seinem Freund Kopp. Aus diesem Interesse heraus entwickelt er seine „Naturhistorische Methode", die von der Idee beherrscht wird, rechtliche Begriffe würden sich wie Lebewesen verhalten und sich demnach auch in Arten und Gattungen einteilen lassen; es ließe sich somit ein „Periodensystem der Rechtselemente" erstellen. Und wie sich die einzelnen chemischen Elemente zu neuen Gebilden verbinden lassen oder Lebewesen sich vereinigen und vermehren, ließen sich immer neue Rechtsinstitute schaffen; jedes zukünftige Rechtsinstitut sei vorhersehbar und durch reine Logik zu erschließen – durch „juristische Konstruktion", wie er es später nennt.

Das Verfahren beschreibt er ausführlich in dem Aufsatz „Unsere Aufgabe", der Leitartikel und Richtlinie für die zusammen mit dem Germanisten Gerber im Jahre 1857 gegründeten „Jahrbücher für die Dogmatik des heutigen römischen und deutschen Privatrechts" sein soll. Im gleichen Aufsatz führt er auch seine Unterscheidung zwischen der „niederen" und der „höheren" Jurisprudenz ein. Während sich die niedere Jurisprudenz um die alltäglichen, praktischen Probleme kümmern solle, sei es Aufgabe der höheren Jurisprudenz, die Gattungen und Arten der Rechtsbegriffe aufzudecken oder – wie er später im „Juristischen Begriffshimmel" ironisierend schreibt – sie in „voller Klarheit" zu erblicken, „nicht in ihrer unvollkommenen Gestalt, in ihrer Verunstaltung, die sie auf Erden durch die Gesetzgeber und Praktiker erfahren haben, sondern in ihrer vollendeten, fleckenlosen Reinheit und idealen Schönheit."

Die Naturhistorische Methode prägt auch eines seiner zwei großen Hauptwerke, den mehrbändigen „Geist des römischen

Rechts auf den verschiedenen Stufen seiner Entwicklung", der schon seit 1841 geplant ist, ab 1852 äußerst schleppend erscheint und nie abgeschlossen wird, da Jhering immer tiefer in die Systematik des römischen Rechts einzudringen versucht. Jhering betreibt Forschung allein aus wissenschaftlichem Interesse und ist sich dessen bewußt. „Und wäre auch gar kein Nutzen abzusehen, so ist er eben da seiner selbst wegen, er existiert, weil er nicht nicht-existieren kann, und weil die Jurisprudenz nicht Jurisprudenz sein und ihren praktischen Beruf nicht erfüllen könnte, wenn sie nur das unmittelbar Praktische suchen wollte."

Im Winter 1858/59 wird dieser Ansatz allerdings auf eine harte Probe gestellt. Es kommt zu dem, was später mit Begriffen wie „Jherings Bekehrung" belegt wird. Die damals übliche Praxis der „Spruchfakultäten" sieht vor, daß gerichtliche Entscheidungen durch juristische Fakultäten vorbereitet werden. In jenem Winter fordert das Ober-Appellationsgericht in Rostock ein Gutachten der Gießener Fakultät an, dessen Bearbeitung Jhering zugewiesen wird. Er muß sich mit der Frage auseinandersetzen, ob ein Verkäufer, der seine Kaufsache zwei Käufern gleichzeitig versprochen hat, von beiden den Kaufpreis verlangen kann, wenn die Sache ohne sein Verschulden vor Lieferung zerstört wird. Ausgehend von einem Satz des römischen Juristen Paulus hatte der Autor des Werkes „Abhandlungen aus dem römischen Recht" 1844 diese Konsequenz gezogen und dem Verkäufer beide Kaufpreise zugesprochen. Diese Ansicht war widerspruchslos von der damaligen Lehre aufgenommen worden. Jhering sträubt sich gegen dieses Ergebnis, fühlt sich in seinem „natürlichen Rechtsgefühl" verletzt. Eine Gegenansicht zu formulieren gestaltet sich allerdings schwer, denn der Autor der „Abhandlungen aus dem römischen Recht" ist: Rudolf Jhering. Nach einem mehrwöchigen Kampf mit sich selbst gibt er schließlich seine alte Ansicht auf und verneint den Anspruch des Verkäufers auf zwei Kaufpreise. Darüber hinaus aber beginnt er, seine gesamte Einstellung zur juristischen Methode zu überdenken. In einem Aufsatz zu diesem Fall schreibt er 1859 einleitend in seinen „Jahrbüchern":

„Es ist in der That ein anderes Ding, unbekümmert um die Folgen und das Unheil, das ein Rechtssatz, den man in den Quellen zu lesen oder aus der Konsequenz zu entnehmen glaubt, im Leben anstiftet, sich rein theoretisch mit ihm abzufinden oder ihn zur Anwendung zu bringen. Eine ungesunde Ansicht, wenn sonst nur das Subject selbst noch gesund ist, hält eine solche Probe nicht aus."

Damit setzt ein Sinneswandel bei Jhering ein, der sich zunächst in seinen anonymen „Briefen" in der Preußischen Gerichtszeitung und später im „Scherz" niederschlägt. Der glühende Anhänger der Begriffsjurisprudenz wird zum Vorreiter ihrer Kritik. Von dieser Entwicklung bleibt auch der „Geist des römischen Rechts" nicht verschont. Jhering verzettelt sich zunehmend in Fragen philosophischer Natur, so daß die Arbeit schließlich völlig zum Erliegen kommt. Statt dessen beginnt er ein zweites, ebenfalls unvollendetes Großwerk „Der Zweck im Recht", dessen erster Band 1877 erscheint. Hierin postuliert Jhering, daß der Zweck der Vater allen Rechts sei. Juristische Lösungen würden aus praktischen Bedürfnissen geschaffen und dürften nicht, vom gesellschaftlichen Kontext losgelöst, bloßen Prinzipien folgend konstruiert und unerbittlich verteidigt werden. Sie seien von gesellschaftlichen Zwecken abhängig, die sich mit der Zeit veränderten – und mit ihnen auch die Rechtsprinzipien und -sätze. In den „Zweck" fließen deshalb auch verstärkt soziologische Betrachtungen ein – wie beispielsweise die Frage nach der gesellschaftlichen Herkunft von Trauerkleidung. Jhering erkundet somit, welche konkreten Kräfte auf die Rechtsbildung einwirken.

„Jherings Bekehrung" ist weniger dramatisch als es die Bezeichnung vermuten läßt, da er die juristische Konstruktion und Theorie nie ganz aufgibt. Was er fortan praktiziert, läßt sich wunderbar durch einen Ausspruch in den „Briefen" verdeutlichen: „Man muß erst den Glauben an die Theorie vollständig verloren haben, um ohne Gefahr sich ihrer bedienen zu können." Die Konstruktion verliert nur ihre überragende Bedeutung und ihren Anspruch, für alle Fälle richtige Lösungen schaffen zu können. An die vorderste Stelle tritt die praktische Brauchbarkeit, die Anwendbarkeit auf Fälle des täglichen Lebens und das Bestehen der Lösungen vor dem Rechtsgefühl. Jhering beginnt, seine Theorien nicht einer begrifflichen, sondern einer kasuistischen Probe zu unterwerfen.

B. Die Entdeckung

Als im Band IV/1 der „Jahrbücher für die Dogmatik des heutigen römischen und deutschen Privatrechts" von 1861 der 112 Seiten starke Aufsatz „Culpa in contrahendo oder Schadensersatz bei nichtigen oder nicht zur Perfection gelangten Verträgen" erscheint, betrit Jhering, wie er auch stolz in den einleitenden Sätzen mitteilt, juristisches Neuland. Bis dato hatten sich kaum Schriftsteller mit der Frage auseinandergesetzt, ob aus den bloßen Verhandlungen über einen Vertrag Schadensersatzansprüche folgen, die nicht auf deliktischem Handeln beruhen, sondern mit der Vertragsklage geltend gemacht werden können. Wurde dieses Problem schon behandelt, so nur am Rande und mit kurzer Begründung bejaht oder abgelehnt. Auch die Rechtsprechung hatte sich mit dem Thema bislang nicht befaßt. Jhering ist der erste, der sich ihm ausführlich widmet.

Die Schrift „Culpa in contrahendo oder Schadensersatz bei nichtigen oder nicht zur Perfection gelangten Verträgen" trägt als eine der ersten wissenschaftlichen Arbeiten Jherings nach seiner „Bekehrung" im Winter 1858/59 deutliche Züge seines neuen Rechtsverständnisses. In seinem Bedürfnis nach einer Regelung, die dem Rechtsgefühl entspringt, sucht Jhering nach vergleichbaren Lösungen in den Quellen des römischen Rechts, findet zwei Ansätze und entwickelt daraus ein allgemeines Prinzip, das er anschließend einer umfangreichen kasuistischen Probe unterwirft. Später wird verschiedentlich behauptet werden, daß die Entwicklung dieses allgemeinen Prinzips der culpa in contrahendo aus Fragmenten des römischen Rechts gerade die von Jhering verspottete „Juristische Konstruktion" darstelle und der Aufsatz somit ein Paradebeispiel der Naturhistorischen Methode sei.

Wahrhaftig folgen die Schlüsse Jherings, die das Institut der culpa in contrahendo praktisch aus dem Nichts erschaffen, genau den Prinzipien der sich vermehrenden Rechtssätze; an einer Stelle verwendet er sogar selbst den Begriff der „Construction". Doch wie schon erwähnt, hatte Jhering nie die juristische Konstruktion aufgegeben. Er veränderte lediglich seine Sichtweise, wodurch vorrangiges Ziel die Befriedigung der sozialen Bedürfnisse und des Rechtsgefühls wurde. Besonders deutlich wird dieser Ansatz in den einleitenden Sätzen, in denen er die „Unbilligkeit und praktische Trostlosigkeit" der Ergebnisse beklagt, die die Regelungen römischen Rechts nahelegen. An anderer Stelle fragt er: „Wer fühlt nicht, daß es hier einer Schadensersatzklage bedarf?"

Offenbarte sich nach Jherings früherer Auffassung die Praxistauglichkeit einer juristischen Lösung nur durch ihre „Schönheit", beschäftigt sich nun die gesamte zweite Hälfte des Culpa in contrahendo-Aufsatzes mit der praktischen Überprüfung des gefundenen Rechtssatzes. Jhering sieht seine Theorie sogar bestätigt, als er eine ähnliche Regelung im Allgemeinen Landrecht findet, die der Gesetzgeber „nicht bloß unabhängig, sondern im scheinbaren Widerspruch mit der herrschenden Lehre, lediglich durch das praktische Bedürfnis geleitet, getroffen hat." Ob ihre „theoretische Berechtigung vom Standpunkt des römischen Rechts" wirklich besteht, ist für Jhering zunächst unerheblich. Auch ob die Römer die Unbilligkeit eines anderen Ergebnisses ahnten, interessiert ihn nicht. Es „möge auf sich beruhen, genug! sie ist vorhanden und es bedarf eines Schutzes gegen sie." Jedem möglichen Opponenten wirft er vor, er müsse „in seinem Glauben an das römische Recht jede Regung des gesunden Rechtsgefühls in sich unterdrückt haben." Diese Aussagen (und weitere) zeugen davon, daß Jhering sich von seiner Naturhistorischen Methode gelöst hat, vielleicht sogar mehr als je in einem anderen Werk außerhalb des „Zweck im Recht".

I. Ein Irrtum nagt am Rechtsgefühl

Was aber ist es, das Jherings Rechtsgefühl dermaßen forderte? Nach der damals herrschenden, von Savigny geprägten und aus den römischen Quellen abgeleiteten Willenstheorie ist die ausschlaggebende Kraft für das Zustandekommen von Verträgen der Wille der Vertragsparteien. Widersprechen die äußeren Umstände, also die abgegebenen Erklärungen, diesem Willen, ist der Vertrag hiernach nichtig. Jhering gibt als Beispiele für solche Fälle den Irrtum durch Verwechslung von Gewichtseinheiten, ein Verschreiben oder die falsche Übermittlung der Erklärung durch einen Boten. Die Richtigkeit der Willenstheorie und ihrer Ergebnisse ist für Jhering so „unzweifelhaft", daß er nicht einmal Belege anführt. Es beunruhigt ihn jedoch der Schaden, der dem anderen Teil aus einem solchen Irrtum entstehen kann: aufgewandte Versendungskosten, abgeführte Gebühren, abgewiesene spätere Angebote und vieles mehr.

Aus dem unwirksamen Vertrag läßt sich ein Anspruch auf Ersatz dieses Schadens nicht ableiten, eine Kontraktsklage ist nach römischem Recht nicht möglich. Ein deliktischer Anspruch scheitert, denn in den meisten Fällen wird kein „dolus", kein vorsätzliches, bewußtes Schädigen vorliegen. Auch die sog. „aquilische Klage", die auf den Ersatz für die materielle Beschädigung einer Person oder Sache gerichtet ist (und für die ein einfaches Verschulden ausreichend wäre), hilft dem Geschädigten nicht weiter. Somit kommt Jhering zu dem – nicht nur ihm – unbillig erscheinenden Ergebnis, daß der Geschädigte nach dem römischen Recht augenscheinlich leer ausgeht, selbst wenn der andere Teil schuldhaft gehandelt haben sollte.

Auslöser für seine Überlegungen ist ein Fall, den Jhering schon im ersten Band der „Jahrbücher" angesprochen hatte, nämlich der Irrtum eines Boten bei der Übermittlung einer Erklärung. Die dafür vorgeschlagenen Lösungen, wie eine „actio doli" unter Ausweitung über den „dolus" hinaus oder eine Gleichsetzung des Boten mit dem selbst haftenden Stellvertreter (bzw. Prokurator), vermögen Jhering nicht zu befriedigen. Er beginnt nach dem Eigentümlichen jener Fälle zu fragen, die an seinem Rechtsgefühl nagen. Daß nicht jeder Irrtum zu einem Anspruch auf Schadensersatz führen kann, ist ihm klar. Er findet die Gemeinsamkeit der Fälle darin, daß dem Antragenden schuldhaft ein Fehler anläßlich der Anbahnung eines Vertrags, der dem äußeren Anschein nach zustande gekommen ist, unterläuft. Es ist eine „culpa bei Abschluß von Contracten: culpa in contrahendo".

Jhering sucht nach Fundstellen in den Quellen des römischen Rechts, welche selbst schon diesen Schadensersatzanspruch bei culpa in contrahendo anführen. In zwei Fällen meint er fündig geworden zu sein: Zum einen beim Verkauf einer in Wirklichkeit nicht bestehenden Erbschaft, zum anderen bei der Veräußerung einer „res extra commercium", einer Sache, die (z.B. aus religiösen Gründen) dem Geschäftsverkehr entzogen ist und somit nicht verkauft werden kann. In beiden Fällen gewährt das römische Recht die Vertragsklage auf Schadensersatz, obwohl der Vertrag unwirksam ist. Diesen beiden Fällen ordnet Jhering fünf Gemeinsamkeiten zu: Äußerlich ist ein Kaufvertrag abgeschlossen, dieser ist jedoch wegen eines Mangels der verkauften Sache (mangelnde Eignung zum Verkauf oder mangelnde Existenz) nichtig, die Verantwortlichkeit für den Mangel liegt beim Verkäufer, der Käufer kannte den Mangel nicht, und das römische Recht läßt als Folge die Vertragsklage auf Schadensersatz zu. Insbesondere der letzte Punkt beweist – nach Jhering –, daß es sich um einen vertraglichen Anspruch handeln muß. Weshalb sonst sollte die Vertragsklage gewährt werden? Er gibt jedoch zu, daß die Quellen sich darüber ausschweigen, warum hier abweichend vom sonstigen Recht die Vertragsklage zugelassen wird.

Klar scheint nach den Quellen allerdings der Inhalt des Anspruchs zu sein. Dieser wird durch das „Interesse" des Käufers bestimmt. Der Käufer kann, wie Jhering feststellt, jedoch zweierlei Interessen haben: Zum einen das Interesse an der Durchführung des Vertrags, also der Erfüllung, zum anderen das Interesse am Nichtabschluß des Vertrags, also so zu stehen, als habe er nie vom Angebot des Verkäufers gehört. Daß dieses berechtigte Interessen sind, folgt für ersteres aus der Gültigkeit, für letzteres aus der Ungültigkeit des Vertrags. Für diese beiden Formen des Interesses – die Unterscheidung hatte Mommsen schon früher getroffen –, führt Jhering in seinem Aufsatz Bezeichnungen ein, die heute zum Grundwortschatz jedes Zivilrechtlers gehören, auch wenn ihr Ursprung kaum bekannt ist: die des „positiven" und des „negativen Interesses".

Den Inhalt des Schadensersatzanspruchs sieht Jhering ausschließlich im negativen Interesse, mit der einfachen, aber bestechenden Begründung, daß die Erstattung des positiven Interesses die Erfüllung des Vertrags bedeuten würde, also gerade jene Folge, die das Gesetz ablehnt. Der Schaden, den der Kläger erleidet, entstammt neben einer unmittelbaren Beschädigung durch die Sache (die Jhering aber als selten und somit als zu vernachlässigen betrachtet) den nachteiligen Wirkungen der Handlungen, die im Vertrauen auf die Wirksamkeit des Vertrags vorgenommen wurden. Das können positive Verluste wie z.B. Transportkosten sein, aber auch entgangener Gewinn, da mögliche andere Verträge nicht abgeschlossen werden konnten. Jhering stellt fest, daß dieses negative Interesse durchaus die Höhe des positiven Interesses an der Vertragsdurchführung erreichen kann, so wenn beispielsweise ein gleich lukratives Geschäft hätte abgeschlossen werden können, das nun nicht mehr nachholbar ist. Was Jhering allerdings nicht erkennt (oder für ihn so selbstverständlich ist, daß er es nicht eigens erwähnt) ist, daß das negative Interesse das positive sogar noch übersteigen kann, wenn etwa wegen der vermeintlichen Bindung an den Vertrag ein noch besseres Geschäft abgelehnt wird. Diese Konstellation wird erst in der weiteren Entwicklung der Lehre von der culpa in contrahendo berücksichtigt.

II. Vom Besonderen zum Allgemeinen

Für zwei Fälle des Verschuldens im Vorfeld eines Vertragsschlusses hat Jhering also aus den Quellen des römischen Rechts einen Schadensersatzanspruch nachweisen können. Ihm fehlt jedoch noch die Konstruktion und Rechtfertigung eines generellen Prinzips der culpa in contrahendo. Damit führt er zurück zur Frage nach den Möglichkeiten einer allgemeinen Klage für diese Konstellationen im römischen Recht. Augenscheinlich gibt es, da der Vertrag nicht zustande gekommen ist, nur den Weg einer außervertraglichen Klage, der „actio doli" oder der „aquilischen Klage". Um auch die problematischen Fälle zu erfassen, müßte man – nach Jhering – bei der „actio doli" vom Erfordernis des „dolus" absehen, bei der „aquilischen Klage" von der besonderen Art der Beschädigung. Damit würde eine Klageart geschaffen, die zwischen beiden liegt, indem sie von der einen die Haftung aus jeder Art von Verschulden, von der anderen die Haftung für jede Art von Schädigung entlehnt.

Diese Lösung lehnt er strikt ab, da dergestalt jederlei unvorsichtiges Handeln im täglichen Leben zu einer Haftung führen könnte. Für Jhering stellt eine falsche Empfehlung oder ein schlechter Rat, der zu einer Schädigung führt, allein noch kein Unrecht dar, sondern dazu wird es erst in Verbindung mit der „Schlechtigkeit der Willensrichtung", der schädigenden Absicht des „dolus". Diese Auffassung revidiert er übrigens einige Jahre später in „Das Schuldmoment im römischen Privatrecht", weshalb er als Begründer der Unterscheidung zwischen objektiver Rechtswidrigkeit und Schuld angesehen wird.

Für Jhering steht damit fest: Um in den kritischen Konstellationen unbillige Ergebnisse zu vermeiden, bedarf es der Gewährung eines vertraglichen Anspruchs. Gute Gründe sprechen – nach Jhering – dafür, sich hier über die Nichtigkeit des Vertrags hinwegsetzen zu können, wie etwa der Umstand, daß in allen von ihm betrachteten Fällen ein Vertrag äußerlich abgeschlossen wurde. Des weiteren meint er normative Ähnlichkeiten zwischen den kritischen Verschuldenstatbeständen und dem klassischen Vertragsverschulden zu erkennen. Er ist sich sicher, für jede Form vorwerfbaren Verhaltens in den Fällen der culpa in contrahendo eine Entsprechung bei wirksam gewordenen Verträgen finden zu können, bei denen es niemand anzweifeln würde, daß der Geschädigte einen Anspruch auf Schadensersatz erhält. Auch ist Jhering überzeugt, daß die Verpflichtung des Schädigers auf die Erben übergeht, was im römischen Recht ein sicheres Zeichen für einen vertraglichen Anspruch darstellt. Beide Kriterien sind für ihn ein Beweis der engen Verwandtschaft mit den vertraglichen Ansprüchen. Außerdem helfen sie ihm über die Bedenken hinweg, die er gegen die außervertragliche „Überklage" hat. Denn in der vertraglichen Beziehung findet sich eine Rechtfertigung für die Haftung bei jeglichem Verschulden. Bestätigt sieht er die vertragliche Natur des Anspruchs darin, daß in den oben erwähnten Fundstellen des römischen Rechts gerade die Vertragsklage, die „actio emti", gewährt wurde. Für Jhering ist der Name der Klage Ausdruck der materiell-rechtlichen Natur des Anspruchs. „Die actio emti in unserem Fall in die Sprache des materiellen Rechts übersetzt bedeutet also soviel, als: der Anspruch auf Schadensersatz stützt sich auf eine contractliche Verbindlichkeit."

Hier zeigt sich Jherings hartnäckiger Versuch, seine Theorie eines vorvertraglichen Anspruchs allein aus den römischen Quellen abzuleiten, was auch die später einsetzende Diskussion um das Institut der culpa in contrahendo ihm vorwerfen wird. Schon Friedrich Mommsen stellt dem 1879 entgegen, daß diese strenge Verbindung von Klageart und Anspruch allenfalls in den Anfängen des römischen Rechts gegeben war. Später löste sich diese Bindung zunehmend auf und die Vertragsklage wurde überall dort gewährt, wo ein Anspruch aufgrund eines Vertragsverhältnisses entstand, auch wenn dieser definitiv nicht vertraglicher Natur war.

Mit der Annahme eines vertraglichen Anspruchs manövriert sich Jhering allerdings in eine mißliche Lage, wie er selbst erkennt: „Wie ist dies aber möglich, da ja der Contract selbst nichtig ist?" Mit der damals üblichen, auch heute noch anzutreffenden Definition der Nichtigkeit, daß nämlich ein nichtiges Rechtsgeschäft keine Rechtswirkungen hervorbringen kann, ist der vertragliche Anspruch nicht vereinbar. Jhering bemüht sich daher, den Begriff der Nichtigkeit anders zu verstehen. Er erkennt, daß ein nichtiger Vertrag durchaus Rechtsfolgen haben kann wie beispielsweise den Anspruch auf Rückgabe einer Sache. Nichtigkeit bedeutet somit nicht die Abwesenheit sämtlicher, sondern nur bestimmter Wirkungen – insbesondere eine Verbindlichkeit auf Erfüllung hervorzubringen. So betrachtet bedeutet Nichtigkeit, daß ein Rechtsgeschäft nicht die Rechtsfolgen hervorbringt, auf die es abzielt. Diese Sichtweise hat sich inzwischen allgemein durchgesetzt.

III. Ein Verschulden ohne Schuld?

Ist sich Jhering somit im klaren über den Anspruch aus der culpa in contrahendo, so fehlt ihm noch das „legislative Motiv", die Rechtfertigung für die Inanspruchnahme des Vertragspartners. Sein erster Gedanke gilt dem guten Glauben, genauer dem Schutz, den der Eigentumserwerb des Gutgläubigen vom nicht berechtigten Besitzer genießt. Die Ähnlichkeit mit den untersuchten Fällen besteht darin, daß der Entstehung des Rechts ein Hindernis entgegensteht, das der Erwerbende nicht kennt und deswegen in gutem Glauben an die Existenz des Rechts ist. Doch der Anspruch der culpa in contrahendo soll nicht dem Anspruch bei wirksamen Vertragsschluß nachgebildet werden, sondern stellt einen Anspruch eigener Art für den durch die Unwirksamkeit des Vertrags erlittenen Schaden dar. Und Jhering will den Anspruch nicht allein auf den guten Glauben des Geschädigten gestützt sehen, da der Schädiger ebenfalls in gutem Glauben gehandelt haben könne und trotzdem seine Haftung notwendig sei.

Jhering geht daher der Frage nach, was in anderen Fällen die Rechtfertigung eines Schadensersatzanspruchs ausmacht und findet dieses im Verschulden, der „culpa". Wäre also in den hier problematischen Fällen ein Verschulden festzustellen, „so ist damit die Frage nach dem Grunde unserer Klage gelöst". Was aber kann das Verschulden des Vertragsschließenden sein? Jhering sieht in den beiden vom römischen Recht angeordneten Fällen des Schadensersatzes den Vorwurf des Gesetzes darin, daß der Vertrag abgeschlossen wurde, obwohl das Vertragshindernis hätte gekannt werden müssen. Er geht sogar noch einen Schritt weiter und stellt – obwohl er schon ahnt, daß dieses heftigen Widerspruch auslösen wird – die These auf, daß allein das Nichtwissen, gleich ob der Verkäufer es zu vertreten hat oder nicht, ein Verschulden darstellt. Und Jhering meint, auch diese Argumentation mit Quellen des römischen Rechts belegen zu können. Er erinnert an den Verkauf eines Gegenstandes, den der Verkäufer wider alle Erwartungen nicht besorgen kann. Dies veranlaßt Jhering zu dem Vorwurf, „daß er [der Verkäufer] einen Contract abschloß, ohne seiner Sache sicher zu sein. Und eben dieser Vorwurf ist es auch, den wir dem Verkäufer einer rei extra commercium machen, und den er mit dem Einwande, daß die Umstände ihm keinen Anlaß darboten, die juristische Fähigkeit des Objekts zu bezweifeln, nicht zurückweisen kann."

Liest man die entsprechenden Passagen des Jheringschen Aufsatzes, gerät man leicht ins Grübeln. „Das Nichtwissen des Verkäufers kann also immerhin vollkommen entschuldigt sein ..., gleichwohl liegt in dem Verkaufen eine culpa; wer seiner Sache nicht völlig gewiß ist, soll nicht verkaufen." Was Jhering hier konstruiert, ist – wie er selbst sagt – ein Verschuldensvorwurf ohne Rücksicht auf die individuellen Verhältnisse des Versprechenden. Und das unter Geltung des römischen Rechts, dessen Verschuldenshaftung noch sehr stark von der Idee der individuellen Verantwortung, der Schuld als persönlichem Vorwurf, geprägt ist.

Man möchte meinen, die Herleitung des allgemeinen Prinzips der culpa in contrahendo würde wesentlich einfacher und überzeugender sein, wenn Jhering eine Haftung ohne Verschulden behauptete. Dies gilt umso mehr, wenn man sieht, daß bei dem genannten Fall einer nicht zu beschaffenden Sache heute von der herrschenden Meinung eine Garantie, also eine verschuldensunabhängige Haftung für das anfängliche Leistungsvermögen postuliert wird. Jhering sieht selbst, daß die Quellen nirgends den Begriff der „culpa" verwenden, und an einer Stelle spricht er sogar von der „stillschweigenden Uebernahme dieser Garantie". Auch bereitet es ihm Kopfzerbrechen, beispielsweise ein Verschulden in einem Fall anzunehmen, in dem der Vertrag nichtig ist, weil der Anbietende nach Abgabe des Angebots gestorben ist: „Man kann doch unmöglich das Sterben als culpa bezeichnen!" Aber er beharrt darauf, diesen Anspruch zu gewähren und zieht es vor zu glauben, „daß ich bei der Construction meiner Theorie irgend einen mir selbst nicht bekannten Fehler begangen habe, als die Klage hier auszuschließen." Es hat wohl eine gewisse Berechtigung, wenn Jhering in der späteren Diskussion häufig der Vorwurf gemacht wird, das Erfordernis der „culpa" recht gewaltsam in die Quellen hineininterpretiert und etwas aus ihnen herausgelesen zu haben, was sie definitiv nicht enthalten.

Man wird Jhering jedoch nicht absprechen können, mit der „großzügigen" Annahme eines Verschuldens zugleich eine Entwicklung antizipiert zu haben, deren Ergebnis inzwischen nahezu unumstritten ist: Im Zivilrecht gilt heute ein objektivierter Verschuldensmaßstab, der ohne Rücksicht auf die individuellen Fähigkeiten des einzelnen danach fragt, was von einem durchschnittlich befähigten Teilnehmer des Rechtsverkehrs erwartet werden kann.

Was aber veranlaßte Jhering, eine *culpa* in contrahendo zu schaffen? Er selbst gibt die Begründung und nennt zwei Gesichtspunkte, die für ihn eine „culpa" unumgänglich machen. So sieht es Jhering zum einen als notwendig an, den in den Quellen gefundenen Ansatz in die Systematik der sonstigen Schadensersatzansprüche eingliedern zu können. „Ohne diesen Gesichtspunkt [das Verschulden, Anm. des Verf.] ist sie eine Schadensersatzklage, welche keine Verschuldung auf der anderen Seite erfordert; mit diesem Gesichtspunkt vermeidet sie diese Singularität und gewinnt sie den normalen Charakter einer jeden Schadensersatzklage." Der andere Grund ist für Jhering die erforderliche Rechtfertigung für die Begründung eines allgemeinen Prinzips: „Ein allgemeines Princip für unsere Klage ist nur mittelst der culpa zu gewinnen ... Oder worin läge der juristische Rechtfertigungsgrund (ich meine nicht den legislativ-politischen), um, was die Quellen in jenen beiden Fällen bestimmen, auch z.B. im Fall des Irrthums eintreten zu lassen?" Die weitere Entwicklung findet dann doch noch eine andere Rechtfertigung, die auf das Merkmal des Verschuldens auch gänzlich verzichten könnte, wie an späterer Stelle erläutert werden wird.

Integriert man den Versuch Jherings, das Erfordernis der „culpa" beizubehalten, in den Kontext seines Aufsatzes, insbesondere mit Blick auf seine ablehnende Haltung gegenüber der außervertraglichen Haftung für jedes Verschulden, so drängt sich allerdings eine andere Motivation auf: Jhering befürchtet, daß der Anwendungsbereich des Rechtsinstituts inflationär ausufern könne und ahnt wirtschaftliche Risiken, die dem einzelnen Teilnehmer des Rechtsverkehrs nicht mehr zumutbar sind. Dies aber beweist, daß er nicht mehr seiner Naturhistorischen Methode folgt. Man denke nur an den unbefangenen Umgang mit den Ergebnissen, die er noch einige Jahre zuvor im Falle des Doppelverkaufs gewonnen hatte.

Nachdem also für Jhering die Notwendigkeit der „culpa" als rechtfertigendes Element feststeht, stellt sich die Frage, wo sie sich abgesehen von den Fällen des anfänglichen Unvermögens finden läßt. Jhering erkennt, daß abstrakt betrachtet in allen Fällen Vertragsbeziehungen aufgenommen werden, ohne die notwendigen Erfordernisse für einen gültigen Vertrag sicherstellen zu können, und durch den falschen Schein der Wirksamkeit der Vertragspartner in die Irre geführt wird. Aber warum kann dieses ein Verschulden darstellen?

IV. Die Lösung wird gefunden

Das ist der entscheidende Punkt in Jherings Aufsatz; es ist dasjenige, was seine Entdeckung ausmacht und auch mehr als 130 Jahre nach dieser Entdeckung das Gesicht der culpa in contrahendo, mag sie sich noch so sehr gewandelt haben, prägt: „Wer contrahirt, tritt damit aus dem rein negativen Pflichtenkreis des außercontractlichen Verkehrs in den positiven der Contractssphäre." Und damit trifft ihn die Pflicht zur nötigen „diligentia", zur erforderlichen Sorgfalt, die er innerhalb der vertraglichen Beziehung aufzubringen hat und zwar schon während der Vertragsverhandlungen. Jhering erwartet von demjenigen, der sich in einen Bereich begibt, in dem seine Erklärungen verbindliche Kraft erlangen sollen und somit Rechtsfolgen nicht mehr auf bloßer Zufälligkeit basieren, daß er auch prüft, „ob dieselben [die Erklärungen, Anm. des Verf.] auf gutem Grunde beruhen". Allein mit der Aufnahme von Vertragsverhandlungen gibt er die Versicherung ab, eine sorgfältige Prüfung vorgenommen zu haben, daß in seiner Person dem wirksamen Vertrag keine Hindernisse entgegenstehen.

Damit hat Jhering sein allgemeines Prinzip gefunden. Was jetzt noch folgt, ist lediglich notwendige Kleinarbeit. So die Frage, zu welchem Zeitpunkt dieser Übertritt in die vertragliche Sphäre stattfindet. Jhering sieht dieses mit Abgabe eines ersten Angebots als dem ersten Schritt zu einem Vertrag, schreibt aber Schäden, die vor der Annahme des Angebots entstehen, dem Geschädigten selbst zu, da er „unvorsichtig genug ist, aus Anlaß einer Offerte, anstatt dieselbe vorher zu acceptieren, bereits zu handeln." Dazu muß man wissen, daß unter Geltung des römischen Rechts, ausgehend von der erwähnten und von Jhering unkritisch übernommenen Willenstheorie, ein Angebot frei widerruflich ist, der Empfänger sich also wirklich noch nicht darauf verlassen kann; ein Punkt, der heute anders geregelt ist (vgl. § 145 BGB).

Jhering stellt auch eine Systematik der seiner Ansicht nach auftretenden Fälle der culpa in contrahendo auf. Er unterscheidet nach „Unfähigkeit des Subjekts, Unfähigkeit des Objekts und Unzuverlässigkeit des contractlichen Willens". Diese Fallgruppen, die er im kasuistischen Teil seiner Abhandlung mit Akribie untersucht, können hier nur kurz skizziert werden. Unter Unfähigkeit des Subjekts faßt Jhering jene Fälle, in denen der eine Vertragspartner aufgrund eines ihm anhaftenden „Mangels" keinen wirksamen Vertrag eingehen kann – etwa aufgrund der mangelnden Geschäftsfähigkeit eines Minderjährigen oder Bevormundeten, aber auch eines Veräußerungsverbots, das sich schuldrechtlich auswirkt. Die Unfähigkeit des Objekts hingegen betrifft Fälle, in denen die Nichtigkeit im Vertragsgegenstand ruht. Darunter ordnet sich vornehmlich die anfängliche Unmöglichkeit einer Vertragserfüllung aus rechtlichen oder tatsächlichen Gründen ein; die heute geläufige Unterscheidung zwischen objektiver und subjektiver Unmöglichkeit trifft er noch nicht. Bei der letzten Fallgruppe, der Unzuverlässigkeit des vertraglichen Willens, kommt die von Jhering gestützte Willenstheorie voll zum Tragen. Denn hier sind all die Fälle aufgeführt, in denen eine Nichtigkeit daraus folgt, daß Wille und Erklärung des Vertragspartners auseinanderfallen (wegen Irrtums bei Willensbildung oder -erklärung bzw. falscher Übermittlung) oder damaliger und aktueller Wille nicht übereinstimmen, ein Angebot etwa widerrufen wurde oder der Antragende gestorben ist.

Jhering schließt seine Untersuchung mit einem Blick auf verschiedene zu seiner Zeit existierende Kodifikationen der Partikularrechte. Er findet die praktische Richtigkeit seiner Lösung bestätigt in der bereits erwähnten Bestimmung des „Allgemeinen Landrecht für die Preußischen Staaten" (I 5 § 284: „Was wegen des bei Erfüllung des Vertrages zu vertretenden Grades der Schuld Rechtens ist, gilt auch für den Fall, wenn einer der Contrahenten bei Abschließung des Vertrages die ihm obliegenden Pflichten vernachlässigt hat") und kann beruhigt formulieren:

> „*Das Gebot der contractlichen diligentia gilt wie für gewordene, so auch für werdende Contractsverhältnisse, eine Verletzung desselben begründet hier, wie dort die Contractsklage auf Schadensersatz.*"

C. Die Entwicklung

I. Erste Reaktionen

Die ersten Reaktionen auf die Entdeckung Jherings könnten unterschiedlicher nicht sein. So übernimmt Vangerow die Idee der culpa in contrahendo ungeteilt in sein Pandektenlehrbuch von 1863. Bähr, der 1875 in eben jenen „Jahrbüchern", in denen 10 Bände zuvor Jherings Theorie veröffentlicht wurde, „Ueber Irrungen im Contrahieren" schreibt, erklärt die Ansicht Jherings für richtig. Allerdings nur unter Geltung der von Jhering vertretenen Willenstheorie, die er selbst jedoch ablehnt. Statt dessen versucht er sich an einer Lösung der problematischen Fälle über die Erklärungstheorie, welche den entgegengesetzten Standpunkt zur Willenstheorie einnimmt, indem sie als Hauptgrund für die Wirkung von rechtserheblichen Erklärungen den äußeren Tatbestand der Erklärung, nicht den dahinterstehenden Willen ansieht. Auf dieser Basis kommt er in vielen Fällen, in denen Jhering noch die Nichtigkeit des Vertrags annahm, zu wirksamen und insoweit konfliktfreien Rechtsbeziehungen. Auch für die verbleibenden Fälle der Unwirksamkeit entwickelt er andere Lösungen. So will er etwa Geschäftsunfähige niemals haften lassen, da dieses gerade die Intention des Gesetzes ist, wenn es bestimmte Personen für nicht fähig erklärt, wirksame Verträge abzuschließen. Für den Fall des anfänglichen Unvermögens postuliert er die verschuldensunabhängige Garantiehaftung. Auch erkennt er, daß das negative Interesse das positive Interesse übersteigen kann, lehnt es jedoch als unpraktikabel für die Beschreibung des zu ersetzenden Schadens ab.

Auch Jherings Freund Windscheid befaßt sich in seinem Pandektenlehrbuch mit der Frage einer Haftung bei Vertragsverhandlungen und kommt zu dem Ergebnis, „daß jeder Vertragschließende einstehen muß für die nachtheiligen Folgen des durch seine Erklärung in dem Gegner erregten Vertrauens auf das Zustandekommen des Vertrags, insofern dieses Zustandekommen durch einen Grund ausgeschlossen wird, welchen der Gegner nicht kennt und nicht zu kennen verpflichtet ist." Damit bleibt Windscheid recht nah an den Grundsätzen und praktischen Ergebnissen seines Freundes, stellt aber auf eine andere Grundlage ab, eine Grundlage, die – wie später noch zu zeigen ist – bei der weiteren Entwicklung der culpa in contrahendo große Bedeutung erlangen wird.

Am intensivsten beschäftigt sich in den Anfängen der mehr als 130 Jahre währenden Geschichte der culpa in contrahendo Friedrich Mommsen mit ihr. Im Jahre 1879 erscheint in seinen „Erörterungen aus dem Obligationenrecht" der Beitrag „Ueber die Haftung der

Contrahenten bei der Abschließung von Schuldverträgen". Ursprünglich sollte er schon wesentlich früher erscheinen als direkte Reaktion auf Jherings Aufsatz, der im Zusammenhang mit dem Anwendungsbereich der außervertraglichen Klage und der Unterscheidung zwischen negativem und positivem Interesse gerade auch zu den Theorien Mommsens Stellung bezogen hatte. So aber hat Mommsen Gelegenheit, sich mit fast zwanzig Jahren Entwicklung der culpa in contrahendo zu beschäftigen.

Zunächst erkennt Mommsen, daß es nach Jherings Argumentation – im Gegensatz zu der von Windscheid – ohne Bedeutung ist, ob der Vertrag unwirksam ist oder nicht; denn wenn man schon während der Verhandlungen die später im Vertrag geschuldete Sorgfalt fordert, kann der Vertragsschluß darauf keine Auswirkungen mehr haben. Des weiteren verwirft er Jherings Theorie vom Rückwirken der Klageart auf die Natur des Anspruchs. Sein allgemeiner Vorwurf an Jhering geht dahin, daß dieser zuviel in die Quellen des römischen Rechts hineininterpretiert habe. Er habe das gelesen, was er habe lesen wollen. Mommsen erkennt Jherings Motiv in den Erfordernissen des Verkehrs und der Billigkeit, will diese als Grundlage für einen Anspruch jedoch nicht akzeptieren. Für ihn steht weiterhin fest, daß grundsätzlich nur die Deliktsklage gegeben ist; wird von den römischen Quellen die Vertragsklage zugelassen, ist nach seinem Dafürhalten überhaupt kein Verschulden erforderlich, da diese Zulassung der Vertragsklage dem Verkehrsschutz diene, der aber nur gesichert werden könne, wenn die Haftung nicht auf „culpa" beschränkt bliebe. Mommsen teilt auch die bis dahin wohl einzige Entscheidung mit, in der ein höchstes Gericht – das Obergericht in Wolfenbüttel – die Theorie Jherings übernommen hat, verweist aber auch darauf, daß es diese Ansicht später wieder verworfen hat.

II. BGB und die culpa in contrahendo

Wie geht nun der Gesetzgeber mit Jherings Vorstellung von der culpa in contrahendo um? Schließlich lebt die Jurisprudenz stets mit der Gefahr, daß ein einziger Federstrich des Gesetzgebers „ganze Bibliotheken zu Makulatur" werden lassen kann.

Schon mit dem Entwurf der ersten Kommission für das BGB, der auch Jherings Freund Windscheid angehört, werden einige kritische Fälle geregelt. Der Entwurf der zweiten Kommission nimmt sich weiterer Probleme an. Für die Fälle des Irrtums wird die Anfechtbarkeit der Erklärung (§§ 109 ff. BGB) mit einer daraus folgenden Ersatzpflicht eingeführt; damit wird sowohl der Willens- als auch der Erklärungstheorie eine Absage erteilt und statt dessen eine Mischform geschaffen. Die Haftung des Vertreters ohne Vertretungsmacht wird in § 179 BGB geregelt und eine Ersatzpflicht für den Abschluß objektiv unmöglicher und damit nichtiger Verträge in § 307 BGB errichtet. Der zugesprochene Schadensersatz wird durch das negative Interesse beschrieben, aber durch das positive Interesse begrenzt.

Obwohl die Ersatzpflicht aus Anfechtung verschuldensunabhängig ausgestaltet wird, erhalten auch die unterschiedlichen gegen Jhering vertretenen Theorien vom Gesetzgeber eine Zurückweisung, wie sich insbesondere am Beispiel der anfänglichen objektiven Unmöglichkeit zeigt. Schon in den Motiven zum ersten Entwurf wird darauf hingewiesen, daß weder eine Garantiehaftung beabsichtigt noch eine Begrenzung auf den „dolus" erwünscht ist. Auch in der zweiten Kommission, in der sich die Vertreter der Garantiehaftung sogar auf Jhering berufen, wird eine solche ständige Garantieübernahme als lebensfremd und unvereinbar mit den Verkehrsbedürfnissen zurückgewiesen.

Ein allgemeines Prinzip der culpa in contrahendo entsteht jedoch nicht. Es wird vielmehr ausdrücklich darauf hingewiesen, daß „der Entwurf keine prinzipielle Bestimmung über die culpa in contrahendo enthält." Und die zweite Kommission betont, daß die geschaffenen Anspruchsgrundlagen „lediglich nach der Eigenart der Rechtsverhältnisse eine Reihe von Sonderbestimmungen treffen wollen, welche sich nicht ohne Weiteres zur Uebertragung auf andere Rechtsverhältnisse eigneten." Auch der Streit um die vertragliche oder deliktische Natur des Anspruchs wird mangels Bedürfnisses nicht beendet und die Lösung der Wissenschaft überlassen.

Die Idee einer culpa in contrahendo wird somit noch nicht ganz zu Grabe getragen, obwohl es in den ersten Jahren nach Inkrafttreten des BGB durchaus dahingehende Bestrebungen gibt. So lehnt das Reichsgericht – außerhalb der vom BGB geregelten Fälle – zunächst jegliche Haftung für ein vorvertragliches Verschulden mit dem Argument ab, daß § 276 BGB eben nur von dem zu vertretenden Verschulden des „Schuldners" spricht, also schon ein wirksames Schuldverhältnis voraussetze.

III. Verschulden beim wirksamen Vertragsschluß

Bewegung in die Geschichte der culpa in contrahendo bringt erst wieder Franz Leonhard im Jahre 1910 mit seinem Buch „Verschulden beim Vertragsschlusse". Als allgemeines Rechtsinstitut, wie sie von Jhering vorgesehen war, lehnt er die culpa in contrahendo ab. Die Haftung für vorvertragliches Verschulden werde durch die §§ 122, 179, 307 BGB abschließend geregelt. Im übrigen bleibe es dabei, daß aus nichtigen Verträgen keine Haftung abgeleitet werden könne. Der Vertragsschluß sei „ein einheitliches Ganzes: die früheren Handlungen wirken nur unter der Voraussetzung, daß nachher der Abschluß zustande kommt." Als Illustration und Bestätigung wählt er den Vergleich zur Haftung während der Schwebezeit eines aufschiebend bedingten Geschäfts (§ 160 BGB), bei dem sich die schädigenden Handlungen auch erst mit Eintritt der Wirksamkeit des Geschäfts in einer Haftung niederschlagen. Als „Vertragsschluß" im Sinne des Titels seiner Monographie will er ausdrücklich nur wirksame Vereinbarungen verstanden wissen. Bestätigt sieht er seine Ansicht u.a. in der Haftung des Hinterlegers für Schäden aus Mängeln der hinterlegten Sache (§ 649 BGB) oder der mit Verhandlungsbeginn schon eintretenden Arglisthaftung in §§ 443, 463, 540, 637 BGB. Anwendungsgebiete für seine Ansicht erkennt er in den nicht geregelten Bereichen der Gewährleistung und in Konstellationen, bei denen der Verweis auf das Deliktsrecht unbillig erscheint.

Immer mehr Wissenschaftler folgen dieser Ansicht, so daß sie sich nach und nach zur herrschenden Lehre entwickelt, und 1912 nimmt auch das Reichsgericht sie auf. In der „Luisinlicht-Entscheidung" hat es sich mit dem Fall zu befassen, daß eine Gesellschaft einer anderen den Vertrieb mehrerer Fabrikate, insbesondere des sog. „Luisinlichts", übertrug. Im Gegenzug sollte ein deutsches Vertriebsnetz errichtet werden. Die Herstellergesellschaft der Luisinlichter sah sich jedoch später Streitigkeiten mit den Inhabern des Patents ausgesetzt, so daß der Vertrieb in Deutschland schließlich völlig zum Erliegen kam. Das Reichsgericht leitet aus „Treu und Glauben und nach der Auffassung des redlichen reellen Geschäftsverkehrs" ab, daß die zu erwartenden Schwierigkeiten bei der Verhandlung über den Vertriebsvertrag hätten offenbart werden müssen. Diese Verpflichtung solle um so mehr bestehen, „als der Vertrag ... ein Vertrauensverhältnis der Parteien begründete." Das Reichsgericht erkennt zwar einen Anspruch aus Verschulden bei Vertragsschluß zu, betont aber ausdrücklich, daß dies kein Fall der culpa in contrahendo sei, welche abschließend durch das BGB geregelt werde, sondern ein „Verschulden beim Abschluß rechtsgültig gewordener Verträge". Mangels einschlägiger Bestimmungen im BGB sei hier Rechtsfortbildung zulässig.

In der Folgezeit wird dieses, auf Leonhard basierende Prinzip immer häufiger angewendet, wobei immer mehr Elemente der Begründung durch Leonhard einfließen. So erklärt z.B. das Reichsgericht 1918 die Verpflichtung zur Aufklärung über für die andere Partei relevante Tatsachen daraus, daß – eine Kernaussage Leonhards – Vertragsabschluß und Vertragserfüllung ein „einheitliches Ganzes" bilden. Andere seiner Überlegungen – etwa die Übertragung der vorvertraglichen Haftung auf nicht geregelte Fälle von Sachmangel – werden allerdings abgelehnt.

IV. Aus Dreien wird Eins

Im Jahre 1911, somit noch vor Anerkennung des „Verschuldens bei Vertragsschluß", hat sich das Reichsgericht im sog. „Linoleumrollen-Fall" mit folgendem Sachverhalt auseinanderzusetzen: Eine Mutter begab sich mit ihrem Kind in das Linoleumlager eines Kaufhauses, um einen Linoleumteppich zu kaufen. Bei den Verhandlungen mit einem Angestellten stürzten einige unachtsam abgestellte Linoleumrollen um und rissen Mutter und Kind zu Boden. Ein Kaufvertrag kam nicht zustande, da die Kundin „in zu große Erregung geraten war". Im Anschluß an ältere Andeutungen spricht das Reichsgericht einen vertraglichen Anspruch auf Schadensersatz zu, da durch die Vertragsverhandlungen „ein den Kauf vorbereitendes Rechtsverhältnis zwischen den Parteien, das einen vertragsähnlichen Charakter trägt", erzeugt wurde; aus diesem erwachse die Verpflichtung, „die gebotene Sorgfalt für die Gesundheit und das Eigentum des anderen Teiles zu beobachten." Das Reichsgericht gibt unumwunden zu, daß es Schwächen des Deliktsrechts umgehen will: § 831 BGB würde dem Geschäftinhaber erlauben, sich durch den Nachweis sorgfältiger Auswahl und Überwachung des Angestellten, der die Linoleumrollen gefährlich aufgestellt hatte, zu exkulpieren.

Die Entscheidung findet im Ergebnis Zustimmung. Unbehagen bereitet jedoch die Unbestimmtheit des vom Reichsgericht konstatierten „vertragsähnlichen" Rechtsverhältnisses. In dem Bestreben um eine dogmatisch saubere Rechtfertigung des Anspruchs beginnt die Suche nach wirksamen Verträgen, die den geschäftlichen Kontakt begleiten. Es entstehen die merkwürdigsten Konstruktionen wie etwa in Gestalt des von Siber 1914 gefundenen „Erhaltungsvertrags". Doch nirgends tauchen die culpa in contrahendo oder das „Verschulden bei Vertragsschluß" auf. Dies ist unverständlich, da doch gerade im „Linoleumrollen-Fall" die zentralen Elemente dieser Institute einwandfrei vorlagen: Verschulden und Vertragsverhandlungen.

Die Überlegungen des Reichsgerichts mit den Ansätzen von Jhering und Leonhard zusammenzubringen, gelingt – nachdem Siber schon gewisse Gemeinsamkeiten erkannt hatte – erst Heinrich Stoll in seinem 1923 in der „Leipziger Zeitschrift für Deutsches Recht" erscheinenden Aufsatz „Haftung für das Verhalten während der Vertragsverhandlungen". Er erkennt, daß es drei Fallgruppen gibt, deren Gemeinsamkeit darin liegt, daß ein Schaden entsteht, bei dem „die Ursache für das schädigende Ereignis gesetzt wurde, bevor es zum Vertragsabschluß gekommen ist": Eine Person ist geschädigt worden durch Abschluß eines Vertrags, der sich als nichtig erweist (Jhering); bei einem wirksamen Vertrag ist eine Partei geschädigt worden durch Verhalten beim Vertragsschluß (Leonhard, Luisinlicht); es kommt kein gültiger Vertrag zustande, aber eine Partei hat einen Schaden erlitten, der unabhängig vom Ausgang der Vertragsverhandlungen eintritt (Linoleumrollen). Dieser letzten Konstellation gibt Stoll den Namen „Haftung für das Verhalten vor Vertragsschluß". Er legt dar, daß die Begründung für die Herkunft der Pflichten aus dem später abgeschlossenen Vertrag, wie sie insbesondere von Leonhard vertreten wurde, nicht richtig sein kann. Denn es würden Pflichten erzeugt, die schon vor ihrer Entstehung die Parteien binden; zum Zeitpunkt ihrer Entstehung (wirksamer Vertragsschluß) könnten sie aber in den wenigsten Fällen noch erfüllt werden. Dieser Widerspruch lasse sich nur lösen, wenn den Parteien der Ausgang ihrer Vertragsverhandlungen schon vorher bekannt sei.

Obwohl von Stoll so nie ausgesprochen, liegt seinen Überlegungen der Gedanke des rechtsstaatlichen Rückwirkungsverbots zugrunde: Es kann von niemandem verlangt werden, für die Verletzung einer Pflicht in Anspruch genommen zu werden, die erst nach der Verletzungshandlung aufgestellt wird; jeder muß die Möglichkeit haben, sich auch entsprechend den ihn treffenden Pflichten verhalten zu können. Das bringt Stoll zu der Schlußfolgerung: „Entweder gibt es Rechtspflichten gegenüber dem anderen Teil schon vor Vertragsabschluß – dann müssen sie auch ohne ihn gelten, oder aber entstehen diese Rechtspflichten erst durch den Vertragsschluß – dann können sie auch nicht vor, sondern erst mit diesem wirksam werden."

Daß es vor Vertragsschluß Rechtspflichten geben muß, stellt Stoll allein schon wegen der bestehenden gesetzlichen Regelungen einiger dieser Pflichten nicht in Frage. Wenn sie aber nicht im Vertrag begründet sein können und ebensowenig in den Grundsätzen von „Treu und Glauben", die ein Schuldverhältnis voraussetzen, aber nicht schaffen – worin dann? Hier kommt der entscheidende Schritt Stolls, der die Diskussion um die culpa in contrahendo ein beträchtliches Stück weiterbringt. Angeregt durch eine Überlegung Tuhrs nimmt er an, daß schon während der Vertragsverhandlungen ein Schuldverhältnis entsteht, zustandegekommen durch einseitiges Rechtsgeschäft mit Abgabe eines Angebots bzw. Aufforderung zum Eintritt in Vertragsverhandlungen. Die Haftung für schuldhaftes Verhalten während der Vertragsverhandlungen entstammt somit einer Pflichtverletzung in diesem Schuldverhältnis. Er geht davon aus – insofern den Aussagen Leonhards und des Reichsgerichts ähnlich –, daß dieses Schuldverhältnis bei wirksamem Vertragsschluß nur die Erscheinungsform ändert und somit mit dem Vertrag einen einheitlichen schuldrechtlichen Organismus bildet, in dem sich nur der Leistungsinhalt ändert: „Die bisherige äußere Gestalt wird beendet, sein Inhalt wird verwandelt, aber nicht das bisherige Rechtsverhältnis vernichtet." Damit ist es Stoll gelungen, die Fälle des „Verschuldens während der Vertragshandlung" vom Problem der Wirksamkeit des Vertrags zu lösen und alle drei Varianten auf eine einheitliche Grundlage zu stellen, so daß die Unterscheidung zwischen culpa in contrahendo, Verschulden beim Vertragsschluß und anderem obsolet wird.

V. Die Entdeckung setzt sich durch

In der Folgezeit beginnt die culpa in contrahendo geradezu aufzublühen. Ohne Stolls Überlegungen direkt einzubeziehen, kommt das Reichsgericht zu den gleichen Ergebnissen, so daß ihm folgend der BGH 1952 in seiner ersten Auseinandersetzung mit der culpa in contrahendo lapidar feststellen kann: „Die Haftung aus Verschulden bei Vertragsschluß ist eine solche aus einem in Ergänzung des geschriebenen Rechtes geschaffenen gesetzlichen Schuldverhältnis, das aus der Aufnahme von Vertragsverhandlungen entspringt und zur verkehrsüblichen Sorgfalt im Verhalten gegenüber dem Geschäftsgegner verpflichtet."

Die Anwendungsfälle der culpa in contrahendo werden immer zahlreicher. Nachdem das Reichsgericht 1928 betont hatte, daß über alle Umstände aufzuklären ist, welche die Erfüllung oder eine fristgerechte Erfüllung verhindern könnten, wird eine Haftung für die Nichtigkeit wegen Formmangels anerkannt, ebenso für den Fall, daß der Vertragsschluß wegen Dissenses nicht zustande gekommen ist. 1970 erklärt der BGH die Anwendung der culpa in contrahendo selbst dann für möglich, wenn die Vertragsverhandlungen „ohne triftigen Grund" nicht zum Abschluß gebracht wurden.

Was den Umfang der Schadensersatzpflicht anbelangt, erkennt das Reichsgericht 1936 erstmals an, daß das negative Interesse das positive übersteigen kann. Eine Übertragung der Begrenzung auf das positive Interesse, wie sie in den §§ 122, 179, 307 BGB vorgesehen ist, lehnt es jedoch ab, da es sich um eine völlig andere Schadensfolge handele. Bei den gesetzlich geregelten Fällen liege „der Schaden lediglich in der Nichterfüllung einer unwirksam gewordenen oder gebliebenen Verpflichtungserklärung". Bei der culpa in contrahendo könnten jedoch Konstellationen auftreten, bei der ohne das schuldhafte Verhalten der Vertragsabschluß nicht zustande gekommen wäre. Dann wäre der Zustand herzustellen, „der ohne das Verschulden, in solchen Fällen im allgemeinen also ohne den Vertragsabschluß und daher ohne die erst daraufhin für den Vertrag gemachten Aufwendungen bestehen würde. Der Schadensersatzanspruch erschöpft sich also nicht im Erfüllungsinteresse, steht hier auch nicht neben einem Anspruch auf Erfüllung." Dieser Sichtweise widerspricht ein anderer Senat des Reichsgerichts zwar zwei Jahre später, aber 1967 lehnt der BGH die in §§ 122, 179, 307 BGB enthaltenen Begrenzungen für die culpa in contrahendo ab. Ist die Argumentation des Reichsgerichts aus dem Jahre 1936 noch angreifbar –

auch bei einem wegen Unmöglichkeit nichtigen Vertrag können Aufwendungen gemacht werden, obwohl bei Kenntnis der Unmöglichkeit der Vertrag nicht eingegangen worden wäre –, so ist die fehlende Begrenzung des negativen Interesses inzwischen allgemein anerkannt, zumindest für den Ersatz des Erhaltungsinteresses, wenn also andere Rechtsgüter, wie z.B. die Gesundheit des Verhandlungspartners, geschädigt wurden. Im Jahre 1923 weist das Reichsgericht darauf hin, daß für jegliches Verschulden im Sinne des § 276 BGB zu haften sei. Wird das Vorliegen einer bestimmten Tatsache versprochen, nimmt es sogar ein vermutetes Verschulden an. Eine Vermutung, die der BGH 1961 in der „Bananenschalen-Entscheidung" auf die dritte der von Stoll gebildeten Gruppen ausdehnt.

Auch im Ausland beginnt sich die Idee eines Schadensersatzes für schuldhaftes Verhalten bei den Vertragsverhandlungen durchzusetzen. Für Österreich fordert Wellspacher erstmals 1911 eine Anerkennung der culpa in contrahendo, die sich nach und nach auch durchsetzt. Auch das Schweizerische Bundesgericht übernimmt – nachdem es schon vorher ähnliche Haftungsfälle anerkannt hatte – 1932 die culpa in contrahendo. In Italien wird die culpa in contrahendo 1942, nachdem die herrschende Meinung schon lange mit ihr gearbeitet hatte, in den „codice civile" aufgenommen. Weitere Länder – wie die Tschechoslowakei und Israel – bringen Haftungstatbestände für Verschulden bei Vertragsschluß in ihre Gesetzeswerke ein. Im griechischen ZGB von 1940 werden sogar die vor Vertragsschluß zu beachtenden Verhaltenspflichten im einzelnen geregelt. Im französischen Recht hingegen wird – aufbauend auf der Auseinandersetzung Saleilles' mit den Lehren Jherings – eine eigenständige Lösung gefunden.

Vergleichsweise geringen Einfluß auf die wissenschaftliche Diskussion und Gesetzgebung hat die culpa in contrahendo im anglo-amerikanischen Rechtskreis. Dort, wo die Juristen so große Bewunderung für Rudolf von Jhering hegen, fehlt das praktische Bedürfnis für eine vertiefte Auseinandersetzung. Nach dem „common law" gibt der Schuldner ein Garantieversprechen für seine Leistungsfähigkeit ab. Im übrigen ist es Sache jedes Vertragsschließenden, Bedingungen auszuhandeln, die seine Erwartungen sichern. Ähnliches gilt für die skandinavischen Staaten.

Trotz des Siegeszuges der culpa in contrahendo bleibt ihre dogmatische Lösung allerdings immer noch unbefriedigend. So ist jetzt zwar klar, daß die Verpflichtungen der Parteien aus einem Schuldverhältnis stammen, das schon in der Phase der Vertragsverhandlungen entsteht. Aber warum dieses entsteht, ist noch nicht eindeutig geklärt. Stolls Vorstellung vom „einheitlichen Organismus" paßt nicht in das übliche Bild eines Schuldverhältnisses, das durch den konkret zu leistenden Gegenstand definiert wird.

VI. Vertrauen ist der Anfang von allem

Das vorerst letzte entscheidende Teil wird von Kurt Ballerstedt in das Puzzle „culpa in contrahendo" eingefügt. In seinem Aufsatz „Zur Haftung für culpa in contrahendo bei Geschäftsabschluß durch Stellvertreter", der 1951 im „Archiv für die civilistische Praxis" erscheint, stellt er fest, daß sich das Stadium der Vertragsverhandlungen erheblich vom Vertragsstadium unterscheidet. Im Unterschied zum Vertragsverhältnis, das durch die Erfüllung der geschuldeten Verpflichtungen erlischt, würden im Verhandlungsstadium die Verpflichtungen sogar stärker und mehr, je weiter es zeitlich fortschreite. Auch ansonsten passe das vorvertragliche Verhältnis nicht in die übliche Systematik der Verträge; z.B. lasse es sich weder als entgeltlich noch als unentgeltlich einstufen. Die Schlußfolgerung ist, „daß der Eintritt in Vertragsverhandlungen ein besonderes, auf den Zeitraum und auf den Zweck der Vertragsvorbereitung beschränktes Schuldverhältnis begründet." Daß die Vertragsverhandlungen ein vom Vertrag getrenntes Schuldverhältnis begründen, haben vorher schon andere erkannt; auch die Überlegungen des Reichsgerichts vom „vertragsähnlichen Verhältnis" gingen in diese Richtung. Allerdings wurden die Grundlagen dieses Schuldverhältnisses mit „gewohnheitsrechtlich" oder „auf Gesetz beruhend" recht schwammig beschrieben. Hier hat die Arbeit Ballerstedts eine Lücke geschlossen.

Er fragt sich, ob wirklich allein die Erklärung des einen Partners, mit der die Verhandlungen aufgenommen werden, besondere Wirkungen zwischen beiden hervorbringen kann, wie es Stoll angenommen hat. Ballerstedt erkennt, daß die Erklärung wirkungslos bleibt, wenn ihr kein Vertrauen in die bestehende Verhandlungsbereitschaft entgegengebracht wird. Dieses Vertrauen sieht er als das entscheidende Element: „Nicht der Inhalt der Erklärung, mit der die Verhandlung eröffnet wird, ist für sich genommen der für die Verpflichtung des Anbietenden rechtlich begründende Tatbestand, sondern die in seiner Erklärung und in seinem sonstigen Verhalten wirksam werdende Inanspruchnahme des Vertrauens des anderen Teils." Grund für eine Haftung aus culpa in contrahendo ist die Enttäuschung von Vertrauen. Dieses Vertrauen muß aber „berechtigt" sein, der Geschädigte muß auf die Erklärung des anderen vertrauen „dürfen". Ist dies der Fall, richtet sich der Umfang des Schutzes – die bestehenden Pflichten – nach dem Umfang des gewährten oder geforderten Vertrauens.

Ob Ballerstedt wirklich derjenige ist, der das Vertrauenselement als Basis einführt, ist nicht ganz klar. So hat schon Erman, auf dessen Überlegungen sich Ballerstedt stützt, den Vertrauenscharakter als Grundlage in Betracht gezogen, diese Idee aber wieder verworfen. Auch das Reichsgericht hat immer wieder von einem „vertragsähnlichen Vertrauensverhältnis" gesprochen. Und wie schon angesprochen, hat bereits Windscheid fast 90 Jahre zuvor das „durch seine Erklärung in dem Gegner erregte Vertrauen auf das Zustandekommen des Vertrages" angeführt. Aber Ballerstedt muß zugestanden werden, daß er als erster die Inanspruchnahme von Vertrauen als Grundlage dogmatisch darlegt, nicht nur postuliert, und damit die Rechtfertigung der culpa in contrahendo aufzeigt, die Jhering vergeblich suchte.

So steht die Konstruktion der culpa in contrahendo, wie sie heute weitgehend akzeptiert ist, fest. Es handelt sich um die Haftung aus einem gesetzlichen Schuldverhältnis ohne primäre Leistungspflichten, entstanden aus der Inanspruchnahme von Vertrauen während der vorvertraglichen Phase. Mögen auch noch einige Streitpunkte bestehen, wie beispielsweise die Frage nach der Anwendbarkeit der culpa in contrahendo neben der Sachmängelgewährleistung oder die Verjährungsfristen, so hat sich doch im großen und ganzen die culpa in contrahendo mit ihrer Grundlage im Vertrauen inzwischen durchgesetzt. Sogar der Gesetzgeber hat seine Zustimmung in das Gesetz „geschmuggelt": In § 11 Nr. 7 des Gesetzes zur Regelung des Rechts der Allgemeinen Geschäftsbedingungen (AGBG) heißt es: „... dies gilt auch für Schäden aus der Verletzung von Pflichten bei den Vertragsverhandlungen." Und für die geplante umfassende Reform des Schuldrechts ist ein Absatz 2 des § 241 BGB vorgesehen: „Das Schuldverhältnis kann unter Berücksichtigung seines Inhalts und seiner Natur jeden Teil zu besonderer Rücksicht auf die Rechte und Rechtsgüter des anderen Teils verpflichten. Hierauf kann sich das Schuldverhältnis beschränken."

Eine Gegenbewegung sollte allerdings nicht unerwähnt bleiben. Im Hinblick auf die von der „Linoleumrollen-Entscheidung" repräsentierten, eher deliktischen Fälle möchte sie den Anwendungsbereich der culpa in contrahendo wieder zurücknehmen, wenn nicht sogar ganz auf sie verzichten. Schon 1943 will Dölle die Fälle der culpa in contrahendo seiner Lehre vom „sozialen Kontakt" unterstellen, andere – wie Nirk oder Eike Schmidt – gehen davon aus, daß sie zusammen mit den Regeln der Positiven Vertragsverletzung in der von Canaris entwickelten Vertrauenshaftung aufgehen kann. Der Gedanke dahinter ist, daß die Enttäuschung von Vertrauen eine dritte Art von Haftung begründe, die weder vertraglich noch – in der üblichen Terminologie – außervertraglich sei. Diese beruhe auf einem erhöhten „sozialen Kontakt", der sich von den rein zufälligen Begegnungen im deliktischen Bereich abhebe, mangels primärer Leistungspflichten die vertragliche Ebene aber noch nicht erreiche.

Als Fazit bleibt, daß sich die culpa in contrahendo – neben der Positiven Vertragsverletzung von Staub – in ihrer 140 Jahre währenden Geschichte zum bekanntesten außergesetzlichen Rechtsinstitut entwickelt hat. Wie würde wohl der Vater zur Entwicklung seines Kindes stehen? Blickt man auf Jherings Aufsatz zurück, ist die culpa in contrahendo kaum wiederzuerkennen. Vor allem wenn man berücksichtigt, daß in dem von Jhering erkannten Problembereich, den nichtigen Verträgen, die Anwendbarkeit der culpa in contrahendo wieder umstritten ist. Doch auch wenn sie sich derartig verändert hat, muß man Rudolf von Jhering zugestehen, was schon Mommsen trotz all seiner Kritik würdigte: Jhering hat als erster umfassend auf die Problematik im Bereich der Vertragsverhandlungen hingewiesen und der Diskussion ihren entscheidenden Anstoß gegeben. Jhering selbst äußerte 1867 im „Schuldmoment im römischen Privatrecht" Zweifel an seiner Theorie. Er gab zu, der Problematik der Fälle nicht richtig gerecht worden zu sein. Wer weiß, vielleicht würde er die heutige Lösung billigen?

Literatur

I. Werke Jherings

Culpa in contrahendo oder Schadensersatz bei nichtigen oder nicht zur Perfection gelangten Verträgen, Jahrbücher für die Dogmatik des heutigen römischen und deutschen Privatrechts Band 4 (1861), S. 1 ff.

Unsere Aufgabe, Jahrbücher für die Dogmatik des heutigen römischen und deutschen Privatrechts 1 (1857), S. 1 ff.

Scherz und Ernst in der Jurisprudenz – Eine Weihnachtsgabe für das juristische Publikum, 10. Aufl. (unveränderterer Nachdruck der 4. Aufl.), Leipzig 1909.

Rudolf von Jhering in Briefen an seine Freunde, Leipzig 1913.

Der Kampf um's Recht, 7. Aufl., Wien 1884 (abgedruckt auch in: *Christian Rusche* (Hrsg.): Rudolf von Jhering – Der Kampf ums Recht, Ausgewählte Schriften mit einer Einleitung von Gustav Radbruch, Nürnberg 1965).

II. Zur Person Jherings

Okko Behrends, Rudolph von Jhering (1818–1892) – der Durchbruch zum Zweck des Rechts, in: *Fritz Loos* (Hrsg.), Rechswissenschaft in Göttingen – Göttinger Juristen aus 250 Jahren, Göttingen 1987, S. 229 ff.

Michael Kunze, Rudolf von Jhering – ein Lebensbild in: *Okko Behrends* (Hrsg.), Rudolf von Jhering – Beiträge und Zeugnisse aus Anlaß der einhundersten Wiederkehr seines Todestages am 17.9.1992, Göttingen 1992, S. 11 ff.

Adolf Merkel, Nachruf auf Rudolf von Jhering, Jahrbücher für die Dogmatik des heutigen römischen und deutschen Privatrechts 32 (1893), S. 6 ff.

III. Zur Entdeckung, ihrer Entwicklung und Rezeption

Otto Bähr, Ueber Irrungen im Contrahieren, in: Jahrbücher für die Dogmatik des heutigen römischen und deutschen Privatrechts Band 14 (1875), S. 393 ff.

Kurt Ballerstedt, Zur Haftung für culpa in contrahendo bei Geschäftsabschluß durch Stellvertreter, in: Archiv für die civilistische Praxis (AcP) Band 151 (1950/51), S. 501 ff.

Franz Leonhard, Verschulden beim Vertragsschluß, Berlin 1910.

Friedrich Mommsen, Ueber die Haftung der Contrahenten bei der Abschließung von Schuldverträgen, in: *ders.*, Erörterungen aus dem Obligationenrecht, Braunschweig 1859.

Heinrich Stoll, Haftung für das Verhalten während der Vertragsverhandlungen, in: Leipziger Zeitschrift für Deutsches Recht 1923, Sp. 532 ff.

Karl Adolph von Vangerow, Lehrbuch der Pandekten, 7. Aufl., Marburg 1863.

Bernhard Windscheid, Lehrbuch des Pandektenrechts, 4. Aufl., 1875.

Paul Laband (1838–1918)

Paul Laband und die Abstraktheit der Vollmacht vom Kausalverhältnis oder „Der Meister des Staatsrechts auf Abwegen"

(Dörte Diemert)

„Paul Laband gestorben! Selbst in den Zeiten des großen Sterbens wird die Kunde, daß Paul Laband verschieden ist, tiefste Erschütterung hervorrufen, und trotz der Schwere dieser Stunde, die die Welt durchzittert, wird diese Nachricht auf dem ganzen Erdenball nicht ungehört verhallen. Denn Laband war nicht nur der große Staatsrechtskenner und Rechtsgelehrte Deutschlands: bis in die entferntesten Gegenden der Welt ist sein Name gedrungen, überall galt er als der Meister des Staatsrechts, als eine der Größen am juristischen Horizonte, als einer der Geistesheroen unseres Jahrhunderts."[1]

Paul Laband, einer der angesehensten Juristen des Deutschen Reiches, war der Begründer und der anerkannte wissenschaftliche Führer der sich nach 1880 etablierenden Staatsrechtswissenschaft. Die Bedeutung seines Werks für die Entwicklung der deutschen Staatsrechtswissenschaft ist noch heute unumstritten. Die im Nachruf Liebmanns und in vielen Schriften seiner Zeit zum Ausdruck kommende Hochschätzung Paul Labands wurde nach seinem Tod jedoch von einer geradezu leidenschaftlichen Bekämpfung und Verwerfung des von ihm propagierten Positivismus abgelöst. Seine Methode veranlaßt auch heute noch Juristen zu emotionsgeladener Auseinandersetzung. Während die einen in ihm einen in seiner Wirkung fortschrittlichen Pionier des öffentlichen Rechts erblicken,

---

[1] Nachruf von Otto Liebmann in der Deutschen Juristen-Zeitung von 1918, S. 233–234.

werfen die anderen ihm wissenschaftliche Unwahrheit und einen verhängnisvollen Bruch mit der Vergangenheit vor.

So ist es nicht verwunderlich, daß der Name Paul Laband zunächst mit dem Staatsrecht in Verbindung gebracht wird. Und doch geht die „zivilrechtliche Entdeckung", daß die Vollmacht vom Kausalverhältnis abstrakt ist, auf ihn zurück. Wer war dieser Jurist, der heute so widersprüchliche Reaktionen hervorruft (A.), was ist Kern seiner „Entdeckung" (B.) und welche Reaktionen und Folgen hat diese nach sich gezogen (C.)?

A. Der Entdecker

Paul Laband wurde als ältestes Kind eines mit Kindern, aber nicht mit irdischen Gütern gesegneten Arztes am 24. Mai 1838 in Breslau geboren. Seine Lebenserinnerungen, die er als anerkannter Jurist in hohem Alter schreibt, bieten mangels einer Laband-Biographie nach wie vor den einzigen Zugang zu seinem Leben.

Im Jahre 1844 rief für den jungen Paul Laband mit seinem Eintritt in die Elementarschule der Ernst des Lebens. Sein erstes öffentliches Auftreten im Alter von sieben Jahren – er sollte anläßlich einer öffentlichen Schulprüfung ein Gedicht aufsagen – mißlang ihm gründlich. „Da versagte mir die Stimme, der Hals war mir zugeschnürt, ich wußte nicht mehr, wo ich mich befand, erst in den Armen meiner Mutter ... löste sich dieser Zustand in einer Flut von Tränen" (Lebenserinnerungen, S. 7).

Zu seinen lebhaftesten Kindheitserinnerungen gehörte die Märzrevolution des Jahres 1848 mit ihren vielen öffentlichen Reden und Versammlungen, auf eine derer er als Zehnjähriger aus Neugierde getrieben wurde. Er nahm mit der selbstgebastelten Parole, auch kleine Kinder seien, obgleich in Ketten geboren, doch frei, begeistert Anteil. Den Vater versetzte dieses „kindliche und lächerliche Unternehmen" nach Labands eigener Erinnerung „in solche Heiterkeit, daß er uns ... die Strafe erließ" (Lebenserinnerungen, S. 8). Bei ihm selbst erregte es „zum erstenmal Zweifel an der Bedeutung der revolutionären und demokratischen Phrasen und an dem Wert der großsprecherischen Reden" (Lebenserinnerungen, S. 9). Möglicherweise war es prägend für die später deutlich werdende treue Gesinnung Paul Labands gegenüber dem Bismarckschen Reich.

Ostern 1855 schloß Paul Laband das Gymnasium mit einem mit Auszeichnung bestandenen Abiturexamen ab. Über seine Schulzeit schrieb er selbst: „Das Gymnasium war meinem heutigen Urteil nach schlecht, ob andere besser waren, weiß ich nicht. Das System taugte nicht; es wurde viel Zeit vergeudet, und man lernte wenig" (Lebenserinnerungen, S. 15). Beim Abiturexamen selbst erlebte er einige Schreckensmomente, als sein Name versehentlich nicht unter denen derer, die das Examen bestanden hatten, auftauchte. Hier hat er, so schrieb er rückblickend, am eigenen Leibe „die Wirkung kennengelernt, welche das Nichtbestehen eines Examens auf denjenigen, der sich dazu fleißig vorbereit hat, macht, und wie er seinen Lebenslauf, wenn nicht ganz zerstört, so doch wenigstens gehemmt sieht" (Lebenserinnerungen, S. 17f.). Dieses Erlebnis stand ihm nach eigenen Worten als Prüfer bei zweifelhaften Fällen immer vor Augen und hat möglicherweise zu seinem Ruf als „mildem Examinator" beigetragen.

In der Zeitspanne zwischen Abitur und Immatrikulation an der Breslauer Universität am 20. April desselben Jahres genoß Paul Laband das Leben. Über diese Zeit schrieb er: „Man tritt zunächst in den Stand der muli (Maulesel) ein; man ist nicht mehr Gymnasiast (Pennalist) und noch nicht Student (Kommilitone), ein Mittelding zwischen Pferd und Esel. Die äußeren Anzeichen des Standes sind, daß man eine farbige Mütze trägt, Zigarren raucht und eine Bierstube besucht: die beiden Hauptvergehen der Schulzeit. Für die studentischen Verbindungen sind die muli die Rekruten" (Lebenserinnerungen, S. 22).

Laband selbst fing sich – wie er es ausdrückt – in den Netzen der Burschenschaft Arminia. Und obwohl er sich einem „Vereinszwange" und „einer Art Polizeiaufsicht der Vereinsorgane" unterstellt sah, schrieb er später, daß er es niemals bedauert habe, der Burschenschaft angehört zu haben. Nun Student, hörte er im ersten Semester die Vorlesung über Geschichte und Institutionen des römischen Rechts bei dem berühmten Theodor Mommsen. Das, was er hörte, ließ ihn jedoch so enttäuscht und unbefriedigt, daß er Ende des ersten Semesters sein juristisches Studium abbrechen will. Allein dem Drängen des Vaters ist es zu verdanken, daß der später hochgelobte Jurist statt des Studiums die Universität wechselte und die nächsten beiden Semester in Heidelberg verbrachte, wo ihn die Pandektenvorlesung von Vangerows begeisterte und endgültig für die Jurisprudenz gewann. „Ich sehe ein", schrieb er nach Hause, „mit welchem Recht die Jurisprudenz eine Wissenschaft ist; ich sehe ein, daß sie die Wissenschaft der Vernunft und die Tochter des Scharfsinns ist" (Lebenserinnerungen, S. 27). Nach zwei weiteren Semestern in Berlin, um das Leben der Großstadt kennenzulernen und „wegen des Vorurteils, daß die Berliner juristische Fakultät alle anderen an Bedeutung überrage" (Lebenserinnerungen, S. 35), kehrte er zum sechsten und letzten Semester nach Breslau zurück. Hier bereitete er sich auf das Doktorexamen vor, das er im Frühjahr 1858 mit einer dem römischen Recht entnommenen, rückblickend von ihm als „wissenschaftlich wertlos" (Lebenserinnerungen, S. 38) bezeichneten Dissertation ablegte.

Noch während seines Studiums, am 28. November 1857, also mit neunzehn Jahren, konvertierte Paul Laband zum Protestantismus. Er läßt die Konversion in seinen „Lebenserinnerungen" unerwähnt, was dafür spricht, daß er sich weniger aus religiöser Überzeugung taufen ließ, sondern um den „Makel" zu verlieren, der ihm als Jude anhaftete und seine Karriere behinderte. Vielleicht nahm er aber auch als erfolgreicher und gerühmter Staatsrechtler das Problem seiner jüdischen Herkunft nicht mehr so stark wahr, so daß er sie aus dem Abstand des Alters heraus einer Erwähnung schlicht nicht mehr wert fand (vgl. Pauly, in: Deutsche Juristen, S. 305).

Gleich nach seiner Promotion hat Laband, obwohl er anfangs drei Jahre lang (1858–1861) als Auskultator an Breslauer Gerichten und als Referendar tätig war, wissenschaftlich gearbeitet. Er widmete sich anfangs dem Handelsrecht, welches auch später, als er ein gefeierter Staatsrechtler war, sein „vornehmstes Nebengebiet" bleiben sollte. Mit seiner Schrift „Beiträge zur Kunde des Schwabenspiegels" habilitierte er sich 1861 im Alter von 23 Jahren in Heidelberg und brach die Referendarausbildung ab. Die mit diesem Werk vollzogene Hinwendung zur Rechtsgeschichte dominierte auch die folgenden Jahre seiner Arbeit.

Laband blieb insgesamt nur sechs Semester als Privatdozent an der Heidelberger Universität und wechselte 1864 zunächst als außerordentlicher, ab 1866 als ordentlicher Professor für deutsche Rechtsgeschichte und Handelsrecht nach Königsberg. Seine rechtshistorische Periode fand hier im Jahre 1869 mit einem Werk über „Die vermögensrechtlichen Klagen nach den sächsischen Quellen des Mittelalters" ihr Ende.

Mit dem Staatsrecht, welches später sein eigentliches Arbeitsgebiet werden sollte, kam er eher zufällig in Berührung, als er im Wintersemester 1866 wegen Personalmangels ersucht wurde, die Vorlesung über deutsches Staatsrecht zu halten. Er kam dem Wunsch anfänglich ohne eigenes wissenschaftliches Interesse an diesem Fach nach; Staatsrecht erschien ihm als ein Nebenfach. Durch die Gründung des Norddeutschen Bundes und die einhergehende Verfassungsgebung im Jahre 1867 wurde jedoch sein vertieftes Interesse an diesem Gebiet geweckt. Er stellte fest, daß durch den mehrjährigen Verfassungskonflikt in Preußen neue staatsrechtliche Probleme entstanden waren, an denen die bisherige Literatur achtlos vorübergegangen war. Schon 1868 sah er sich deshalb gezwungen, seine Staatsrechtsvorlesung ganz neu auszuarbeiten, und hierbei wählte er einen neuartigen Ansatz, indem er an die Stelle der „bis dahin üblichen historisch politischen Betrachtungen streng juristische Erörterungen" setzte (Lebenserinnerungen, S. 62).

Wenig später verfaßte er eine seiner bedeutendsten staatsrechtlichen Monographien, eine Abhandlung über „Das Budgetrecht nach den Bestimmungen der preußischen Verfassungsurkunde unter Berücksichtigung der Verfassung des Norddeutschen Bundes". Im

Mittelpunkt des preußischen Verfassungskonfliktes hatte die Streitfrage über das Budgetrecht, namentlich über das Ausgabenbewilligungsrecht des Abgeordnetenhauses, gestanden. Nachdem sich die Bismarcksche Politik gefestigt hatte und der Konflikt beendet war, sah Laband die Zeit gekommen, „die Frage rein wissenschaftlich zu behandeln, die rechtliche Natur des Etatgesetzes festzustellen und die logischen Folgerungen daraus zu ziehen" (Lebenserinnerungen, S. 63). In seiner Monographie arbeitete er die heute noch geltende Trennung von materiellem und formellem Gesetz heraus, indem er das eine Mal auf den Inhalt des Staatswillens, das andere Mal auf sein Zustandekommen abstellte. Die logische Abstraktion, mit der er diese Unterscheidung herleitete, erinnert an sein erst Jahre später aufgestelltes Methodenprogramm, und auch Laband selbst sah rückblickend „eine neue Methode und eine neue juristische Beleuchtung in ein Gebiet (gebracht), das bisher von politischen und historischen Betrachtungen wie von einem Nebel verhüllt gewesen war" (Lebenserinnerungen, S. 63). Zwar wird die von Paul Laband getroffene Unterscheidung auch heute noch von einigen scharf kritisiert. Zu damaliger Zeit stellte die Schrift jedoch ein wissenschaftliches und politisches Ereignis dar, und seit dieser Abhandlung betrachtete auch Laband das Staatsrecht als sein eigentliches Arbeitsgebiet. Sie bildete den Ausgangspunkt für sein späteres Werk über das Staatsrecht des Deutschen Reiches.

Nachdem Laband 1868 einen Ruf nach Freiburg abgelehnt hatte, erhielt er einen Ruf an die im Mai 1872 neu gegründete Reichsuniversität Straßburg. Er nahm den Ruf in die „fremde, von einer feindlich gesinnten Bevölkerung bewohnte, noch halb in Trümmern liegende" Stadt an (Lebenserinnerungen, S. 69). Gerade die Anfangsphase und die Einrichtung der Universität, die im ersten Semester eine Gesamtzahl von 220 immatrikulierten Studenten aufwies, empfand Paul Laband als sehr interessant. Das Bedürfnis nach einem Lehrbuch des Reichsstaatsrechts, „namentlich zum Gebrauch der Studenten", veranlaßte ihn bald, die Arbeit an „Das Staatsrecht des Deutschen Reiches" aufzunehmen. Dieses Werk gedieh entgegen seiner ursprünglichen Intention zu einem umfangreichen mehrbändigen Kommentar, den er stets durch Neuauflagen erweiterte. Es war die erste anerkannte wissenschaftliche Gesamtdarstellung des neuen Reichsstaatsrechts, eine imponierende stoffbewältigende Leistung, und sie galt bald – trotz zahlreicher Konkurrenzarbeiten – als das Standardwerk für fast alle Probleme des öffentlichen Rechts.

In dieser Schrift verwirklichte Paul Laband sein berühmtes Methodenprogramm, welches ihm einerseits viele Gegner und den Vorwurf des Formalismus, der Begriffsjurisprudenz und des Positivismus einbrachte, ihm andererseits aber zu einem außergewöhnlichen Wissenschaftserfolg verhalf und in erster Linie der Grund für seine jahrzehntelange geistige Vorherrschaft in der deutschen Staatsrechtswissenschaft war. Für Laband ist der juristisch-dogmatische Blick auf das positive, vom Staat gesetzte Recht zu verengen. „Die wissenschaftliche Aufgabe der Dogmatik eines bestimmten positiven Rechts", so formuliert er seinen wissenschaftlichen Ansatz, „liegt in der Konstruktion der Rechtsinstitute, in der Zurückführung der einzelnen Rechtssätze auf allgemeinere Begriffe und andererseits in der Herleitung der aus diesen Begriffen sich ergebenden Folgerungen. Dies ist, abgesehen von der Erforschung der geltenden positiven Rechtssätze, d.h. der vollständigen Kenntnis und Beherrschung des zu bearbeitenden Stoffes, eine rein logische Denktätigkeit. Zur Lösung dieser Aufgabe gibt es kein anderes Mittel als die Logik. Dieselbe läßt sich für diesen Zweck durch nichts ersetzen. Alle historischen politischen und philosophischen Betrachtungen sind für die Dogmatik eines konkreten Rechtsstoffes ohne Belang und dienen nur zu häufig dazu, den Mangel an konstruktiver Arbeit zu verhüllen" (Laband, Staatsrecht I, S. XI). Diese Methodik entspricht der Grundhaltung Paul Labands und seinem Rechtsverständnis. „Das Recht bedarf der Festigkeit, mit welcher ein gewisser Grad von Sprödigkeit und Unbiegsamkeit verbunden ist; das Recht muß eine Widerstandskraft haben; was zu nachgiebig ist, kann keine Stütze sein. Die Rechtspflege darf sich nicht von den wechselnden Tagesströmungen und den sich aufdrängenden Tendenzen bestimmter wirtschaftlicher, gesellschaftlicher, politischer Klassen oder Gruppen hin und her bewegen lassen wie die Halme vom Winde; sie muß, unbeirrt durch das Murren derjenigen, welche sie vergeblich zur Erreichung ihrer Zwecke mißbrauchen wollen, ruhig ihre erhabene Bahn weiter wandeln" (Laband, DJZ 1905, S. 15).

Die Methode Paul Labands war nicht neu. Der Gedanke, daß Staatsrecht Recht ist und nichts als Recht, geht auf C. F. von Gerber (geb. 1823) zurück, der ihn gegen die philosophische und historisch-politische Richtung in der Behandlung des Staatsrechts seiner Zeit vertrat, und Laband war ein typischer Vertreter des sich im 19 Jh. siegreich entfaltenden Positivismus. Während Gerber aber nur allgemeine Gesichtspunkte entwarf und den positiven Stoff des neuen deutschen Reichsstaatsrechts kaum berührte, hat Laband ihn der juristischen Dogmatik erschlossen. Labands Methode stieß bald auf allgemeine Akzeptanz und wurde als „ungeheuer befruchtend" für die Wissenschaft des deutschen Staatsrechts angesehen. Zwar fehlten auch heftige Kritik und Gegenentwürfe nicht, sie blieben aber weitgehend folgenlos.

Zu Lebzeiten fand Laband seinen stärksten Kritiker in Gierke, der Laband entgegenhielt, daß die Logik nur der logischen Seite des Gegenstandes beizukommen vermöge. Das Recht erschöpfe sich aber nicht in seinen logischen Elementen, und lebendige und wertvolle Allgemeinbegriffe könne die Analyse der konkreten Phänomene nur liefern, wenn sie unter dem Gesichtspunkt universeller menschheitlicher Ideen, die darin zur Erscheinung kämen, vollzogen werde (vgl. Gierke, in: Schmollers Jahrbuch, S. 1111, 1118).

Auch heute noch ist Labands Methodenprogramm geeignet, emotionsgeladene Kritik hervorzurufen. So wird Labands Anspruch, die Rechtsfragen der Staatsverfassung rein juristisch, völlig isoliert und unabhängig von politischen Gegebenheiten und Machtfragen zu beurteilen, in Frage gestellt. Zu offensichtlich greife er mit seiner Bestimmung des materiellen Gesetzes hinter das positive Recht auf eine vorgebliche communis opinio zurück und täusche sich deshalb selbst (vgl. Sinzheimer, Jüdische Klassiker, S. 156). Seinem Werk liege wissenschaftliche Unwahrhaftigkeit zugrunde, denn sein wissenschaftlicher Wirkungswille manifestiere sich zunächst in einer Parteinahme für die herrschende Staatsordnung des monarchisch-konstitutionellen Systems (vgl. Friedrich, AöR 111 (1986), S. 215 f.; Smend, in: Staatsrechtliche Abhandlungen, S. 338). Laband habe ein sinnentleertes System von Kompetenz- oder Machtparzellen geschaffen, das zum Leben an sich keine Beziehung habe, wohl aber durch Nichterfüllung der der Staatsrechtswissenschaft obliegenden Aufgaben lebensschädigend wirken müsse (vgl. Smend, in: Staatsrechtliche Abhandlungen, S. 335).

Diese harsche Kritik an Paul Labands Werk verwundert umso mehr, als Laband selbst sein Methodenprogramm unter eine Reihe von Vorbehalten stellte. So stufte er die „ausschließliche Herrschaft der logischen Behandlungsart des Rechts" als „eine höchst nachteilige Einseitigkeit" ein und warnte vor einer Überschätzung der juristischen Dogmatik. Er sah sich selbst weit entfernt davon, das alleinige Ziel aller rechtswissenschaftlichen Arbeit in einer möglichst folgerichtigen Dogmatik des geltenden Rechts zu erblicken. Er gab sogar zu, daß man aus dem Begriff nur entwickeln könne, was man vorher hineingelegt habe. Labands Stil und die unbeugsame Durchführung seiner Methode weisen sicher eine gewisse Einseitigkeit auf, und die von ihm propagierte rein juristisch-konstruktive Betrachtungsweise kann kein volles und ganzes Bild ergeben. Hieraus eine innere Unwahrhaftigkeit abzuleiten, überzeugt jedoch nicht. Auch Anspielungen auf die jüdische Herkunft Paul Labands werden seinem Werk nicht gerecht.

Labands „Staatsrecht" ist pures geltendes Recht, welches zweckmäßig gegliedert ist und in einer klaren, formschönen Sprache dargeboten wird. Sein Werk ist aus dem positiven Recht abgeleitet und folglich nur für dieses gültig. Wenn das positive Recht, wie Laband es versteht, fällt, so steht er vor dem Nichts: Mit dem Untergang des Deutschen Reiches verliert damit auch Labands „Staatsrecht" einen Großteil seiner Bedeutung. Auch der Positivismus hat als herrschende Methode und Anschauung seine frühere Stellung eingebüßt und ist zur historischen Erscheinung geworden. Wer aber Labands methodische Prämissen akzeptiert, muß zugestehen, daß es sich nicht nur um die erste Gesamtdarstellung des Staatsrechts des Deutschen Reiches handelt, sondern darüber hinaus um ein geschlossenes, durchdachtes System, in literarischer Hinsicht überdies um ein Meisterwerk. Die gedankliche Kraft Paul Labands, seine Abstraktionsfähigkeit und seine sprachliche Ökonomie sind noch heute beeindruckend.

Labands wissenschaftliche Tätigkeit beschränkte sich nicht auf die ständige Aktualisierung des „Staatsrechts des Deutschen Reiches", sondern er engagierte sich in vielfältiger Weise und war ein sehr gefragter Mann. Im Jahre 1886 gründete er die Zeitschrift „Archiv für öffentliches Recht", und auf Drängen Liebmanns übernahm er 1896 die Mitherausgeberschaft an der neugegründeten „Juristen-Zeitung". Er war lange Zeit Mitherausgeber der „Zeitschrift für das gesamte Handelsrecht" und von 1907 an Mitherausgeber des „Jahrbuchs des öffentlichen Rechts der Gegenwart". Er arbeitete am „Brockhausschen Konversationslexikon" und am „Wörterbuch des deutschen Staats- und Verwaltungsrechts" mit und hatte zahlreiche Nebenämter inne. So war er unter anderem erst Syndikus, später Rektor der Universität Straßburg. Er war Mitglied in der „Literarischen Sachverständigen-Kammer" für Elsaß-Lothringen, in der „Disziplinarkammer für elsaß-lothringische Beamte und Lehrer", in der „Aufsichtskommission des städtischen Musikkonservatoriums" und vielen anderen großen und kleinen Gremien.

Mit wachsendem Ruhm mehrten sich auch die beruflichen Perspektiven. Paul Laband erhielt zahlreiche Rufe an andere Universitäten und Angebote, in den Staatsdienst einzutreten, die er jedoch allesamt ablehnte. Im Jahre 1879 erging an Paul Laband die Anfrage bezüglich der Besetzung des Reichsgerichts. Auch dieses Mal entschied er sich, in Straßburg zu bleiben, was ihm die Universität dankte und die elsaß-lothringische Regierung mit einem Orden belohnte. Laband selbst stellte dazu fest: „Es war ein merkwürdiges Symptom der eigenartigen staatsrechtlichen Stellung des Reichslandes, daß ich einen preußischen Orden dafür erhielt, daß ich eine Stelle im Reichsdienst abgelehnt habe und im elsaß-lothringischen Landesdienst geblieben bin" (Lebenserinnerungen, S. 88). Auch das kurz darauf ergehende Angebot einer Stellung als Ministerialrat im Justizministerium schlug Laband aus. Obwohl viele seiner Freunde und Kollegen hiernach meinten, daß er sich damit die Aussicht auf eine schnelle und glänzende Laufbahn zerstört habe, fühlte er sich der Universität und den Studenten verbunden und war sich sicher, die richtige Entscheidung getroffen zu haben. Im Mai 1880 wurde er zum Mitglied des Staatsrates von Elsaß-Lothringen ernannt und kam damit in die Lage, sich mit reichsländischen Gesetzgebungs- und Verwaltungsfragen zu befassen.

Als er schließlich einen Ruf nach Heidelberg erhielt, wo er als Privatdozent begonnen hatte, wollte Paul Laband Straßburg nun endlich den Rücken kehren, nicht zuletzt, weil sich die politischen Zustände in Elsaß-Lothringen und die Verhältnisse an der dortigen Universität verschlechtert hatten. Die Reichstagswahlen von 1887 waren in Elsaß-Lothringen deutschfeindlich ausgefallen, und infolge der Suche nach einem Schuldigen waren große Spannungen zwischen Regierung und Universität entstanden. Die Befürchtungen der Universität, daß entstehende Vakanzen aus diesem Grund nicht oder nur ungenügend besetzt werden würden und die Straßburger Universität auf die Stufe einer Provinzialuniversität herabsinken könnte, ließen Laband aber nicht unberührt, und er fühlte sich verpflichtet, den Ruf ins geliebte Heidelberg auszuschlagen. Auch das 1894 ergehende Angebot, in das preußische Oberverwaltungsgericht zu Berlin einzutreten und gleichzeitig an die dortige rechtswissenschaftliche Fakultät zu wechseln, führte, da sich die Berlinische Fakultät querstellte, nicht dazu, daß Paul Laband Straßburg den Rücken kehrte. So blieb er bis zu seinem Lebensende in Straßburg, wo er am 23. März 1918 im Alter von 79 Jahren starb.

Deutsch, gelehrt, ergebener Diener des Kaiserreichs, Großvater des deutschen Staatsrechts – das ist das heute gängige Bild von Paul Laband. Und sicher ist wahr, daß Laband ein großer Bewunderer

Bismarcks war und daß über seine Methodenlehre und ihre Wirkung gestritten werden darf. Es wird dem Menschen Paul Laband jedoch nicht gerecht, in ihm allein den literarischen Kronjuristen des Bismarckreichs zu sehen. Laband selbst hat sich nicht als Politiker gesehen: „Einfluß auf die Politik der Reichsländischen Regierung habe ich niemals auszuüben gesucht und in die Verwaltungsgeschäfte habe ich mich niemals eingemischt" (Lebenserinnerungen S. 102). Sein Einfluß auf die Politik seiner Zeit ist jedoch unbestreitbar. Laband selbst zitiert den Kaiser: „Sie sind ja einer der berühmtesten Männer. Alle Welt beruft sich auf Sie" (Lebenserinnerungen S. 107). Und Laband war auch kein unpolitischer Fachgelehrter. Es ist aber keineswegs so, daß Laband sich scheute, eine der öffentlichen Meinung unbequeme und eigentlich auch seiner politischen Tendenz widerstrebende juristische Beurteilung eines Streitfalls öffentlich zu äußern. So fiel ein Aufsatz über die „staatsrechtliche Stellung Elsaß-Lothringen(s) nach dem siegreichen Frieden" sogar der Zensur zum Opfer; Erörterungen über die staatsrechtliche Zukunft des Reichslandes waren – da politisch unerwünscht – unzulässig. Und viele seiner – von ihm wohl eher als politisch angesehenen – Äußerungen zeigen Parallelen zu Grundrechtsargumentationen, die nicht in das Bild der positivistischen dogmatischen Staatsrechtswissenschaft des Spätkonstitutionalismus passen (vgl. Schlink, Der Staat 31 (1992), S. 562 f.).

Es ist diese Spannung im Denken und Werk Paul Labands, die zur Beschäftigung mit seiner Person reizt. Löst man das Augenmerk von seinen juristischen Leistungen, so fällt der Blick auf einen Mann, der dem Leben zugetan war und es auf seine Weise „in ganzen Zügen genoß". So schrieb Laband über seine Zeit in Königsberg: „Es ist mir unbegreiflich, wie ich zu gleicher Zeit so viel und so erfolgreich arbeiten konnte. Je länger ich in Königsberg war, desto mehr erweiterte sich mein Verkehr. Er diente aber nicht nur den Vergnügungen, Essen, Trinken, Tanzen und Flirten, sondern auch ernsten Anregungen und der geistigen Fortbildung" (Lebenserinnerungen S. 55 f.). Laband verstand es, mit Wortwitz und Schärfe zu formulieren, Menschen und Dinge mit nüchterner Sachlichkeit zu beurteilen. Er scheute sich auch nicht, einen kritischen, ja teils belustigten Blick auf die eigene Person zurückzuwerfen. So schreibt er über seine Tätigkeit als Gutachter: „Die Bearbeitung von Gutachten übte aus drei Gründen einen großen Reiz aus. Zunächst durch Befriedigung der Eitelkeit; es gewährte eine große Genugtuung als eine Autorität zu gelten, deren Urteil in wichtigen und schweren Fällen eingeholt wurde. Sodann waren die einzelnen Fälle in der Regel sehr interessant. Endlich war diese Tätigkeit sehr einträglich ... und dies war doch in unserem kapitalistischen Zeitalter nicht zu verschmähen" (Lebenserinnerungen S. 80). Und gar nicht mehr als der souveräne Staatsrechtler will er erscheinen, wenn er seine unglückliche Zuneigung zu der Ehefrau eines Kollegen schildert: „Ich verehrte seine Frau mit ganzer Seele; sie überstrahlte durch Herzensgüte, Geistesbildung und Charaktereigenschaften sowie durch persönliche Liebenswürdigkeit nach meiner Empfindung alle anderen Frauen und Mädchen, und sie hatte nur einen, für mich sehr schmerzlichen Fehler, nämlich daß sie verheiratet war, und zwar an meinen besten Freund, mit dem sie in glücklicher Ehe lebte und drei Kinder hatte" (Lebenserinnerungen S. 56f.).

B. Eine „Entdeckung" im Nebengebiet

Im Jahre 1866 veröffentlichte Paul Laband in der Zeitschrift für das gesamte Handelsrecht eine Abhandlung mit dem Titel „Die Stellvertretung bei dem Abschluß von Rechtsgeschäften nach dem Allgemeinen Deutschen Handelsgesetzbuch", in welcher er die Abstraktheit der Vollmacht vom Auftrag herausarbeitete und damit die weitere, weltweite Entwicklung der Stellvertretungslehre entscheidend prägte.

Stellvertretung dient dazu, Handlungen einer Person anstelle einer anderen und mit Wirkung für diese zu ermöglichen. So müssen Personen vertreten werden, die selbst nicht in der Lage sind, ihre eigenen Belange wahrzunehmen, etwa wegen Handlungs- oder Geschäftsunfähigkeit (gesetzliche Stellvertretung). Daneben ergibt sich das Bedürfnis nach Stellvertretung auch in Fällen, in denen es zeitlich oder räumlich nicht möglich ist, mehrere Geschäfte in eigener Person zu erledigen. Aus diesen Gründen ist nach heutiger Rechtsauffassung neben der gesetzlichen Vertretungsmacht auch die rechtsgeschäftlich erteilte Vertretungsmacht anerkannt. Diese wird in der heutigen Stellvertretungslehre Vollmacht genannt. Hierbei werden zwei Ebenen unterschieden:

– zum einen die Vollmacht, die neben den anderen Voraussetzungen wirksamer Stellvertretung (eigene Willenserklärung und Offenkundigkeit) allein darüber bestimmt, ob ein vom Vertreter im Namen des Vertretenen vorgenommenes Rechtsgeschäft für und gegen den Vollmachtgeber wirkt (sog. Außenverhältnis),
– zum anderen das zwischen Vollmachtgeber und Vertreter bestehende Rechtsverhältnis, welches Innen- oder auch Grundverhältnis genannt wird und in dem meist ein Auftrag gegeben ist.

Nach heute vorherrschender Meinung geht das BGB dabei nicht nur von der begrifflichen Trennung dieser beiden Ebenen (sog. Trennungsprinzip) aus, sondern auch davon, daß die Vollmacht in ihrem Bestand nicht vom Innenverhältnis abhängt, vielmehr losgelöst, abstrakt ist (sog. Abstraktionsprinzip). Diese Erkenntnis ist jedoch keineswegs zu allen Zeiten selbstverständlich gewesen, sondern es ist das Verdienst Paul Labands, die Trennung und Abstraktheit der Vollmacht vom zugrundeliegenden Auftrag in aller Klarheit herausgearbeitet zu haben.

I. Die Entwicklung der Stellvertretungslehre bis zu Labands „Entdeckung"

Die Bedeutung der „Entdeckung" Paul Labands läßt sich nur ermessen, wenn man die Entwicklung der Stellvertretungslehre bis zu seinen Lebzeiten verfolgt.

1. Die Zulässigkeit der direkten Stellvertretung

Im klassischen römischen Recht noch konnte kein freier Bürger Verträge schließen, aus denen ein anderer Bürger berechtigt und verpflichtet wurde: „Alteri stipulari nemo potest ... inventae sunt enim huiusmodi obligationes ad hoc ut unusquisque sibi adquirat, quod sua interest; caeterum ut alii detur nihil interest mea" (38 § 17 de verb. obl. (45,1) Ulpianus lib. 49 ad Sabinum). Teilweise wurde und wird hierin ein Verbot der uns heute geläufigen freien direkten Vertretung und zugleich der Verträge zugunsten Dritter gesehen, richtiger aber ist, daß dem römischen Recht die direkte Stellvertretung unbekannt war.

Die Ursache hierfür wurde zunächst in dem Begriff der Obligation (Verbindlichkeit) gesehen. Ursprünglich bestand eine Verbindlichkeit nur darin, daß eine Schuld, also die Verpflichtung zu einem bestimmten Verhalten, gegeben war, ohne daß dies die Haftung des Schuldners für die Erfüllung umfaßte. Zu dem Schuldgrund, z.B. einem vertragsmäßigen Versprechen, trat deshalb das Haftungsgeschäft (die Hingabe eines Verfallpfandes oder die Bürgschaft), durch welches für den Fall der Nichterfüllung die Haftung begründet wurde. Es haftete nicht der Schuldner, sondern das Pfand bzw. der Bürge (mit seinem Leib, seiner Freiheit). Aus der Bürgenstellung (der Vergeiselung) ist schließlich die Selbstbürgschaft hervorgegangen. Damit waren Schuld und Haftung in der Person des Schuldners vereinigt. Mit der Zeit schwächte sich die Haftung von einer Haftung mit dem eigenen Leibe zu einer Haftung mit dem Vermögen ab. Die Vermögenshaftung wurde nunmehr von Rechts wegen mit der Schuldverbindlichkeit verknüpft, die Haftung somit neben der Schuld Element der Verbindlichkeit. Aus dem Recht der Haftungsgeschäfte (des Sich-Bindens, „obligare") ging demnach das Recht der Schuldverhältnisse hervor, und die unmittelbare personenrechtliche Gewalt des Gläubigers über den „gebundenen" Schuldner wurde im römischen Recht zum Forderungsrecht ausgestaltet. Dennoch wurde die Höchstpersönlichkeit der Beziehung zwischen den beiden

Subjekten im römischen Recht nicht aufgegeben. Das Forderungsrecht bestand darin, daß ein bestimmter anderer (der Schuldner) zum Handeln verpflichtet war. Die Verpflichtung (Obligation) konnte also rechtliche Wirkung notwendig nur für die ursprünglichen Subjekte der Obligation haben. Aus diesem Grund wird auch von der Höchstpersönlichkeit der zivilrechtlichen Rechtsgeschäfte im römischen Recht gesprochen.

Die Unbekanntheit der direkten Stellvertretung im römischen Recht war auch eine Folge der ethischen Würdigung der freien Person und ihres Willens. Der Wille eines Menschen konnte nicht Werkzeug eines anderen sein, da nach der römischen Anschauung der eigene Wille das innerste Wesen, die unverletzliche Prärogative der freien Person war. Jhering beschreibt dies so: „Wo hätte es ein Recht gegeben, das nicht aus der Thatkraft der Individuen hervorgegangen wäre …? Persönliche Thatkraft ist die Quelle des Rechts" (Jhering, Geist des römischen Rechts, S. 107). Diese „Ich-Bezogenheit" jeglichen Tuns war ein Lebensprinzip der römischen Welt. Jeder hatte für sich selbst zu handeln und zu sorgen, sein Leben durch eigene Kraft und Tätigkeit zu gestalten, sich seine Welt für sich und durch sich zu schaffen.

Eine gewillkürte Stellvertretung im modernen Sinne existierte im römischen Recht damit nicht, sie war im privatrechtsgeschäftlichen Bereich aber auch weitgehend entbehrlich, weil es zahlreiche andere Wege gab, durch die jemand durch das Handeln eines anderen Rechte erwerben oder verpflichtet werden konnte: Zunächst war es dem römischen Bürger möglich, sich eines Boten zu bedienen, der die Willenserklärung übermittelte. Der Einsatz von Boten war aber aufgrund der Formgebundenheit der meisten Rechtsgeschäfte in weitem Umfang ausgeschlossen. Eine den Erfordernissen des Verkehrs genügende Möglichkeit folgte aus der unterschiedlichen personen- oder gar sachenrechtlichen Stellung der Menschen im römischen Recht. Sklaven fehlte jegliche Rechtsfähigkeit, da sie einer Sache gleich geachtet wurden, und sie hatten deswegen mangels eigenen Rechts nicht die Möglichkeit der Teilnahme am Rechtsverkehr. Weil sie ihrem Herrn untertänig waren, erhielten sie aber eine abgeleitete Persönlichkeit, so daß alles, was ein Sklave erwarb, mit Rechtsnotwendigkeit für den Herrn erworben wurde. In ähnlicher Hinsicht galt dies für die Haussöhne. Diesen konnte zwar als römischen Bürgern eine ursprüngliche Rechtsfähigkeit nicht abgesprochen werden, mit ihrer ganzen vermögensrechtlichen Persönlichkeit waren sie aber dem Vater unterworfen und konnten deshalb nur zum Vorteil des Vaters am Rechtsverkehr teilnehmen. Rechtshandlungen gewaltunterworfener Personen wirkten demnach unmittelbar und im Augenblick der Handlung für und nur für den Gewalthaber, ohne daß es auf ein Handeln in dessen Namen oder mit dessen Wissen und Wollen ankam. Allein der Hausherr und Vater als Inhaber der „patria potestas" war unbeschränkt handlungs- und im Prozeß parteifähig.

Eine Stellvertretung durch freie Bürger, also Gewaltfreie, kannte das römische Recht dagegen nicht. Das Bedürfnis nach Stellvertretung durch freie Bürger bei Eingehung von Verträgen konnte im römischen Zivilrecht nur indirekt befriedigt werden. Sollte ein freier Bürger für einen anderen ein Rechtsgeschäft besorgen, so konnte er mit dem Dritten nur im eigenen Namen kontrahieren. Unter gleichermaßen vollberechtigten Personen standen damit nur der mittelbaren Stellvertretung entsprechende Institute zur Verfügung, so das „mandatum" und die „procuratio". Durch das „mandatum", den Auftrag, wurde der Mandatar verpflichtet, unentgeltlich ein Geschäft des Mandanten in dessen Interesse, aber im eigenen Namen zu besorgen. Dies galt auch für den „procurator", dem die Erledigung aller innerhalb eines größeren Aufgabenbereichs anfallenden Geschäfte oblag.

Es ist aus diesem Grunde auch ungenau, wenn verschiedentlich davon gesprochen wird, in der römischen Rechtssprache umfasse der Terminus „mandare" sowohl den Auftrag als auch die Vollmacht (so Windscheid, Lehrbuch, S. 188). Die römische Jurisprudenz ist vielmehr nicht zur Formulierung des Begriffs der Stellvertretung gelangt und dementsprechend fehlte in der römischen Dogmatik auch der hiervon abgeleitete Begriff der Vollmacht. Auch im germanischen Recht gab es bis ins Mittelalter keine gewillkürte direkte Stellvertretung. Im Familienrecht gab es – wie im römischen Recht – die Vertretung des allein handlungs- und parteifähigen Hausvaters für die Ehefrau und die Hauskinder. Auch konnte der Lehnsherr Vertreter seiner Vasallen sein.

Mit dem Wegfall der Sklaverei und der allmählichen Auflösung der strengen Hausuntertänigkeit, die im klassischen römischen Recht ebenso wie im älteren germanischen Recht die freie Vertretung weitgehend entbehrlich gemacht hatten, entstand die Notwendigkeit, gewillkürte direkte Vertretung zuzulassen. Wie sich der Umschwung zur Zulassung der Stellvertretung vollzog, ist bis heute noch nicht vollständig geklärt. Im Jahre 1298 kommt es jedenfalls im kanonischen Recht, in der „Bonafatiana", zum ersten Mal zu einer gesetzlichen Anerkennung der direkten gewillkürten Stellvertretung für den Fall der Eheschließung. In der von Johannes Andreae stammenden Rubrik heißt es: „Tria dicit, primo, quod procurator ad contrahendum matrimonium debet habere speciale mandatum" (cap. 9 VI 1, 19). Dieses Zitat geht im Inhalt dahin, daß der Prokurator dann als zum Eheabschluß geeignet erachtet wird, wenn er hierzu ein Spezialmandat besitzt.

Erst seit dem 17. Jahrhundert war die direkte gewillkürte Vertretung als Bestandteil von Auftragsverhältnissen und im Rahmen von Geschäftsbesorgungsverhältnissen überwiegend anerkannt. Dennoch wurden auch zu Labands Zeiten die direkten Vertretungswirkungen teilweise noch abgelehnt. So wendete sich Vangerow gegen die „deutschrechtliche Praxis, wonach allgemein aus einem im Namen eines Dritten abgeschlossenen Vertrage ganz unbedenklich diesem Dritten eine Klage eingeräumt wird". Seiner Auffassung nach konnte nicht angenommen werden, „daß der Dritte unmittelbar ein Klagerecht erwerbe, sondern vielmehr, daß das Recht des eigentlichen Kontrahenten (des Stellvertreters) auf ihn übertragen ... werde" (Vangerow, Lehrbuch S. 295 f.). Puchta nahm aus diesem Grund die Verpflichtung des Mandanten gegenüber dem Mandatar an, letzteren von den in der Eigenschaft als Mandatar übernommenen Verbindlichkeiten zu befreien (vgl. Puchta, Pandekten, S. 494).

Sowohl das Preußische Allgemeine Landrecht von 1794 als auch das Österreichische Allgemeine Bürgerliche Gesetzbuch von 1811 gingen aber schon von der Zulässigkeit der direkten Stellvertretung aus und sahen die direkte Verpflichtung und Berechtigung des Vertretenen gesetzlich vor. Der französische „code civil" von 1804 folgte zwar zunächst dem römisch-rechtlichen Grundsatz „alteri stipulari nemo potest", indem es in Art. 1119 hieß: „On ne peut, en général, s'engager, ni stipuler en son propre nom, que pour soi-même". Hierdurch wurde jedoch eine direkte Stellvertretung durch ein Handeln im fremden Namen nicht ausgeschlossen, sondern die Regelung besagt nur, daß bei Abschluß im eigenem Namen die direkte Fremdwirkung ausgeschlossen ist.

2. Die Vertretungstheorien zu Lebzeiten Paul Labands

Mit der überwiegenden Anerkennung der direkten Vertretungswirkung war deren dogmatische Einordnung und theoretische Begründung noch nicht geklärt. Die maßgebenden Kodifikationen der neueren Zeit hatten zwar mit der römischen Anschauung entschieden gebrochen, indem sie übereinstimmend das Prinzip der direkten Stellvertretung proklamierten, aber sie begnügten sich mit der Anerkennung des Prinzips, ohne sich mit der inneren Ausgestaltung des Rechtsinstituts näher auseinanderzusetzen. Diese Fragen beschäftigten die Rechtswissenschaft zu Labands Lebzeiten, und es entwickelten sich verschiedene Theorien.

Die von Savigny vertretene Geschäftsherrentheorie, mit der er versuchte, die direkte Stellvertretung in Einklang mit den Lehren des römischen Rechts zu bringen, ging davon aus, daß der Vertretene der juristisch Alleinhandelnde und der Stellvertreter lediglich der Träger des Willens sei, welcher die Willenserklärung übermittele und sich somit vom Boten nicht unterscheide (vgl. Savigny, Obligationenrecht, S. 59). Seine Auffassung von der juristischen Gleichartigkeit beider Arten von „Vertretung" erläuterte Savigny an einer Reihe von Fällen, in denen der Bote/Stellvertreter von Mal zu Mal mehr Entscheidungsfreiheit hat. Während dem „Boten" am Anfang aufgetragen wird, ein Pferd zu einem bestimmten Preis zu kaufen, wird ihm später gestattet, um den Preis zu feilschen, und schließlich darf er unter mehreren Pferden das passende aussuchen. „Schließt er nun", so Savigny, „den Vertrag [im letzteren Fall, Anm. d. Aut.] ab, so muß er dennoch unbedenklich ebenso angesehen und beurtheilt werden, wie der bloße Bote in den vorigen Fällen, welchen Namen wir ihm im übrigen beilegen mögen. Denn mein auf mannigfaltige Entschlüsse gerichteter Wille, zwischen welchen der Stellvertreter die Wahl haben soll, ist ja noch immer mein Wille, und der Stellvertreter selbst erscheint in allen diesen Fällen der anderen Partei gegenüber als der bloße Träger meines Willens" (Savigny, Obligationenrecht, S. 59). Eine eigene Willenserklärung mit Wirkung für den Vertretenen kann der Vertreter also nicht abgeben, sondern nur der Wille des „Vertretenen" befähigt – nach dieser Auffassung – dazu, Rechtswirkungen zu erzeugen.

Lange Zeit vorherrschend war die sog. Fiktionstheorie, vertreten unter anderem von Unger und Buchka. Diese Theorie fingierte das Handeln des Vertreters als Handeln des Vertretenen, indem sie die Identität des Vertretenen auf den Vertreter übertrug: „Im Fall der Stellvertretung gilt das vom Repräsentanten geschlossene Rechtsgeschäft gerade so, als ob der Repräsentirte selbst es geschlossen hätte. Das Geschäft ist daher gar nicht das Geschäft des Stellvertreters, sondern ausschließlich und unmittelbar das Geschäft des Principals … Es findet hier somit eine Fiction statt: die juristische Handlung des Stellvertreters wird als die Handlung des Vertretenen betrachtet" (Unger, Österreichisches Privatrecht, S. 136). Die Fiktionstheorie fand Eingang in die älteren Gesetzgebungen. So hieß es im Preußischen Allgemeinen Landrecht von 1794 in § 85 I 13: „Was der Bevollmächtigte zufolge des erhaltenen Auftrags mit einem Dritten verhandelt, verpflichtet den Machtgeber ebenso, als ob die Verhandlung mit ihm selbst vollzogen wäre". Und § 1017 des Österreichischen Allgemeinen Bürgerlichen Gesetzbuchs von 1811 lautete: „Insofern der Gewaltinhaber nach dem Inhalte der Vollmacht den Gewaltgeber vorstellt, kann er ihm Rechte erwerben und Verbindlichkeiten auflegen. Hat er also innerhalb der Grenzen der offenen Vollmacht mit einem Dritten einen Vertrag geschlossen; so kommen die dadurch gegründeten Rechte und Verbindlichkeiten dem Gewaltgeber und dem Dritten; nicht aber dem Gewalthaber zu."

Daneben entwickelte sich die heute allgemein anerkannte Repräsentationstheorie. Nach dieser ist der Vertreter nicht Organ fremden Willens oder Willensvehikel, sondern selbst und auf Grund eigenen Willens handelnde Person. Er ist bei Verträgen der Kontrahent, während die Rechtswirkungen des abgeschlossenen Geschäfts nur den Vertretenen treffen. Curtius schrieb: „Stellvertreter ist derjenige, welcher im Namen eines andern contrahirt. Hieraus ergibt sich der Unterschied vom Boten, der nicht selbst contrahirt, sondern nur dem Contrahenten dient" (Curtius, AcP 58 (1875), S. 70). Auch wenn die Repräsentationstheorie im Grunde keine Erklärung für die direkte Stellvertretung abgibt, sondern zur Begründung allein auf den Willen der Beteiligten oder entsprechende gesetzliche Vorschriften abstellt, entspricht sie dem praktischen Bedürfnis des Verkehrs und hat sich im Ergebnis durchgesetzt.

Zu erwähnen ist auch die von Mitteis vertretene vermittelnde Ansicht, die besagt, daß der Wille des Prinzipals und der des Vertreters zusammen den Geschäftswillen bilden, die Vollmacht also ein integrierender Bestandteil des Hauptgeschäfts sei. In seinem Buch „Die Lehre von der Stellvertretung" schrieb er: „Wenn es ... nicht genügt, den Stellvertreter als den Alleinhandelnden anzusehen und den Vertretenen zu einer Null herabzudrücken, wenn es ebensowenig angeht, in die Person des Dominus alles Schwergewicht zu legen und die Handlung des Stellvertreters zu einem bloßen Zeiger seines Willens zu machen, so bleibt nur noch die dritte denkbare Auffassung als möglich übrig, nämlich die: die vorhandene juristische Handlung zwischen dem Vertreter und dem Vertretenen zu verteilen und das Rechtsgeschäft durch ihr Zusammenwirken entstehen zu lassen; mit anderen Worten, anzunehmen, daß nicht der Stellvertreter allein und nicht der Vertretene allein und ausschließlich juristisch handelt, sondern daß stets sie beide juristisch wahrhaft handeln und beide Erzeuger des Rechtsgeschäfts sind" (Mitteis, Stellvertretung, S. 109f.). In Deutschland hat sich ebenso wie in der Schweiz, in Frankreich, Italien und anderen kontinentalen Ländern heute allgemein die Repräsentationstheorie durchgesetzt.

3. Verbindungs- und Trennungsprinzip

Immer noch nicht vollzogen war damit die begriffliche Trennung der Vertretungsmacht, d. h. der Vollmacht, von dem zugrundeliegenden Rechtsverhältnis. Zumeist wurde die Vertretungsmacht nur als die äußere Seite des ihr zugrundeliegenden Kausalverhältnisses angesehen (sog. Verbindungsprinzip). Umfang und Dauer der Vollmacht fielen nach dieser Auffassung zusammen mit dem Umfang und der Dauer der internen Geschäftsführungsbefugnis, und die gewillkürte Vertretungsmacht, als äußere Seite des Mandatsverhältnisses, wurde denselben Rechtsregeln unterworfen, welche für dieses galten. Dies wird zum Beispiel an den Ausführungen Puchtas deutlich: „Die Wirkung des Mandats ist theils die Constituierung des Repräsentationsverhältnisses mit seinen Folgen ..., in dieser Beziehung heißt das Mandat Vollmacht, theils eine Obligation zwischen dem Mandanten und Mandatar" (Puchta, Pandekten, S. 493).

Diese Verschmelzung der Stellvertretung mit dem Auftragsverhältnis hatte auch in ältere Kodifikationen Eingang gefunden. So hat das Preußische Allgemeine Landrecht von 1794 die begriffliche Trennung von Auftrag und Vollmacht nicht vorgenommen, sondern stellte diese in § 5 einander gleich: „Die Willenserklärung, wodurch einer dem anderen das Recht erteilt, ein Geschäft für ihn und statt seiner zu betreiben, wird Auftrag oder Vollmacht genannt." In § 1002 des Österreichischen Allgemeinen Bürgerlichen Gesetzbuches hieß es: „Der Vertrag, wodurch jemand ein ihm aufgetragenes Geschäft im Namen des anderen zur Besorgung übernimmt, heißt

Bevollmächtigungsvertrag". Auch die Regelung der Stellvertretung im „code civil" geht vom Verbindungsprinzip aus. Art. 1984 I lautet: „Le mandat ou procuration est un acte par lequel une personne donne à une autre le pouvoir de faire quelque chose pour le mandant et en son nom." Die Begriffe „mandat" und „procuration", Auftrag und Bevollmächtigung, werden also synonym verwandt.

Das Trennungsprinzip sieht dagegen Auftrag und Vollmacht nicht als die innere und äußere Seite desselben Rechtsverhältnisses an, sondern als zwei verschiedene Rechtsverhältnisse. Die Vollmacht, deren charakteristische Wirkung darin liegt, den Vertretenen durch rechtsgeschäftliches Handeln des Vertreters unmittelbar zu berechtigen oder zu verpflichten, sei von dem zugrundeliegenden Rechtsverhältnis isoliert zu betrachten. Wegbereiter für diese letztlich von Laband in aller Schärfe durchgeführte Abstraktion war Jhering, der in seinem Aufsatz „Mitwirkung für fremde Rechtsgeschäfte" betonte, daß das Zusammentreffen des Mandats mit der Stellvertretung ein bloß zufälliges sei, da es ebenso Mandatare gebe, die keine Stellvertreter seien, wie umgekehrt Stellvertreter, die kein Mandat hätten (vgl. Jhering, Jhering's Jahrbücher 1 (1857), S. 312 f.). Allerdings nannte Jhering als Beispiele von Stellvertretern letzterer Art nur den Vormund und den „negotiorum gestor", was zeigt, daß auch er den Legitimationsgrund der gewillkürten Stellvertretung in dem Mandat erblickte, d. h. die Bevollmächtigung als bloße Qualifikation des Mandats betrachtete.

Die Notwendigkeit, mit der Verbindungstheorie zu brechen, ergab sich nach dem Erscheinen des Allgemeinen Deutschen Handelsgesetzbuches (ADHGB) 1862 in den deutschen Ländern. Hierin wurde die Prokura in Art. 42 ADHGB dahingehend geregelt, daß der Umfang der Befugnisse des Prokuristen Dritten gegenüber genau festgelegt und dem Bereich privater Übereinkunft entzogen war. Eine Beschränkung der Prokura war gem. Art. 43 ADHGB Dritten gegenüber unwirksam. Das ADHGB ging folglich davon aus, daß eine Beschränkung im Innenverhältnis sich im Außenverhältnis nicht auswirke und sah damit die Prokura als vom Auftrag unabhängig an. Diese Vorschriften gaben Laband den Anstoß für seine so bedeutsame Abhandlung „Die Stellvertretung bei dem Abschluß von Rechtsgeschäften nach dem ADHGB".

II. Die „Entdeckung" der Abstraktheit

Laband begann seine Ausführung zur Stellvertretung damit, daß er in Abkehr vom römischen Recht die „logische Möglichkeit" einer direkten Vertretung aufzeigte und das entgegenstehende Prinzip des römischen Rechts entkräftete. Das immer wieder angeführte Argument, die direkte Stellvertretung stehe im Widerspruch zum Begriff der Obligation, welche rechtliche Wirkungen notwendig nur für die ursprünglichen Subjekte der Obligation haben könne, sei nicht stichhaltig, weil der Stellvertreter anstatt des Vertretenen kontrahiere, der Vertretene also das ursprüngliche Rechtssubjekt der aus der Obligation hervorgehenden Rechte und Pflichten sei. Das Recht der juristischen Personen und auch das Staats- und das Völkerrecht zeigten, daß nicht nur derjenige, der selbst kontrahiere, Subjekt der Obligation sein könne. Für eine juristische Person kontrahiere der Vorstand als direkter Vertreter und damit eine andere Person als die „Corporation". Rechte und Pflichten, die ihrer Natur nach nur Staaten erwerben und auf sich nehmen können, würden durch Verträge von Beamten begründet, und auch hier sei es mit der Logik nicht verträglich anzunehmen, daß diese Rechte und Pflichten in der Person der Minister, Gesandten und anderen Beamten entstünden und erst von diesen auf die Staaten hinsichtlich ihrer materiellen Wirkung übergingen (vgl. Laband, ZHR 10 (1866), S. 185). Es sei deshalb keine Folge des Begriffs der Obligation, sondern vielmehr eine Folge der „ethischen Würdigung der freien Persönlichkeit und ihres Willens", daß die direkte Stellvertretung im römischen Recht nicht existiert habe. Anders als im römischen Recht sei es „mit der modernen Auffassung ... vereinbar, daß sich Jemand den Zwecken des Andern dergestalt hingiebt, daß in seinem Willen der Wille des Andern zur Entstehung und Erscheinung kömmt" (Laband, ZHR 10

(1866), S. 186). Laband untermauerte diese theoretische Herleitung mit dem Verweis auf die neueren Gesetzgebungen seiner Zeit, in denen die Stellvertretung mit direkter Wirkung ohne Ausnahme Einzug gefunden hatte. Auf der Basis dieses theoretischen Fundaments nahm Laband daraufhin die Abgrenzung der Stellvertretung zu anderen Rechtsinstituten, insbesondere zur Botenschaft, zur Tätigkeit des Unterhändlers und des Teilnehmers, zu den Verträgen zugunsten Dritter und zur sog. mittelbaren Stellvertretung, vor.

Während früher und auch noch zu Labands Zeiten die Abgrenzung von Botenschaft und Stellvertretung entweder nach dem Maß der Bestimmtheit des Auftrages und dem eingeräumten Entscheidungsspielraum (vgl. Buchka, Stellvertretung, S. 206) oder danach, ob faktische oder juristische Dienste geleistet werden sollten (vgl. Jhering, Jhering's Jahrbücher 1 (1857), S. 274 ff.), vorgenommen wurde, stellte Laband fest: „Der Unterschied besteht darin, daß der Bote den Willen des Auftraggebers überbringt oder ausspricht und zwar als Willen des Auftraggebers, der Stellvertreter dagegen seinen eigenen Willen erklärt. Der Bote ist daher nicht ein productiver Factor bei der Entstehung des Rechtsgeschäfts, denn sein eigener Wille kömmt dabei nicht zur Entfaltung und Äußerung, sondern er dient nur einem andern Willen als ‚begrifflich willenloses Werkzeug'" (Laband, ZHR 10 (1866), S. 192). Damit arbeitete Laband nicht nur das heute noch anerkannte Abgrenzungskriterium der eigenen Willenserklärung des Stellvertreters im Gegensatz zum Boten klar heraus, er bekannte sich auch gleichzeitig zur Repräsentationstheorie.

Der Unterhändler wiederum bereite durch seine Tätigkeit anders als der Stellvertreter nur den Willen zweier Personen dergestalt vor, daß diese beiden Personen miteinander kontrahieren könnten. Und der Teilnehmer erkläre seinen Willen nicht im Namen des Hauptkontrahenten, sondern selbständig neben dem des Hauptkontrahenten. Auch dürfe die Stellvertretung nicht, wie dies in der älteren Lehre geschehen sei, mit den Verträgen zu Gunsten Dritter verwechselt werden. Bei der Stellvertretung sei der Vertretene unmittelbares Subjekt der aus dem durch den Stellvertreter geschlossenen Vertrag folgenden Rechte und Pflichten, während der Dritte beim Vertrag zu Gunsten Dritter nicht Kontrahent, sondern nur Leistungsempfänger sei. Und schließlich betonte Laband, daß die sog. mittelbare Stellvertretung gar keine echte Stellvertretung darstelle, da der Erklärende in eigenem Namen handele.

Nachdem Laband die Abgrenzung der Stellvertretung zu anderen Rechtsinstituten vorgenommen hatte und damit der Gefahr der Verwechslung und Vermengung entgegengetreten war, gelangte er mit wenigen klaren Worten zu den entscheidenden Aussagen für unsere heutige Stellvertretungslehre:

> *„Nichts ist für den wahren Begriff der Stellvertretung und die juristische Durchbildung dieses Instituts nachtheiliger gewesen, als die Zusammenwerfung der Stellvertretung mit dem Mandat, zu welcher das Röm. Recht den Anlaß gab. ... Auftrag, Mandat, Vollmachtsvertrag werden von den Juristen als synonym gebraucht. ... Richtig ist ..., daß Auftrag und Vollmacht zusammenfallen können. ... Allein man muß sich darüber klar werden, daß Auftrag und Vollmacht nur zufällig, nicht nothwendig zusammentreffen; daß sie keineswegs als die innere und äußere Seite desselben Verhältnisses aufzufassen sind, sondern daß sie zwei an sich verschiedene Verhältnisse sind, die nur thatsächlich in vielen Fällen sich decken"* (Laband, ZHR 10 (1866), S. 203 f.).

Laband erläuterte diese Feststellungen, indem er darlegte, daß es Mandate ohne Vollmacht und Vollmachten ohne Auftrag gäbe. Zwar könnten Vollmacht und Auftrag zusammenfallen, erstere könne aber in ihrem Umfang viel umfassender sein als letzterer. Der Auftrag sei also für die Stellvertretungsbefugnis irrelevant, Vollmacht und Mandat seien zwei ganz verschiedene Rechtsgeschäfte, die andere Voraussetzungen, einen anderen Inhalt und andere Wirkungen hätten.

C. Die Rezeption

Labands „Entdeckung" hat einen weltweiten Siegeszug angetreten und bildet ein Fundament der heutigen Stellvertretungslehre.

I. Die Reaktionen zu Zeiten Paul Labands

Labands Abhandlung hat in der damaligen rechtswissenschaftlichen Literatur ein großes Echo hervorgerufen. Erste Reaktionen waren teilweise ablehnend und setzten der neuen Erkenntnis heftigen Widerstand entgegen. Einwände wurden zum einen notwendigerweise von Vertretern des Verbindungsprinzips vorgebracht. So widersprach Curtius in seinem Aufsatz „Die Stellvertretung bei Eingehung von Verträgen" der von Paul Laband herausgearbeiteten Feststellung, daß die Vollmacht die rechtsgeschäftlich erteilte, vom Kausalverhältnis zu trennende Vertretungsmacht sei; er verstand sie als „allgemeine(n) Ausdruck für die Befugnis zur Stellvertretung". Für Curtius blieb die Vollmacht mit dem Auftrag verknüpft. Als „Prinzip der Lehre von der Vollmacht" vertrat er: „Die Vollmacht reicht so weit als der Auftrag" (Curtius, AcP 58 (1875), S. 80 ff.).

Auch von Seeler hielt am Verbindungsprinzip fest und sah in der Trennung der Vollmacht vom Auftrag nur eine „gekünstelte Auffassung": „Meiner Ansicht nach wird die Vollmacht … durch denselben Vertrag, durch den der Bevollmächtigte dem Vollmachtgeber gegenüber verpflichtet und berechtigt wird, für diesen und in dessen Namen ein Geschäft oder eine Reihe von Geschäften zu schließen, begründet. Die Vollmacht ist etwas diesem Vertrage notwendig und begrifflich Innewohnendes" (Seeler, Archiv für Bürgerliches Recht 28 (1906), S. 9). Anders als viele andere Vertreter der Mandatstheorie war von Seeler jedoch bereit, weitergehender zu differenzieren: „Selbstverständlich decken Mandat und Bevollmächtigung sich nicht. Denn es gibt auch Mandate, die den Mandatar nur zum Vertragsschluß im eigenen Namen berechtigen und verpflichten, und es gibt auch außer dem Mandat zahlreiche Verträge, durch welche eine

Berechtigung und Verpflichtung zur Geschäftsführung im Namen des anderen Kontrahenten begründet wird" (Seeler, Archiv für Bürgerliches Recht 28 (1906), S. 10).

Ähnlich wollte auch Kipp „nicht dem Bestreben beitreten, uns zurückzuschrauben in die Zeiten vor Laband, die Errungenschaft des selbständigen Vollmachtsbegriffs wieder zu beseitigen und die Vollmacht nur als eine Seite eines Rechtsverhältnisses hinzustellen, nämlich des Auftrags in einem modernen Sinne, nicht im Sinne des römischen Mandats" (Kipp, ZHR 57 (1906), S. 217). Er wandte sich aber gegen die Annahme der vollständigen Abstraktheit der Vollmacht vom Grundverhältnis; vielmehr wollte er diesbezüglich im Einzelfall und insbesondere danach differenzieren, ob die Vollmacht durch Erklärung gegenüber dem zu Bevollmächtigenden oder gegenüber dem Dritten erteilt werde (vgl. Kipp, ZHR 57 (1906), S. 215 ff.).

Canstein wiederum verstand die Labandsche Unterscheidung von Auftrag und Vollmacht dahingehend, daß der Beauftragte zur Stellvertretung berechtigt sein könne, während der Bevollmächtigte zur Stellvertretung unbedingt berechtigt sei, daß also für die Vollmacht die Stellvertretungsbefugnis „essentiale", für den Auftrag „accidentale" sei; diese Kriterien verwarf er als unbrauchbar (vgl. Canstein, Zeitschrift für das Privat- und öffentliche Recht der Gegenwart III, S. 674). Der Kern der Labandschen Ausführungen wurde mit diesem Verständnis aber völlig verkannt, da Laband ausdrücklich herausgestellt hatte, daß im Falle des Auftrags, ein Geschäft im Namen des Auftraggebers abzuschließen, eben nicht von einem „qualifizierten Mandat", von einem „Auftrag mit Stellvertretungsbefugnis" zu sprechen sei, sondern nur von einem Zusammentreffen des Auftrags mit einer Vollmacht.

Kritik an der Abstraktheit der Vollmacht vom Kausalverhältnis wurde auch von Mitteis und Schloßmann geübt. Für Mitteis, der – wie aufgezeigt – mit seiner Vermittlungstheorie einen gänzlich anderen Standpunkt in der Stellvertretungslehre einnahm, war die Labandsche Trennung Ausfluß des verfehlten Prinzips der Repräsentationstheorie (vgl. Mitteis, Stellvertretung, S. 184). Schloßmann dagegen lehnte die Vollmacht als einen „wertlosen, völlig nichtigen Begriff", als ein „Wesen, das noch niemand gesehen hat", ab (vgl. Schloßmann, Stellvertretung I, S. 248 f.; Stellvertretung II, S. 451). Die Aussage, jemand habe Vollmacht zur Vertretung, besage nichts anderes, als daß ein Tatbestand vorliege, der nach dem positiven Recht bewirke, daß die Rechtsfolgen des Vertretungsgeschäftes unmittelbar den Vertretenen treffen. Voraussetzungen dieses Tatbestandes seien zunächst das Bestehen eines Vertretungsverhältnisses, dann eine vom Vertreter zur Erfüllung der ihm aufgrund jenes Verhältnisses obliegenden Pflichten für den Vertretenen vorgenommene Handlung sowie letztlich die Übereinstimmung seines Verhaltens mit den Pflichten, die sich aus den für das Vertretungsverhältnis geltenden Normen ergäben (vgl. Schloßmann, Stellvertretung II, S. 3 ff., insb. S. 51).

Trotz dieser anfänglichen Kritik setzte sich die von Laband herausgearbeitete Trennung von Auftrag und Vollmacht durch. Schon im nächsten Band der Zeitschrift für Handelsrecht folgte Ladenburg Laband in der Annahme der Unabhängigkeit der Vollmacht vom Kausalverhältnis und leitete hieraus die Verkehrsfähigkeit der Vollmacht ab. Und anders als Laband, der noch davon ausging, daß die Vollmacht durch gegenseitigen Vertrag zustande käme, vollzog Ladenburg einen weiteren Schritt in Richtung unserer heutigen Stellvertretungslehre, indem er die Entstehung durch einseitiges Rechtsgeschäft annahm. „Diese Unabhängigkeit der Vollmacht von ihrer causa ist übrigens nicht ihr einziger Vorzug – sie ist auch ein durchaus einseitiger Act, das Geben und Nehmen der Vollmacht begründet nur einen einseitigen Vertrag, d. h. einen solchen, bei welchem nur Ein Theil (der Aussteller) eine Verbindlichkeit übernimmt. Der Bevollmächtigte wird durch die Vollmacht berechtigt, dasjenige zu thun, was den Inhalt der Vollmacht ausmacht, aber nicht verpflichtet. Gerade hierin liegt auch der Unterschied zwischen Vollmacht und dem Auftrag" (Ladenburg, ZHR 11 (1868), S. 74).

Auch Regelsberger übernahm die so bedeutsame Trennung von Vollmacht und Auftrag. Aufgrund der Überlegung, daß die Vollmacht durch eine einseitige nachträgliche Genehmigung ersetzt werden könne, kam aber auch Regelsberger zu dem Schluß, daß „die Vollmacht nur auf dem Willen des Machtgebers" beruhe; damit wies er – ebenso wie Ladenburg – Labands Annahme zurück, die Vollmacht werde durch Vertrag begründet. In diesem Zusammenhang stellte er auch klar, daß die angebliche „Annahme der Vollmacht" in Wirklichkeit „die Übernahme der Verbindlichkeit zur Ausführung" sei, also einen Teil des Auftragsverhältnisses darstelle (vgl. Regelsberger, Kritische Vierteljahresschrift für Gesetzgebung und Rechtswissenschaft 11 (1869), S. 369).

Eingehender mit der Frage, ob die Vollmacht nun als Vertrag zwischen Vollmachtgeber und Bevollmächtigtem oder als einseitige Erklärung anzusehen sei, beschäftigte sich Lenel. Er widersprach ebenfalls der Annahme, die Vollmacht ergebe sich aus einem Bevollmächtigungsvertrag. Diesen Standpunkt leitete er jedoch aus einer grundlegend anderen Definition des Vollmachtbegriffes ab, die sich allerdings nicht durchsetzen konnte. Für Lenel bildete die Vollmacht zur Abgabe einer Willenserklärung „selbst ein integrirendes Stück dieser rechtsgeschäftlichen Erklärungen", weshalb sie deren juristische Natur teile. Auch eine Vollmacht allgemeinen Inhalts nehme deshalb in konkreter Anwendung den Charakter derjenigen Willenserklärung an, zu der sie hinzutrete. Da Angebot, Annahme und Kündigung, zu denen ermächtigt werde, einseitige Akte seien, sei die Vollmacht dem Dritten gegenüber notwendig ein einseitiger Rechtsakt und kein Vertrag (vgl. Lenel, Jhering's Jahrbücher 36 (1896), S. 15).

Schließlich hat Hupka sich ausführlich in seinem Buch „Die Vollmacht" mit der Bestimmung des Wesens der Vollmacht auseinandergesetzt. Er folgte Laband in dem „bisher noch nicht genügend gewürdigten Gedanken …, daß die Vollmacht weder eine Accesion, noch ein Accessorium ihrer Grundverhältnisse, sondern ein durchaus selbständiges, vom Bestande der objektiven Causa in keiner Weise abhängiges Rechtsverhältnis" sei (Hupka, Vollmacht, S. VII) und wies Angriffe gegen das Trennungsprinzip zurück. Es bestehe aller Grund, an dem mühsam errungenen Vollmachtsbegriff und seiner Scheidung von dem internen Verhältnis festzuhalten, ohne die die

Erscheinungen des modernen Stellvertretungsrechts gar nicht mehr erklärt werden könnten. Zwar könne die subjektive Causa ein wichtiges Moment für die Interpretation des Prinzipalwillens, namentlich in bezug auf den sachlichen Umfang der Vollmacht, die Substitutionsbefugnis und die Vollmachtsdauer, sein. Wenn man aber zugrunde lege, daß die Fähigkeit zu wirksamer äußerer Vertretung nicht bloß mit dem Mandat, sondern mit den verschiedenartigsten Vertragsverhältnissen in Verbindung treten könne, daß ferner ihr Umfang vielfach das Maß und die Bedingungen der durch den Vertrag geschaffenen internen Handlungsbefugnis des Vertreters überschreite, daß sie das Vertragsverhältnis überdauern und umgekehrt bei Fortbestehen desselben erlöschen könne, endlich daß sie häufig von vornherein ohne ein entsprechendes Vertragsverhältnis zur Entstehung komme, dann erscheine der Vollmachtsbegriff und die Zurückführung der Vollmacht auf einen begrifflich selbständigen Bevollmächtigungsakt als eine unabweisbare Notwendigkeit.

Es folgten bald darauf und noch bis tief ins 20. Jahrhundert hinein ausführliche Untersuchungen der rechtlichen Beziehungen zwischen Causa und Vollmacht. Die von Laband herausgearbeitete Trennung wurde jedoch in der Rechtswissenschaft überwiegend als richtig angesehen. So schrieb Seligmann schon 1914: „Da die Ansicht, die in der Vollmacht und ihrem Grundverhältnis begrifflich zwei verschiedene Rechtsgebilde sieht, in Wissenschaft und Gesetzgebung unbedingt herrschend ist, befinden Gegner dieser Lehre sich also in der Stellung von Angreifern einer wohlbefestigten Position" (Seligmann, Vollmacht und Grundverhältnis, S. 10).

Nicht nur in der Rechtslehre war der Labandschen Trennung umwerfender Erfolg beschieden. Auch beim Gesetzgeber fielen seine Gedanken schon bald auf fruchtbaren Boden. Die beiden ersten Kodifikationen, die das Trennungsprinzip durchgeführt haben, sind das schweizerische Obligationenrecht von 1881 in der revidierten Fassung von 1911 und das Deutsche Bürgerliche Gesetzbuch von 1896. Das schweizerische Obligationenrecht folgte ganz eindeutig dem Trennungsprinzip, indem es die Bevollmächtigung begrifflich und räumlich klar vom Auftrag trennte. Dem Umstand, daß Auftragerteilung und Bevollmächtigung in der Praxis häufig zusammenfallen, trug es geschickt Rechnung, indem Art. 396 II lautete: „Insbesondere ist in dem Auftrag auch die Ermächtigung zu den Rechtshandlungen enthalten, die zu dessen Ausführung gehören."

Im Deutschen Recht hieß es in den Motiven zu dem Entwurf eines Bürgerlichen Gesetzbuches unter § 119: „Unter Vollmacht versteht der Entwurf ... die auf rechtsgeschäftlicher Ertheilung beruhende Ermächtigung zur Vertretung. Die Vollmacht ist ein eigenartiges Rechtsinstitut. Die Rechtsordnung legt einer Willenserklärung die Wirkung bei, daß ein Anderer die rechtliche Macht erhält, an Stelle des Erklärenden und in dessen Namen thätig zu werden. Die Erkenntnis, daß damit ein von dem Auftrage verschiedenes Rechtsgeschäft gegeben sei, gehört verhältnismäßig neuerer Zeit an. Die Gesetzgebungen haben fast sämtlich Bevollmächtigung und Auftrag in schwer scheidbarer Weise vermischt oder doch die Bevollmächtigung als einen Bestandtheil des Vertrages aufgefaßt, durch welchen Jemandem die Vornahme eines fremden Geschäfts übertragen wird." Ausdrücklich wird damit auf die neue Entwicklung in der Stellvertretungslehre, die Labands Abhandlung ausgelöst hatte, Bezug genommen. Und die von ihm herausgearbeitete Trennung und Abstraktion von Vollmacht und Auftrag wurde dem Entwurf zugrunde gelegt: „Durch die Annahme des Auftrages übernimmt der Beauftragte die Verpflichtung, das Rechtsgeschäft im Namen des Auftraggebers einzugehen, und um dieser Verpflichtung genügen zu können, erhält er gleichzeitig, aber durch ein besonderes Rechtsgeschäft, die Macht, im Namen des Auftraggebers aufzutreten. ... Es ist ... möglich, daß der Auftrag gültig, die Vollmacht dagegen ... nichtig ist." Nur in einem Punkt wich der Entwurf von Labands Auffassung ab. Anders als Laband, der von einem Bevollmächtigungsvertrag ausging, wurde die Vollmachtserteilung im Entwurf als ein einseitiges Rechtsgeschäft aufgefaßt.

So kann Labands Erkenntnis noch heute als Grundlage der modernen Stellvertretungslehre angesehen werden. Die Abstraktion der

Vertretungsmacht vom Kausalverhältnis hat im deutschen Privatrecht an so vielen Punkten Relevanz erlangt, daß von einem Strukturprinzip des Zivilrechts gesprochen werden kann. Dennoch hat das Abstraktionsprinzip seit seiner „Entdeckung" auch Einschränkungen erfahren. Die durch das Abstraktionsprinzip erfolgende grundsätzliche Verlagerung des Risikos auf den Vertretenen gewährleistet zwar notwendigen Verkehrsschutz, da der Dritte sich um die internen Beschränkungen aus dem zwischen Vollmachtgeber und Vertreter bestehenden Grundverhältnis nicht zu kümmern braucht, sie wurde jedoch in Fällen des Mißbrauchs der Vertretungsmacht von der deutschen Rechtslehre als unangemessen empfunden. In den unter den Stichworten „Kollusion" und „evidenter Mißbrauch" erfaßten Konstellationen wird deshalb nach heute herrschender Auffassung das Abstraktionsprinzip relativiert, indem eine Bindung des Vertretenen abgelehnt wird. Es sind sogar vereinzelt gewichtige Stimmen laut geworden, die aufgrund der signifikanten Durchbrechung des Abstraktionsprinzips in § 168 S. 1 BGB dessen Geltung zumindest im Rahmen einer nicht nach außen kundgetanen Innenvollmacht grundsätzlich zurückweisen, da auch in dieser Fallgestaltung der Schutz des Vertretenen gegenüber den Interessen des Rechtsverkehrs Priorität haben muß.

II. Die europaweite Ausstrahlung und heutige Geltung

Trotz dieser kritischen Stimmen feiert Labands Lehre nach wie vor einen einzigartigen weltweiten Erfolg. Nicht nur die Rechtslehre hat sich der Erkenntnis von der Abstraktheit der Vollmacht vom Grundverhältnis angeschlossen. Die von Paul Laband in aller Schärfe herausgearbeitete Trennung von Vollmacht und Mandat hat – wenn auch teilweise gegenüber dem BGB abgemildert – u. a. Einzug in die Gesetze der Türkei, Griechenlands, Schwedens, Norwegens, Finnlands, Japans, Chinas, Thailands, Äthiopiens und Ungarns gehalten. Zwar haben das englische und amerikanische Recht sich bis heute nicht mit gleicher Konsequenz der neuen Lehre angeschlossen, obwohl sie zwischen Vollmacht und Grundverhältnis unterscheiden. Und auch der französische „code civil" folgt noch der Einheitslehre, doch hier hat sich zumindest in Praxis und Lehre die neue Einsicht durchgesetzt.

Der Gedanke der Trennung von Auftrag und Vollmacht hat damit einen wahren Siegeszug angetreten. Die Abstraktheit der Vollmacht, d. h. deren Unabhängigkeit in Entstehung und Bestand vom Grundverhältnis, beschäftigt aber nach wie vor die Rechtswissenschaft europaweit. Dabei wird kritisch angemerkt, daß das Problem, die Bevollmächtigung von ihrer Causa zu trennen, mit geradezu magischer Kraft alle Aufmerksamkeit auf sich ziehe und sonstige Fragen der Stellvertretung im Banne der Gedankengänge Paul Labands vollkommen vernachlässigt würden.

Die Diskussion um die Abstraktheit der Vollmacht dauert also auch in unseren Tagen noch fort. Labands eigene Erinnerung an diese für die Stellvertretungslehre so bedeutsame Abhandlung war eher bescheiden. Rückblickend erwähnte er sie nur kurz im Zusammenhang mit seiner Mitherausgeberschaft der Zeitschrift für das gesamte Handelsrecht: „Als Mitherausgeber der Zeitschrift fühlte ich mich aber auch veranlaßt, größere wissenschaftliche Arbeiten für sie beizutragen. – Von diesen Abhandlungen hat die über die Stellvertretung großen Einfluß auf die Behandlung dieser Lehre ausgeübt und vielseitige Anerkennung gefunden" (Lebenserinnerungen, S. 59 f.). Tatsächlich handelt es sich bei der von Laband herausgearbeiteten Abstraktheit der Vollmacht nicht um eine ganz spontane, völlig neue und überraschende Aufhellung, sondern eher um das notwendige Ergebnis der vorangegangenen Entwicklung in der Stellvertretungslehre. Es ist aber Labands Verdienst, auf diesem Ausflug in sein „vornehmstes Nebengebiet" die Trennung von Vollmacht und Auftrag in aller Schärfe herausgearbeitet, damit einen Grundstein der modernen Stellvertretungslehre gelegt und ein Strukturprinzip unseres heutigen Bürgerlichen Gesetzbuches begründet zu haben.

Literatur

I. Werke Labands

Die Stellvertretung bei dem Abschluß von Rechtsgeschäften nach dem allgemeinen Deutschen Handelsgesetzbuch, in: Zeitschrift für das gesamte Handelsrecht (ZHR) 10 (1866), S. 183 ff.
Das Staatsrecht des Deutschen Reiches, Band 1, 2. Aufl., Freiburg i. B. 1888 (zitiert: Laband, Staatsrecht I).
Rechtspflege und volkstümliches Rechtsbewußtsein, in: Deutsche Juristenzeitung (DJZ) 1905, S. 10 ff.

II. Zur Person Labands und seiner Methode

Wilhelm Raimund Beyer, Paul Laband: Ein Pionier des öffentlichen Rechts, in: Neue Juristische Wochenzeitschrift (NJW) 1988, S. 2227 f.
Manfred Friedrich, Paul Laband und die Staatsrechtswissenschaft seiner Zeit, in: Archiv für öffentliches Recht (AöR) Band 111 (1986), S. 197 ff.
Otto von Gierke, Labands Staatsrecht und die deutsche Rechtswissenschaft, in: Schmollers Jahrbuch, NF 7 1883 (Neudruck Aalen 1961), S. 1097 ff. (zitiert: Gierke, in: Schmollers Jahrbuch).
Paul Laband, Lebenserinnerungen, Kiel 1918 (zitiert: Lebenserinnerungen).
Walther Pauly, Paul Laband: Staatsrechtler als Wissenschaftler, in: *Helmut Heinrichs u.a.* (Hrsg.), Deutsche Juristen jüdischer Herkunft, München 1993, S. 301 ff. (zitiert: Pauly, in: Deutsche Juristen).
Bernhard Schlink, Laband als Politiker, in: Der Staat 31 (1992), S. 553 ff.
Hugo Sinzheimer, Jüdische Klassiker der deutschen Rechtswissenschaft, Frankfurt a. M. 1953, S. 145 ff. (zitiert: Sinzheimer, Jüdische Klassiker).
Rudolph Smend, Der Einfluß der deutschen Staats- und Verwaltungsrechtslehre des 19. Jahrhunderts auf das Leben in Verfassung und Verwaltung, in: Staatsrechtliche Abhandlungen und andere Aufsätze, 3. Aufl., Berlin 1994, S. 326 ff. (Smend, in: Staatsrechtliche Abhandlungen).

III. Zur Entdeckung, ihrer Entwicklung und Rezeption

Herrmann Buchka, Die Stellvertretung bei Eingehung von Verträgen, Rostok, Schwerin 1852 (zitiert: Buchka, Stellvertretung).

Raban von Canstein, Vollmacht und Auftrag mit Stellvertretungsbefugnis unter besonderer Berücksichtigung des a. d. Handelsgesetzbuches, Zeitschrift für das Privat- und öffentliche Recht der Gegenwart III, S. 670 ff.

Friedrich Curtius, Die Stellvertretung bei Eingehung von Verträgen, in: Archiv für die civilistische Praxis (AcP) 58 (1875), S. 69 ff.

Josef Hupka, Die Vollmacht, Leipzig 1900 (zitiert: Hupka, Vollmacht).

Rudoph von Jhering, Mitwirkung für fremde Rechtsgeschäfte, in: Jhering's Jahrbücher 1 (1857), S. 273 ff.

ders., Geist des römischen Rechts auf den verschiedenen Stufen seiner Entwicklung, Band 1, 6. Aufl., Leipzig 1907 (zitiert: Jhering, Geist des römischen Rechts).

Th. Kipp, Literaturbesprechung, in: Zeitschrift für das gesamte Handelsrecht (ZHR) 57 (1906), S. 214 ff.

Ladenburg, Die Vollmacht als Verkehrsmittel, in: Zeitschrift für das gesamte Handelsrecht (ZHR) 11 (1868), S. 72 ff.

Otto Lenel, Stellvertretung und Vollmacht, Jhering's Jahrbücher 36 (1896), S. 1 ff.

Ludwig Mitteis, Die Lehre von der Stellvertretung nach Römischem Recht mit Berücksichtigung des österreichischen Rechts, Wien 1885, Neudruck Aalen 1962 (zitiert: Mitteis, Stellvertretung).

G. F. Puchta, Pandekten, 9. Aufl., Leipzig 1863 (zitiert: Puchta, Pandekten).

F. Regelsberger, Literaturbesprechung, in: Kritische Vierteljahresschrift für Gesetzgebung und Rechtswissenschaft 11 (1869), S. 361 ff.

Friedrich Carl von Savigny, Das Obligationenrecht als Theil des heutigen Römischen Rechts, Band 2, Berlin 1853 (zitiert: Savigny, Obligationenrecht).

Siegmund Schloßmann, Lehre von der Stellvertretung, Band 1, Leipzig 1900, Band 2, Leipzig 1902 (Schloßmann, Stellvertretung I bzw. II).

W. von Seeler, Vollmacht und Scheinvollmacht, in: Archiv für Bürgerliches Recht 28 (1906), S. 1 ff.

Walther Seligmann, Beziehungen der Vollmacht zu ihrem Grundverhältnis, Borna, Leipzig (Diss. Marburg) 1914 (zitiert: Seligmann, Vollmacht und Grundverhältnis).

Joseph Unger, System des österreichischen allgemeinen Privatrechts, 2. Band, Leipzig 1863 (zitiert: Unger, Österreichisches Privatrecht).

Karl von Vangerow, Lehrbuch der Pandekten, Band 3, Marburg 1952 (zitiert: Vangerow, Lehrbuch).
Bernard Windscheid, Lehrbuch des Pandektenrechts, Band 1, 7. Aufl., Frankfurt a. M. 1891 (zitiert: Windscheid, Lehrbuch).

Hermann Staub (1856–1904)

Hermann Staub und die Lehre von den positiven Vertragsverletzungen

(Günter Elschner)

Die Rechtsfigur der „positiven Vertragsverletzungen" ist eine zivilrechtliche Allzweckwaffe, die jedem Jurastudenten schon nach wenigen Fachsemestern bestens vertraut sein dürfte. Kaum ein anderes Rechtsinstitut wird heute so oft und so selbstverständlich zur Begründung vertraglicher Schadensersatzansprüche herangezogen wie die berühmte „pVV". Auch wenn sich im BGB an keiner Stelle ein ausdrücklicher Hinweis auf eine Haftung wegen positiver Vertragsverletzung findet, ist diese Rechtsfigur als Werkzeug zur Regelung vertraglicher Leistungsstörungen aus dem modernen Zivilrecht nicht mehr hinwegzudenken. Zwar gehört der Umgang mit der „pVV" heute zum Handwerkszeug eines jeden Juristen. Auf eine dogmatische Herleitung dieses ungeschriebenen Rechtsinstituts wird jedoch inzwischen sowohl im Studium als auch – erst recht – in der Praxis weitgehend verzichtet. Allenfalls findet sich noch der Hinweis auf die gewohnheitsrechtliche Anerkennung der „pVV". Doch wo liegt eigentlich der Ursprung der mittlerweile wohlvertrauten Schöpfung der positiven Vertragsverletzungen? Welche Geschichte hat dieses bedeutsame Rechtsinstitut, das als „rechtsdogmatische Nachgeburt" zum BGB fast genauso alt ist wie das BGB selbst, aber dennoch keine Erwähnung in ihm gefunden hat?

A. Der juristische Entdecker Hermann Staub

„Die feiertägliche Ruhe der Sommerzeit ist durch herben Mißklang jäh und schrill durchbrochen worden, und weit über Deutschlands Gaue hinaus hat in den Herzen Tausender

*und Abertausender, auch dem Juristenstande nicht
Angehörender die erschütternde Nachricht lauten Widerhall
gefunden: Staub ist gestorben."*

Mit diesen Worten beginnt Otto Liebmann seinen Nachruf auf den am 2. September 1904 verstorbenen Hermann Staub (vgl. Liebmann, DJZ 1904, Sp. 826 ff). Staub verwendete in seinem Beitrag zur Festschrift für den 26. Deutschen Juristentag in Berlin 1902 erstmalig den Begriff der „positiven Vertragsverletzungen" und legte damit den Grundstein für den späteren Durchbruch der „pVV".

In Liebmanns Worten liegt die aufrichtige Trauer und tiefe Ergriffenheit über den Verlust seines geschätzten Freundes und Kollegen, dem Justizrat, Rechtsanwalt und Notar Hermann Staub. Liebmanns „Gedenkblatt" zeigt aber zugleich auch, daß die deutsche Rechtswissenschaft mit dem Tode Staubs einen ihrer angesehensten und einflußreichsten Vertreter verlor. Um so erstaunlicher ist es, daß der juristische Entdecker Hermann Staub trotz seiner fachlichen Anerkennung und der Bedeutung seiner Entdeckung bislang in nur wenigen juristischen Biographien Erwähnung gefunden hat. Dabei weist das Leben Staubs viele Merkmale einer Biographie auf, die einen Entdecker und Pionier auszeichnen, wurde er doch – nach Liebmanns Bekunden – schon zu Lebzeiten von Freunden und Kollegen als echter „self-made man" angesehen (vgl. Liebmann, DJZ 1904, Sp. 826 a.E.).

I. Von der roh gezimmerten Kiste zum Überlebenskünstler – Kindheit, Jugend und Studium

Samuel Hermann Staub wurde am 21. März 1856 als Sohn des Kaufmanns Michael Staub und dessen Ehefrau Ernestine im oberschlesischen Nicolai geboren. Wie es für einen „self-made man" charakteristisch ist, wuchs Staub in sehr bescheidenen, geradezu tristen Verhältnissen auf. Nicolai war eine Kleinstadt mit rund 3000 Einwohnern, die – fernab von jeder größeren Stadt gelegen – außer zwei Kirchen und einer Synagoge nur wenig zu bieten hatte. Hinzu kamen die kümmerlichen Verhältnisse im Elternhaus des jungen Staub, dessen Vater einen Kleinhandel betrieb, hiermit aber nur das nötigste zur Versorgung seiner Familie erwirtschaften konnte. Wie Staub später einmal erzählte, schlief er als Kind „statt in einer Wiege in einer roh gezimmerten Kiste". Dazu passend habe Staub eine „freudlose Jugendzeit" verbracht, berichtet Liebmann.

Trotz der einfachen häuslichen Verhältnisse, in denen Staub aufwuchs, konnten die Eltern ihrem begabten Sohn dennoch den Besuch einer höheren Schule ermöglichen, indem sie ihn bei seinem Onkel und seiner Tante, den Eheleuten Schindler (die später auch seine Schwiegereltern wurden), in Beuthien unterbrachten. Hier besuchte Staub, seiner roh gezimmerten Kiste inzwischen entwachsen, das Gymnasium, das er dank seines Ehrgeizes und seines Verständnisses für komplexe Zusammenhänge ohne Verzögerungen mit der Matura abschließen konnte.

Nach dem Abitur studierte Hermann Staub an den Universitäten Breslau und Leipzig Rechtswissenschaften. Geprägt durch seine bescheidene Kindheit war der Rechtsstudent Hermann Staub ein Muster der Selbstzucht. Staubs Ehrgeiz und sein wachsendes Interesse an der Jurisprudenz führten dazu, daß er schon während seines Studiums häufig bis spät in die Nacht über juristischen Fragestellungen brütete. Indem er so fast seine gesamte Aufmerksamkeit der Rechtswissenschaft widmete, gelang es dem „Überlebenskünstler" Staub, seinen Lebensbedarf auf das notwendigste zu beschränken. Dennoch mußte auch der angehende juristische Entdecker Hermann Staub – ebenso wie viele andere Studenten damals und auch noch heute – neben seinem Studium arbeiten, um seinen kärglichen Lebensunterhalt zu bestreiten. Schließlich konnte er kaum auf eine finanzielle Unterstützung seiner Eltern hoffen. So setzte er sein größtes Kapital, seine Bildung, ein, um sich durch Nachhilfeunterricht das nötigste zum (Über-)Leben zu verdienen.

Trotz aller Widrigkeiten gelang es dem ehrgeizigen Jurastudenten Staub, sich zielstrebig und mit so großem Einsatz seinem Studium zu widmen, daß er bereits 1877, also im Alter von erst 21 Jahren, seine praktische Ausbildung als preußischer Referendar am Appellationsgericht in Ratibor beginnen konnte. Nachdem er 1880 mit seiner Dissertation zum „Pretium Certum" und der Problematik unbestimmter Kaufpreisvereinbarungen promoviert hatte, bestand Staub schließlich im Alter von 26 Jahren am 19. Juni 1882 das Assessorexamen mit der – schon damals weit überdurchschnittlichen – Note „gut". Daß er so schnell und erfolgreich seine Ausbildung absolvieren konnte, ist neben seiner Begabung und seinem außergewöhnlichen Arbeitseinsatz vor allem auf seine autodidaktischen Fähigkeiten kombiniert mit der pragmatischen Zielstrebigkeit eines „self-made man" zurückzuführen. Dies wird bereits während seines Studiums deutlich: Zwar galt Staub als fleißiger Schüler der großen Juristen des 19. Jahrhunderts Windscheid, Wächter, Binding und Wach. Eine Vorlesung zu seinem späteren Hauptarbeitsgebiet, dem Handelsrecht, hatte Staub nach Überlieferung des zeitgenössischen Biographen Arndt Teichmann jedoch nie gehört. Vielmehr eignete er sich das benötigte Wissen selbst an, zunächst zum Bestehen des Examens, später zur Bearbeitung seiner Fälle und für seine Veröffentlichungen.

II. „Es ward recht sauer" – Karriere in Berlin

Unmittelbar nach seinem Assessorexamen ging Staub im Oktober 1882 nach Berlin, um sich in der Reichshauptstadt als Rechtsanwalt niederzulassen. Dort angekommen, mußte der junge Anwalt Dr. Samuel Hermann Staub erkennen, daß es auch seinerzeit schon äußerst schwierig war, sich als 26jähriger Junganwalt unter der großen Zahl der fest etablierten Berliner Rechtsanwälte zu behaupten. Zwar gab es in Berlin kurz nach der Reichsgründung eine starke Nachfrage nach anwaltlichen Dienstleistungen, jedoch war seitdem auch die Zahl der niedergelassenen Rechtsanwälte stark angestiegen, zumal seit 1879 der Grundsatz der freien Advokatur galt.

Aber auch hiervon ließ sich der „self-made man" Staub nicht beirren, auch wenn – wie Liebmann in seinem Nachruf auf Staub plastisch schildert – es dem Entdecker, der in geordneten, einfachen

Verhältnissen aufgewachsen war, zunächst „recht sauer ward", in dem Strudel wirtschaftlicher Turbulenzen der Gründerjahre in der Millionenstadt Berlin „festen Fuß unter der großen Zahl der Anwälte zu fassen". Anders als viele seiner Kollegen konnte der Kaufmannssohn Staub in Berlin nicht auf persönliche Beziehungen und Protektion für seinen Einstieg in das Berufsleben zurückgreifen, so daß ihm dieser – schon damals gängige – Weg verwehrt blieb. Auch war Staubs Herkunft aus einer armen oberschlesischen Familie jüdischer Abstammung für seine gesellschaftliche und der damit verbundenen beruflichen Anerkennung nicht gerade förderlich. Dies mag mit ein Grund dafür gewesen sein, daß Staub seit dem Eintritt in das Berufsleben seinen jüdischen Vornamen Samuel ablegte und nur noch seinen zweiten Vornamen Hermann führte, obgleich er am jüdischen Glauben seiner Vorfahren festhielt.

Trotz dieser für eine erfolgreiche Karriere als Rechtsanwalt nicht gerade günstigen Randbedingungen gelang Staub aber schließlich doch der Durchbruch, der für einen echten „self-made man" charakteristisch ist. Aufgrund der Gewissenhaftigkeit und Präzision, mit der er die ihm übertragenen Rechtssachen bearbeitete, seiner juristischen Begabung, seiner Kontaktfreudigkeit und vor allem wegen seines überragenden Arbeitseinsatzes war Staub bald einer der angesehensten Anwälte in Berlin mit einer erfolgreichen wirtschafts- und handelsrechtlich ausgerichteten Kanzlei. Was Staub selbst über die Arbeit eines Rechtsanwalts dachte, ist im Verhandlungsprotokoll zum 15. Deutschen Anwaltstag 1901 nachzulesen: „Seine Mitwirkung an der Rechtspflege vollzieht sich in der stillen Arbeit in seiner Kanzlei und in den Gerichtssälen; seine Schriftsätze bleiben in den Akten begraben und sein plädierendes Wort verhallt" (Staub, JW 1901, Beilage 85/86, S. 57).

Diese Charakterisierung mag auf viele Anwälte sowohl zu Staubs Zeiten als auch heute noch zutreffen. Für die Person und das Wirken Hermann Staubs könnte die Beschreibung jedoch nicht unpassender sein. Keineswegs verhallte nämlich sein „plädierendes Wort", vielmehr klang es durch sein fundiertes juristisches Wissen und seine mit Witz und Humor gepaarte Eloquenz noch weit über den konkreten Anlaß hinaus. Und nach der Beschreibung seines Freundes Liebmann war der Alltag des sehr kontaktfreudigen Staub entgegen seiner eigenen Charakterisierung auch nicht von der „stillen Arbeit in seiner Kanzlei" dominiert:

> *„Staub war das Vorbild eines Anwalts. Ob es sich im Anfange seiner anwaltlichen Tätigkeit um einen kleinen Mietsprozeß handelte oder ob er später als Sachwalter oder letzter und höchster Gutachter bei Objekten von vielen Millionen tätig war: Staub nahm sich jeder einzelnen Sache warm an, er lebte und stritt förmlich für sie, als wenn es sich um die seine handelte. ... Aber wenn er eine Sache übernommen hatte, dann widmete er sich ihr mit dem ganzen Gewicht seiner autoritativen Persönlichkeit, seinem tiefen Wissen, seiner reichen Erfahrung, seinem unermüdlichen Fleiße und der ihm eigenen Tatkraft. ...*
> *Staub war als Anwalt aber zugleich auch ein Vorbild für seine Kollegen. Wäre es ein Wunder gewesen, wenn der Mann, der so Hohes erstritten, anderen, jüngeren gegenüber unnahbar gewesen wäre? Aber Staub war hilfsbereit gerade und besonders auch den jüngsten Anwälten gegenüber. In des Wortes wirklicher Bedeutung folgten ihm die Kollegen auf Schritt und Tritt, in dieser oder jener Frage seine Ansicht und seinen Rat erbittend. Und der viel geplagte und viel tätige Mann, er hat niemals, und sei es auch dem Fremdesten, eine Antwort verweigert. ...*
> *Aber nie kam ihm auch nur der Gedanke, daß ihm wegen seiner ausgezeichneten Leistungen eine bevorzugte Stellung zukomme. Mit dem jüngsten Studenten pflegte er nicht anders zu debattieren wie mit dem größten Rechtsgelehrten"*
> *(Liebmann, DJZ 1904, Sp. 827/832).*

Nach nur wenigen Jahren war also aus dem schüchternen, unsicheren Junganwalt der geschickt agierende, wortgewaltige und vor allem selbstbewußte Erfolgsanwalt geworden, der durch seine Schlagfertigkeit immer wieder Aufsehen erregte. Wie H. Heinrichs in seiner Staub-Biographie berichtet, blieben dabei auch die Richter des Kammergerichts nicht von Staubs gewitzter Ironie verschont. So wurde in der bis 1940 geltenden Fassung des Strafgesetzbuchs zwischen Mord und Totschlag danach differenziert, ob die Tötung mit Überlegung (Mord) oder ohne Überlegung (Totschlag) erfolgte. Nachdem einmal ein Richter des Kammergerichts Staub mitteilte, sein Senat habe soeben in einer Beratung eine Rechtsansicht Staubs „gemordet", soll dieser nur erwidert haben: „Hoffentlich war es kein Totschlag".

Den nötigen Rückhalt und Ausgleich für seinen arbeitsreichen Alltag fand Staub in seinem Glauben und bei seiner Familie, die für ihn – nach Heinrichs Schilderungen – die ruhende Mitte seines Lebens war. Im Jahre 1884 heiratete Staub seine 22 Jahre alte Cousine Laura Schindler, die er schon während seiner Zeit als Gymnasiast in Beuthien kennengelernt hatte. Aus der Ehe gingen zwei Kinder hervor, der 1885 geborene Otto Michael und 1889 die Tochter Margarete Dora Erna. Enge familiäre Beziehungen bestanden auch zu den Brüdern seiner Frau, Max Schindler und Arthur Schindler; letzterer – ebenso wie sein Schwager Rechtsanwalt – erstellte für einige der Kommentare Staubs die Register.

III. „Staub, Staub!" – Anwalt, Wissenschaftler, Publizist

„Staub sah alles durch die juristische Brille, er ging in seiner Disziplin auf, er liebte und verehrte sie. Wie oft ist er gebeten worden, seiner Arbeitswut Einhalt zu gebieten. Aber Staub war dem nicht zugänglich. ... Er war auch in seinem inneren Wesen durch und durch Jurist, ja fast nur Jurist"
(Liebmann, DJZ 1904, Sp. 827/832).

Trotz der ständig wachsenden Arbeitslast als einer der gefragtesten Rechtsanwälte in Berlin gelang es Staub, schon frühzeitig durch wissenschaftliche Publikationen auf sich aufmerksam zu machen. Im Jahre 1883 veröffentlichte Staub seinen ersten Aufsatz zum „Tenor im Pfandrechtsprozesse". Es folgten weitere Veröffentlichungen zu den verschiedensten Themenkreisen vom Sachenrecht, über das Patentrecht bis hin zum Thema Streitgegenstand, seit mehr als 100 Jahren ein zivilprozessualer Dauerbrenner. Bereits diese ersten Publikationen belegen die klare, strukturierte und präzise Diktion Staubs, die Otto Liebmann plastisch umschreibt: „Er war ein Schriftsteller, man könnte fast sagen, von Gottes Gnaden. Immer wußte er aus allem den Kern herauszuschälen, und sein treffsicheres, blitzendes Auge wußte Wesentliches von Unwesentlichem, Richtiges von Falschem stets zu unterscheiden, wo es sich darum handelte, die Wissenschaft zu fördern und die Praxis zu fördern" (Liebmann, DJZ 1904, Sp. 830).

Dennoch hinkte die wissenschaftliche Anerkennung Staubs zunächst seinem großen Erfolg als Anwalt hinterher, insbesondere seine ersten Arbeiten blieben überwiegend unbeachtet. Der Durchbruch gelang Staub 1893 mit seinem Kommentar zum Allgemeinen Handelsgesetzbuch, der heute noch als „Großkommentar zum Handelsgesetzbuch" eines der Standardwerke zum HGB ist. Bereits die Tatsache, daß der Rechtsanwalt Staub, der bislang lediglich kleinere Aufsätze veröffentlicht hatte, eine vollständige Kommentierung des Handelsrechts vorlegte, sorgte für Überraschung. Wie Liebmann berichtet, hatte der bescheidene, zurückhaltende Staub trotz seines Erfolges als Rechtsanwalt und der damit verbundenen fachlichen Anerkennung die Sorge, man werde ihn angesichts seines Vorhabens auslachen. Deshalb hatte er tatsächlich nur seinen allernächsten Vertrauten von diesem Projekt erzählt.

Staubs Sorge sollte sich jedoch schnell als unbegründet erweisen. Sein ADHGB-Kommentar hatte einen – für juristische Kommentare – bislang unbekannten Erfolg. Innerhalb von sieben Jahren erschienen sieben Auflagen. Die letzte von Staub selbst verfaßte Auflage, die Neukommentierung zum HGB, das am 1. Januar 1900 gemeinsam mit dem BGB in Kraft getreten war, erreichte eine Auflagenhöhe von 13.000 gedruckten Exemplaren. Welche Anerkennung Staubs Kommentar in der juristischen Praxis erlangte, schildert Max Hachenburg in seinem Nachruf auf Staub: „War doch der Staub'sche Kommentar zum Handelsgesetzbuch der tägliche und stündliche Berater des Richters wie des Rechtsanwalts geworden. ‚So steht es im Staub' war das Zeichen mit dem der schwierigste Prozeß entschieden und der ängstlichste Klient beruhigt werden konnte" (Hachenburg, Monatsschrift für Handelsrecht und Bankwesen 1904, S. 237).

Die Bezugnahme auf Staubs Kommentar als höchste Autorität verhalf jedoch entgegen der Ansicht Hachenburgs nicht immer zu einer verbindlichen Entscheidung, vor allem dann nicht, wenn Staub im Prozeß mit seiner eigenen Rechtsauffassung konfrontiert wurde. So hatte sich der Anwalt einer Gegenpartei in einem Plädoyer für seine Rechtsansicht auf eine Stelle in Staubs Kommentar berufen. Hierauf soll Staub nach der Schilderung Heinrichs aber nur gelassen entgegnet haben, ihm sei schon seit einiger Zeit klar, daß sein Kommentar hier einen Fehler enthalte, er werde das in der bald erscheinenden nächsten Auflage berichtigen.

Es ist insbesondere die bis dahin unbekannte Synthese aus einer praxisorientierten Darstellung des Handelsrechts und der wissenschaftlichen Präzision, mit der Staub die Systematik des ADHGB und später des HGB erläuterte, die seinem Kommentar zum Erfolg verhalfen. So begnügte sich Staub im Unterschied zu den bisher erschienenen Kommentaren nicht mit der kompilatorischen Methode, d.h. dem bloßen Aneinanderreihen von Anmerkungen zu den Lehrmeinungen und der Rechtsprechung zu den jeweiligen Einzelvorschriften. Vielmehr legte er besonderen Wert auf die Darstellung systematischer Zusammenhänge, indem er neben der ratio der jeweiligen Norm auch ihre Bedeutung im Gesamtkontext aufzeigte. Hierbei kamen Staub neben seiner Begabung, komplexe Strukturen leicht verständlich darzustellen, auch die souveräne Beherrschung der handelsrechtlichen Rechtsprechung und Literatur sowie seine umfassende Praxiskenntnis zugute. Dem HGB-Kommentar folgten mit gleichem Erfolg ein Kommentar zur Wechselordnung (1895) und zum GmbH-Gesetz (1903).

Neben seiner arbeitsintensiven Tätigkeit als Rechtsanwalt und Kommentator blieb Staub auch noch Zeit für zahlreiche weitere Aktivitäten. So avancierte er zu einer der beliebtesten und geachtetsten Persönlichkeiten auf Anwalts- und Juristentagen, und er wurde schon bald Vorstandsmitglied des Berliner Anwaltvereins sowie der Rechtsanwaltskammer im Bezirk des Berliner Kammergerichts, wo er sich als Verfechter der freien Advokatur große Verdienste in der Standespolitik erwarb. Im Jahre 1896 gründete Staub zusammen mit Liebmann, Laband und Stenglein die „Deutsche Juristenzeitung", die bis zu ihrem unsäglichen Ende im Jahre 1937 – durch Vereinigung mit der „Zeitschrift der Akademie für Deutsches Recht" – eine der bedeutendsten juristischen Fachzeitschriften im deutschsprachigen Raum war. Staubs Steckenpferd war die ständige Rubrik „Juristische Rundschau", die einen vierzehntägigen Überblick über aktuelle Rechtsfragen lieferte und aufgrund der zumeist sehr kritischen, zugleich aber auch ironischen Beiträge Staubs bei den Lesern besonders beliebt war. Staubs Zeitgenosse Hachenburg geht in seinem Nachruf sogar davon aus, „daß jedenfalls dieser Teil der Zeitschrift von keinem Leser überschlagen wurde".

Wie vielschichtig und vorausschauend Staub in seinen zahlreichen wissenschaftlichen Beiträgen die von ihm behandelten Themen durchdrang, zeigen die beiden Referate, die Staub für den Deutschen Anwaltstag hielt. Vor dem XIII. Anwaltstag 1896 in Berlin sprach Staub in seinem Referat „Kritische Betrachtungen zum Entwurf eines Handelsgesetzbuches" über die Anpassung des Handelsrechts an das BGB durch Erlaß des Handelsgesetzbuchs, das an die Stelle des ADHGB treten sollte. Zwar stimmte Staub in weiten Teilen den Entwürfen des Reichsjustizamtes zu, übte jedoch an den Vorschriften über die Kaufmannseigenschaft nachdrücklich Kritik. Insbesondere bemängelte Staub § 4 HGB, den er wegen der unklaren Abgrenzungskriterien für den Minderkaufmann ablehnte. Wie vorausschauend Staub in diesem Punkt war, belegt die umfangreiche Kasuistik, die mangels einer genauen Abgrenzung für das minderkaufmännische Gewerbe im Anwendungsbereich des bis in die Gegenwart umstrittenen § 4 I HGB entstanden ist. Selbst nach der „Abschaffung" des Minderkaufmannes durch das Handelsrechtsreformgesetz vom 01. Juli 1998 ist die Staubsche Kritik immer noch aktuell, wenn es um die nach § 2 II HGB n.F. erforderliche Beurteilung eines Gewerbebetriebs als Handelsgewerbe geht.

Den Zenit seines juristischen Schaffens erreichte Staub im Jahre 1901, als er vor dem XV. Deutschen Anwaltstag in Danzig über die „Theorie und Praxis seit dem 1. Januar 1900", also über die Entwicklung der deutschen Rechtswissenschaft seit Inkrafttreten des BGB, referierte. Staub erfüllte die hohen Erwartungen der Zuhörer, die er durch den weitgefaßten Titel seines Referats weckte. In einem beispielhaften „Rundumschlag" berichtete er souverän über die seit dem 1. Januar 1900 zum BGB erschienene Literatur, berücksichtigte hierbei auch das neue HGB, das FGG, die Grundbuchordnung, die Wechselordnung und skizzierte ausführlich die aktuelle Rechtsprechung des Reichsgerichts und des Kammergerichts zu den neuen Gesetzen. Selbstbewußt führte Staub seine ganze Kompetenz vor, indem er etwa einen bereits von drei Instanzen entschiedenen Fall schilderte, um anschließend detailliert zu belegen, daß alle drei Entscheidungen falsch waren.

Staubs brillante Rhetorik und seinen kurzweiligen Vortragsstil belegt der – ansonsten weniger unterhaltsame – Sitzungsbericht, der zu Staubs Vortrag 32mal „Heiterkeit", „Große Heiterkeit" und „Wiederholte Heiterkeit" verzeichnet (vgl. JW 1901, Beilage 85/86, S. 58 ff.). Wie sehr Staub die Zuhörer in seinen Bann gezogen hatte, schildert Hachenburg lebhaft: „Er sprach von der rühmlichen Beteiligung des Anwaltsstandes auf diesem Gebiete und als er Namen nannte, da unterbrach ihn ein allgemein jubelnder Ausruf ‚Staub, Staub!'. Das war nicht nur ein Akt der Höflichkeit, nicht nur die Folge des zündenden Vortrags – es war der Ausbruch der innersten Überzeugung seiner Hörer und Kollegen, die neidlos und freudig ihm den ersten Weg unter den deutschen Rechtsanwälten zusprachen" (Monatsschrift für Handelsrecht und Bankwesen 1904, S. 237). Wie die Vossische Zeitung vom 2. September 1904 in ihrer Abendausgabe berichtet, machte in den Gesprächen und Huldigungen über den Vortrag des großen Kommentators Staub erstmals auch der Scherz die Runde, auf Staubs Grabstein werde dereinst stehen: „Hier ruht Staub, Kommentar überflüssig". Zu diesem Zeitpunkt konnte noch keiner ahnen, daß Staub, der sich bislang bester Gesundheit erfreut hatte, nur noch drei Jahre zu leben hatte. Er selbst soll diesen Scherz jedoch nachdenklich und ein wenig mit Schwermut aufgenommen haben.

Als Staub auf dem Anwaltstag in Danzig den Höhepunkt seines juristischen Wirkens erreichte, stand bereits ein weiteres Manuskript vor seiner Fertigstellung, dessen grundlegende Bedeutung für die deutsche Rechtswissenschaft erst Jahre später erkennbar wurde. Es war Staubs Beitrag zur Festschrift für den XXVI. Deutschen Juristentag über „Die positiven Vertragsverletzungen und ihre Rechtsfolgen". Hiermit legte er den Grundstein für eines der bedeutendsten Rechtsinstitute des modernen Zivilrechts. Den Durchbruch seiner „Entdeckung" und die hiermit verbundene Anerkennung als juristischer „Entdecker" erlebte Staub jedoch nicht mehr. Vielmehr fand die vergleichsweise schmale Monographie über die positiven Vertragsverletzungen neben seinen wesentlich umfangreicheren und insbesondere für die Praxis fruchtbareren Kommentaren zu Staubs Lebzeiten kaum Beachtung.

Im November 1903 tritt Staub bei einem Festvortrag der Juristischen Gesellschaft zu Berlin zum letzen Mal öffentlich auf. Staub, der nach den Schilderungen Liebmanns selbst oft gesagt hat: „Es gibt nichts Lebensgefährlicheres als das Leben", erkrankt im Alter von 47 Jahren an einer Krebsgeschwulst am Rückenmark. Das Geschwür wird zu spät erkannt, aus der längst überfälligen Operation erwacht er nicht mehr. Nach mehr als siebenmonatigem Leiden stirbt Samuel Hermann Staub am 2. September 1904 in Berlin. Bis zuletzt war der Tatendrang des „self-made man" Staub ungebrochen. So entstand die zweite Auflage seiner positiven Vertragsverletzungen im

Krankenbett, und noch eine halbe Stunde vor seiner Operation überflog Staub in aller Ruhe die neueste Ausgabe der Deutschen Juristenzeitung. Am 5. September 1904 wurde der juristische Entdecker Hermann Staub auf dem Jüdischen Friedhof in Berlin-Weißensee beigesetzt.

B. Die Entdeckung der positiven Vertragsverletzungen

„Die Fälle, um die es sich hier handelt, sind von der allergrößten Wichtigkeit. Sie kommen im Rechtsleben täglich tausendfach vor. Sie begegnen uns auf Schritt und Tritt."

I. Staubs Lösungsansatz

Als Hermann Staub im September 1902 seinen Beitrag zur Festschrift für den XXVI. Deutschen Juristentag über „Die positiven Vertragsverletzungen und ihre Rechtsfolgen" vorlegte, war das BGB gerade zwei Jahre in Kraft. Der wichtigste Teil des Schuldrechts, nämlich das Recht der Leistungsstörungen, erfuhr jedoch schon bald nach Inkrafttreten der Kodifikation nachdrückliche Kritik durch die juristische Fachwelt. Insbesondere wurde die Vollständigkeit der im BGB geregelten Fälle der Leistungsstörungen bezweifelt. So erkannte vor allem die Rechtspraxis, daß sich eine Vielzahl von Vertragsverletzungen nicht unter die wenig differenzierte Einteilung der Leistungsstörungen in die zwei allgemeinen Kategorien Unmöglichkeit und Verzug, die zudem noch durch ein wenig abgestimmtes Gewährleistungsrecht im Kauf-, Miet- und Werkvertragsrecht modifiziert werden, subsumieren läßt.

Gleichwohl galt es, auch für die Fälle, die sich nicht eindeutig in das vorgefundene System der Leistungsstörungen einordnen ließen, eine sachgerechte Lösung zu finden. Dies war für den juristischen Praktiker Staub Anlaß genug, das Recht der Leistungsstörungen des BGB näher zu analysieren. Wie die oben wiedergegebene Einleitung zu seiner Monographie zeigt, ging es ihm dabei nicht um eine abstrakte, rein wissenschaftliche Erörterung von Rechtsdogmen und -theorien. Vielmehr bemühte sich Staub um eine gesetzeskonforme, vor allem aber praxisorientierte und interessengerechte Lösung der Fallkonstellationen, die ihm bei seiner alltäglichen Arbeit als Rechtsanwalt begegneten.

> *„Es verpflichtet sich jemand, die ihm verkauften Lampen nicht nach Frankreich weiter zu verkaufen; er tut es doch. Es liefert ein Kaufmann einem anderen einen von ihm fabrizierten Leuchtstoff, der explosive Bestandteile hat, ohne den Käufer darauf aufmerksam zu machen; der Leuchtstoff richtet im Laden des Käufers großen Schaden an. Ein Agent gibt aus Nachlässigkeit unrichtige Berichte über die Solvenz eines von ihm gewonnenen Kunden, ein anderer arbeitet fortgesetzt für ein Konkurrenzgeschäft, obwohl darin nach Lage der Sache eine arge Pflichtverletzung zu erblicken ist. Ein Kommis verkauft aus Fahrlässigkeit weit unter dem Einkaufspreise. Ein Prinzipal gibt seinem Handlungsgehilfen ein unrichtiges Zeugnis auf"* (Positive Vertragsverletzungen, S. 5f.).

Der Versuch, für diese und ähnlich gelagerte Fallkonstellationen eine sachgerechte Lösung zu finden, war der Ausgangspunkt für Staubs Theorie, daß das Recht der Leistungsstörungen eine Regelungslücke enthalte. So seien in den geschilderten Fallkonstellationen weder die besonderen Gewährleistungsregeln des jeweiligen Vertragstyps noch die allgemeinen Vorschriften über Verzug und Unmöglichkeit anwendbar. Insbesondere läge kein Fall des Verzugs vor, da in keinem der Fälle der Schuldner die Leistung, zu der er verpflichtet gewesen sei, unterlassen habe. Vielmehr habe er jedesmal „umgekehrt etwas getan, was hätte unterbleiben sollen; oder es ist zwar die Leistung bewirkt worden, die bewirkt werden sollte, aber sie ist falsch bewirkt worden. Überall liegt also eine Pflichtverletzung nicht durch Unterlassen, sondern durch positives Tun vor" (Positive Vertragsverletzungen, S. 6). Da derartige Fälle einer Vertragsverletzung durch positives Tun, also die „positive Vertragsverletzung", nach

Staubs Ansicht auch nicht unter den Begriff der Leistungsunmöglichkeit subsumiert werden können, liege somit eine Regelungslücke vor. Diese sei in Analogie zu § 286 BGB durch einen allgemeinen Rechtsgrundsatz zu schließen, „wonach derjenige, der eine Verbindlichkeit durch eine positive Handlung schuldhaft verletzt, dem anderen Teil den hierdurch entstehenden Schaden zu ersetzen hat" (Positive Vertragsverletzungen, S. 15).

Damit waren die Voraussetzungen umrissen, wie sie auch heute noch für das Rechtsinstitut der pVV gelten: Zunächst muß der Schuldner eine ihm obliegende Verbindlichkeit schuldhaft verletzt haben. Entgegen der von Staub gewählten Bezeichnung „positive *Vertrags*verletzung" geht es jedoch nicht nur um vertragliche Pflichten, sondern auch um Verpflichtungen aus gesetzlichen Schuldverhältnissen. Dies berücksichtigt der Begriff der „positiven *Forderungs*verletzung" (pFV), der jedoch – obwohl genauer – die inzwischen etablierte Bezeichnung der „positiven Vertragsverletzung" nicht verdrängen konnte.

Dennoch wurde die insoweit ungenaue Bezeichnung, die Staub für seine „Entdeckung" wählte, später als Angriffspunkt für seine Theorie herangezogen. Bereits die von Staub angeführten Beispielsfälle belegen jedoch, daß auch er selbst schon an solche Verpflichtungen dachte, die zwar auf einer vertraglichen Sonderbeziehung beruhen, jedoch nicht ausdrücklich vereinbart wurden, sondern vielmehr gesetzlich angeordnet sind. So bezieht sich Staub in den geschilderten Fallkonstellationen auf die gesetzlichen Pflichten des Handelsvertreters nach § 86 HGB, auf die in § 384 HGB begründeten Pflichten des Kommissionärs oder auf den in § 73 HGB begründeten Anspruch des Handlungsgehilfen gegen seinen Prinzipal auf Erteilung eines Zeugnisses.

Weitaus unglücklicher ist die von Staub gewählte Bezeichnung der pVV jedoch im Hinblick auf den „positiven" Aspekt der Vertragsverletzung. Staub ging tatsächlich davon aus, daß es sich bei den Fällen der positiven Vertragsverletzung um Fallkonstellationen handelt, „in denen jemand eine Verbindlichkeit durch positives Tun verletzt" (Positive Vertragsverletzungen, S. 6). Allerdings zeigt schon das von Staub selbst angeführte Beispiel des Verkäufers, der den Käufer nicht über die Gefahren des von ihm gelieferten explosiven Leuchtstoffs aufklärt, daß eine positive Vertragsverletzung nicht nur durch ein positives Tun, sondern auch durch ein Unterlassen begangen werden kann. Hatte der ansonsten so präzise argumentierende Staub hier etwa übersehen, daß das von ihm gewählte Beispiel, das eigentlich als Beleg für seine These dienen sollte, hierzu im Widerspruch stand?

Die Erklärung für diese vermeintliche Unstimmigkeit in Staubs Gedankengang liegt jedoch auf der Hand. Staub ging es nicht um eine Beschränkung der Haftung auf Vertragsverletzungen durch positives Tun, sondern vielmehr allein um die Abgrenzung der von ihm untersuchten Pflichtverletzungen zu den bereits im BGB geregelten Leistungsstörungen, insbesondere zum Verzug: „Nach § 286 BGB hat der Schuldner dem Gläubiger den durch den Verzug entstehenden Schaden zu ersetzen. Im Verzuge ist, wer eine Leistung unterläßt, zu welcher er verpflichtet ist. Damit ist deutlich und ausreichend Fürsorge getroffen für alle Fälle, wo jemand eine Leistung nicht bewirkt, die er zu bewirken verpflichtet ist, wo jemand unterläßt, was er tun soll" (Positive Vertragsverletzungen, S. 5 ff.). Ausgehend von dieser Definition konnte Staub die von ihm geschilderten Fallkonstellationen vom Verzug abgrenzen: „Ein Verzug liegt nicht vor. Denn in keinem der Fälle ist etwas unterlassen, was der Verpflichtete hätte tun sollen" (Positive Vertragsverletzungen, S. 6). Auch der Verkäufer des explosiven Leuchtstoffs befand sich nicht in Verzug. Er hatte den Leuchtstoff entsprechend seiner vertraglichen Verpflichtung geliefert bzw. er hatte es – mit Staubs Worten – nicht entgegen seiner Vertragspflicht unterlassen, den Leuchtstoff zu liefern. Dies macht deutlich, daß der Begriff der positiven Vertragsverletzungen lediglich der Abgrenzung der Verletzungshandlung zum Verzug dienen sollte und zwar gleichgültig, ob die Pflichtverletzung durch ein positives Tun oder ein Unterlassen begangen wird. Obwohl der Leuchtstoff-Verkäufer eine Pflichtverletzung durch Unterlassen begangen hat, nämlich durch die Nichtaufklärung über die Explosionsgefahr, liegt damit eine positive Vertragsverletzung vor.

In der von Staub vorgenommenen Abgrenzung der Fälle der pVV von den gesetzlich geregelten Leistungsstörungen wird zugleich ihre Subsidiarität als weitere Voraussetzung einer Haftung wegen positiver Vertragsverletzung deutlich. Soweit sich die Pflichtverletzung bereits unter die gesetzlich geregelten Fälle der Leistungsstörungen, also insbesondere unter die Vorschriften zum Verzug und zur Unmöglichkeit, aber auch unter die Gewährleistungsvorschriften des besonderen Schuldrechts, subsumieren läßt, scheidet ein Rückgriff auf den allgemeinen Haftungsgrundsatz der pVV aus.

Dementsprechend kommt nach Staubs Argumentation eine Verpflichtung zum Schadensersatz auch nur dann in Betracht, wenn „diese Rechtsfolge durch Gesetz nicht beseitigt ist" (Positive Vertragsverletzungen, S. 6). Ob dies der Fall ist, muß durch Auslegung der gesetzlichen Leistungsstörungsvorschriften, insbesondere der Gewährleistungsvorschriften des besonderen Schuldrechts, ermittelt werden. Für den wichtigsten Anwendungsbereich, nämlich die schuldhaft mangelhafte Erfüllung eines Kaufvertrags, belegt Staub dies anhand plastischer Beispiele, in denen „der Verkäufer dem Käufer mottige Pelzware, feuchte Lederwaren, wasserdurchtränkten Teer, sauren Wein" liefert. Zwar sehen die kaufrechtlichen Gewährleistungsregeln in diesen Fällen der Lieferung einer mangelhaften Sache das Recht zur Wandlung des Kaufvertrags oder Minderung des Kaufpreises vor. Ein weitergehender Anspruch auf Schadensersatz nach § 463 BGB erfordert aber, daß der Verkäufer eine bestimmte Eigenschaft zugesichert oder den Fehler arglistig verschwiegen hat. Dies war in den von Staub geschilderten Fallkonstellationen jedoch nicht der Fall.

„Aber alle diese Rechte [die kaufrechtlichen Gewährleistungsrechte, Anm. d. Verf.] reichen in den meisten Fällen absolut nicht aus, um den Erfordernissen der Gerechtigkeit zu genügen, nämlich immer dann nicht, wenn dem Käufer durch

die mangelhafte Lieferung bereits ein Schaden erwachsen ist. Der Käufer hat vielleicht infolge der mangelhaften Lieferung seiner eigenen Lieferungsverpflichtung nicht gerecht werden können und wird seinem Abnehmer schadensersatzpflichtig. Oder die mangelhafte Lieferung verdirbt seine eigene Ware und richtet dadurch Schaden an" (Positive Vertragsverletzungen, S. 16f.).

Staub dachte hierbei etwa an den Fall, daß der Verkäufer dem Käufer wurmstichige Äpfel schickt und dadurch die „gesunden Äpfel" des Käufers „infiziert" werden. Gerade für derartige, im Wortsinn „weiterfressende" Schäden hatte Staub damit anschaulich das Bedürfnis nach einer Schadensersatzhaftung des Verkäufers belegt.

Angesichts der bereits bestehenden Regelung in § 463 BGB mußte er den Anwendungsbereich der pVV jedoch mit den gesetzlichen Vorgaben abstimmen. Hierzu stellte er zunächst fest, daß eine Schadensersatzpflicht wegen positiver Vertragsverletzung nicht allein dadurch ausgeschlossen sei, daß bereits durch eine gesetzliche Schadensersatzregelung die Haftung des Verkäufers an strengere Voraussetzungen als das bloße Verschulden geknüpft ist. Staub berief sich dabei auf die bisherige Ansicht der Rechtsprechung und Literatur, daß durch die kaufrechtlichen Gewährleistungsvorschriften „nur die Folgen der mangelhaften Erfüllung, ohne Rücksicht auf die Schuldfrage geregelt werden sollten, daß aber durch die ädilizischen Rechtsmittel die weiteren Rechtsfolgen der auf schuldhafter Pflichtverletzung beruhenden mangelhaften Erfüllung nicht beseitigt sind" (Positive Vertragsverletzungen, S. 17).

Staub erkannte jedoch, daß wegen der Sonderregelung des § 463 BGB, der nur unter den engen Voraussetzungen der Eigenschaftszusicherung bzw. der Arglist eine Schadensersatzpflicht des Verkäufers bei Lieferung einer mangelhaften Sache vorsieht, eine weitergehende Haftung aus positiver Vertragsverletzung ausscheiden mußte, wenn die Pflichtverletzung gerade eine zusicherungsfähige Eigenschaft betraf: „Dabei muß allerdings die Einschränkung gemacht werden, daß der Grundsatz [einer Haftung aus pVV wegen schuldhafter Pflichtverletzung des Verkäufers, Anm. d. Verf.] dort nicht gilt, wo er neben den ädilizischen Rechtsmitteln keinen Raum hat. ... Er gilt z.B. nicht, wenn der Verkäufer eine mit Fehler behaftete Spezies verkauft, ohne den Mangel dolos zu verschweigen und ohne Zusicherung der Mangelfreiheit. Denn in diesen Fällen sind dem Käufer die ädilizischen Rechtsmittel gegeben und nur diese" (Positive Vertragsverletzungen, S. 17). Die zwingende Subsidiarität stellte Staub auch heraus, indem er darauf hinwies, daß er den Rechtsgrund für eine Schadensersatzpflicht wegen schuldhafter Vertragsverletzung lieber den positiven Bestimmungen des BGB entnommen hätte, als auf einen allgemeinen Rechtsgrundsatz zurückgreifen zu müssen: „Denn es ist allerdings mißlich, einen allgemeinen Rechtsgrundsatz von so eminenter praktischer Tragweite in den Bestimmungen des Gesetzbuches zu vermissen und ihn aus dem Geiste und dem Zusammenhange seiner Vorschriften herauszuinterpretieren" (Positive Vertragsverletzungen S. 7).

Trotz dieser Bedenken gegen einen übergesetzlichen Haftungstatbestand, der über die gesetzlich geregelten Fälle hinaus zu einer grundsätzlichen Schadensersatzhaftung wegen schuldhafter Forderungsverletzung führt, ging Staub noch einen Schritt weiter. Er hatte erkannt, daß die bloße Verpflichtung zum Schadensersatz nicht in allen Fällen als Rechtsfolge ausreicht: „Aber mit diesem Rechtsgrundsatz ist dem Verkehr noch immer nicht gedient. ... Die bloße Auferlegung dieser Schadensersatzpflicht entspricht so wenig dem Rechtsgefühl, daß man auch die weitergehenden Rechte auf Rücktritt oder auf Schadensersatzpflicht wegen Nichterfüllung des ganzen Vertrages ohne weiteres zu gewähren geneigt ist, ohne sich über den Rechtsgrund dieser Gewährung klar zu werden" (Positive Vertragsverletzungen, S. 18).

Staub dachte hierbei insbesondere an Dauerschuldverhältnisse und Sukzessivlieferungsverträge. Um seine Gedankenführung zu verdeutlichen, stellte er zunächst wieder einige „unmittelbar dem Rechtsleben entnommene" Beispielsfälle voran, deren Auswahl und

Darstellung erneut Staubs Talent belegen, auch komplizierte Rechtsprobleme verständlich und klar darzustellen:

> *Ein Gastwirt verpflichtet sich auf Jahre hinaus, sein Bier von einer bestimmten Brauerei zu beziehen, die Brauerei verpflichtet sich, es ihm fortgesetzt zu liefern. Er erhält trotz wiederholter Beanstandungen einen Monat hindurch schlechtes Bier. Ist er immer wieder nur darauf angewiesen, das Bier unverzüglich nach der Lieferung zu rügen, es zur Verfügung zu stellen, und bestenfalls ... Schadensersatz wegen jeder schuldhaft mangelhaften Lieferung zu fordern? Aber inzwischen geht seine ganze Wirtschaft zu Grunde. Sollte es ihm verwehrt sein, von dem ganzen Vertrag zurückzutreten? Wer ist nicht geneigt, ihm dieses Recht zu gewähren, ja sogar nach seiner Wahl auch Schadensersatz wegen Nichterfüllung des ganzen Vertrages?*
> *Der Besitzer einer Badeanstalt hat einen Kohlenlieferungsvertrag geschlossen, wonach der Kohlenhändler dem Besitzer der Badeanstalt während des ganzen Sommers täglich eine Quantität Kohlen zu liefern hat. Die Lieferung beginnt im April, drei Wochen hintereinander fallen die Kohlen schlecht aus, die Badeanstalt kann bei solcher Kohlenlieferung nicht in ordnungsmäßigem Betrieb gehalten werden. Soll der Besitzer der Badeanstalt nicht berechtigt sein, von dem Vertrage zurückzutreten oder Schadensersatz wegen Nichterfüllung des Vertrages zu wählen, sondern immer nur die tägliche Kohlenlieferung zu bemängeln? Hier müßten dem betroffenen Vertragspartner neben dem Anspruch auf Ersatz des Schadens, der durch die konkrete Vertragsverletzung eingetreten ist, auch die Rechte aus § 326 BGB zustehen, wenn durch die Vertragsverletzung die Verwirklichung des gesamten Vertrages gefährdet ist"* (Positive Vertragsverletzungen, S. 18 f.).

Demzufolge hat der vertragstreue Gläubiger nach Staubs Lösungsansatz bei einer schuldhaften Forderungsverletzung, die nicht bereits von den Vorschriften über die Leistungsunmöglichkeit oder den Verzug erfaßt wird, ein dreifaches Wahlrecht: Grundsätzlich kann er am Vertrag festhalten und lediglich Schadensersatz wegen der jeweiligen Vertragsverletzung fordern. Sofern die Vertragserfüllung aber kein Interesse mehr für den vertragstreuen Teil hat bzw. wenn die Vertragsverwirklichung durch die Vertragsverletzung gefährdet ist, kann er auch Schadensersatz wegen Nichterfüllung des gesamten Vertrags unter Ablehnung der noch geschuldeten Leistungen verlangen oder vom Vertrag zurücktreten. Damit hatte Staub seinen Rechtsgrundsatz über die positiven Vertragsverletzungen vervollständigt. Neben den „einfachen" positiven Vertragsverletzungen, die durch eine entsprechende Anwendung von § 286 BGB zur Schadensersatzpflicht des Schuldners führen, konnten in Anlehnung an § 326 BGB nun auch die Fälle der Leistungsstörungen bei Dauerschuldverhältnissen sach- und interessengerecht gelöst werden.

II. Staubs These – eine spontane Erhellung?

Staub hatte also einen präzisen Rechtsgrundsatz formuliert, der sowohl die Voraussetzungen als auch die Rechtsfolgen einer Haftung wegen positiver Vertragsverletzung beschrieb. Vor allem aber hatte Staub ein handhabbares Werkzeug geschaffen, das der Rechtspraxis eine interessengerechte, am Gesetz orientierte Lösung der nicht ausdrücklich im BGB geregelten Fälle der Leistungsstörungen ermöglichte.

Doch handelt es sich bei dem von Staub gefundenen Lösungsweg überhaupt um eine juristische Entdeckung? Ist Staub tatsächlich der „juristische Entdecker" des heute allgemein anerkannten Rechtsinstituts der positiven Vertragsverletzungen? Nach Dölle liegt das wesentliche einer Entdeckung nämlich nicht allein darin, „daß sie gerade in einem bestimmten Bereich bisher verborgene Gesetzlichkeiten ans Licht der Erkenntnis bringt, sondern es liegt in dem Wesen des entdeckenden Aktes selbst, eben in ihrer das bisherige geistige Dunkel erhellenden Leuchtkraft" (Dölle, Juristische Entdeckungen). Allein der schöpferische Erkenntnisakt verleiht einer Einsicht demzufolge noch nicht den Charakter einer Entdeckung. Hinzutreten muß vielmehr „ein gewisses Maß von Spontaneität, das es gestattet, die konkrete Leistung des Entdeckers als selbständigen erkenntnisfördernden Akt zu bestimmen, und zweitens ein gewisses Maß von Wirkung, dergestalt, daß unser Denken auf Grund der neuen Erkenntnis auf neue Grundlage gestellt und auf neue Wege gewiesen wird."

Als Staub 1902 zum ersten Mal „Über die positiven Vertragsverletzungen und ihre Rechtsfolgen" schrieb, hatte er sich bereits mehrere Jahre als Rechtsanwalt mit genau den Fällen befaßt, die er nun anhand der neuen Rechtslage untersuchte. Bei den von Staub geschilderten Fällen handelte es sich also nicht um konstruierte und damit praxisferne Fallkonstellationen, sondern um Probleme des täglichen Wirtschaftslebens. Auch hatte sich Staub auf der Suche nach einer praxisgerechten Lösung, die auch einer wissenschaftlichen Überprüfung standhält, in seinem Schwerpunktgebiet schon eingehend mit der Haftungsproblematik beschäftigt. Bereits in seinem Kommentar zum Handelsrecht postulierte Staub zu § 347 HGB den allgemeinen Rechtsgrundsatz, „daß die Rechtsfolge der schuldhaften Verletzung einer bestehenden Verbindlichkeit in der Verpflichtung zum Schadensersatz besteht, sofern diese Rechtsfolge durch Gesetz nicht beseitigt ist."

Damit erscheint es aber auf den ersten Blick fraglich, ob Staubs Erkenntnis, daß auch dem insoweit unvollständigen BGB ein entsprechender Rechtssatz zugrunde liegen müsse, tatsächlich das Resultat einer erhellenden Spontaneität im Sinne Dölles ist. Zwar hat Staub dem Kind einen Namen gegeben. Doch hat seine Theorie von den positiven Vertragsverletzungen wirklich die Erhellung einer juristischen Entdeckung erbracht?

III. „Sklavische" Grundsätze im römischen Recht

Wie Staub in seinen „Positiven Vertragsverletzungen" feststellte, kamen und kommen die von ihm untersuchten Fälle „im Rechtsleben tausendfach vor". Die sich hieraus ergebenden Rechtsfragen stellten sich deshalb nicht erst mit dem Inkrafttreten des BGB, sondern hatten bereits die bisherige Rechtspraxis beschäftigt. So lassen sich die Wurzeln der positiven Vertragsverletzung bis zum römischen Recht zurückverfolgen.

Die Römer kannten von den heutigen Tatbeständen der Leistungsstörungen zwar nur den Verzug (mora) als technischen Begriff. Für alle sonstigen „Obligationsverletzungen" außerhalb der „mora" und damit auch für die positive Vertragsverletzung existierten im klassischen römischen Recht hingegen noch keine objektiven Kategorien, so wie wir sie heute kennen. Vielmehr entwickelten die römischen Juristen das Recht intuitiv am konkreten Einzelfall. Im Vordergrund stand dabei das Aktionendenken. Hiernach war für den Inhalt einer Verpflichtung des Schuldners (Obligation) die zu ihrer Durchsetzung bestimmte Klageart (actio) entscheidend, deren Formel nicht nur die Rechtsfolge, sondern auch die Voraussetzungen für eine Verurteilung des Schuldners nannte. Welches Schuldnerverhalten vom Richter im Einzelfall als Verletzung einer Obligation, also als „Forderungsverletzung", berücksichtigt werden konnte, richtete sich nach der jeweiligen Klageformel. Entsprechende Klagearten existierten als sog. „strenge Klagen" auf Leistung oder Herausgabe der geschuldeten Sache. Bei Schuldnerverzug, nachträglicher Unmöglichkeit und Schlechtleistung sahen diese Klagen jedoch lediglich die Verurteilung zum Wertersatz der geschuldeten Sache vor. Für einen Schadensersatzanspruch im heutigen Sinne war bei den strengen Klagen hingegen kein Raum.

Daneben kannte man aber auch die sog. „freien Klagen" mit einer „formula incerta". Da hier der verlangte Leistungsgegenstand nicht wie bei den strengen Klagen fest umschrieben war, sondern der richterlichen Feststellung überlassen blieb, waren Schadensersatzansprüche wegen schuldhafter Leistungsstörung nicht von vornherein ausgeschlossen. Vielmehr haftete der Schuldner sowohl für Verzug als auch für jede Nicht-, Teil- und Schlechterfüllung seiner Hauptleistungspflicht. Bei der Klageart der „bonae fidei iudicia", die neben der Hauptverpflichtung auch sekundäre Treu- und Sorgfaltspflichten einschloß, konnte der Richter auch die Verletzung von Nebenpflichten berücksichtigen und den Schuldner deshalb zur Schadensersatzleistung verurteilen. Die „bonae fidei iudicia" berücksichtigten damit alle Arten der Obligationsverletzungen einschließlich der Fälle der positiven Forderungsverletzungen. So verlangte der Grundsatz der „bona fides" vom Verkäufer, daß er nicht nur die geschuldete Sache liefert, sondern darüber hinaus alles tut, was die Erreichung des Vertragszwecks fördert und alles unterläßt, was der „guten Treue" und der ordnungsgemäßen Vertragserfüllung zuwiderläuft.

Diese Urform der positiven Forderungsverletzung belegt folgender aus dem (damaligen) Rechtsleben gegriffener Fall, dessen rechtliche Konstruktion – freilich nur diese! – auch heute noch aktuell ist. Ein Sklavenhändler verkauft seinem Kunden wissentlich einen entlaufenen und überdies auch noch diebischen Sklaven. Dieser entwendet Gegenstände seines Eigentümers und verleitet außerdem die anderen Sklaven des Käufers zur Flucht. Hier ist neben dem Äquivalenzinteresse – der verkaufte Sklave ist nach heutigem Verständnis „fehlerhaft" – auch das Integritätsinteresse des Käufers verletzt, da der Käufer durch das Verhalten der „Kaufsache" auch einen Folgeschaden in seinem sonstigen Vermögen erleidet.

Da eine gesetzliche Haftungsregelung für das arglistige Verhalten des Verkäufers seinerzeit noch nicht existierte, liegt somit eine „klassische" pVV vor. Nach den Digesten 19,1,13,2 (Ulpianus 32 ad ed.) haftete der Verkäufer schon nach römischen Recht auch auf das Interesse des Käufers, nicht getäuscht zu werden. Damit waren auch Folgeschäden erfaßt, die erst infolge der Schlechtleistung (hier: Lieferung des „mangelhaften" Sklaven) entstanden. Diese Folgeschäden konnten schließlich mit der römischen Version der pVV, mit der

Vertragsklage der „bonae fidei iudicia", verlangt werden. Ohne daß es eines Rückgriffs auf eine Deliktsklage bedurft hätte, stand damit dem Käufer schon nach römischem Recht ein vertraglicher Schadensersatzanspruch wegen positiver Vertragsverletzung zu.

IV. Rotzige Pferde und das Allgemeine Landrecht

Vom Einfluß des römischen Rechts geprägt, gab es auch im „Allgemeinen Landrecht für die Preußischen Staaten" (ALR), dem Vorgänger des BGB, den Grundsatz, daß jede schuldhafte Vertragsverletzung zum Schadensersatz verpflichtet. Eine ausdrückliche gesetzliche Regelung fand sich in § 277 (I, 5): „Wer bei Erfüllung eines Vertrages ein grobes Versehen sich zu Schulden kommen läßt, ist in allen Fällen zum Schadensersatz verbunden." Diese Vorschrift wurde ergänzt durch § 285 (I, 5): „Wer bei Abschließung oder Erfüllung des Vertrages seine Pflichten vorsätzlich, oder aus grobem Versehen verletzt hat, muß dem Andern sein ganzes Interesse vergüten." Zusammen mit den Sondervorschriften zu den einzelnen Vertragstypen waren damit alle Vertragsverletzungen gesetzlich erfaßt, insbesondere auch die Fälle der Schlechtleistung und sonstiger positiver Vertragsverletzungen.

Bereits vor Inkrafttreten des BGB und schon vor Staubs „Entdeckung" der positiven Vertragsverletzungen war deshalb eine sachgerechte Lösung des – in der Sache schon bekannten – Phänomens der pVV möglich. Dies belegt auch die Rechtsprechung vor 1900. So ging das OAG Jena in seinem Urteil vom 10. Februar 1842 (Seuff. Arch. 7 (1854), 31 Nr. 25) von einer vertraglichen Haftung des arglistigen Verkäufers auch für Schäden aus, die an anderen Rechtsgütern des Käufers durch die fehlerhafte Kaufsache verursacht wurden. Zwar handelte es sich bei der „fehlerhaften Sache" diesmal nicht mehr um einen diebischen Sklaven. Die Parallelen zu Ulpian, D. 19, 1, 13, 1, die das Gericht ausdrücklich hervorhebt, zeigen jedoch, daß die Grundsätze des römischen Rechts zur „antiken" pVV immer noch Gültigkeit besaßen. Dies bestätigt auch die Entscheidung des Preußischen Obersten Tribunal vom 10. Januar 1867 (Striethorst, 64, 24), in der es um die Haftung eines Pferdeverkäufers ging, dessen verkauftes Pferd rotzkrank war und zwei andere Pferde des Käufers ebenfalls mit Rotz ansteckte. Zwar war in derartigen Fallkonstellationen die Anwendung des Deliktsrechts durch § 17 (I, 6) ALR ausgeschlossen, jedoch hatte der Käufer einen vertraglichen Schadensersatzanspruch gegen den Käufer auf Erstattung der „Kurkosten" für die tierärztliche Behandlung seiner angesteckten Pferde.

Lange bevor Staub vergleichbare Fallkonstellationen mit wurmstichtigen Äpfeln, mottiger Pelzware und saurem Wein für das BGB untersuchte, hatte die Rechtsprechung also bereits eine sachgerechte Lösung für diebische Sklaven, rotzige Pferde und ähnlich gelagerte Fälle gefunden. Weitere Parallelen finden sich auch im Bereich des Handelsrechts, das für den wirtschaftsrechtlich orientierten Praktiker Staub von besonderer Bedeutung war. So hatte die Rechtsprechung bereits 1870 eine Schadensersatzpflicht des vertragswidrig ausscheidenden Handlungsgehilfen bejaht, der den Prinzipal durch Begründung eines Konkurrenzgeschäfts schädigte (ROHG I, 37 ff., Urteil vom 03.01.1870). Genau diese Fallkonstellation untersuchte Staub dreißig Jahre später noch einmal als positive Vertragsverletzung und kam dabei zwangsläufig zu demselben Ergebnis, das die Rechtsprechung schon Jahre zuvor gefunden hatte.

V. Positive Vertragsverletzungen im BGB

Nun stammte die bisherige Rechtsprechung jedoch aus der Zeit vor dem Inkrafttreten des BGB, während sich Staub mit der neuen Rechtslage nach dem 01. Januar 1900 beschäftigte. Zwar bestand auch nach Inkrafttreten des BGB Einigkeit über das Ergebnis einer positiven Vertragsverletzung, nämlich über die von Staub aufgezeigte Schadensersatzhaftung des Schuldners sowie die Rücktrittsmöglichkeit des Gläubigers bei Sukzessivverträgen und Dauerschuldverhältnissen. So hatte bereits das Reichsgericht in seiner Entscheidung vom 17. Dezember 1901 den von Staub später als Beispiel aufgegriffenen Fall der Schlechtlieferung im Rahmen eines Bierlieferungsvertrags behandelt: „Es hat deshalb als selbstverständlich bedungen zu gelten, daß fortgesetzt gut zu liefern und andernfalls der Rücktritt gestattet sei" (DJZ 1902, S. 118). Das Ergebnis war im Hinblick auf die bisherige Rechtslage gewiß „selbstverständlich". Auf eine Herleitung seines Ergebnisses aus dem BGB hatte das Reichsgericht jedoch aus guten Gründen verzichtet. Denn anders als im ALR fand sich im BGB keine ausdrückliche allgemeine Haftungsanordnung, unter die sich die Fälle der positiven Vertragsverletzungen subsumieren ließen.

Die Redaktionskommission war insoweit von dem ersten Entwurf des § 224, dem späteren § 276 BGB, abgewichen. So hieß es in der Vorlage zu § 224 noch, der Schuldner sei verpflichtet, „die nach dem Schuldverhältnis ihm obliegende Leistung vollständig zu bewirken. Er haftet nicht nur wegen vorsätzlicher, sondern auch wegen fahrlässiger Nichterfüllung seiner Verbindlichkeit." Diesem Vorschlag lag ein weiter Leistungsbegriff zugrunde, der nach den Vorstellungen der „Väter des BGB" ursprünglich das gesamte Verhalten innerhalb eines Schuldverhältnisses als sog. „Obligationenprogramm" umfaßte. Eine Störung dieses Programms, z.B. durch Schlechtleistung oder sonstige Vertragsverletzungen, machte die geforderte Leistung „unmöglich". Die praktisch nur selten vorkommende Unmöglichkeit war damit – entsprechend der Dogmatik des Gemeinen Rechts – der Grundtatbestand des Leistungsstörungsrechts des BGB. Ausgehend von diesem – auf Friedrich Mommsen zurückgehenden – weiten Unmöglichkeitsbegriff, der jede quantitative, qualitative, örtliche und zeitliche Unmöglichkeit umfaßte, hätte § 224 E I somit eine allgemeine Haftungsanordnung auf Schadensersatz beinhaltet, die auch Fälle der positiven Forderungsverletzung als „Unmöglichkeit" der ordnungsgemäßen Leistung behandelte.

Die Redaktionskommission formulierte jedoch § 224 E I in den heutigen § 276 BGB um; dieser enthält keine Aussage darüber, wie der Schuldner seine Leistung zu erbringen hat, und er spricht auch nicht mehr von einer „Haftung" des Schuldners, sondern von einem „Vertretenmüssen". Wie die Untersuchungen Himmelscheins und Hecks belegen, sollte durch die überarbeitete Fassung vor allem der deutliche Vorrang der Primärerfüllung vor einem Schadensersatzanspruch als lediglich sekundäre Haftung unterstrichen werden. Der Schuldner sollte damit nicht sofort auf Schadensersatz „haften", sondern grundsätzlich erst die geschuldete Leistung erbringen, wobei er jedoch schon im Rahmen seiner Primärschuld für Vorsatz und Fahrlässigkeit einzustehen hat. Überdies sollte durch den Haftungsmaßstab des § 276 I BGB klargestellt werden, daß die Haftung des Schuldners nicht – wie bisher im ALR – von der Schwere des Verschuldens abhängt. Unklar blieb jedoch, ob § 276 I BGB darüber hinaus selbständig eine allgemeine Verschuldenshaftung auf Schadensersatz begründet oder ob dies durch die Neuformulierung von § 224 E I gerade verhindert werden sollte.

Damit bestanden grundsätzlich zwei Möglichkeiten, die Haftung für positive Vertragsverletzungen unmittelbar aus dem BGB herzuleiten: Einerseits die von einem Teil des Schrifttums und vom Reichsgericht vertretene Ansicht, § 276 BGB enthalte eine Haftungsanordnung und begründe deshalb unmittelbar eine Schadensersatzpflicht; andererseits die vor allem im Schrifttum befürwortete Theorie, daß die Fälle der positiven Vertragsverletzungen zur Unmöglichkeit oder wenigstens zur Teilunmöglichkeit der Leistung führten und deshalb von § 280 BGB erfaßt würden. Der Schwerpunkt der Arbeit Staubs lag nun in dem Nachweis, daß weder die eine noch die andere Herleitung möglich sei, sondern daß vielmehr eine planwidrige Regelungslücke im BGB bestehe, die durch eine Analogie zu §§ 286, 326 BGB zu schließen sei.

VI. Die Gefühlstheorie

„Man ist den Verfassern des B.G.B. weder eine bewußte,
noch eine unbewußte Anwendung eines solchen Rezeptes
zu imputieren berechtigt."

Die von C. Crome in seinem „System des Deutschen Bürgerlichen Rechts" und dem Reichsgericht bis zuletzt vertretene Theorie, daß § 276 I BGB eine Haftungsanordnung enthalte und damit unmittelbar eine Schadensersatzpflicht begründe, ist für Staub die „einfachste Theorie", nämlich eine reine „Gefühlstheorie": „Das ist diejenige Theorie, die dem Juristen im Gefühle liegt, jene Theorie, die es bewirkt, daß man in Fällen der hier in Rede stehenden Art die Schadensersatzpflicht ausspricht, ohne sich Gedanken über ihren Rechtsgrund zu machen" (Positive Vertragsverletzungen, S. 7).

Staub konnte freilich nicht ahnen, daß er mit seiner „Entdeckung" der pVV genau diesen Zustand einer „Gefühlsjurisprudenz" etwa 100 Jahre später wieder herbeiführen würde. So macht sich heute die Rechtspraxis kaum noch Gedanken über den Hintergrund der pVV, sondern setzt diese – zumeist stillschweigend – als gewohnheitsrechtliche Haftungsgrundlage voraus, wobei der Umfang und die Reichweite einer Haftung wegen positiver Vertragsverletzung den „Umständen des Einzelfalls" und damit dem „Rechtsgefühl" angepaßt wird. Staub lehnte die auf § 276 I BGB als unmittelbare Haftungsanordnung gestützte „Gefühlstheorie" jedoch ab.

„Indessen ist es ein falsches Gefühl, welches dieser Theorie zugrunde liegt. Der § 276 B.G.B. gibt nichts weiter als eine Definition der zivilrechtlichen Schuld. Zivilrechtlich schuldhaft handelt, ‚zu vertreten hat', wer vorsätzlich oder fahrlässig handelt. ... Nichts hat dem Gesetzgeber ferner gelegen, als in § 276 B.G.B. den Grundsatz auszusprechen: Eine Handlung oder Unterlassung vertreten heißt: den aus der Handlung oder Unterlassung entstehenden Schaden ersetzen zu müssen. Dann wäre ja z.B. § 286 B.G.B. gänzlich überflüssig. Denn da nach § 285 B.G.B. Verzug vorliegt, wenn der Verpflichtete die ihm obliegende Handlung vertretbarer Weise zu bewirken unterläßt, so würde sich daraus ohne weiteres die Schadensersatzpflicht ergeben. Wozu sollte dann noch der § 286 B.G.B bestimmen: Der Schuldner hat dem Gläubiger

> *den durch den Verzug entstehenden Schaden zu ersetzen?*
> *Der § 276 B.G.B. enthält also den Schlüssel nicht"*
> *(Positive Vertragsverletzungen, S. 7 f.).*

In der zweiten Auflage seiner „Positiven Vertragsverletzungen", die er 1904 noch kurz vor seinem Tod fertigstellte, ergänzte Staub diese Argumentation durch den Hinweis, daß nach der Gefühlstheorie neben § 286 auch § 280 BGB entbehrlich wäre:

> *„Diese beiden Vorschriften wären überflüssig, jede von ihnen enthalte eine Tautologie, wenn es wahr wäre, daß Vertretenspflicht und Schadensersatzpflicht identische Begriffe sind. Denn dann würde sich die Schadensersatzpflicht schon aus § 276 ergeben. In solcher Tautologie läge eine arger Verstoß gegen die Regeln der Gesetzestechnik, während sich nach unserer Auffassung jene speziellen Schadensersatznormierungen keineswegs als überflüssig erweisen"*
> *(Positive Vertragsverletzungen, S. 33).*

E. Eck, einem Vertreter der Gefühlstheorie, der diese Unstimmigkeit zwar erkannte, hierin jedoch keinen Widerspruch sah, hielt Staub entgegen:

> *„Aber er tröstet sich mit dem Spruche: ‚Doppelt hält besser'. Indessen gibt es keinen Satz, der mehr den Regeln moderner Gesetzestechnik und besonders derjenigen widerspricht, welche die Schöpfer des B.G.B. befolgt haben. Man ist den Verfassern des B.G.B. weder eine bewußte, noch eine unbewußte Anwendung eines solchen Rezeptes zu imputieren berechtigt"*
> *(Positive Vertragsverletzungen, S. 33).*

VII. pVV und Unmöglichkeit

> *„Was ich gestern leisten sollte und gestern nicht geleistet habe, das kann ich unmöglich noch gestern leisten."*

Auch mit der Ansicht, die von ihm angeführten Fälle der positiven Vertragsverletzungen seien als (Teil-)Unmöglichkeit bereits von § 280 I BGB erfaßt, setzte sich Staub ausführlich auseinander. Im Anschluß an Titze vertraten vor allem Goldmann und Lilienthal in ihrer systematischen Darstellung des BGB einen weiten Leistungsbegriff, der eine in jeder Hinsicht ordnungsgemäße Leistung umfasse. Demzufolge mache es sich der Schuldner selbst unmöglich, die Leistung noch ordnungsgemäß zu erbringen, wenn er eine Vertragspflicht verletze. Staub beschrieb diesen Ansatz wie folgt:

„Die Unmöglichkeit der Leistung könne sich nun auf jeden Bestandteil der Leistung beziehen, auf den Gegenstand der Leistung, die Zeit der Leistung und den Ort der Leistung. Habe die geschuldete Leistung nicht diejenigen Eigenschaften, welche sie nach dem Inhalte des Schuldverhältnisses haben müsse, werde eine Handlung nicht so geleistet, wie sie geschuldet werde, so sei die Leistung insoweit unmöglich, als die Sache oder die Leistung nicht dem Inhalte des Schuldverhältnisses entspreche" (Positive Vertragsverletzungen, S. 8 f.).

Nach Goldmann/Lilienthal waren somit auch die Fälle der Schlechterfüllung und der Lieferung einer mangelhaften Sache von den Vorschriften über die Unmöglichkeit erfaßt:

„Habe z.B. eine vom Verkäufer zu liefernde Sache einen Mangel, so sei die vertragsgemäße Leistung unmöglich; stelle ein Gesellschafter eine falsche Bilanz auf, so sei die Aufstellung der richtigen Bilanz unmöglich. Meist werde es sich hier nur um eine zeitweise Unmöglichkeit handeln. Die Aufstellung der richtigen Bilanz bleibe möglich; aber auch wenn sie später erfolge, so bleibe sie doch für die vorhergesehene Zeit, in der sie hätte erfolgen müssen, unmöglich" (Positive Vertragsverletzungen, S. 8 f.).

Noch weiter ging Schöller in seinem Aufsatz „Die Folgen schuldhafter Nichterfüllung", veröffentlicht in „Gruchot's Beiträgen"

(Band 46/1902). Er sah bereits in jeder Zuwiderhandlung gegen eine vertragliche Unterlassenspflicht eine dauerhafte Unmöglichkeit, nämlich die Unmöglichkeit der auf Unterlassen gerichteten Leistung. Hierdurch werde auch die Schlechterfüllung als „positive", gegen eine Unterlassenspflicht verstoßende Vertragsverletzung erfaßt. Erfülle der Schuldner mangelhaft, so habe er das „Andersleisten unterlassen". Damit sei eine ordnungsgemäße Leistung dauerhaft unmöglich geworden, da sich die Zuwiderhandlung nicht ungeschehen machen lasse.

Staub hielt der Theorie von der Teilunmöglichkeit entgegen, daß sie den „Eindruck des Geschraubten und Gekünstelten" erwecken würde. Überdies widerspräche die Ansicht, daß eine „zeitweise Unmöglichkeit" dem Begriff der Unmöglichkeit unterfalle, der Systematik des Gesetzes.

„Wäre es richtig, so wäre die ganze Lehre vom Verzug überflüssig. Verzug liegt ja gerade dann vor, wenn die Erfüllungszeit abgelaufen und noch nicht erfüllt ist. Wäre das Unmöglichkeit der Erfüllung im Sinne des B.G.B., was hätte dann der § 326 B.G.B. für einen Zweck und für eine Bedeutung? Der Gesetzgeber unterscheidet doch gerade Unmöglichkeit der Erfüllung - das sind die Fälle, wo der Verpflichtete die Leistung nicht bewirken kann - und Erfüllungsverzug - das sind die Fälle, wo er sie zwar bewirken kann, sie aber gleichwohl über die Erfüllungszeit hinaus verzögert. Diesen Gegensatz darf man nicht dadurch verwischen, daß man von ‚zeitweiser Unmöglichkeit' spricht, wenn zur Erfüllungszeit nicht erfüllt wird" (Positive Vertragsverletzungen, S. 13).

In der zweiten Auflage seiner „Positiven Vertragsverletzungen" stellte Staub klar: „Dann wäre ja der Verzug eine ‚zeitliche Unmöglichkeit': Was ich gestern leisten sollte und gestern nicht geleistet habe, das kann ich unmöglich noch gestern leisten. Es läge auch hier ein arger Verstoß gegen die einfachsten Regeln der Gesetzestechnik vor, den man, wie gesagt, den Schöpfern des B.G.B. nicht vorwerfen darf" (Positive Vertragsverletzungen, S. 36). In seinem Bemühen um eine möglichst praxisnahe Argumentation untermauerte der Praktiker Staub seine systematischen Bedenken gegen die Theorie von der Teilunmöglichkeit durch plastisch geschilderte Beispiele aus seinem Alltag als Rechtsanwalt:

> *„Ist hiernach die Erklärung von Goldmann und Lilienthal so gewunden und unnatürlich, daß man nicht annehmen kann, sie liege dem Gesetz zu Grunde, so kommt noch hinzu, daß sie auch sachlich das Richtige nicht trifft. Ein einfaches Beispiel soll dies zeigen. Ein Gesellschafter, dem die Bücherführung obliegt, hat innerhalb der ersten drei Monate des Geschäftsjahres die Bilanz aufzustellen. Je nach dem Ausfall der Bilanz werden geschäftliche Dispositionen getroffen. Schon in den ersten zwei Wochen stellt der bücherführende Geschäftsführer freudestrahlend eine höchst günstige Bilanz auf, die anderen Gesellschafter treffen daraufhin entsprechende geschäftliche Dispositionen. Vierzehn Tage später stellt sich heraus, daß der bücherführende Gesellschafter aus grober Fahrlässigkeit eine falsche Bilanz aufgestellt hat. Er legt jetzt die richtige Bilanz vor. Die wahre Vermögenslage ist bei weitem nicht so günstig, wie sie nach der ersten Bilanz schien, die daraufhin getroffenen geschäftlichen Dispositionen waren verfehlt und schadenbringend. ... Nach Goldmann und Lilienthal liegt Unmöglichkeit der Erfüllung vor. Der Gesellschafter hat eine falsche Bilanz aufgestellt, und deshalb ist die Aufstellung der richtigen Bilanz unmöglich. Das ist doch nicht richtig. Die Aufstellung der richtigen Bilanz war von vorneherein möglich. ... Aber jetzt, das ist der Gedankengang von Goldmann und Lilienthal, nachdem er einmal die falsche Bilanz aufgestellt hat, ist ihm die Aufstellung der richtigen Bilanz unmöglich. Auch das ist nicht der Fall. Sie ist ihm durchaus möglich, und er hat sie auch nachträglich richtig aufgestellt" (Positive Vertragsverletzungen, S. 10ff.).*

Noch anschaulicher schildert Staub einen Fall, in dem es um den Gesundheitszustand von Äpfeln geht:

> *Der Verkäufer schickt dem Käufer wurmstichige Äpfel. Dadurch werden die gesunden Äpfel des Käufers angesteckt und es entsteht ihm ein großer Schade. Dem Verkäufer, der kranke und gesunde Äpfel hatte, war es keineswegs unmöglich, gesunde Äpfel zu schicken, er hat dennoch kranke Äpfel geschickt. Auch nachdem er kranke Äpfel geschickt hatte, war es ihm nicht unmöglich, statt ihrer gesunde Äpfel zu schicken; auch ‚zeitweise Unmöglichkeit' liegt nicht vor, da er die Äpfel lange vor dem Ablauf der vereinbarten Erfüllungszeit geschickt und daher sehr wohl noch imstande war, auch zeitlich seiner Verpflichtung nachträglich zu genügen. Wenn er gleichwohl auf Schadensersatz haftet, so muß dies also einen anderen Rechtsgrund haben als Unmöglichkeit"*
> *(Positive Vertragsverletzungen, S. 12).*

Den gesuchten „anderen Rechtsgrund" hatte Staub mit den Grundsätzen über die positiven Vertragsverletzungen gefunden.

VIII. Staubs Leistung

Staub hatte also belegt, daß weder § 276 I BGB noch die Vorschriften über die Unmöglichkeit als Rechtsgrund für eine Schadensersatzhaftung des Schuldners in den von ihm geschilderten Fällen der positiven Vertragsverletzung in Betracht kamen. Gleichzeitig hatte er zur Ausfüllung der von ihm „entdeckten" Regelungslücke einen Rechtssatz formuliert, der dem praktischen Bedürfnis nach einer handhabbaren Lösung dieser Fälle entsprach.

Staubs Theorie ist zwar im Ergebnis keine Neuheit, sondern setzt vielmehr die lange Rechtstradition einer allgemeinen vertraglichen Verschuldenshaftung fort. Staubs Verdienst liegt jedoch darin, daß er auch nach Inkrafttreten des BGB, das eine derartige Verschuldenshaftung nicht ausdrücklich regelt, einen entsprechenden Rechtsgrundsatz gefunden hat, der nicht im systematischen Widerspruch mit geltendem Recht steht, sondern – durch Staubs Analogie zu §§ 286, 326 BGB – hieran anknüpft. Damit hat Staub einen in der Rechtsgenese begründeten und auch noch nach dem 01. Januar 1900 gültigen Grundsatz im BGB *wiederentdeckt*. Überdies ist es ihm zu verdanken, daß sich die Diskussion von der unmittelbaren Auslegung der Begriffsjurisprudenz hin zu Schutzwürdigkeitsabwägungen im Sinne einer Interessenjurisprudenz verlagert hat. So hat Staub durch seine lebhafte und durch zahlreiche Beispiele illustrierte Problemdarstellung die Grundlagen einer vertraglichen Verschuldenshaftung, die sich in erster Linie am Schutzinteresse der Parteien orientiert, herausgestellt. Vor allem aber hat Staub die Wurzeln der im BGB nicht eindeutig geregelten Verschuldenshaftung „freigelegt" und sowohl die Voraussetzungen einer Haftung wegen positiver Vertragsverletzung als auch ihre Rechtsfolgen in Einklang mit dem kodifizierten Leistungsstörungsrecht gebracht. Gerade hierin kann auch die von Dölle für eine juristische Entdeckung geforderte „erhellende Leuchtkraft" gesehen werden. Staub hat die noch vorhandenen Schatten des lückenhaften Leistungsstörungsrechts des BGB durch seinen Rechtssatz von den positiven Vertragsverletzungen ausgeleuchtet.

C. Die Rezeption

Kaum eine juristische Idee hat so viele kontroverse Diskussionen ausgelöst wie Hermann Staubs Monographie über die positiven Vertragsverletzungen. Als Gegenstand zahlreicher rechtswissenschaftlicher Publikationen hat Staubs Ansatz ebenso überschwengliches Lob wie harsche Kritik erhalten. Den Durchbruch seiner Theorie hat Staub indessen nicht mehr erlebt. In der zweiten Auflage seiner „Positiven Vertragsverletzungen", die er im Krankenbett kurz vor seinem Tod 1904 fertigstellte, konnte er jedoch noch zu den ersten Reaktionen auf seine Theorie Stellung nehmen. So schreibt Staub im Vorwort zur zweiten Auflage: „Inzwischen sind dieser Lehre mächtige Gegner, aber auch angesehene Freunde erstanden. Das bot mir den willkommenen Anlaß zu weiteren Ausführungen, die den Zweck verfolgen, jene praktisch so wichtige Lehre zu verteidigen, zu vertiefen und weiter auszubilden."

In den zwei Jahren seit Erscheinen der ersten Auflage hatten sich sowohl das Reichsgericht als auch die Literatur mit Staubs Theorie auseinandergesetzt. Da im Ergebnis weitgehend Einigkeit über die Rechtsfolgen der positiven Vertragsverletzung bestand, ging es vor allem um die dogmatische Herleitung der Schadensersatzpflicht des Schuldners sowie des Rücktrittsrechts und des Anspruchs des Gläubigers auf Schadensersatz wegen Nichterfüllung des Gesamtvertrags bei zweiseitigen Sukzessivverträgen. Wesentlich neue Argumente wurden hierzu jedoch nicht vorgebracht. Vielmehr standen vor allem die Versuche im Vordergrund, entweder § 276 BGB unmittelbar oder analog bzw. die Unmöglichkeitsregeln als Rechtsgrundlage für eine Haftung wegen positiver Vertragsverletzung heranzuziehen.

I. Staub und die Rechtsprechung

In der zweiten Auflage seiner Monographie stellte Staub fest: „Zu meiner großen Freude hat sich das Reichsgericht auf den meinen Ausführungen entsprechenden Boden gestellt" (Positive Vertragsverletzungen, S. 30). Staub verschwieg an dieser Stelle jedoch, daß seine freudige Feststellung nur für einen Teil seiner Lehre galt, nämlich für die analoge Anwendung der §§ 325, 326 BGB bei positiven Vertragsverletzungen im Rahmen von Dauerschuldverhältnissen und Sukzessivlieferungsverträgen. So kam das Reichsgericht in seiner Entscheidung vom 06. März 1903 unter Heranziehung der Argumente Staubs ebenfalls zu dem Ergebnis, dem Schuldner seien „auf dem Wege der Analogie bei gegenseitigen Verträgen auch aus positiven Vertragsverletzungen des einen Teiles dem anderen Teile die in § 326 ausgesprochenen Rechte dann zu gewähren, wenn durch jene Vertragsverletzungen die Erreichung des Vertragszwecks gefährdet wird" (RGZ 54, 98 (102)).

Insoweit hatte sich das Reichsgericht also in der Tat – nach Staubs Aussage zu seiner „begreiflichen Genugtuung" – auf den Boden seiner Theorie gestellt. Wie Staub in der zweiten Auflage seiner Monographie ebenfalls hervorhob, hat seine Lehre durch jene Entscheidung des Reichsgerichts sogar noch eine „höchst wertvolle Bereicherung" erfahren. So hatte das Reichsgericht in seinem Urteil vom 23. Februar 1904 (vgl. DJZ 1904, 345) die Lehre von den positiven Vertragsverletzungen bei zweiseitigen Verträgen erstmalig auf Fälle der endgültigen Leistungsverweigerung ausgedehnt, indem es auch hier die Vorschriften der §§ 325, 326 in analoger Anwendung heranzog. Selbstbewußt stellte Staub hierzu fest, daß dieser Grundsatz mit den Anschauungen übereinstimme, die er bereits in seinem Kommentar zum HGB niedergelegt habe und die nun im neuen Gewand der positiven Vertragsverletzungen wieder Beachtung fänden. Nachdem also auch das Reichsgericht in diesem Punkt die Theorie von den positiven Vertragsverletzungen durch seine Autorität sanktioniert hat, ist für Staub klar: „Wissenschaft und Praxis können unbedenklich diesem Ausspruche folgen" (Positive Vertragsverletzungen, S. 51).

Das Reichsgericht folgte jedoch nicht Staubs Ansatz, die Schadensersatzpflicht des Schuldners für einzelne Vertragsverletzungen aus einer Analogie zu § 286 BGB herzuleiten. Vielmehr vertrat es seit seiner – mit nur zwei Seiten beeindruckend kurzen – Entscheidung vom 13. Juni 1902 (RGZ 52, 18) die von Staub abgelehnte Gefühlstheorie, indem es § 276 BGB als unmittelbare Anspruchsgrundlage für die Schadensersatzhaftung des Schuldners wegen schuldhafter Vertragsverletzung heranzog. Zwar erkannte das Reichsgericht nur wenige Monate später, „daß ein allgemeiner Rechtssatz des Inhaltes, daß durch schuldhafte Verletzung einer bestehenden Verbindlichkeit die Verpflichtung zum Schadensersatz begründet werde, im Bürgerlichen Gesetzbuch und insbesondere in § 276 ausdrücklich nicht aufgestellt ist" (Urteil vom 19. Dezember 1902, RGZ 53, 200 (201)). Diese Erkenntnis hinderte die Richter jedoch nicht, schon im nächsten Satz desselben Urteils festzustellen, daß sich ein entsprechender Rechtssatz dennoch „aus der Vorschrift des § 276 ergibt". Unter

„Vertretenmüssen" im Sinne von § 276 müsse nämlich „die Haftung desjenigen, welcher vorsätzlich oder fahrlässig seine Pflicht verletzt hat, für die Folgen seines Handelns und der durch dasselbe bewirkten Schädigung eines anderen verstanden werden." Anscheinend waren jedoch die Richter des erkennenden Senats von dieser ebenso knappen wie widersprüchlichen Logik selbst nicht ganz überzeugt. Anstatt weitere Argumente für ihren – nach der Publikation der Staubschen Monographie nicht mehr unumstrittenen – Standpunkt zu liefern, begnügten sie sich vielmehr mit dem autoritativen Hinweis auf das „Grundsatzurteil" vom 13. Juni 1902. Damit war schon in der zweiten Entscheidung des Reichsgerichts eine „gefestigte" Rechtsprechung zur Herleitung der Haftung wegen positiver Vertragsverletzung entstanden.

Staub ließ sich hiervon jedoch nicht beirren. Vielmehr verdeutlicht er in der zweiten Auflage seiner Abhandlung von 1904 noch einmal, daß nach seiner Ansicht ein „Vertretenmüssen" keinesfalls mit einer Schadensersatzpflicht gleichzustellen sei. Dabei geht Staub argumentativ sehr geschickt vor: Um die These des Reichsgerichts von einer unmittelbaren Anwendung des § 276 BGB zu entkräften, analysiert er die Fallkonstellationen, die den höchstrichterlichen Entscheidungen zugrunde liegen und deckt hierbei einen weiteren dogmatischen Widerspruch auf.

„Sie [die Theorie des RG, Anm. d. Verf.] meint: vertreten sei identisch mit schadenersatzpflichtig sein, wenigstens dort, wo der Gesetzgeber eine andere Folge der Vertretungspflicht nicht festsetze. Wäre dies richtig, so wäre gerade in dem Falle, für den das Reichsgericht in den obenerwähnten Erkenntnissen die Schadensersatzpflicht annimmt, dieselbe ausgeschlossen. Denn der § 462 B.G.B. bestimmt, daß wegen eines Mangels, den der Verkäufer zu vertreten hat, der Käufer Wandelung und Minderung verlangen kann. Es wird hier also als Rechtsfolge der Vertretungspflicht etwas anderes als die Schadensersatzpflicht vom Gesetz festgelegt"
(Positive Vertragsverletzungen, S. 33 f.).

Damit aber wäre eine Schadensersatzpflicht aus der allgemeinen Vertretungsregel des § 276 BGB gerade ausgeschlossen gewesen, so daß nach Staubs Auffassung eine vertragliche Verschuldenshaftung allein aufgrund einer Analogie zu § 286 BGB in Betracht käme.

Ebensowenig wie die höchstrichterlichen Autoritäten Staub überzeugen konnten, ließ sich auf der anderen Seite das Reichsgericht von Staubs Einwänden beeindrucken. Vielmehr hielt es bis zuletzt an der Gefühlstheorie fest, ohne sich näher mit Staubs Argumenten auseinandergesetzt zu haben. Zwar stellte das Reichsgericht fast zwanzig Jahre nach Staubs Tod immerhin fest, daß Staub von dieser Ansicht insofern abwich, „als er den auch von ihm anerkannten Rechtssatz nicht aus § 276 herleiten zu können glaubt, sondern ihn durch entsprechende Anwendung anderer Vorschriften, insbesondere des § 286, rechtfertigt" (Urteil vom 29. November 1922, RGZ 106, 22 (25)). Wohl im Hinblick auf die inzwischen langjährige Rechtsprechung vermied das Gericht jedoch eine Auseinandersetzung mit den verschiedenen Ansichten. Vielmehr begnügte es sich auch in seiner Entscheidung aus dem Jahre 1922 noch immer mit dem Hinweis auf die beiden Urteile von 1902. Immerhin aber stellten die Richter in einem Nachsatz fest: „Übrigens bieten die von den Vertretern der verschiedenen Meinungen herangezogenen gesetzlichen Bestimmungen ... auf alle Fälle eine hinreichende positiv-gesetzliche Grundlage, die den Satz, daß ein Schuldner, der seine Vertragspflicht schuldhaft verletzt, dem Gläubiger den dadurch entstehenden Schaden zu ersetzen verpflichtet ist, auch ohne ausdrücklichen Anspruch als Gesetzesinhalt erkennen läßt."

Diese Vorgabe des Reichsgerichts für eine gewohnheitsrechtliche Anerkennung der pVV griff der BGH in seiner Grundsatzentscheidung vom 13. November 1953 auf und verabschiedete sich fast ein halbes Jahrhundert nach Staubs Tod endgültig von der Gefühlstheorie. Damit aber lehnte der BGH die vom Reichsgericht vertretene unmittelbare Herleitung einer vertraglichen Schadensersatzpflicht aus § 276 BGB ab, da „diese Vorschrift nach richtiger Auffassung nur einen Haftungsmaßstab enthält, aber keine Rechtsfolge ausspricht"

(BGHZ 11, 80). Statt dessen ging der BGH davon aus, daß jede schuldhafte Leistungsstörung, die durch eine Verletzung vertraglicher Pflichten den Vertragspartner schädige, auch ohne ausdrückliche gesetzliche Anspruchsgrundlage eine Verpflichtung zum Schadensersatz begründe. Dieser Rechtssatz sei in Lehre und Rechtsprechung allgemein anerkannt. Zumindest ergebe sich ein entsprechender Rechtssatz aus der „rechtsähnlichen" Anwendung der Bestimmungen über die Folgen der verschuldeten Unmöglichkeit und des Verzuges gem. §§ 280, 286, 325, 326 BGB.

Im Gegensatz zum Reichsgericht hatte sich der BGH damit nicht nur bezüglich der Rechte aus §§ 325, 326 BGB, sondern gleichsam „mit beiden Beinen" – auch hinsichtlich der analogen Anwendung von § 286 BGB – auf den Boden der Theorie Hermann Staubs gestellt. Zwar hat der BGH für die weitergehenden Rechte aus §§ 325 f. BGB zusätzlich noch die – bei „übergesetzlichen" Haftungstatbeständen anscheinend unvermeidliche – Generalklausel des § 242 BGB herangezogen. Indem er jedoch gleichzeitig die gewohnheitsrechtliche Anerkennung der pVV hervorhob, hat der BGH in seinem Grundsatzurteil den Streit um die dogmatische Verankerung einer vertraglichen Verschuldenshaftung entschärft.

II. Verfrühter Abschied von der pVV in der Literatur

Daß eine Klärung des Streits um die pVV durch eine höchstrichterliche Entscheidung dringend geboten war, belegen die kontroversen Diskussionen um die pVV in der Literatur und Rechtslehre. Zwar waren in den ersten zwei Jahren nach Erscheinen der „Positiven Vertragsverletzungen" die Reaktionen auf Staubs Theorie noch relativ verhalten. Nur wenige Autoren nahmen die zwischenzeitlich veröffentlichten Reichsgerichtsentscheidungen zum Anlaß, Staubs Theorie zur Herleitung der pVV kritisch zu würdigen. Primär ging es um die nach wie vor umstrittene Frage, ob für eine analoge Anwendung der §§ 286, 325, 326 überhaupt Raum ist oder ob die Fälle der positiven Vertragsverletzungen nicht schon von den gesetzlich geregelten

Leistungsstörungen, insbesondere Unmöglichkeit und Verzug, erfaßt werden. Mangels einer höchstrichterlichen Klärung wurden hierzu die unterschiedlichsten Ansichten vertreten, ohne daß sich eine herrschende Meinung herausbildete.

So wurde von Th. Kipp vorgebracht, daß eine Gesetzeslücke als Voraussetzung für eine analoge Anwendung der Verzugsregeln schon deshalb nicht existiere, weil ein ausreichender Schutz des Vertragspartners bereits durch die deliktischen Haftungstatbestände des § 823 BGB gegeben sei (vgl. Kipp, DJZ 1903, S. 253 ff.). Dieser Ansicht, die heute aus guten Gründen nicht mehr vertreten wird, hielt Staub selbst noch entgegen, daß eine Schadensersatzhaftung aus § 823 BGB nur bei Verletzung eines absoluten Rechts in Betracht kommt. Überdies läßt diese Auffassung die im BGB gerade vorgesehene Trennung von deliktischer und vertraglicher Haftung mit unterschiedlichen Verjährungsfristen außer acht. Als stärkstes Argument gegen einen Verweis des Schuldners auf seine deliktischen Ansprüche führt Staub schließlich die Exkulpationsmöglichkeit des § 831 BGB an.

Auch hier bemüht sich Staub erneut um Transparenz und Praxisbezug seiner Argumentation. So schildert er, wie der sorgfältig ausgewählte und überwachte Badediener dem Kläger beim Baden in einem „heißen Dampfbade" den Rücken verbrennt. Da sich der Inhaber der Badeanstalt nach § 831 BGB hinsichtlich seiner deliktischen Haftung exkulpieren kann, bleibt somit nur der Weg über eine vertragliche Haftung wegen schuldhafter Verletzung einer Vertragspflicht. Hiernach haftet der Inhaber der Badeanstalt gemäß § 278 BGB ohne Exkulpationsmöglichkeit auch für das Verschulden seines Badedieners. Die Theorie, wonach der Schuldner durch die deliktische Haftung ausreichend geschützt sei, war damit für Staub im wahrsten Sinne des Wortes „baden gegangen".

Erst lange nach Staubs Tod, in den zwanziger und dreißiger Jahren, erschien schließlich eine wahre Flut von Aufsätzen, Monographien und Dissertationen zur pVV. Eine der Ursachen für die nun einsetzende kontroverse Diskussion in Wissenschaft und Lehre mag die immer noch dogmatisch unklare und argumentativ oberflächliche Behandlung der positiven Vertragsverletzungen durch das Reichsgericht gewesen sein. Gleichermaßen war auch eine – höchstrichterlich vorangetriebene – gewohnheitsrechtliche Anerkennung der pVV noch nicht absehbar. In dieser Situation bemühten sich nun zahlreiche Autoren um eine Widerlegung der Staubschen Theorie, wobei sie erneut versuchten, die Lehre von den positiven Vertragsverletzungen allein auf das kodifizierte Leistungsstörungsrecht zu stützen. So sah J. Himmelschein in § 276 I BGB eine Haftungsnorm, die aufgrund ihres „Blankettcharakters" hinsichtlich ihrer Rechtsfolgen offen sei (vgl. Himmelschein, AcP Band 135 (1932), S. 255 ff.). Himmelschein berücksichtigte hierbei jedoch auch die Entstehungsgeschichte des § 276 I BGB, der im Gegensatz zur ursprünglich geplanten Fassung des § 224 E I BGB gerade nicht mehr von einer „Haftung" des Schuldners sprach. Hieraus schloß Himmelschein, daß der Gesetzgeber zwar sehr wohl eine allgemeine Norm zur *Haftung* des Schuldners schaffen wollte, jedoch in § 276 I BGB keine Aussage hinsichtlich der *Rechtsfolgen* dieser Haftung treffen und erst recht keinen selbständigen Schadensersatzanspruch begründen wollte. „Haften" sei nicht dasselbe wie „Ersatz leisten". Mit diesem argumentativen Kunstgriff widersprach Himmelschein zwar der Lösung Staubs zur Funktion des § 276 I I BGB als bloßem Haftungsmaßstab. Im Ergebnis führte die rabulistische Argumentation Himmelscheins dennoch zum selben Ergebnis: Nach beiden Ansichten kommt eine selbständige Schadensersatzhaftung des Schuldners aus § 276 I BGB nicht in Betracht, da sich eine entsprechende Rechtsfolge nicht aus § 276 I BGB selbst ergebe.

Gleichwohl sah Himmelschein für die von Staub untersuchten Fälle der Schlechterfüllung keine Regelungslücke, da er die Schadensersatzpflicht als Rechtsfolge zu § 276 I BGB aus den Unmöglichkeitsvorschriften ableitete. Im Ergebnis war diese Ansicht jedoch nicht neu, wurde sie doch – wie oben dargelegt – bereits von Titze und Goldmann/Lilienthal um 1900 vertreten. So ging auch Himmelschein, der seine Ansicht vor allem auf detaillierte Untersuchungen der Entstehungsgeschichte des BGB stützte, davon aus, daß dem

BGB die Unmöglichkeitslehre Mommsens zugrunde liegt, die unter Leistung die vollständige, nach Gegenstand, Ort, Zeit sowie nach Art und Weise individualisierte Leistung versteht. Damit führten auch die Fälle der Schlechterfüllung zur Unmöglichkeit bzw. zur Teilunmöglichkeit der ordnungsgemäßen Leistung.

Himmelschein mag zwar – ebenso wie allen anderen Anhängern der Unmöglichkeitstheorie – zuzustimmen sein, daß den Verfassern des BGB der auf Mommsen zurückgehende weite Unmöglichkeitsbegriff bekannt gewesen sein wird. Die von Staub vorgetragenen systematischen Bedenken gegen eine Einordnung der Schlechterfüllung und auch des Verzugs als Unmöglichkeit konnte jedoch auch Himmelschein nicht entkräften. Vielmehr sind Staubs Einwände gegen eine Qualifizierung *aller* Leistungsstörungen unter die Unmöglichkeit bis heute unwiderlegt geblieben.

Wie engagiert andere Autoren den wissenschaftlichen Kampf gegen Staubs Theorie führten, zeigt auch die Abhandlung von H. Stoll, der bereits im Jahre 1932 den „Abschied von der Lehre von der positiven Vertragsverletzung" feierte (vgl. Stoll, AcP Band 136 (1932), S. 257 ff.). Stoll sah in Staubs Lehre eine „Blüte der Buchstabenjurisprudenz", die nach seiner Ansicht „historisch betrachtet kein Ruhmesblatt der deutschen Rechtswissenschaft sein wird". Ungeachtet dieser Fehleinschätzung ist es jedoch um so erstaunlicher, daß Stoll die Lehre Staubs im Ergebnis bestätigt. In Übereinstimmung mit Staub geht Stoll ebenfalls von dem allgemeinen Grundsatz aus, daß jede schuldhafte Verletzung einer Verbindlichkeit zur Schadensersatzpflicht führt. Überdies verneint auch er eine unmittelbare Anwendbarkeit von § 276 II BGB als Anspruchsgrundlage für einen Schadensersatzanspruch. Stoll sieht jedoch in § 276 BGB ebenso wie Himmelschein eine allgemeine Haftungsgrundlage, die auf der Rechtsfolgenseite unbestimmt sei. Er lehnt es aber ab, unmittelbar auf die Unmöglichkeitsvorschriften zurückzugreifen, um diese Lücke mit einem Schadensersatzanspruch zu füllen. Vielmehr kommt er ebenso wie Staub zu dem Ergebnis, daß das Gesetz insoweit tatsächlich eine Regelungslücke für die Fälle der pVV enthalte.

Interessant ist hierbei, wie sowohl Stoll als auch Himmelschein mit genau entgegengesetzter Begründung versucht haben, die Reichweite der von Staub angeführten Regelungslücke als Argument gegen seine These heranzuziehen. So führt Himmelschein die *Größe* der Regelungslücke als Argument gegen Staubs Lehre an: „Läßt man sich durch die großen Autoritäten, welche die Lehre von der ‚positiven Vertragsverletzung' vertreten haben, nicht beeinflussen, so erscheint sie schon auf den ersten Blick als wenig glaubhaft und zwar gerade mit Rücksicht auf die Größe der behaupteten Gesetzeslücke und die Wichtigkeit des Problems" (Himmelschein, AcP 135 (1932), S. 268). Demgegenüber ist die Lücke für Stoll so *klein*, daß es keiner Analogie bedürfe und schon deshalb Staubs Lehre abzulehnen sei: „Doch die Lücke ist nicht so riesengroß und das Versehen des Gesetzgebers nicht so schwerwiegend, wie es unter dem Eindruck von Staubs Lehre erscheinen möchte. Von einer Riesenlücke kann nicht die Rede sein, denn das grundlegende Werturteil des Gesetzes: jede schuldhafte Forderungsverletzung verpflichtet zum Schadensersatz, steht außer Zweifel" (Stoll, AcP 136 (1932), S. 281). Daher braucht nach Stolls Einschätzung die „Lückenergänzung" – im Gegensatz zu Staubs Lösung – auch nicht durch eine Analogie zu erfolgen. Vielmehr bemüht sich Stoll um den Nachweis, daß die einzelnen Fallgruppen der pVV bereits dem Schuldrecht immanent sind. Hierzu stellt er eine Systematik auf, aus der erkennbar wird, daß die Rechtsfolgen der gesetzlich geregelten Leistungsstörungen herangezogen werden können, für die eine vergleichbare Interessenlage gegeben ist. Im Ergebnis handelt es sich dabei faktisch um nichts anderes als eine Analogie, die sich ebenso wie Staubs Analogie zu §§ 286, 326 BGB freilich nur auf die Rechtsfolgen der gesetzlichen Leistungsstörungsregeln bezieht.

Anstatt der Theorie Staubs den endgültigen Abschied zu bereiten, kommt Stoll mit nur marginalen Begründungsunterschieden zu den gleichen Ergebnissen wie Staub in seiner Lehre von den positiven Vertragsverletzungen. Mehr noch: Stoll erweitert den Anwendungsbereich der vertraglichen Verschuldenshaftung, indem er sie von der bloßen Verletzung vertraglicher Leistungspflichten abkoppelt und auf alle Forderungen, einschließlich gesetzlicher Pflichten, erstreckt. Durch die Analyse der betroffenen Leistungs- und Schutzinteressen in einem „System der Forderungsverletzungen" verdeutlicht er, daß eine positive Vertragsverletzung eben nicht nur bei der Verletzung rechtsgeschäftlicher Haupt- und Nebenleistungspflichten, sondern auch im Rahmen gesetzlicher Schuldverhältnisse möglich ist. Stolls verfrühter Abschied von der positiven *Vertrags*verletzung war damit zugleich die Geburtsstunde des heute synonym verwendeten Begriffs der positiven *Forderungs*verletzung (pFV).

III. „pFV der GoA"

Die Einbeziehung gesetzlicher Schuldverhältnisse in die Theorie von den positiven Vertragsverletzungen bedeutet jedoch mehr als eine bloße Änderung der Bezeichnung. Die Erweiterung der schuldrechtlichen Verschuldenshaftung auf gesetzliche Schuldverhältnisse verdeutlicht vielmehr den Siegeszug, den Staubs Entdeckung bis heute erlebt hat.

Für Staub lag der Hauptanwendungsbereich seiner Lehre vor allem in den beiden Kategorien der Schlechterfüllung der vertraglichen Hauptleistungspflicht und der Verletzung vertraglicher Nebenpflichten. Zwar sind dies auch heute noch die Haupttypen der pVV. Wegen der Vielfalt der Vertragsinhalte und der denkbaren Arten von Vertragsverletzungen, für die heutzutage eine Haftung wegen positiver Forderungsverletzungen bejaht wird, ist eine abschließende Tatbestandsbildung jedoch nicht mehr möglich. Vielmehr hat sich, insbesondere im Bereich der Verletzung von Nebenpflichten, in nahezu einhelliger Übereinstimmung von Rechtsprechung und Lehre eine umfangreiche Kasuistik entwickelt, die durch lange Listen mit Beispielen für mögliche Anwendungsfälle der pVV in der Kommentarliteratur belegt wird. So wird z.B. im „Palandt" die Verletzung von Leistungstreuepflichten, Schutzpflichten, Mitwirkungspflichten und Aufklärungspflichten genannt. Zugleich wird aber auch jede Verletzung „sonstiger Nebenpflichten" in den – damit unbegrenzten – Anwendungsbereich der Lehre von den positiven Vertragsverletzungen einbezogen (vgl. Palandt-Heinrichs, § 276, Rn. 104 ff.). Noch weiter geht Canaris, der – wie an anderer Stelle ausführlicher dargestellt – mit seinem einheitlichen „Schutzverhältnis" nicht einmal mehr an das Bestehen eines Vertrags anknüpft. Vielmehr solle unabhängig vom Parteiwillen auch bei Nichtigkeit oder wirksamer Anfechtung des Vertrags ein einheitliches gesetzliches Schutzverhältnis bestehen, aus dem sich bei Schutzpflichtverletzungen eine vertragliche Verschuldenshaftung ergebe, die der Haftung wegen positiver Forderungsverletzung entspräche, ohne daß überhaupt ein Vertrag vorliege (vgl. Canaris, VersR 1965, S. 114 ff.; JZ 1965, S. 475 ff.). Diese vollständige Loslösung der vertraglichen Haftung vom zugrundeliegenden Schuldverhältnis hat sich jedoch zumindest für den Anwendungsbereich der Lehre von den positiven Vertragsverletzungen nicht durchsetzen können.

Vielmehr ist die vertragliche Verschuldenshaftung wegen positiver Forderungsverletzung nach wie vor an das Bestehen eines vertraglichen oder gesetzlichen Schuldverhältnisses geknüpft. Dementsprechend folgte die pVV in ihrer Genese zum eigenständigen Rechtsinstitut auch allen Entwicklungen und Erweiterungen des zugrundeliegenden Schuldverhältnisses. So beschränkt sich der persönliche Anwendungsbereich der positiven Forderungsverletzungen durch die Einbeziehung Dritter in den Schutzbereich eines Vertrags nicht mehr nur auf die Vertragsparteien. Vielmehr kann auch Dritten ein vertraglicher Schadensersatzanspruch gegen den Schädiger wegen positiver Forderungsverletzung zustehen, sofern sie unter den von der Rechtsprechung entwickelten Voraussetzungen in den Schutzbereich des Vertrags einbezogen sind.

Die Erweiterung der Staubschen Lehre auf gesetzliche Schuldverhältnisse ermöglicht heute überdies auch Konstruktionen wie den „Schadensersatzanspruch wegen positiver Forderungsverletzung der Geschäftsführung ohne Auftrag". Eine derartige „pFV der

GoA" läßt den Fremdgeschäftsführer bei Verstoß gegen seine Ausführungspflichten gemäß §§ 677, 276, 278 BGB sogar für das Verschulden seiner Erfüllungsgehilfen haften. Diese Konstruktion, die mit Staubs Ansatz nur noch wenig gemeinsam hat, verdeutlicht, wie selbstverständlich seine Lehre inzwischen zur Begründung einer Schadensersatzpflicht herangezogen wird, wenn die gesetzliche Regelung unzureichend erscheint. Mehr noch: In ihrer hundertjährigen Rezeptionsgeschichte hat die Lehre von den positiven Vertragsverletzungen sogar den Boden des Zivilrechts verlassen. So ist in ständiger Rechtsprechung des BGH und des BVerwG anerkannt, daß die Rechtsgedanken der §§ 276, 278 BGB und damit die Grundsätze über die vertragliche Verschuldenshaftung auch für öffentlich-rechtliche Sonderbeziehungen gelten können, soweit diese schuldrechtsähnliche Pflichten begründen (vgl. BGHZ 54, S. 299 ff.; VersR 1978, S. 38 ff.; NJW 1995, S. 2303 ff.). Dementsprechend wird die Lehre von den positiven Forderungsverletzungen inzwischen als eigenständige Anspruchsgrundlage neben den Amtshaftungsgrundsätzen sowohl für öffentlich-rechtliche Verträge als auch für alle sonstigen schuldrechtsähnlichen Sonderbeziehungen im öffentlichen Recht herangezogen. Kombiniert mit der Einbeziehung gesetzlicher Schuldverhältnisse in den Anwendungsbereich der pVV wäre damit sogar eine Haftung wegen positiver Forderungsverletzung einer Geschäftsführung ohne Auftrag im öffentlichen Recht denkbar.

Derartige Wildblüten der Rezeption zeigen, wie weit sich die Rechtswissenschaft inzwischen bei der Weiterentwicklung der anfangs so umstrittenen „Lehre von den positiven Vertragsverletzungen" von den Ansätzen Staubs entfernt hat. So sind gerade die handelsrechtlichen Ursprünge, die den Wirtschaftsanwalt und Praktiker Staub überhaupt erst zu seiner Entdeckung veranlaßten, angesichts des heute fast unbegrenzten Anwendungsbereichs der Staubschen Lehre kaum noch erkennbar.

IV. Legitimierung der pVV durch den Gesetzgeber

Zwar hat sich die Lehre des juristischen Entdeckers Hermann Staub in ihrer hundertjährigen Rezeption durch die Rechtsprechung und Wissenschaft zu einem der bedeutendsten Rechtsinstitute des Vertragsrechts entwickelt. Dennoch sah der deutsche Gesetzgeber trotz zahlreicher Überarbeitungsvorschläge schon aus den Reihen der frühen Kritiker der pVV (vgl. etwa den Schuldrechtsentwurf bei Stoll, Leistungsstörungen) bisher noch keinen Anlaß, das insoweit lückenhafte Schuldrecht des BGB zu überarbeiten und Staubs „Entdeckung" durch eine ausdrückliche gesetzliche Regelung zu legitimieren. Vielmehr ist noch immer die praktisch kaum vorkommende Unmöglichkeit der Grundtatbestand des Leistungsstörungsrechts. Der Siegeszug der im BGB nicht erwähnten pVV belegt jedoch, daß die Konzeption des BGB im Bereich des Schuldrechts, die sich noch an der Dogmatik des Gemeinen Rechts orientiert, den praktischen Bedürfnissen des Rechtsverkehrs nicht mehr gerecht wird.

Vielmehr hat bereits Hermann Staub durch seine Entdeckung der positiven Vertragsverletzungen gezeigt, daß nicht die Unmöglichkeit, sondern die Vertrags- und Pflichtverletzungen als wichtigster Tatbestand den sachlichen Schwerpunkt eines modernen Leistungsstörungsrechts bilden müssen. Diese Erkenntnis hat in anderen Rechtsordnungen zu einer ausdrücklichen gesetzlichen Regelung der vertraglichen Verschuldenshaftung geführt. So gewährt z.B. das schweizerische Obligationenrecht in Art. 97 I Schadensersatz, wenn die Erfüllung nicht „auf gehörige Weise" erfolgt. Ähnliche Regelungen, die eine vertragliche Schadensersatzhaftung bei schuldhafter Vertragsverletzung begründen, finden sich auch in § 918 I des österreichischen ABGB, in Art. 1218 des italienischen „codice civile" und in Art. 25 i.V.m. Art. 45 I b, 61 I b, 74 ff. des UN-Kaufrechts (CISC). Im Zivilgesetzbuch der DDR vom 19. Juni 1975 fand sich ebenfalls ein eigener Abschnitt über die „Verantwortlichkeit für Pflichtverletzungen aus Verträgen". Hier waren nicht nur einzelne Leistungsstörungen wie Schlechtleistung (§ 84), Verzug (§§ 85–88) oder „unvollständige Leistung" (§ 89) geregelt. Vielmehr beinhaltete § 92 I ZGB eine Generalklausel in Form eines Auffangtatbestandes, wonach jeder Vertragspartner auch bei allen sonstigen Pflichtverletzungen zum Ersatz des entstandenen Schadens verpflichtet war.

Über hundert Jahre nach Inkrafttreten des BGB, in denen Rechtsprechung und Lehre das deutsche Leistungsstörungsrecht durch die Rezeption der positiven Vertragsverletzungen immer wieder ergänzt und modifiziert haben, zeichnet sich nun auch für das deutsche Schuldrecht eine gesetzgeberische Legitimierung der pVV ab. So steht der Begriff der Pflichtverletzung im Mittelpunkt des allgemeinen Leistungsstörungsrechts, das von der seit 1984 tätigen Kommission zur Reform des Schuldrechts erarbeitet wurde. Wie dem „Abschlußbericht der Kommission zur Überarbeitung des Schuldrechts" (hrsg. vom Bundesminister der Justiz, Köln: Bundesanzeiger 1992) zu entnehmen ist, soll die Verletzung einer vertraglichen Pflicht als mangelhafte Leistungshandlung künftig den Grundtatbestand des Leistungsstörungsrechts bilden.

Auch nach Auffassung der Schuldrechtsreform-Kommission ist mit der Unmöglichkeit als zentralem Tatbestand des zivilrechtlichen Leistungsstörungsrechts aus dem Jahre 1900 ein Fall zum Ausgangspunkt der gesetzlichen Regelung gewählt worden, der nicht nur selten vorliegt, sondern überdies auch nur bei ganz bestimmten Schuldverhältnissen auftreten kann. Demgegenüber ist die zentrale Kategorie der allgemeineren Pflichtverletzungen geeignet, *sämtliche* Störungen, die beim Vollzug eines Schuldverhältnisses auftreten können, zu erfassen. Insofern beruht der Kommissionsentwurf zur Schuldrechtsreform letztlich auf einer Weiterentwicklung und Verallgemeinerung der von Staub entwickelten Grundsätze über die Haftung wegen positiver Forderungsverletzung. Damit scheinen ein Jahrhundert, nachdem der juristische Entdecker Hermann Samuel Staub seine Monographie über die Lehre von den positiven Vertragsverletzungen vorlegte, die Weichen für eine Legitimierung der zivilrechtlichen Allzweckwaffe pVV durch den deutschen Gesetzgeber gestellt zu sein. Die von Hermann Staub schon kurz nach Inkrafttreten des BGB entdeckte „rechtsdogmatische Nachgeburt" und der damit verbundene Wandel im deutschen Leistungsstörungsrecht könnten somit doch noch ihren Weg in das Bürgerliche Gesetzbuch finden.

Literatur

I. Werke Staubs

Die positiven Vertragsverletzungen und ihre Rechtsfolgen, in: Festschrift für den 26. Deutschen Juristentag, 1902; 2. Aufl., 1904 (zitiert: Positive Vertragsverletzungen).

Theorie und Praxis seit dem 1.1.1901, Juristische Wochenschrift (JW), Beilage 84/85.

Kommentar zum Allgemeinen Deutschen Handelsgesetzbuch, 1. Aufl., 1893; ab 6. Aufl. (1900): Kommentar zum Handelsgesetzbuch.

Kritische Betrachtungen zum Entwurf eines HGB, Juristische Wochenschrift 1896 (JW), Beilage 65, S. 44 ff.

II. Zur Person Staubs

Otto Liebmann, Hermann Staub †, Deutsche Juristenzeitung (DJZ) 1904, Sp. 826 ff.

Max Hachenburg, Hermann Staub †, Monatsschrift für Handelsrecht und Bankwesen 1904, S. 237 ff.

Helmut Heinrichs, Hermann Staub, in: *Helmut Heinrichs u.a.* (Hrsg.), Deutsche Juristen jüdischer Herkunft, München 1993, S. 385 ff. (zitiert: Heinrichs, Deutsche Juristen).

III. Zur Entdeckung, ihrer Entwicklung und Rezeption

Claus-Wilhelm Canaris, Haftung Dritter aus positiver Forderungsverletzung, Versicherungsrecht (VersR) 1965, S. 114 ff.

ders., Ansprüche wegen „positiver Vertragsverletzung" und „Schutzwirkung für Dritte" bei nichtigen Verträgen, Juristenzeitung (JZ) 1965, S. 475 ff.

Ernst Eck, in: *Ernst Eck/R. Leonhard*, Vorträge über das Recht des Bürgerlichen Gesetzbuchs, Band 1, Berlin 1903, S. 268 ff.

Oscar Freitag, Schlechterfüllung und Schlechterbringung, Zur Systematik der „positiven Vertragsverletzug", Breslau 1932.

Philipp Heck, Zur Entstehungsgeschichte des § 276 Satz 1 BGB, Archiv für die civilistische Praxis, (AcP) Band 137 (1933), S. 259 ff.

Jury Himmelschein, Erfüllungszwang und Lehre von den positiven Vertragsverletzungen, Archiv für die civilistische Praxis (AcP) Band 135 (1932), S. 255 ff.

ders., Zur Frage der Haftung für fehlerhafte Leistung, Archiv für die civilistische Praxis (AcP) Band 158 (1959/1960), S. 273 ff.

Theodor Kipp, Das Reichsgericht und die positiven Vertragsverletzungen, Deutsche Juristenzeitung (DJZ) 1903, S. 253 ff.

Otto Palandt (Hrsg.), Bürgerliches Gesetzbuch, 59. Aufl., München 2000 (zitiert: Palandt-Bearbeiter).

Heinrich Stoll, Abschied von der Lehre von der positiven Vertragsverletzung, Archiv für die civilistische Praxis (AcP) Band 136 (1932), S. 257 ff.

ders., Die Lehre von den Leistungsstörungen, Tübingen 1936 (zitiert: Stoll, Leistungsstörungen).

Fritz Westhelle, Nichterfüllung und positive Vertragsverletzung, Köln 1978.

Ernst von Caemmerer

*Ernst von Caemmerer und die Lehre von der
Trennung der Bereicherungstatbestände*

(Richard Bley)

A. Ernst von Caemmerer – ein preußischer Hugenotte

Ernst von Caemmerer war eine der bekanntesten und meist geachteten Persönlichkeiten, die das deutsche Zivilrecht nach dem Zweiten Weltkrieg hervorgebracht hat. Sein Lebenslauf ist von den Tragödien der deutschen Geschichte im 20. Jahrhundert geprägt: Caemmerer wurde 1908 in Berlin geboren. Schon im Jahre 1914 fiel sein Vater, Historiker und kurz vor dem Abschluß seiner Habilitationsschrift. Caemmerers Mutters hatte es nicht leicht, denn außer ihrem Sohn hatte sie noch zwei Töchter mit ihrer bescheidenen Rente zu versorgen. Doch die Mutter schaffte es, allen Kindern nicht nur eine angemessene Schulbildung, sondern auch noch ein Studium zu finanzieren. Die Opfer, die sie erbrachte, waren alles andere als selbstverständlich, was auch Ernst von Caemmerer immer zu schätzen wußte. Erwähnenswert für die Biographie Ernst von Caemmerers ist auch sein Großvater mütterlicherseits, Louis Jordan. Er gehörte der Partei der Freisinnigen an und war Mitbegründer des Vereins zur Bekämpfung des Antisemitismus. Die hier zugrundeliegende Geisteshaltung war sicher vorbildhaft für Ernst von Caemmerer, vor allem auch in den Jahren, in denen es so überaus populär war, Antisemit zu sein.

Von 1926 bis 1930 studierte Ernst von Caemmerer Rechtswissenschaften, zunächst in München, dann in Berlin. Bald darauf promovierte er bei Martin Wolff mit einer rechtsvergleichenden Arbeit über die gesetzliche Erbfolge bei Verwandten. Schon während seiner anschließenden Referendarzeit wurde Caemmerer Assistent und später Referent an dem von Ernst Rabel gegründeten und geleiteten Kaiser-Wilhelm-Institut für ausländisches und internationales Privatrecht in Berlin, wo er Bekanntschaft mit vielen hochqualifizierten Wissenschaftlern wie Karl Arndt, Konrad Duden, Walter Hallstein, Gerhard Kegel und Ludwig Raiser schloß. Die dabei entstandenen Freundschaften, u.a. mit Konrad Duden, hielten ein Leben lang.

Die schon erwähnten Mentoren, Martin Wolff und Ernst Rabel, wurden bestimmend für die wissenschaftliche Karriere von Ernst von Caemmerer. Man kann Caemmerer durchaus als Erben dieser beiden großen Wissenschaftler bezeichnen. Sowohl Martin Wolff als auch Ernst Rabel waren bestimmend für die Entwicklung der Rechtsdogmatik während der Weimarer Zeit. Beide waren hochangesehen und auch im Ausland sehr bekannt. So war Rabel Mitglied des Internationalen Gerichtshofes in Den Haag sowie des Römischen Instituts für die Vereinheitlichung des Privatrechts (heute: UNIDROIT). Schon zuvor hatte Rabel nachdrücklich und mit großem Erfolg die deutschen Interessen beim deutsch-italienischen Schiedsgericht vertreten, wo in erster Linie Abwicklungsfragen behandelt wurden, die sich mit Ende des Ersten Weltkriegs ergaben. Zurück aber blieb ein bitteres Gefühl einseitiger und ungerechter Ergebnisse, was Rabel 1929 veranlaßte, einen Vorschlag zur internationalen Vereinheitlichung des Kaufrechts in das Römische Institut einzubringen. Dieser Entwurf sollte nach dem Zweiten Weltkrieg Vorbild für die Haager Kaufrechtsabkommen werden.

Schon im Jahre 1916 hatte Ernst Rabel das Institut für Rechtsvergleichung in München gegründet, das erste seiner Art. Seit dieser Zeit war die Rechtsvergleichung für Ernst Rabel der zentrale Gegenstand seiner Arbeiten. Dabei handelte es sich jedoch nicht um die bloß abstrakte Gegenüberstellung von Gesetzesparagraphen; vielmehr verglich Rabel konkrete Fälle miteinander, die in den einzelnen Rechtskreisen durch die Rechtsprechung entschieden worden waren, um somit nicht nur die geschriebenen, sondern vor allem auch die ungeschriebenen Normen aufdecken und vergleichen zu können. Ernst Rabel war der Überzeugung, daß nur so eine Rechtsvergleichung ihren Zweck erfüllen könne. Dieser Ansatz der Rechtsvergleichung, den Rabel so meisterhaft beherrschte und der auch als „Rabelsche Methode" bekannt wurde, entsprach der Vorgehensweise, mit der sich Ernst von Caemmerer seinen Rechtsproblemen näherte. Niemals vergaß Caemmerer den Blick über die Grenzen Deutschlands, wenn er ein wissenschaftliches Thema bearbeitete. Und immer konnte er auf einen enormen Fundus an Wissen über andere Rechtsordnungen zurückgreifen.

Vergleicht man die wissenschaftlichen Werdegänge Rabels und Caemmerers genauer, so entdeckt man eine Reihe weiterer Parallelen: Während seiner Professur in Freiburg gründete auch Ernst von Caemmerer ein Institut für ausländisches und internationales Privatrecht. Und ebenso wie Ernst Rabel bemühte sich auch Ernst von Caemmerer mit großem Einsatz um die Vereinheitlichung des Internationalen Kaufrechts. Caemmerer veröffentlichte zahlreiche Arbeiten zu diesem Thema und war Mitglied der deutschen Delegation bei den Haager Konferenzen im Jahre 1964. Bei dieser Gelegenheit wurden die beiden „Haager Kaufrechtsabkommen", das „Übereinkommen zur Einführung eines einheitlichen Gesetzes über den Kauf beweglicher Sachen" und das „Übereinkommen zur Einführung eines einheitlichen Gesetzes über den Abschluß von internationalen Kaufverträgen" vorbereitet und zur Unterzeichnung aufgelegt. Caemmerer nutzte seinen Einfluß, um die Ideen seines Lehrers Ernst Rabel fortzuführen.

War Ernst Rabel das Vorbild für Caemmerers wissenschaftliche Arbeit, so war es Martin Wolff für seine spätere Lehrtätigkeit. Wolffs Vorlesungen waren aufgrund ihres Inhaltsreichtums, ihrer Lebendigkeit und Präzision weit über die Berliner Universität hinaus bekannt. Ebenso großer Beliebtheit sollten sich später Caemmerers Veranstaltungen erfreuen. Viele Studenten besuchten die gleiche Vorlesung zweimal: Zunächst, um eine Einführung in das betreffende Rechtsgebiet zu erhalten, und ein weiteres Mal, um für das Examen gewappnet zu sein. Caemmerer arbeitete stets am Fall und führte so dogmatische Kontroversen auf die zu entscheidende Sachfrage zurück. Er verstand es meisterhaft, scheinbar Kompliziertes so darzustellen, daß es unmittelbar einleuchtete. Insgesamt gesehen profitierte Ernst von Caemmerer erheblich von seinen berühmten Mentoren Ernst Rabel und Martin Wolff.

Im Januar 1933 kamen die Nationalsozialisten an die Macht und schon kurz darauf erließ Hitler das „Gesetz zur Wiederherstellung des Berufsbeamtentums". Nach § 3 dieses Gesetzes waren alle Beamten nicht arischer Abstammung in den Ruhestand zu versetzen. Nichtarier im Sinne dieser Vorschrift war man bereits mit einem nichtarischen Großelternteil. Allein in der Zeit vom Sommersemester 1933 bis zum Wintersemester 1934/35 wurde über 14% des Lehrkörpers der Universitäten und Hochschulen entlassen. Auch Martin Wolff und Ernst Rabel zählten dazu, da beide Juden waren. Für Caemmerer hätte dies kein Hinderungsgrund sein müssen, seine wissenschaftliche Karriere fortzusetzen. Zumindest von der Universität Rostock ist bekannt, daß sie damals sehr interessiert war, Caemmerer als Lehrkraft zu gewinnen. Und die „freigewordenen" Stellen, auch an anderen Universitäten, hätten Caemmerer sicherlich eine glänzende Zukunft beschieden. Aber er verzichtete auf die nahtlose Fortführung seiner wissenschaftlichen Laufbahn und wurde statt dessen Hilfsrichter am Berliner Landgericht – gewiß keine ernstzunehmende Alternative für einen so begabten Juristen. Zieht man in Betracht, mit welchem Eifer Caemmerer später Lehre und Forschung vorantrieb, so liegt die Vermutung nahe, daß ihm die Entscheidung sehr schwergefallen sein muß, zumal der Entschluß aus damaliger Sicht endgültig schien. Andererseits zeigt es auch, daß es für einen Juristen durchaus Alternativen zur Anbiederung an die Nationalsozialisten gegeben hat.

Schon kurz nach Aufnahme der Tätigkeit als Hilfsrichter wechselte Caemmerer erneut seine Wirkungsstätte. Im Jahre 1937 wurde er Syndikus für Auslandsrecht bei der Dresdner Bank in Berlin: aus heutiger Sicht eine der wenigen politisch unverdächtigen Tätigkeiten, die man damals als Jurist ausüben konnte. Aus dieser Beschäftigung ergaben sich für seine spätere Forschung weitere Schwerpunkte, wie beispielsweise das Gesellschaftsrecht und die sich daraus ergebenden währungs- und bankrechtlichen Fragen.

Mit Beginn des Zweiten Weltkriegs wurde Caemmerer als einfacher Gefreiter zur Marine eingezogen; zuletzt war er Kommandant eines Minensuchbootes. Die völlig veränderte Lage nach 1945 nutzte Caemmerer, nun doch noch die wissenschaftliche Laufbahn einzuschlagen. Schon 1946 habilitierte er in Frankfurt bei Walter Hallstein, einem Bekannten aus den gemeinsamen Tagen am Berliner Institut von Ernst Rabel, in den Fächern Bürgerliches Recht, Handelsrecht, Rechtsvergleichung und internationales Privatrecht. Bereits im Sommer 1947 erreichte Caemmerer der Ruf nach Freiburg, wo er auch seine spätere Ehefrau Frieda Fettweis kennenlernte. Seitdem war Freiburg in beruflicher und privater Hinsicht – Caemmerer wurde Vater von zwei Töchtern – der Mittelpunkt seines Lebens. Zwar erhielt er später noch Rufe nach Bonn, Köln und München, doch blieb er für den Rest seines Lebens in Freiburg, nicht zuletzt auch wegen der zumindest in Deutschland kaum zu übertreffenden landschaftlichen und klimatischen Vorzüge des südlichen Schwarzwaldes. Caemmerers Verbundenheit mit Freiburg dankten ihm seine Studenten anläßlich der Ablehnung des Rufes nach München im Jahre 1961 mit einem Fackelzug. Diese Begeisterung für Caemmerer mag – über seine schon angesprochenen Fähigkeiten als Dozent hinaus – auch darauf zurückzuführen sein, daß er die Lehre und auch das juristische Staatsexamen immer sehr ernst genommen hat. So leitete Caemmerer alle seine Übungsarbeiten stets selbst, wie er auch die Korrektur der Klausuren immer – auch bei den Anfängerübungen – sorgsam überwachte. Bis zu seiner Emeritierung war er Vertreter der Freiburger Fakultät in dem für die Ausbildung zuständigen Ausschuß für die Erste Juristische Staatsprüfung beim Landesjustizprüfungsamt Baden-Württemberg.

Caemmerer wurde mit Ehrungen überhäuft. Außer dem Bundesverdienstkreuz und der Verdienstmedaille des Landes Baden-Württemberg erhielt er die Ehrendoktorwürde der Universitäten Kopenhagen, Lund und der Sorbonne. Die britische Akademie der Wissenschaften ernannte ihn zum korrespondierenden Mitglied. Nicht zuletzt durch seine große Gabe, wissenschaftliche Neugier und Eifer bei seinen Studenten zu entfachen, war es Caemmerer vergönnt, viele hervorragende Assistenten zur Habilitation zu führen: Wolfgang Freiherr Marschall von Bieberstein, Hans G. Leser, Peter Schlechtriem, Karl Kreuzer, Detlef König, Uwe Blaurock und Günter Hager – Wissenschaftler, die teilweise heute noch mit großem Erfolg für die zivilrechtliche Forschung als Professoren tätig sind. Diese Schüler brachten ihn zum 70. Geburtstag eine sehr umfangreiche Festschrift dar, welche zahlreiche Beiträge enthält, die auch heute noch von großer Aktualität sind.

Was in der wissenschaftlichen Arbeit Ernst von Caemmerers fehlt, sind die großen Lehrbücher oder Monographien. Gerhard Kegel hat in seiner Autobiographie „Humor und Rumor" erwähnt, daß Caemmerer „keine Lust hatte", Lehrbücher zu schreiben. Er habe sich durch ein solch mühseliges und wenig ertragreiches Projekt in seiner Forschungstätigkeit nicht binden wollen. Aber was er schrieb, war „flüssiges Gold", wie Kegel an gleicher Stelle vermerkt. Caemmerer gelang es, weitreichende Wirkungen in der Rechtswissenschaft zu erzielen, indem er eher knapp bemessene, aber genau durchdachte und sehr ausgewogene rechtsvergleichende Arbeiten veröffentlichte, die seine tiefschürfenden Gedanken auf den Punkt brachten.

Im Jahre 1968 wurde schließlich durch seine Schüler ein zweibändiges Werk veröffentlicht, das die gesammelten Schriften Caemmerers enthielt. 1983 kam ein dritter Band hinzu, der die wissenschaftlichen Beiträge Caemmerers seit 1968 bündelte. Viele der hier publizierten Schriften können schon heute als „klassisch" eingestuft werden wie beispielsweise die Abhandlung „Wandlungen des Deliktsrechts", die 1960 in der Festschrift zum hundertjährigen Bestehen des Deutschen Juristentages erschien und darüber hinaus als Sonderdruck veröffentlicht wurde (Gesammelte Schriften I, S. 452 ff.). In diesem Beitrag stellt Caemmerer präzise und umfassend dar, in welcher Weise sich das Deliktsrecht seit der Entstehung des BGB weiterentwickelt hat: ein noch immer lehrreicher Aufsatz in sehr eleganter, aber einfacher Sprache geschrieben. Ein anderer wichtiger Beitrag Caemmerers ist der große Überblick „Das Verschuldensprinzip in rechtsvergleichender Sicht", erschienen in Rabels Zeitschrift für ausländisches und internationales Privatrecht (vgl. Gesammelte Schriften III, S. 261 ff.). Hier wirft Caemmerer die Frage auf, wie es sich mit dem u.a. von Jhering postulierten Verschuldensprinzip im Schadensersatzrecht verhält. Gerade in diesem Beitrag wird deutlich, wie er die Rechtsvergleichung benutzt, um zu praktisch brauchbaren Ergebnissen zu kommen. Ernst von Caemmerer hat es stets vermieden, sich hinter allzu komplizierten Formulierungen zu verstecken. Und in nahezu allen seinen Aufsätzen werden andere Rechtsordnungen zum Vergleich herangezogen. Vor allem das französische und angelsächsische Recht waren ihm häufig einen Blick über die Grenzen Deutschlands wert.

Wie aber war der Mensch Ernst von Caemmerer? Er war verschlossen, doch wer ihn kannte, bemerkte die vollständige Harmonie zwischen Werk und Person. Klarheit, Verläßlichkeit und Stetigkeit, Fairneß und Toleranz prägten auch seine persönlichen Beziehungen. Im zwischenmenschlichen Umgang war er sehr zurückhaltend, schon aus der Besorgnis heraus, er könnte den Freiraum anderer einengen. Hohe Ansprüche stellte er stets zuerst an sich, aber dann auch an seine Schüler, Studenten und Doktoranden. Wollte er sich selbst charakterisieren, so sagte er nur: „Ich bin ein preußischer Hugenotte."

Am 23. Juni 1985 starb Ernst von Caemmerer in Freiburg. Karl Kreuzer, einer seiner Schüler, schrieb damals als Schlußwort in einem Nachruf (Zeitschrift für vergleichende Rechtswissenschaften 85 (1986), S. 237 ff.):

„Von persönlicher Bescheidenheit und Lauterkeit, ohne prätentiöses Gehabe, und ohne Streben nach persönlichen Vorteilen, ausschließlich der sachgerechten Lösung verpflichtet, hat er den Geist der akademischen Gemeinschaft, der er

angehörte, nachhaltig geprägt. Wir vermissen den hervorragenden Forscher, vorbildlichen Lehrer und großen Menschen Ernst von Caemmerer."

B. Die Entdeckung – die Lehre von der Trennung der Bereicherungstatbestände

Für die angemessene Würdigung der hier vorzustellenden wissenschaftlichen Leistung Ernst von Caemmerers ist es nötig, ein wenig auszuholen. Zunächst muß der Stand der Wissenschaft dargestellt werden, wie er sich vor Caemmerers Entdeckung präsentierte.

I. Die Vorgeschichte

Wie bei so vielen Instituten des Bürgerlichen Rechts war Friedrich Carl von Savigny (1779–1861) derjenige, der die dogmatischen Grundlagen für das moderne Bereicherungsrecht erarbeitete. Nach Savigny beruht das Bereicherungsrecht in all seinen „auf den ersten Blick höchst mannigfaltigen Erscheinungsformen auf einem sehr einfachen Princip" (Savigny, System V, S. 511): Ein bereicherungsrechtlicher Anspruch sei dann gegeben, wenn ein Vermögen durch die Verminderung eines anderen Vermögens vermehrt wird und diese Vermehrung entweder ohne Grund erfolgt oder ihr ursprünglicher Grund später wegfällt. Einschränkend forderte Savigny noch, daß die Vermögensverschiebung „unmittelbar" stattgefunden haben muß. Dadurch sollte der Anspruch aus ungerechtfertigter Bereicherung klar umrissen werden. Nach der gemeinrechtlichen Versionsklage – übrigens ein Relikt aus dem Sklavenrecht des Römischen Reiches, das im Laufe der Jahrhunderte bis zur Unkenntlichkeit deformiert und ausgeweitet worden war – galt, daß jeder, der in irgendeiner Weise von einer „defekten" Leistung profitierte, einem Bereicherungsanspruch ausgesetzt sein konnte. So reichte es z.B. aus, daß mit Hilfe eines Bankkredits Hypotheken eines Grundstücks abbezahlt wurden. Der spätere Käufer des Grundstücks konnte dann aus der Versionsklage von der Bank in Anspruch genommen werden, da er ja durch den Kredit einen Vorteil, nämlich ein unbelastetes Grundstück, erlangt hatte. Daß der Käufer dies alles nicht wußte und häufig auch nicht wissen konnte, spielte keine Rolle.

Nach Savigny sollte es also für einen Anspruch im Bereicherungsrecht immer um eine unmittelbare Vermögensverschiebung gehen, die keinen Rechtsgrund (causa) hatte. Als Begründung für diese These zog er, wie damals allgemein üblich, die aus dem 6. Jahrhundert stammenden Digesten heran. So heißt es dort unter Berufung auf Pomponius, einem römischen Juristen: „Jure naturae aequum est neminem cum alterius detrimento et iniuria fieri locupletiorium." (Niemand darf sich mit dem Schaden eines anderen unrechtmäßig bereichern.) Aus diesem – nach Wesel kontextlosen – Fragment und insbesondere den Worten „eines anderen" leitete Savigny ab, daß nur eine „unmittelbare" Vermögensverschiebung einen Bereicherungsanspruch begründen könne. Rechtspolitisch war das durchaus wünschenswert, ließ sich auf diese Weise doch im modernen Warenverkehr eine Rechtssicherheit herbeiführen, die mit Ausweitung der Versionsklage in Gefahr geraten war.

Mit dem Kriterium der unmittelbaren Vermögensverschiebung konnte die Rechtsprechung zunächst gut leben, bis es zur „Ariston-Entscheidung" des Reichsgerichtes kam (RGZ 35, S. 62 ff.). Diese Entscheidung ist u.a. deshalb so interessant, weil sie zwar vor Inkrafttreten des Bürgerlichen Gesetzbuches getroffen wurde, andererseits aber die Verhandlungen zum BGB schon abgeschlossen waren und das Reichsgericht in seinem Urteil auf dieses Gesetz hinwies.

Es ging dabei um folgendes: „Ariston" war ein System, das man am ehesten mit Schallplatten vergleichen kann. Diese „Ariston-Notenscheiben" wurden von den Leipziger Musikwerken hergestellt und verkauft. Ein Komponist, dessen Musik ohne Genehmigung auf diese Weise verbreitet worden war, verlangte DM 2.000 Entschädigung. In der ersten Instanz wurde die Klage mit der Begründung zurückgewiesen, daß der Komponist keinen Schaden durch die Verbreitung seiner Musikstücke erlitten habe. Vielmehr sei er durch den Verkauf der „Ariston-Notenscheiben" sogar bekannter geworden. Hier also funktionierte nun das Prinzip der Vermögensverschiebung nicht mehr. Denn der Musikverlag hatte zwar einen Vermögensvorteil durch den Verkauf der Notenscheiben, der Komponist jedoch keinen Vermögensnachteil. So schreibt denn auch das Reichsgericht (RGZ 35, S. 62 (74)):

> „Denn er [der Musikverlag] hat diesen Gewinn auf Kosten des Urhebers gemacht. Allerdings ist, und dies verwirrt leicht das Urteil, der Gegenstand des geistigen Eigentums ... in so unbegrenzter Weise aneignungsfähig, daß es den Anschein gewinnt, als ob dem Urheber nur soweit etwas entzogen werde, als seine eigene Verwertung jenes Produktes dadurch eingeschränkt wird."

Das „leicht verwirrte Urteil" hatte (selbstverständlich) zum Ergebnis, daß der Musikverlag zahlen mußte; etwas anderes hätte man wohl auch nur schwer mit dem Rechtsgefühl vereinbaren können. Eine dogmatische Herleitung durch die Literatur war jedoch nicht vorhanden. Auch das Reichsgericht unternahm erst gar nicht den Versuch, sein Urteil auf eine wissenschaftlich überzeugende Grundlage zu stellen. Hätte es Savigny beim Wort genommen, so hätte es – wie schon die Vorinstanz – dem Komponisten wohl keinen Anspruch zuerkennen dürfen. Dies wiederum hätte aber eine Entwertung des geistigen Eigentums zur Folge gehabt, denn der Musikverlag hätte die fremden Kompositionen benutzen dürfen, um Geld zu verdienen, bei gleichzeitiger Einsparung der eigentlich fälligen Lizenzgebühren. Das von der Rechtswissenschaft bereitgestellte dogmatische Instrumentarium versagte hier. Trotzdem gab es von seiten der Lehre kaum Einwände gegen dieses Urteil. Seine Richtigkeit leuchtete wohl jedem ein.

Weitere wichtige Vorbedingungen für die Leistung Caemmerers liegen in der Entstehungsgeschichte des BGB. Zunächst sollten die

Vorschriften des Bereicherungsrechts Einzeltatbestände mit einer nachfolgenden Auffangklausel enthalten. Beim zweiten Entwurf entschied man sich jedoch für eine Generalklausel, durch die „Übersichtlichkeit und Klarheit" gefördert werden sollte. Darüber hinaus wurde das ursprünglich vorgesehene Tatbestandsmerkmal der „unmittelbaren Vermögensverschiebung" noch durch das Merkmal „auf dessen Kosten" ausgetauscht. Der Verdacht liegt nahe, daß der „Ariston-Fall" des Reichsgerichtes zu dieser Änderung beigetragen haben könnte. Doch trotz der neuen Formulierung blieb das Kriterium der „unmittelbaren Vermögensverschiebung" nach einhelliger Meinung in Literatur und Rechtsprechung weiterhin Voraussetzung der Kondiktion. Seitdem lautet § 812 Abs. 1 BGB, die zentrale Norm des Bereicherungsrechts:

„Wer durch die Leistung eines anderen oder in sonstiger Weise auf dessen Kosten etwas ohne rechtlichen Grund erlangt, ist ihm zur Herausgabe verpflichtet. Diese Verpflichtung besteht auch dann, wenn der rechtliche Grund später wegfällt oder der mit einer Leistung nach dem Inhalte des Rechtsgeschäfts bezweckte Erfolg nicht eintritt."

Diese Norm – darüber ist man sich in der Literatur inzwischen einig – hat einige Ungeschicklichkeiten. Das „einfache Princip" von Savigny ist hier jedoch noch deutlich zu erkennen. Die aus dem Wortlaut der Norm allein nicht ableitbare Frage, die auch im weiteren Verlauf der Historie des deutschen Bereicherungsrechts eine Rolle spielte, ist, ob das Merkmal „auf dessen Kosten" sich nur auf das „in sonstiger Weise" bezieht oder auch auf das Merkmal „durch die Leistung eines anderen". Für die Verfasser dieser Norm war das keine ernsthafte Frage. Das Bereicherungsrecht sei ja ein „einfaches, einheitliches Princip" und die Worte „durch Leistung oder in sonstiger Weise" bezögen sich natürlich und ganz selbstverständlich auf den einheitlichen Tatbestand der „ungerechtfertigten Bereicherung". Dementsprechend beziehe sich auch das Merkmal „auf dessen Kosten" auf diesen einheitlichen Tatbestand.

Doch die Prämisse, daß das Bereicherungsrecht auf einem allgemeinen Prinzip beruhen soll, wurde zunehmend angezweifelt. Der erste, der einen eindeutigen und klaren Unterschied zwischen der ungerechtfertigten Bereicherung aufgrund einer Leistung (kurz: Leistungskondiktion) und der ungerechtfertigten Bereicherung in sonstiger Weise (kurz: Nichtleistungskondiktion) sah und jeden Zusammenhang zwischen diesen Kondiktionen leugnete, war Walter Wilburg in seiner Schrift „Die Lehre von der ungerechtfertigten Bereicherung nach österreichischem und deutschem Recht" aus dem Jahre 1934. Der Lehrer Walter Wilburgs war übrigens Ernst Rabel.

Wilburg wandte sich in seiner Schrift gegen die These, daß das Bereicherungsrecht als Regulativ des normativen Rechts materielle Gerechtigkeit bringen solle und deshalb ein Recht „höherer Ordnung" sei. Wilburg meinte dazu treffend, daß jede Anspruchsnorm letzten Endes eine Rechtslage schaffe, die ohne diesen Anspruch nicht bestehen würde. Sonst hätte die Norm keinen eigenen Gehalt mehr. Wilburg wandte sich entschieden gegen die herrschende Lehre, die noch immer unkritisch am Merkmal der „Unmittelbarkeit der Vermögensverschiebung" festhielt. Er wies nach, daß diese Voraussetzung für einen bereicherungsrechtlichen Anspruch unzureichend sei. Gerade in den schwierigen Fällen der Dreipersonenverhältnisse vermöge das Kriterium der „Unmittelbarkeit" keine brauchbare Lösung zu liefern. Statt dessen stellte Wilburg auf den Begriff der Leistung als den zentralen Begriff ab. „Der Anspruch steht dem Leistenden nur gegen den zu, dem er die Leistung erbracht hat, gegen den Leistungsempfänger. Wer Leistungsempfänger ist, ergibt sich aus dem Inhalt und aus dem Zweck der Leistung" (Wilburg, Ungerechtfertigte Bereicherung, S. 113). Darüber hinaus begründete Wilburg, warum die Eingriffskondiktion ein eigenständiges Rechtsinstitut sei und keinerlei Berührungspunkte mit der Leistungskondiktion aufweise. Er stellte die Eingriffskondiktion als Rechtsfortwirkungsanspruch des Eigentumsrechts dar. Dadurch löste er die Eingriffskondiktion von dem Erfordernis einer fehlenden „causa", d.h. dem Grund für das Behaltendürfen des Erlangten, vollständig ab.

Trotz der bemerkenswerten wissenschaftlichen Erkenntnis von Walter Wilburg, die einer Trennung von Leistungs- und Nichtleistungskondiktion das Wort sprach, blieben seine Ergebnisse merkwürdig unbeachtet. Dies mag nicht unwesentlich dem Zeitpunkt des Erscheinens seiner Schrift zuzuschreiben sein: Im Jahre 1934 und auch in den folgenden Jahren hatte man anderes zu tun, als die zivilrechtliche Dogmatik des Bereicherungsrechts weiterzuentwickeln. Aber darüber hinaus fehlte auch das griffige Argument für die „Trennungstheorie". Das Problem war zwar näher eingegrenzt, doch fehlte es an Kriterien für die Rechtsprechung, das neue Konzept handhaben zu können. Außerdem war noch nicht erkennbar, warum eine Trennung der Bereicherungstatbestände notwendig sein sollte. Diese Fragestellungen sollten erst durch Ernst von Caemmerer gelöst werden.

II. Caemmerers Lösung

Caemmerer hat seine Entdeckung unter dem Titel „Bereicherung und unerlaubte Handlung" veröffentlicht. Grundlage dieses Aufsatzes, der in einer Festschrift für Ernst Rabel erschien (vgl. auch Gesammelte Schriften I, S. 209 ff.), war ein Vortrag, den er auf der Tagung deutscher Zivilrechtslehrer in Bad Bertrich gehalten hatte. Caemmerer weist in dieser Abhandlung zunächst auf die Verwandtschaft zwischen dem Delikts- und dem Bereicherungsrecht hin. Zwar ist die Intention des Deliktsrechts ein Ausgleich beim Opfer und die des Bereicherungsrechts eine Korrektur beim „Täter"; die Zielobjekte unterscheiden sich insofern. Aber beide Institute – so Caemmerer – beruhen auf der allgemeinen Maxime der ausgleichenden Gerechtigkeit. Daraus ergebe sich, daß diese Rechtsinstitute ähnliche Fragen beantworten müßten, beispielsweise wann die Schädigung rechtswidrig bzw. die Erlangung einer Bereicherung unrechtmäßig sei. Ob der Gesetzgeber hier mit einer Generalklausel arbeite oder versuche, Einzeltatbestände zu formulieren, sei lediglich eine Frage der Gesetzgebungstechnik. Unabhängig von der Gesetzgebungstechnik sei allerdings das Problem, ob das Bereicherungsrecht auf einem allgemeinen Prinzip basiere und – wie immer die Antwort laute – welche Folgerungen sich daraus für Ansprüche aus § 812 BGB ergäben. Hier bezieht Caemmerer deutlich Stellung (Gesammelte Schriften I, S. 213):

> *„Die Versuche, eine einheitliche Formel zu finden, führen nicht weiter. Sie laufen vielfach nur darauf hinaus, den Satz, daß sich niemand mit dem Schaden eines anderen bereichern dürfe, in anderen Worten zu umschreiben und damit das allgemeine Prinzip der iustitia commutativa, das in der von Pomponius überlieferten Formel niedergelegt ist, nur in anderer Form auszudrücken."*

Ernst von Caemmerer suchte nicht die große Einheitsformel, sondern nach einer „Typologie der Bereicherungsansprüche". Durch die Darstellung der verschiedenen Typen der ungerechtfertigten Bereicherung hoffte er, ähnlich wie bei den Ansprüchen aus Delikt, eine Konkretisierung der einzelnen Tatbestände zu gewinnen. Auch der Aussage, daß das Recht der ungerechtfertigten Bereicherung ein Recht höherer Ordnung sei, widersprach Caemmerer unter Berufung auf Walter Wilburg. Zwar würden allgemeine Sätze einen „Zauber" ausüben, weil dort Prinzipien der Gerechtigkeit in einfacher Form ausgesprochen seien. Doch ebenso sei es derart formulierten Sätzen zu eigen, daß sie einer Konkretisierung bedürften (vgl. Gesammelte Schriften I, S. 216).

Nach diesem allgemeinen Teil stellt Caemmerer in seiner Abhandlung die von ihm bisher erkannten Typen des Bereicherungsanspruchs vor. Damit will er zeigen, daß sich diese Typen nicht nur in den Voraussetzungen, sondern auch in den Ergebnissen unterscheiden, was bis dato durch das allgemeine Prinzip verdeckt, ja geradezu verheimlicht wurde. Im Vordergrund der bereicherungsrechtlichen Ansprüche steht für Caemmerer der Anspruch aus Leistungskondiktion. Bei der Leistungskondiktion handele es sich entweder um eine „Rückabwicklung fehlgeschlagener Leistungen oder die

Rückabwicklung erledigter Verträge". Dieser Rückabwicklungsanspruch gehöre – wie das Kaufrecht, Mietrecht oder auch das Tauschrecht – zum Recht der Güterbewegung und habe ergänzende und korrigierende Funktion. Hätten beispielsweise die Rückabwicklungsansprüche des Kaufrechts wegen fehlerhafter Kaufsache nicht ihre eigene Regelung, so wären dies zweifellos Fälle der Leistungskondiktion (condictio ad causam finitam). Für die Sonderregelungen gebe es allerdings einen einleuchtenden Grund: Das Recht der ungerechtfertigten Bereicherung wäre überlastet und nicht mehr überschaubar, wenn alle diese Fälle in einen Anspruch aufgenommen worden wären. Unzählige Probleme könnten beim Abschluß und der Durchführung eines Vertrags auftreten. Dazu seien eigene Regelungen notwendig, die deshalb in das jeweilige Vertragsrecht aufgenommen würden. Andererseits benötige man aufgrund der Verschiedenheit und Unvorhersehbarkeit der möglichen Defekte eines Vertrags einen Auffangtatbestand, um das Recht der Güterbewegung umfassend zu normieren. Die Besonderheiten der einzelnen Verträge müßten also in diesen selbst geregelt werden, für die nicht erfaßten Tatbestände bleibe die Leistungskondiktion des Bereicherungsrechts.

Als nächsten Unterfall der ungerechtfertigten Bereicherung identifiziert Caemmerer die Ansprüche wegen „Bereicherung aus fremden Gut". Das sind die Fälle, in denen ein fremdes Gut gebraucht oder genutzt, verbraucht oder verwertet wird (vgl. Gesammelte Schriften I, S. 228). Hier unterscheidet Caemmerer zwischen schuldlosen und schuldhaften Eingriffen. Schuldhafte Eingriffe sind regelmäßig schon durch andere Normen abgedeckt wie beispielsweise die des Deliktsrechts. Dagegen treten bei schuldlosen Eingriffen Ansprüche aus ungerechtfertigter Bereicherung in den Vordergrund. Den Grund für diese Ansprüche sieht Caemmerer – ähnlich wie Wilburg – nicht in der Rechtswidrigkeit des Eingriffs: z.B. wären die Ansprüche auch gegeben, wenn der Eigentümer sein eigenes Heizmaterial versehentlich in einem anderen Ofen verwendet. Von Rechtswidrigkeit kann dann nicht die Rede sein. Statt dessen soll

Grundlage für den Bereicherungsanspruch sein, daß die Verwertung im Widerspruch zum „Zuweisungsgehalt" des Eigentums steht; insoweit folgt Caemmerer dem Vordenker Wilburg. Diesen Widerspruch zum Zuweisungsgehalt will Caemmerer aber nicht nur für das Eigentum, sondern auch für alle anderen „absoluten Rechte" als Bedingung für einen Anspruch aus Nichtleistungskondiktion aufstellen. Dabei sind absolute Rechte solche, die für bzw. gegen jedermann wirken. Das Eigentum ist daher zwar ein typisches absolutes Recht, aber bei weitem nicht das einzige. Auch die Gesundheit oder Urheberrechte sind z.B. absolut geschützt.

Damit gehört für Ernst von Caemmerer die Leistungskondiktion dem Recht der Güterbewegung an, während die Nichtleistungskondiktion dem Recht des Güterschutzes, also des Schutzes der absoluten Rechte, zuzuordnen ist. Für die Ansprüche aus Nichtleistungskondiktion besteht eine Parallele zum Recht der Früchteziehung. In beiden Fällen ist es unbedeutend, ob der Berechtigte überhaupt in der Lage war, einen Nutzen aus seinen Gütern zu ziehen; er kann gleichermaßen die Früchte oder ihren Wert herausverlangen.

Caemmerer stellt weitere Varianten – in seiner Terminologie: „Typen" – des Bereicherungsanspruchs dar. Er weist nach, daß das Recht der ungerechtfertigten Bereicherung sich in weitere Unterfälle gliedert. Aufwand und Präzision der Typologie werfen die Frage auf, welcher praktische Nutzen mit ihr verbunden bzw. warum sie überhaupt notwendig ist. Caemmerer nennt fünf Aspekte (vgl. Gesammelte Schriften I, S. 252 ff.):

1. Die Frage nach der Anspruchsgrundlage wird bestimmt durch das Maß des Anspruchs. Bei der Leistungskondiktion ist alles Gegenstand der Kondiktion, was der Leistende dem Empfänger verschaffen konnte. Bei der Eingriffskondiktion erhält der Anspruchsberechtigte dagegen das, was er bekommen hätte, wenn z.B. ein Lizenzvertrag geschlossen worden wäre. Er bezieht dann also nicht den Gewinn, den der Eingreifende aufgrund seiner

eigenen Geschäftstüchtigkeit erzielen konnte. Dies gilt natürlich nur, solange der Eingreifende nicht schuldhaft gehandelt hat.

2. Auch hinsichtlich des Gegenstands der Kondiktion ergeben sich Unterschiede: Bei der Leistungskondiktion ist – wie schon erwähnt – alles Gegenstand, was geleistet wurde. Die Eingriffskondiktion bezieht sich dagegen nur auf die durch ein absolutes Recht geschützten Güter. Insofern können etwa Verzichtserklärungen (beispielsweise die Ausschlagung einer Erbschaft) zwar Gegenstand einer Leistungskondiktion, nicht aber einer Eingriffskondiktion sein. Gleiches gilt auch für die in Frankreich und Italien oft diskutierten „Deichbaufälle": Jemand baut einen Deich, der auch dem Nachbarn zugute kommt. Ein Anspruch gegen den Nachbarn auf Beteiligung an den Kosten des Deiches ergibt sich daraus jedoch nicht. Anders würde dagegen der Fall liegen, wäre der Deichbau Gegenstand eines Vertrags gewesen. Dann hätte bei Unwirksamkeit dieses Vertrags der Deichbauer auch einen Anspruch aus Leistungskondiktion gegen den Nachbarn. Der Gegenstand der hier möglichen Leistungskondiktion ist aber genau derselbe, für den ein Anspruch aus Nichtleistungskondiktion ausscheidet.

3. Eine weitere Divergenz ergibt sich bei der Betrachtung von Verträgen mit einem Dritten. Bei einem sog. Eingriffserwerb, also beispielsweise dem Kauf von Diebesgut, kann dieser Vertrag dem Anspruchssteller nicht entgegengehalten werden. Ähnliches gilt, wenn ein Gläubiger in Güter vollstreckt, die dem Schuldner nicht gehörten. Dann ist zwar die Vollstreckung wirksam, gleichwohl muß der Gläubiger dem tatsächlichen Eigentümer den Erlös der Vollstreckung überlassen. Die Vollstreckung bildet hier also keinen Rechtsgrund für das Behaltendürfen des aus der Vollstreckung erhaltenen Geldes. Anders sieht es dagegen aus, wenn die Leistungskondiktion Anspruchsgrundlage ist. Hier reicht jede Vereinbarung aus, um die Bereicherung als gerechtfertigt erscheinen zu lassen. Dies können beispielsweise Gesellschaftsverträge, Feststellungsverträge, Vergleiche, Sicherungsgeschäfte und

Gemeinschaftsteilungen sein. Zumindest nach deutscher Auffassung können daher alle verständlichen Zwecke einen hinreichenden Rechtsgrund, eine „causa", für die Bereicherung durch Leistung bilden.

4. Die Differenzierung zwischen Leistungs- und Nichtleistungskondiktion spielt des weiteren eine Rolle bei der Ersparung von Aufwendungen und der Anwendung der Saldotheorie. Die zwei Themen hier weiter auszuführen, würde jedoch den Rahmen dieses Beitrags sprengen. Es bleibt daher bei dieser kurzen Erwähnung.

5. Auch im internationalen Privatrecht sind Unterschiede je nach Art des Bereicherungsanspruchs auszumachen. Gegenstand des internationalen Privatrechts ist zunächst die Frage, welche Rechtsordnung bei Sachverhalten mit Auslandberührung anwendbar sein soll. Da abweichende Rechtsordnungen häufig auch abweichende Lösungen für das gleiche Problem haben, ist die Frage nach dem anzuwendenden Recht oftmals sehr kritisch und kann über das Bestehen oder Nichtbestehen sowie über die Frage nach der Höhe des Anspruchs entscheiden. Bei der Leistungskondiktion ist das Recht anwendbar, das auch bei einem gültigen Vertrag wirksam wäre. Dagegen wird bei der Eingriffskondiktion, wegen der Nähe zum Deliktsrecht, das Recht des Tatortes maßgeblich sein.

Diese Fälle zeigen, daß eine differenzierte Betrachtung der unterschiedlichen Bereicherungsansprüche nicht nur zweckmäßig, sondern auch geboten ist. Caemmerers Arbeit hat die durch Wilburg beabsichtigte Trennung von Leistungskondiktion und Nichtleistungskondiktion wieder in das Bewußtsein der zivilrechtlichen Forschung gerückt. Darüber hinaus hat er diese Trennung überzeugend begründet, während es Wilburg in erster Linie bei einem Appell an den gesunden Menschenverstand beließ. Caemmerer sprengte durch seine präzise Argumentation die „Aura" der einheitlichen Formel, die auf die gesamte Zivilrechtsforschung eine so faszinierende Wirkung ausgeübt hatte. Sein Schritt, die Leistungskondiktion dem Recht der Güterbewegung und die Nichtleistungskondiktion dem Recht des Güterschutzes zuzuordnen, ebnete den Weg zu einer leichteren Handhabbarkeit des Bereicherungsrechts.

Neues Merkmal der Eingriffskondiktion wurde der Zuweisungsgehalt. Mit diesem Kriterium ließen sich nun auch Fälle dogmatisch nachvollziehen, für die vorher zwar das Ergebnis, aber nicht der Weg dorthin einsichtig war (wie z.B. in der zitierten „Ariston"-Entscheidung des Reichsgerichtes). Darüber hinaus konnte Ernst von Caemmerer die Notwendigkeit einer weiteren Differenzierung aufzeigen. Dieser Gedanke sollte später von Detlef König, einem Schüler Caemmerers, weiterverfolgt werden. Nicht zuletzt rückte er den auch schon durch Wilburg hervorgehobenen Begriff der Leistung in den Mittelpunkt der bereicherungsrechtlichen Forschung. Dadurch hatte die Rechtsprechung eine neue Möglichkeit, die gefürchteten Dreipersonenverhältnisse einer stimmigen Lösung zuzuführen, die nicht nur einer Einzelfallgerechtigkeit entsprang.

Die unausweichliche Frage, ob Ernst von Caemmerer ein Entdecker war, läßt sich somit eindeutig beantworten. Wir verdanken ihm ein gesichertes Fundament für die Trennung der einzelnen Kondiktionsarten. Man könnte sogar behaupten, daß es sich bei dem hier vorgestellten Aufsatz „Bereicherung und unerlaubte Handlung" um einen der letzten dogmatischen Meilensteine des Zivilrechts handelt, der nicht durch die Rechtsprechung, sondern durch die Lehre gesetzt wurde. Über diese an sich schon sehr bemerkenswerten Ergebnisse hinaus ist eines noch anzumerken: Eine wissenschaftliche Arbeit kann auch gut verständlich geschrieben sein, ohne daß die Wissenschaftlichkeit darunter zu leiden hat. Der hier vorgestellte Aufsatz stellt diese These nachhaltig unter Beweis.

C. Die Rezeption – der Wandel in der herrschenden Meinung

I. Die Verwirrung hält Einzug

Der Wandel in der herrschenden Meinung vollzog sich ebenso stark wie lautlos. Ohne daß es im einzelnen wahrgenommen wurde, übernahm in kurzer Zeit fast jede bedeutende Stimme des Bereicherungsrechts die Lehre von der Trennung der Leistungs- und Nichtleistungskondiktion. Einer der letzten war Karl Larenz, der das neue System 1972 in die zehnte Auflage seines Schuldrechtslehrbuches übernahm. Hinzu kam die Definition von Leistung als die „bewußte, zweckgerichtete Mehrung fremden Vermögens".

Zu der Trennung von Leistungs- und Nichtleistungskondiktion traten zwei weitere Thesen, die zwar sehr griffig waren, aber einige Probleme in sich bargen: Die These vom „Vorrang der Leistungskondiktion", auch Subsidiaritätsdogma genannt, postuliert das Primat der Leistungskondiktion gegenüber der Kondiktion in sonstiger Weise. Für Zweipersonenverhältnisse ist dieses Dogma jedoch überflüssig: Entweder wurde geleistet oder nicht; beides gleichzeitig aber ist, solange es sich um denselben Gegenstand handelt, nicht denkbar. Bei Dreipersonenverhältnissen kann dieses Dogma nur als eine erste Richtschnur dienen. Vor allem in den Fällen des gutgläubigen Erwerbs sieht man schnell, daß der Vorrang der Leistungskondiktion so ernst nicht gemeint sein kann. Denn der Erwerber von Diebesgut kann dem Bestohlenen nie entgegenhalten, daß der Dieb einen Anspruch aus Leistungskondiktion hat. Das Dogma verdeckt also mehr, als es an Erkenntnis bringt. Gleichwohl ist die Vorrangthese noch immer überaus gebräuchlich.

Ein anderes Instrument, in diesem Fall von der Rechtsprechung ins Leben gerufen, ist die „Lehre vom Empfängerhorizont" (zuerst BGHZ 40, 272). Auch hier sind wieder die Dreipersonenverhältnisse die Meßlatte, an der sich die Dogmatik bewähren muß. Als Beispiel sei ein typischer Fall aus dem Bankrecht angeführt: Jemand beauftragt seine Bank, einem Gläubiger Geld zu überweisen. Dies kann z.B. durch Überweisung oder Scheck geschehen; die Fallkonstellation bleibt immer dieselbe. Zahlungsvorgänge dieser Art werden täglich millionenfach durchgeführt, und Fehler bleiben nicht aus. Nun muß der Zahlungsvorgang rückabgewickelt werden. Die Stunde des Bereicherungsrechts schlägt. Denn die entscheidende Frage lautet: Wem muß der Empfänger des Geldes den Betrag zurückzahlen? Solange alle genug Geld haben, mag das kein Problem sein. Brisant wird die Frage jedoch, wenn der Empfänger des Betrags zahlungsunfähig ist. Dann erhält der Gläubiger von ihm nur noch die Konkursquote – oft nicht mehr als 5 % des ursprünglichen Forderungsbetrags. War die Anweisung an die Bank ordnungsgemäß, so hat nicht die Bank, sondern der Überweisende an den Empfänger geleistet. Wie aber ist die Sachlage, wenn die Anweisung widerrufen wurde? Wenn es nie eine Anweisung gegeben hat bzw. diese nicht unterschrieben ist? Für diese Fälle hat die Rechtsprechung die Lehre vom Empfängerhorizont entwickelt. Danach soll es entscheidend sein, wie der Empfänger die Zahlung bewerten durfte. Wußte er vom Mangel der Anweisung – etwa dem Widerruf –, dann hat er von dem „Überweisenden" keine Leistung erhalten. Es bleibt nur noch die Bank, die den Betrag zurückfordern kann. Durfte der Empfänger jedoch glauben, daß die Zahlung eine Leistung des Überweisenden war, dann sollte er auch diesem den Betrag zurückerstatten.

Eine Bewertung der Lehre vom Empfängerhorizont ist nicht leicht. Sie führt zwar häufig zu einem als richtig empfundenen Ergebnis, doch scheint die Grundlage dessen eher eine Abwägung von Interessen zu sein. Auf der einen Seite steht der Kunde, der natürlich voraussetzt, daß seine Bank die Anweisungen korrekt ausführt. Auf der anderen Seite aber steht das Interesse des Zahlungsempfängers an der Beständigkeit der erhaltenen Zahlungen. Auch hier scheint das Instrument, also die Lehre vom Empfängerhorizont, mehr zu verdecken als zu erhellen.

Insgesamt ist festzustellen, daß die Dogmatik von Savigny einige nicht zu überwindende Nachteile hatte, die durch die Arbeit Caemmerers überwunden wurden. Allerdings hatte die Savignysche

Dogmatik auch Vorteile, so nicht zuletzt die Einigkeit in der Forschung. Diese bezog sich nicht nur auf die Lösung, sondern auch auf den Lösungsweg. Die Dissonanzen traten erst auf mit dem Einzug der Trennungslehre in die Forschung. Doch waren sich die Wissenschaftler noch immer über das Ergebnis weitgehend im klaren. Nur der Weg dorthin wurde steiniger. Die Ansätze vermehrten sich, um das gewünschte Ergebnis zu rechtfertigen. So beschwerte sich beispielsweise Peter Schlechtriem in einer Rezension über die Monographie „Ungerechtfertigte Bereicherung" von Reuter und Martinek, daß dieses Werk 805 Seiten umfasse, während Caemmerers viel grundlegenderer Aufsatz mit zahlreichen Verweisen auf fremde Rechtsordnungen nur 68 Seiten benötigte (vgl. Schlechtriem, Zeitschrift für das gesamte Handelsrecht (ZHR) 149 (1985), S. 327).

Hat Ernst von Caemmerer durch seine Entdeckung diese Explosion der Forschungsergebnisse provoziert? Die Ursache dürfte eher darin liegen, daß die bereicherungsrechtliche Dogmatik bei Entstehung des BGB nur schwach entwickelt war. Andere Bereiche des Zivilrechts waren und sind sehr viel ausgereifter, und der Drang, dort neue grundlegende Thesen aufzustellen, ist offensichtlich viel geringer.

II. Die Resignation der Rechtsprechung

Die Rechtsprechung resignierte angesichts der gewaltigen Literaturmenge, die auf sie zuströmte. Sie vernachlässigte die Dogmatik und entwarf statt dessen ihrerseits die gefürchtete Formel von der Einzelfallgerechtigkeit (zuerst in BGHZ 50, 227 (229); später in fast allen Entscheidungen zu den sog. Dreiecksfällen, z.B.: BGHZ 89, 376 (378); zuletzt in BGHZ 122, 46 (52 f.)): „… daß sich bei der bereicherungsrechtlichen Behandlung von Vorgängen, an denen mehr als zwei Personen beteiligt sind, jede schematische Lösung verbietet. Vielmehr sind in erster Linie die Besonderheiten des einzelnen Falles für die sachgerechte bereicherungsrechtliche Abwicklung zu beachten."

Diese Formel verwendete – und verwendet noch immer – die Rechtsprechung ungerechtfertigterweise unter Berufung auf Ernst von Caemmerer und seine Fallgruppenbildung. Fallgruppen zu bilden ist jedoch keineswegs identisch mit dem Vorgehen, für jeden Fall eine eigene Fallgruppe zu schaffen, und darauf läuft die oben zitierte Formel wohl hinaus. Zugute halten aber muß man den Gerichten im allgemeinen und dem Bundesgerichtshof im besonderen, daß die erzielten Ergebnisse fast durchweg sachgerecht waren und der immer wieder aufkeimenden Kritik der Forschung gut standhalten konnten.

III. Ein Schüler „macht Fortschritte"

Caemmerers Aussage, daß seine Fallgruppenbildung noch nicht abschließend gemeint sei, war nicht als Hinweis an die Rechtsprechung gedacht, die Dogmatik insgesamt aufzugeben. Doch griff die Rechtsprechung gleichwohl diese Anregung auf. Vielmehr ging es Caemmerer darum, daß die Forschung eine sinnvolle Aufteilung der Bereicherungsansprüche vornehmen sollte, um so wiederum der Rechtsprechung ein geeignetes Instrument zur Förderung der Rechtssicherheit an die Hand zu geben.

Tatsächlich gab es jemanden, der diesen Hinweis aufgriff und versuchte, eine abschließende Untersuchung aller denkbaren Fallgruppen abzugeben. Dabei handelt es sich um den leider viel zu früh verstorbenen Detlef König, einen Schüler Ernst von Caemmerers. Seine posthum veröffentlichte Habilitationsschrift „Ungerechtfertigte Bereicherung – Tatbestände und Ordnungsprobleme in rechtsvergleichender Sicht" war u.a. Grundlage eines Gutachtens zur Schuldrechtsreform, in welcher König empfahl, das Bereicherungsrecht entsprechend den schon gebildeten Fallgruppen in verschiedene Tatbestände aufzugliedern. Die Probleme, die die Rechtsprechung mit dem Bereicherungsrecht hat, wären dadurch wohl größtenteils bereinigt worden. Der Entwurf war allerdings starken Vorbehalten von seiten der Rechtslehre ausgesetzt, die noch immer nach dem Schlüssel zum einheitlichen Verständnis des Bereicherungsrechts suchte. Detlef König erhielt nicht mehr die Gelegenheit, seine Forschungsergebnisse, die als konsequente Fortführung der Wissenschaft Rabels, Wilburgs und Caemmerers zu verstehen sind, zu verteidigen und auszubauen. Was bleibt, ist eine außergewöhnlich gut lesbare Habilitationsschrift.

IV. Eine Flugreise als Nagelprobe

In den achtziger Jahren regte sich – trotz der wissenschaftlichen Erträge von Detlef König – heftige Kritik an der nun vorherrschenden Trennungslehre, die die Rechtsprechung wenigstens vom Grundgedanken her übernommen hatte. Vor allem gegen den Begriff der Leistung wurden Bedenken laut. Es hatten sich im Laufe der Jahre zahlreiche Fälle herauskristallisiert, bei denen nicht klar war, ob es sich um eine Leistung handelte, die zurückgefordert werden konnte. Ein berühmtes Beispiel ist der sog. „Flugreisefall"(BGHZ 55, 128 ff.): Ein 17jähriger flog mit dem Flugzeug nach New York, ohne ein Ticket erworben zu haben. Hatte nun die Fluggesellschaft eine Leistung erbracht, als sie den Minderjährigen in das Flugzeug ließ? Die Rechtsfolgen konnten durchaus unterschiedlich sein, abhängig davon, ob eine Leistungs- oder eine Nichtleistungskondiktion Anspruchsgrundlage war. Einen entgeltlichen Beförderungsvertrag darf ein Minderjähriger nur unter sehr engen Voraussetzungen abschließen. Schießt er jedoch mit einem Fußball eine Fensterscheibe zu Bruch, kann auch er dafür haften. Hier geht es um die Delikts-, dort um die Geschäftsfähigkeit. Der Schutz eines Minderjährigen ist im Vertragsrecht demnach viel höher anzusiedeln als im Deliktsrecht. Der Begriff der Leistung vermochte diese Unterscheidung aber nicht zu treffen. Es war daher fraglich, warum ausgerechnet der wertneutrale Leistungsbegriff die entscheidende Weiche stellen sollte.

Ausgehend von diesem Problem wurde erneut versucht, ein einheitliches Prinzip zu finden. Alle Ansätze aber, die ein einheitliches

Prinzip zugrunde legten, litten unter einem sehr hohen Abstraktionsgrad. Daraus folgte zwangsläufig eine fehlende Relevanz für die praktische Arbeit. Die Rechtsdogmatik drohte hier zum reinen Selbstzweck zu degenerieren. Insofern hat sich die Behauptung Ernst von Caemmerers bewahrheitet, daß die Versuche, eine einheitliche Formel zu finden, nur die altbekannte Formel des Pomponius mit anderen Worten wiedergeben. Auch wird das Problem, ob eine Leistung vorliegt oder nicht, durch die Bejahung eines einheitlichen Prinzips des Bereicherungsrechts allein eben nicht gelöst. Dies wäre nur bei einer Einheitslösung der Fall, die Zweifelsfragen beantwortet und somit den Begriff der Leistung entlastet. Es wurde aber bisher kein Nachweis erbracht, daß dieses Ziel überhaupt erreicht werden kann. Die Zweifel bleiben.

V. Die Diskussion dauert an

Schon in den 70er Jahren versuchte dagegen Canaris auf erfolgversprechenderem Weg, den Begriff der Leistung zu entschärfen. Dies erreichte er durch die Aufstellung eines Katalogs von Wertungen, die dann das Ergebnis vorgeben sollten (vgl. Canaris, FS Larenz, S. 799 ff.). Das ist durchaus im Sinne einer modernen Rechtswissenschaft, die sich immer mehr von einer reinen Begrifflichkeit löst und statt dessen konkreter nach dem „richtigen" Ergebnis fragt. Wichtigstes Kriterium ist Canaris zufolge die Frage, wer das jeweilige Ausfallrisiko zu tragen hat. Leider läßt dieser Ansatz ein wenig die dogmatische Eleganz vermissen, mit der sonst im Bereicherungsrecht argumentiert wird. Gleichwohl hat er den großen Vorzug, sachgerechte Ergebnisse zu liefern. Trotzdem kann keine Rede davon sein, daß sich dieser Weg durchgesetzt hätte. Viele Vertreter der Forschung wenden sich gegen diese rein wertungsbezogene Vorgehensweise. Vorwerfen kann man diesem Ansatz sicher, daß er zu leicht manipulierbaren Ergebnissen führt.

Die Rechtsprechung, die als das Maß aller Dinge für den Erfolg einer dogmatischen Theorie gelten muß, kommt mit ihrer „Methode" der Einzelfallanalyse sehr gut zurecht und benötigt diesen Ansatz nicht, um bessere Ergebnisse zu erzielen. Was man jedoch aus Canaris' Weg herauslesen könnte, wäre möglicherweise eine bessere Rechtssicherheit.

VI. Das Dilemma

Inzwischen ist die Diskussion über das Bereicherungsrecht weitgehend verstummt. Was bleibt, ist – wie Wesel es formulierte – ein dogmatischer Scheiterhaufen. Der Betrachter hat den Eindruck, die Gelehrten formulierten allesamt sehr kluge Standpunkte, jedoch aneinander vorbei. Resignation und Ratlosigkeit herrschen vor. Allenthalben wird die Rechtsprechung für ihre Lösungswege kritisiert. Interessanterweise betont aber jeder Autor, daß das durch die Rechtsprechung gefundene Ergebnis letzten Endes auch seinen Vorstellungen entspricht.

Opfer ist der ratlose Rechtsanwender. Ein griffiges Instrumentarium zur Lösung der Fälle mit bereicherungsrechtlichem Schwerpunkt fehlt. Zu hoffen bleibt, daß das Bereicherungsrecht wieder auf einfachere dogmatische Grundlagen gestellt wird. Denn die Probleme sind „hausgemacht". Schaut man – wie es Ernst von Caemmerer immer tat – über die Grenzen Deutschlands hinaus in andere Länder, so stellt man fest, daß ähnliche Fälle im Ausland mit einem sehr viel geringeren Begründungsaufwand einer plausiblen Lösung zugeführt werden. Zu schließen ist daher dieser Beitrag mit den gleichen Worten, die auch Uwe Wesel benutzte, um seinen Zustandsbericht über die Forschung des Bereicherungsrechts abzuschließen (Wesel, NJW 1994, S. 2595): „Vereinfachen, vereinfachen, vereinfachen!"

Literatur

I. Werke Caemmerers

Gesammelte Schriften, in: *Hans G. Leser* (Hrsg.), Band 1 und 2, Tübingen 1968, Band 3, Tübingen 1983 (zitiert: Gesammelte Schriften I, II, bzw. III).

Bereicherung und unerlaubte Handlung, in: *Hans Dölle* (Hrsg.), Festschrift für Ernst Rabel, Band 1, Tübingen 1954, S. 333 ff. (= Gesammelte Schriften I, S. 209 ff.).

Wandlungen des Deliktsrechts, in: *ders., Ernst Friesenhahn, Richard Lange* (Hrsg.), Festschrift zum hundertjährigen Bestehen des Deutschen Juristentages 1860–1960, S. 49 ff. (= Gesammelte Schriften I, S. 452 ff.).

Das Verschuldensprinzip in rechtsvergleichender Sicht, in: Rabels Zeitschrift für ausländisches und internationales Privatrecht 42 (1978), S. 5 ff. (= Gesammelte Schriften III, S. 261 ff.).

II. Zur Person Caemmerers

H. C. Ficker, D. König, K. F. Kreuzer, H. G. Leser, W. Frhr. Marschall v. Bieberstein (Hrsg.), Festschrift für Ernst von Caemmerer zum 70. Geburtstag, Tübingen 1978.

Karl Kreuzer, Nachruf auf Ernst von Caemmerer, in: Zeitschrift für vergleichende Rechtswissenschaften, (85) 1986, S. 237 ff.

Hans G. Leser, Nachruf auf Ernst von Caemmerer, in: Juristenzeitung (JZ) 1985, S. 735.

Wolfram Müller-Freienfels, Nachruf auf Ernst von Caemmerer, in: Rabels Zeitschrift für ausländisches und internationales Privatrecht, (50) 1986, S. 339.

Peter Schlechtriem, Ernst v. Caemmerer zum 75. Geburtstag, in: Neue Juristische Wochenschrift (NJW) 1983, S. 97.

ders., Ernst v. Caemmerer, in: Neue Juristische Wochenschrift (NJW) 1985, S. 2517.

III. Zur Entdeckung, ihrer Entwicklung und Rezeption

Karl Larenz/Claus-Wilhelm Canaris, Lehrbuch des Schuldrechts, Band 2 Besonderer Teil, Teilband 2, 13. Aufl., München 1994.

Claus-Wilhelm Canaris, Bereicherungsausgleich im Dreipersonenverhältnis, in: Festschrift für Karl Larenz zum 70. Geburtstag, S. 799 ff. (zitiert: Canaris, FS Larenz).

Detlef König, Ungerechtfertigte Bereicherung, Heidelberg 1985.

Ulrich Loewenheim, Bereicherungsrecht, 2. Aufl., München 1997.

Dieter Reuter/Michael Martinek, Ungerechtfertigte Bereicherung, Tübingen 1983.

Friedrich Carl von Savigny, System des heutigen Römischen Rechts, Band 5, Berlin 1841 (zitiert: Savigny, System V).

Peter Schlechtriem, Prinzipien und Vielfalt: Zum gegenwärtigen Stand des deutschen Bereicherungsrechts, in: Zeitschrift für das gesamte Handelsrecht (ZHR) 149 (1985), S. 327.

Uwe Wesel, Bereicherungsrecht, in: Neue Juristische Wochenschrift (NJW) 1994, S. 2594 f.

Walter Wilburg, Die Lehre von der ungerechtfertigten Bereicherung nach österreichischem und deutschem Recht, Graz 1934 (zitiert: Wilburg, Ungerechtfertigte Bereicherung).

Ernst Wolf

Ernst Wolf und die Reale Rechtslehre
(Bettina Wendlandt)

Die Reale Rechtslehre dürfte im Gegensatz zu den anderen in diesem Buch beschriebenen „Entdeckungen" nahezu unbekannt sein. Dabei hat Ernst Wolf nach seinem eigenen Anspruch nicht nur ein vereinzeltes Phänomen oder ein Rechtsinstitut entdeckt, sondern ergründet, was Recht selbst ist und wie es erkannt werden kann. Auch insoweit unterscheidet sich die Reale Rechtslehre von den in den anderen Beiträgen behandelten „Entdeckungen".

A. Der Entdecker

Ernst Wolf wurde am 26.10.1914 in Meiningen in Thüringen geboren. Seine Eltern waren der spätere Staatsbankdirektor Paul Wolf und Frieda Wolf, geborene Moeller. Ernst Wolf besuchte zunächst die Bürgerschule, später das Reformgymnasium Meiningen, wo er 1934 das Abitur machte. Nach Ableistung des damals unumgänglichen halbjährigen Pflichtarbeitsdienstes schrieb er sich in Frankfurt am Main für das Jurastudium ein. Seine Nebengebiete waren Wirtschaftswissenschaft und – ein früher Hinweis auf sein Interesse an erkenntnistheoretischen Fragestellungen – Philosophie. Nach zwei Semestern wechselte er nach Berlin, um dort 1938 mit der ersten juristischen Staatsprüfung vor dem Kammergericht Berlin sein Studium abzuschließen.

Es folgte eine Zeit, die mit unterschiedlichsten Tätigkeiten ausgefüllt war. Wolf kehrte nach Frankfurt zurück und begann dort bei dem Ordinarius für Bürgerliches Recht und Handelsrecht, Professor Ruth, mit dem Thema „Die Bürgschaft für laufenden Geschäftskredit, insbesondere beim Wechsel des Geschäftsinhabers" zu promovieren. Ende 1938 wurde er als Gerichtsreferendar am Amtsgericht Königsstein in den juristischen Vorbereitungsdienst aufgenommen. Daneben arbeitete er als wissenschaftliche Hilfskraft an der Rechtswissenschaftlichen Fakultät der Universität in Frankfurt am Main und sammelte dort mit der Abhaltung von Vorbereitungs- und Wiederholungskursen erste Erfahrungen in der Lehre.

Bereits am 5.1.1940 unterzog sich Wolf der Promotion. Gleich am nächsten Tag hielt er seine erste Vorlesung. Die Eile hatte einen ernsten Grund: Seit Kriegsbeginn waren mehrere Mitglieder der Fakultät zum Dienst an der Front eingezogen worden. Wolf sollte helfen, die entstandenen Engpässe auf dem Gebiet des Arbeits- und Handelsrechts zu beheben. Schon ein halbes Jahr später ereilte Wolf jedoch das Schicksal seiner Vorgänger; er wurde zum Heeresdienst eingezogen. Zwar wurde er drei Monate später vorübergehend entlassen, um seine Lehrtätigkeit zum letzten Trimester des Jahres fortzusetzen. Doch schon im Januar 1941 mußte er erneut die Uniform anziehen, wurde zunächst nach Frankreich, dann nach Polen und schließlich als Gefreiter auf den Rußlandfeldzug geschickt. Bei Charkow erlitt er im Oktober 1941 einen schweren Unfall. Wolf mußte längere Zeit im Lazarett liegen und wurde schließlich im Sommer 1943 wegen einer zurückgebliebenen Knieverletzung aus dem Heeresdienst entlassen.

Nach Frankfurt zurückgekehrt, wurde Ernst Wolf zum Assessor ernannt; er arbeitete wieder als Lehrbeauftragter an der Universität und wurde Assistent bei Professor Gerhard Schiedermair. Auf Anregung von Professor Fritz von Hippel begann er die Arbeit an seiner Habilitationsschrift über das Thema „Die Generalklausel im Schadensersatzrecht". Im letzten Kriegshalbjahr kam der Lehrbetrieb an der Universität Frankfurt nahezu zum Erliegen. Wolf nutzte die Zeit, indem er einen Königssteiner Rechtsanwalt vertrat. Nach dem Einmarsch der amerikanischen Truppen wurde Ernst Wolf in den Königssteiner Bürgerrat berufen und arbeitete am Wiederaufbau der Verwaltung mit. Im Februar 1946 wurde der Lehr- und Forschungsbetrieb an der Frankfurter Universität wiederaufgenommen.

Wolf hielt wieder Vorlesungen und Übungen im bürgerlichen Recht ab. Drei Monate später habilitierte er sich und erhielt die Lehrbefugnis für Bürgerliches Recht und Rechtsphilosophie. Wolf führte seine Tätigkeit in der Lehre fort und nahm zeitweise auch die Geschäfte eines kommissarischen Universitätsrates wahr.

Wolfs Talent für Wissenschaft und Verwaltung sprach sich herum: Anfang 1947 bot ihm der Dekan der Universität Jena, Richard Lange, die Übernahme eines Ordinariats für Bürgerliches Recht und Rechtsphilosophie an. Gleichzeitig wollte ihn der Hessische Kultusminister als Hochschulreferenten gewinnen. Der Rektor der Universität Frankfurt, Walter Hallstein, richtete namens des Universitätssenates die Bitte an ihn, das zweite Angebot anzunehmen, und so blieb Ernst Wolf in Frankfurt. Die Universität brauchte jedoch nicht lange auf ihn zu verzichten. Neben der Arbeit im Kultusministerium übernahm Wolf im August 1947 die Vertretung des neu eingerichteten Lehrstuhls für Bürgerliches Recht und Rechtsphilosophie. Im Februar 1948 erfolgte die Ernennung zum außerplanmäßigen Professor. Als es kurz darauf zu einem Konflikt zwischen seiner Fakultät und dem Kultusminister kam, wurde Wolf auf seinen Wunsch aus den Diensten des Ministeriums entlassen. Im Jahre 1951 wurde er als außerordentlicher Professor verbeamtet.

Im Rahmen der Zusammenarbeit mit einer Austauschgruppe amerikanischer Kollegen über Fragen der Ehestabilität und des Scheidungsrechts arbeitete Ernst Wolf 1954 für ein Studienjahr als Gastprofessor in Chicago. Besonders engen Kontakt hatte er dort mit Max Rheinstein. Im Jahre 1955 wechselte er von Frankfurt nach Marburg. Dort wurde er ordentlicher Professor für Bürgerliches Recht, Arbeitsrecht und Rechtsphilosophie an der Philips-Universität. Im selben Jahr wurde er Mitglied des vom deutschen Bundestag eingesetzten Personalgutachterausschusses für die Bundeswehr; Aufgabe des Ausschusses war, die in die Bundeswehr einzustellenden Obersten und Generäle zu überprüfen. Bis zu seiner Emeritierung im Frühjahr 1983 war Wolf Direktor des Instituts für Arbeitsrecht der Marburger Universität.

Seit 1947 ist Ernst Wolf mit Roda Wolf, geborene Hartmann, verheiratet. Sie haben drei Kinder, die sämtlich die akademische Laufbahn eingeschlagen haben: Tochter Daniela als Biologin, die beiden Söhne Joachim und Gerhard als Rechtswissenschaftler.

Ein Blick hinter diese nüchternen Daten zeigt einen Mann „mit Ecken und Kanten", mit Prinzipien, die politische Verfolgung provozierten und manche Lebensentscheidung beeinflußten: Während seiner Studienzeit in Frankfurt hatte Wolf Kontakt mit Gegnern des Dritten Reiches, u.a. mit einem Freund Thomas Manns. Dies war für die Behörden Anlaß genug, gegen Wolf zu ermitteln. Er wurde durch die Gestapo mehrmals für längere Zeit im Konzentrationslager Bad Sulza und im Reichssicherheitshauptamt in Berlin inhaftiert. 1938 sollte Ernst Wolf vor dem Volksgerichtshof wegen Vorbereitung zum Hochverrat angeklagt werden. Ihm drohte die Todesstrafe. Nach einem Selbstmordversuch wurde er aus der Haft entlassen.

Im Jahre 1944 bot ihm die juristische Fakultät der Universität Greifswald eine Lehrstuhlvertretung für Bürgerliches Recht und Zivilprozeßrecht an. Nach seiner Habilitation hätte er den Lehrstuhl übernehmen können. Ernst Wolf schlug das attraktive Angebot aus; bei einem Universitätswechsel wäre eine politische Überprüfung vorgenommen worden.

Während der 68er Revolten, die bis Anfang der 70er Jahre dauerten, setzte Ernst Wolf den Aktionen der marxistischen Studierenden die Forderung nach Freiheit für Forschung und Lehre entgegen. Anfeindungen und gerichtliche Auseinandersetzungen waren die Folge. Wolf wirkte auch am Marburger Manifest vom 17.4.1968 mit, das sich gegen Politisierung und Demokratisierung der Hochschule richtete und von fast 1700 Hochschullehrern unterzeichnet wurde.

Ernst Wolf wurde sowohl von rechten Machthabern als auch linken Revoluzzern angegriffen; ein Indiz für eine deutlich vertretene Mittelstellung, wie sie etwa beim Liberalismus zu finden ist, der sowohl von National- als auch anderen Extremsozialisten als bourgeois und dem Kollektiv nicht dienlich geschmäht wird.

B. Problemstellung

„Was ist Recht und wie kann es wissenschaftlich erkannt werden?" Das ist die Frage, die sich wie ein roter Faden durch Ernst Wolfs wissenschaftliches Lebenswerk zieht. Scheinbar gibt es darauf nur zwei mögliche Antworten: Recht könnte das sein, was sich Menschen als durchsetzbare Regeln schaffen, ein mehr oder weniger geordnetes Gemenge von Ge- und Verboten, inspiriert von dem Wunsch nach Ordnung und letztlich davon bestimmt, welche Gruppe oder Einzelperson die Macht hat, ihre Interessen durchzusetzen. Recht ist danach immer das, was als solches gilt, insbesondere geschriebenes Recht (Positivismus). Dementsprechend ist Unrecht mit dem Illegalen gleichzusetzen, und ein Gesetz kann nie Unrecht sein. Die Verurteilungen von NS- oder DDR-"Straftätern" wären legal, unterschieden sich aber in rechtlicher Hinsicht nicht von dem, was die Gerichte dieser Systeme gesetzeskonform aussprachen. Recht wäre im zeitlichen Nacheinander beliebig. Recht könnte aber auch ein unabänderliches System von Richtig oder Falsch sein, das – im Gegensatz zu den Versuchen der Menschen, es zu erkennen und in ihren Gesetzen abzubilden – ewig ist (Naturrecht). Dann wären das Recht und die Gesetze nur zufällig miteinander verknüpft durch das menschliche Bemühen der Gleichsetzung. Eine *Rechts*wissenschaft, die sich fast ausschließlich mit Gesetzen befaßt, hätte ihren Namen kaum verdient.

Die erste Antwort läßt dem Recht neben dem Gesetz keinen Raum. Positivistisch gedacht unterscheidet sich das Recht (= Gesetz) kaum von gewaltsam durchgesetzten Spielregeln auf dem Schulhof, der Mörder sich nicht vom Mädchen, das beim Hüpfspiel auf die Linie getreten ist. Die zweite Antwort wirft dagegen die Frage auf, woher dieses unabänderlich Richtige kommt. Die Begründung des Rechts gerät leicht in den Bereich des Metaphysischen. Auch scheint zweifelhaft, daß die Kriterien, nach denen heute Leasingverträge und Bankbürgschaften beurteilt werden, schon in der Steinzeit unabänderlich feststanden. Die Alternative wäre, derartige Einzelheiten als „Spielregeln" zu deklarieren, die im ewigen Recht nicht enthalten sind, sondern je nach Bedarf von Menschen geschaffen werden können. Dabei läßt sich aber keine Verbindung zum ewigen Recht denken, und gerade die praktisch wichtigsten Vorschriften wären ebenso beliebig wie nach der ersten Sichtweise. Das Recht ist also nach den geschilderten Auffassungen entweder einem ständigen Wandel unterworfen und lediglich durch Machtherrschaft begründbar, oder es ist ewig und starr.

Ernst Wolf hat nun eine dritte Antwort gefunden, die weder eine übersinnliche Gerechtigkeit bemüht, noch vor herrschaftlich unterstütztem Unrecht resigniert, indem sie es als Recht anerkennt. Sie nimmt auch weder die völlige Beliebigkeit noch die starre Unveränderlichkeit des Rechts an. Wolfs Weg kann gleichwohl nicht als Mittelweg bezeichnet werden, weil er sich bereits vom Ansatz her von den beiden anderen Sichtweisen unterscheidet. Wolf hat eine Theorie des Rechts entwickelt, die es ermöglicht, das Recht frei von Ideologie zu betrachten, es als Gegenstand einer Wissenschaft und nicht von Willkür zu begreifen und der Rechtswissenschaft einen eigenen Gegenstand unabhängig von Politik, Gesellschaft und Machtverhältnissen zu erhalten. Seine Entdeckung ist die Reale Rechtslehre. Real kommt von „res" (die Sache) und bedeutet nach Wolf „sachgleich", d.h. unabhängig vom Bewußtsein eines Menschen existierend (Vgl. Wolf, AT, Vorwort). Auch das Recht ist nach Wolf in diesem Sinne real. Es ist auch von seiner Akzeptanz oder Durchsetzbarkeit unabhängig. Mit anderen Worten: Es gibt Recht, wie es Steine gibt. Recht in seiner konkreten Ausgestaltung ist aber nicht ewig und unabänderlich, sondern läßt sich – wenn auch in Grenzen – verändern (wie übrigens auch Steine). Recht als real existierendes Seiendes kann demnach wissenschaftlich erkannt werden.

C. Entwicklung der Realen Rechtslehre

Die Entwicklung der Realen Rechtslehre begann mit der Annahme angeborener natürlicher Rechte des Menschen, die jedem staatlichen

Recht vorausgehen und nicht erst als subjektive Rechte vom Staat verliehen werden. Ernst Wolf legte dies in dem gemeinsam mit Naujoks verfaßten Buch „Anfang und Ende der Rechtsfähigkeit des Menschen" dar. Umfassend erörtert ist die Reale Rechtslehre im „Allgemeinen Teil des Bürgerlichen Rechts" von Ernst Wolf. In seiner Monographie „Gibt es eine marxistische Wissenschaft?" setzt er sich kritisch mit den Standpunkten von Kant und Hegel auseinander, auf denen die herrschende Rechtslehre beruht.

Es wäre einfach, zu behaupten, Ernst Wolfs Frage nach dem, was Recht ist, sei inspiriert von seinen Erfahrungen im Dritten Reich, als sich zeigte, was Recht nicht sein kann. In der Tat ist der Nationalsozialismus neben dem Marxismus Wolfs häufigstes Beispiel für eine Ideologie, in der die Wissenschaft und das Recht verkannt und verdreht wurden (vgl. Wolf, AT, S. 99, 113, 115, 142 Fn. 98, 176, 393f., 414, 693). Wer jedoch einmal Gelegenheit hat, Wolf selbst nach seinen wissenschaftlichen Motiven zu befragen, wird überrascht. Seine Erfahrungen im Nationalsozialismus und Dritten Reich – so erläuterte er im März 1997 – hätten seine Lehre nicht beeinflußt. Vielmehr habe sein Interesse für Philosophie in der Oberstufe des Realgymnasiums begonnen. Notizen aus dieser Zeit besitze er noch heute und habe zeitlebens daran weitergearbeitet.

D. Erkenntnis- und wissenschaftstheoretischer Ausgangspunkt

Ernst Wolf vertritt eine Wissenschaftstheorie, die im Gegensatz zu der der herrschenden Rechtslehre steht. Um die Reale Rechtslehre zu erläutern, ist daher diese Wissenschaftstheorie in Grundzügen darzulegen. Wissenschaft ist nach Wolf wissenschaftliches Erkennen, also Erkennen, „nach Gesetzen oder gesetzesähnlichen Regeln methodisch beweisend und vollständig auf Erfahrung gegründet (Erfahrungswissenschaft)" (Wolf, Marxistische Wissenschaft?, S. 25).

I. Erkenntnis

Erkenntnis erfolgt durch Urteilen. Eine Erkenntnis ist ein wahres, durch Erkennen begründetes Urteil. Durch Erkennen begründet ist ein Urteil, wenn es mittelbar oder unmittelbar durch Wahrnehmung begründet ist, und wahr ist es, wenn es dem Gegenstand entspricht, auf den es sich bezieht (vgl. Wolf, AcP 170 (1970), S. 218).

II. Urteil

„Urteil" ist im weiteren, nicht nur juristischen Sinne zu verstehen. In einem Urteil werden der Begriff „Sein" oder ein Artbegriff des Begriffs „Sein" mit einem oder mehreren anderen Begriffen verknüpft, um zu behaupten, daß ein Gegenstand existiert (Beispiel: Mein Auto existiert), ein Bestandteil eines Gegenstandes existiert (Beispiel: Mein Auto hat mehrere Reifen) oder ein Moment an einem Gegenstand existiert (Beispiel: Einer der Reifen ist platt) – alles positive Urteile –, oder daß dergleichen nicht existiert (Beispiel: Mein Auto ist in keinem fahrtüchtigen Zustand) – ein negatives Urteil (vgl. Wolf, AcP 170 (1970), S. 206f.).

III. Begriffe

Urteile bestehen also aus Verknüpfungen von Begriffen. Auch rechtliche Verhältnisse werden daher durch Begriffe erkannt. „Ein Begriff ist eine in einer (körperlich-) geistigen Tätigkeit zu vergegenwärtigende, mit einem Wort oder sonstigem Zeichen bezeichnete Einheit von Gegenstandsmerkmalen. Ein Gegenstandsmerkmal ist ein geistiger Bezug auf einen Gegenstand, ein Bestandteil eines Gegenstandes oder ein Moment an einem Gegenstand. Ein Gegenstand ist ein Seiendes, auf das sich ein geistiger Inhalt bezieht" (Wolf, AcP 170 (1970), S. 207). Ein Begriff ist also weder mit der Vorstellung von einem Gegenstand identisch, noch mit dem ihn bezeichnenden Wort, noch mit dem Gegenstand selbst.

1. Reale Existenz der Begriffe

Wolf nimmt an, daß Begriffe real existieren, weil durch die Erwähnung sie bezeichnender Wörter in Menschen eine Vorstellung erzeugt wird, die nicht mit konkreten Gegenständen identisch ist, die die betreffende Person jemals gesehen hat. Als Beispiel führt Wolf den bewußt verballhornten Namen eines aztekischen Gottes („Vitzliputzli") an, dessen Erwähnung nur für Azteken, Aztekenforscher und wenige sonstige Kenner der Wortbedeutung eine Vorstellung hervorruft (vgl. Wolf, Krise des Rechtsstaates, S. 36). Der Name in Verbindung mit dem Begriff, den sich diese Personen davon machen, ruft die Vorstellung des Gottes hervor, ohne daß dieser selbst existieren müßte. Die Realität von Begriffen kann auch an existierenden Gegenständen verdeutlicht werden: Was ein Haus ist, ist allgemein bekannt, aber der Begriff „Haus" ist nicht mit einem einzelnen Haus identisch. Auch bei der holpernden Verständigung in verschiedenen Sprachen ist klar, daß „house" nicht das konkrete Haus meint, auf das jemand zur Erläuterung deutet, sondern den Begriff bezeichnet, unter den der Gesprächspartner das konkrete Haus faßt. Gäbe es keine Begriffe, müßten ihm alle Häuser gezeigt werden, die mit „Haus" gemeint sind, damit er versteht und nicht glaubt, es sei ausschließlich von dem individuellen Bauwerk die Rede, auf das gedeutet wurde. Demnach existieren Begriffe real.

2. System der Begriffe

Die Begriffe enthalten in ihrer Gesamtheit eine systematische Ordnung, die jeden Gegenstand menschlichen Erkennens erfaßt. Jeder einzelne Begriff enthält eine Struktur von Merkmalen und in dieser jeweils das gesamte System der Begriffe (die sog. Begriffspyramide). Beispiel: Der Begriff „Dackel" enthält das allgemeinere Merkmal „Hund", dieser das allgemeinere Merkmal „Säugetier", dieser das allgemeinere Merkmal „Tier" usw.

In der „Begriffspyramide" sind vom Allgemeinen zum Besonderen und Individuellen alle Gegenstände versammelt. An der Spitze steht der allgemeinste Begriff des „Seienden", der alles umfaßt, was existiert. Nach Wolf gibt es nur „Seiende", nicht aber „Nicht-Seiende". „Nichts" gibt es nicht. Merkmale des Seienden sind Beständigkeit, Inhaltlichkeit, (wenigstens zeitliche) Ausgedehntheit, Einzelnheit und Änderbarkeit. Davon sind körperliche und geistige Seiende erfaßt. Geistige Seiende sind z.B. Denkinhalte, die mit dem körperlichen Denkprozeß nicht identisch sind, aber enden, sobald die Denktätigkeit endet (vgl. Wolf, AcP 170 (1970), S. 206). An der Basis der Begriffspyramide befinden sich die Individualbegriffe, die z.B. einzelne Personen und Sachen bezeichnen, also nur einen Gegenstand enthalten. Die Ebenen zwischen der Basis und der Spitze enthalten zunehmend allgemeinere Begriffe, die immer mehr einzelne Gegenstände umfassen. Die Zahl der Begriffe dagegen nimmt auf jeder Ebene bis hin zur Spitze weiter ab. Für jeden existierenden Gegenstand gibt es also einen Begriff, und jeder Gegenstand läßt sich mit anderen unter einen allgemeineren Begriff zusammenfassen, der die engste Gemeinsamkeit dieser Gegenstände bezeichnet. Diese allgemeineren Begriffe auf der nächsten Ebene lassen sich wiederum nach ihren Gemeinsamkeiten ordnen, bis schließlich alle Gegenstände unter den Begriff des Seienden zusammengefaßt sind.

Die „Begriffsdefinition" erfolgt durch Angabe des Gattungsbegriffs, zu dem ein Artbegriff gehört, und die Angabe der Artmerkmale des Artbegriffs, die ihn von anderen Artbegriffen derselben Gattung unterscheiden (vgl. Wolf, AT, S. 24). Je spezieller ein Begriff ist, desto mehr Merkmale enthält er, je allgemeiner er ist, desto weniger, bis hin zum Begriff „Seiendes". Zur Erläuterung: „Söckchen" ist die Katze, die gerade vor mir sitzt. Eine Katze ist ein (miauendes) Säugetier. Ein Säugetier ist ein (lebende Junge werfendes und sie säugendes) Wirbeltier. Ein Wirbeltier ist ein Lebewesen (mit Wirbelsäule). Ein Lebewesen ist ein (sich selbst erhaltendes, fortpflanzendes und bewegendes) stoffliches Seiendes. Ein stoffliches Seiendes ist ein (räumlich ausgedehntes) Seiendes. Ohne die dazwischenliegenden Gattungsbegriffe wäre der Individualbegriff „Söckchen" zu definieren als „gerade vor mir sitzendes, miauendes, lebende Junge werfendes und sie säugendes, mit einer Wirbelsäule ausgestattetes, sich selbst erhaltendes, fortpflanzendes und bewegendes, räumlich ausgedehntes Seiendes".

Jedem Begriff entspricht ein ihn bezeichnendes Wort. Nicht jedem Wort dagegen steht ein Begriff gegenüber, da es auch Leerwörter gibt, die keinen begrifflichen Inhalt haben (vgl. Wolf, AT, S. 25). Nach Wolf besteht ein Großteil der „Terminologie" der herrschenden Literatur und Rechtsprechung aus solchen inhaltslosen Leerwörtern, z.B. „Natur der Sache", „Rechtsidee", „Sphären". Ferner ist der Begriff in allen Sprachen der gleiche, auch wenn sich die ihn bedeutenden Wörter unterscheiden. Wenn aber für jeden einzelnen Gegenstand, den Menschen erkennen können, am Fuß der Begriffspyramide ein Begriff und damit ein Wort auffindbar ist, dann bezeichnet jedes Wort auf einer höheren Ebene eine Anzahl von konkreten Gegenständen, oder es bezeichnet sie nicht, weil sie unter einen anderen Begriff derselben höheren Ebene fallen. Ein Wort, mit dem die Realität bezeichnet werden soll, läßt sich also durch den Begriff, den es bedeutet, in diese Pyramide einordnen und eindeutig auf die dadurch charakterisierten einzelnen Gegenstände beziehen.

IV. Gesetz vom Widerspruch

Der Systematik der Begriffspyramide liegt das Gesetz vom Ausschluß des Widerspruchs zugrunde, nach dem etwas entweder ist oder nicht ist, also „A" oder „nicht A": „Söckchen" ist entweder eine Katze oder nicht, aber nicht beides gleichzeitig. Wäre dies nicht der Fall, wären also Gegenstände nicht von vornherein Begriffen eindeutig zuzuordnen, obwohl diese Begriffe auf derselben Ebene der Begriffspyramide verschiedenes beinhalten, wäre die ganze Begriffspyramide sinn- bzw. inhaltslos. Außerdem besagt das Gesetz vom Widerspruch auch, daß „A" nur sein oder nicht sein kann, aber nichts Drittes. Auch Urteile unterliegen dem Gesetz vom Widerspruch als „Grundgesetz" der Logik (vgl. Wolf, Krise des Rechtsstaates, S. 35 f.); ein Urteil kann also nur entweder wahr sein oder nicht, aber nicht beides gleichzeitig oder keines von beiden. Da Erkenntnis durch Urteilen erfolgt, ist Erkenntnis somit auch logisch. Was unlogisch ist, kann daher keine Erkenntnis sein.

V. Wahrheit

Wahr ist ein Urteil nach Wolf, wenn es dem Gegenstand entspricht, auf den es sich bezieht (vgl. Wolf, Marxistische Wissenschaft?, S. 32). Die Wörter, mit denen ein Urteil formuliert wird, beziehen sich auf Begriffe, die Gegenständen entsprechen. Diese Begriffe sind wahr, wenn sie auf einer richtigen Erkenntnis der Gegenstände beruhen. Zum Beispiel wäre ein Begriff von Walen falsch, wenn er nicht beinhaltete, daß es sich dabei um Säugetiere handelt, sondern die Vorstellung von Walen als laichende Wirbeltiere vermittelte.

VI. Wirklichkeit

Wirklichkeit ist nach Wolf eine mögliche Eigenschaft mancher Seiender. Sie ist dann gegeben, wenn diese Seienden zusammen mit anderen wirklichen Seienden wirken, also Wirkungen verursachen. Wirkungen sind dabei Geschehen, die notwendige Folge von Bedingungen sind und nicht etwa nach Belieben ausbleiben können (vgl. Wolf, AT, S. 14). Wirklich ist nach Wolf ein rechtliches Verhältnis deshalb, weil es die Eigenschaft hat, Rechtswirkungen zu begründen, wobei sich diese Wirklichkeit nicht von der Wirklichkeit etwa eines Steinschlags unterscheidet (vgl. Wolf, AT, S. 16).

E. Wolfs Stil

Ernst Wolfs Theorie weicht vom Standpunkt der herrschenden Lehre und der Rechtsprechung ab. Das gleiche gilt für seinen bemerkenswerten Schreibstil. Beides läßt sich kaum trennen, denn Wolf wirft der herrschenden Ansicht gerade vor, durch ihre Ausdrucksweise bewirke sie eine Sprachverwirrung, die die Erkenntnis des

Rechts erschwere bzw. unmöglich mache. Wolfs Stil ist im juristischen Bereich einzigartig in seiner Systematik, wenn er eigene Standpunkte darstellt, und in seiner Deutlichkeit (in jeder Hinsicht), wenn er fremde verwirft.

I. Eigene Aussagen

Legt Wolf seine Gedanken dar, wird jeder Begriff durch seine Definition und die Definition der Begriffe, die in der ersten Definition enthalten sind, erläutert. Wolf erlaubt sich dabei keine sprachlichen Unschärfen. Seine Erläuterungen ähneln mathematischen Gleichungen in Sprachform, was es nicht gerade einfach macht, sie zu verstehen und zu erinnern. Auch verwendet er im Dienste der Eindeutigkeit innerhalb eines Textes bestimmte Formulierungen immer wieder, anstatt diese zu paraphrasieren und sich damit der Gefahr auszusetzen, möglicherweise andere Bedeutungen zu transportieren als die der ursprünglichen Formulierungen. Die zur Gewährleistung der erforderlichen Präzision angeführten wörtlichen Zitate mögen einen Eindruck von Wolfs Argumentationsweise vermitteln.

II. Verwerfen fremder Aussagen

Widerlegt Wolf fremde Ansätze, führt er sie auf ihre Prämissen zurück und zeigt deren Widersprüchlichkeiten oder durch Unschärfe im Ausdruck bedingte Aussagelosigkeit auf. Im Gegensatz zu den strengen Definitionen seiner eigenen Aussagen enthalten diese Passagen allerlei geistreiche Folgerungen, wie sie sich aus erkannter Unsinnigkeit von Äußerungen ergeben. So werden von Wolf etwa Urteile im weiteren Sinne definiert und festgestellt, daß alle Urteile gleich strukturiert seien. Daher gebe es die Kategorie der Werturteile als Urteile über Werte im Gegensatz zu anderen Urteilen ebensowenig, wie es als Urteile über Kartoffeln die Kategorie der Kartoffelurteile gebe (vgl. Wolf, AT, S. 43). An anderer Stelle wendet sich Wolf gegen einen Ansatz, der bei der Definition des Begriffs „Familienrecht" vom Begriff „Familie" statt vom Begriff „Recht" ausgeht, mit der Begründung, vor dem Artmerkmal (Familie) müsse das Gattungsmerkmal (Recht) definiert werden. Ein Gummibaum sei schließlich auch nicht Gummi besonderer Art, so daß nicht erst der Begriff „Gummi" bestimmt werden müsse, um dann den Begriff „Gummibaum" zu definieren (vgl. Wolf, FamRZ 1968, S. 493).

Wolf kann viele Aussagen anderer Autoren widerlegen, indem er seinen strengen Ausdrucksmaßstab anlegt: Wenn ein Wort benutzt wird, hat es eine bestimmte Bedeutung zu haben, ein anderes eine andere, die von der ersten verschieden ist (vgl. Wolf, AT, S. 23), und ihr Verhältnis muß entweder das der Verschiedenheit oder das einer Obergruppenbezeichnung zu einer Teilgruppenbezeichnung sein. Werden beide Wörter gleichgesetzt, so werden – nach Wolf – die Unterschiede zwischen ihnen verwischt. Diese Unterschiede machten aber erst die Bedeutung der Wörter aus, nämlich den Verweis auf verschiedene Begriffe. Mit der Beseitigung der Unterschiede verschwänden auch die Begriffe oder seien zumindest nicht mehr Teil des theoretischen Systems, das aber ohne sie nicht auskomme. Dazwischen bleibe übrig: Nichts (vgl. Wolf, Krise des Rechtsstaates, S. 42 f., 53).

Wolfs Betonung der Eindeutigkeit in der Bezeichnung der Begriffe impliziert zwar zunächst eine selbstverständliche Anforderung an eine Fachsprache. Schließlich dürfen beispielsweise auch Begriffe wie Besitz und Eigentum nicht verwechselt werden. Wolf findet jedoch Begriffsverwirrungen vor allem bei den Versuchen anderer, die Rechtslage malerisch zu erläutern und zu begründen. Ein Beispiel ist die Behauptung, ein subjektives Recht habe eine relative und eine absolute Seite, die besonders im Familienrecht Zuspruch gefunden hat. Diese Behauptung ist – wie von Wolf erkannt – insoweit unlogisch, als daß ein Recht sich nicht gleichzeitig gegen alle (absolutes subjektives Recht) und nur einige (relatives subjektives Recht) richten kann, sondern bestenfalls aus einem Status mehrere subjektive Rechte abgeleitet werden können, die teils absolut, teils relativ sind. Davon abgesehen könne es eine absolute und eine relative Seite eines

Rechts schon deshalb nicht geben, weil ein Recht zum einen kein körperlicher Gegenstand sei und daher keine Seiten habe und zum anderen auch die Seiten eines körperlichen Gegenstandes weder absolut noch relativ seien (vgl. Wolf, FamRZ 1968, S. 498).

Daß „eine Sache", auch wenn sie keine Sache i.S.d. § 90 BGB ist, zwei Seiten habe, ist nun eine gängige Metapher. Wolf wirkt daher zunächst wie ein witziger Beckmesser, wenn er die Formulierung wörtlich nimmt. Doch ist die Frage legitim, was Metaphern in wissenschaftlichen, auch rechtswissenschaftlichen, Abhandlungen zu suchen haben, insbesondere wenn daraus Folgerungen gezogen werden sollen, und ob es nicht eine Möglichkeit gibt, das Gemeinte deutlich und „professionell" auszudrücken. Andernfalls besteht die Gefahr, daß nicht mehr das Gemeinte mitgeteilt wird, sondern die Metapher als geflügeltes Wort umgeht und ihre Schatten über das Licht des Verstehens voraus wirft (um hier metaphorisch zu werden). Schließlich verwendet auch ein Mediziner während der Ausübung seines Berufs für das Organ Herz keine poetischen Umschreibungen, sondern begnügt sich mit dem Fachausdruck. Wolfs Stil genügt konsequent seinen eigenen Anforderungen an wissenschaftliche Darlegungen, und getreu seiner Wissenschaftstheorie verbindet er bei der Kritik fremder Ausführungen seine inhaltlichen Angriffe mit den davon nicht zu trennenden Angriffen auf mangelnde sprachliche Deutlichkeit, also strenge Begrifflichkeit.

F. Die Reale Rechtslehre

I. Wolfs Thesen

Die Thesen der Realen Rechtslehre sind im Vorwort zum „Allgemeinen Teil des Bürgerlichen Gesetzbuches" von Ernst Wolf wiedergegeben:

1. *„Die Menschenrechte als natürliche unveräußerliche Rechte eines jeden Menschen sind die Grundlage aller anderen rechtlichen Verhältnisse.*

2. *Ein rechtliches Verhältnis existiert unabhängig davon, ob ein Mensch sich dessen bewußt ist, existiert also real.*
3. *Rechtswissenschaftliches Erkennen ist wie jedes Erkennen Erfahren. Als wissenschaftliches Erkennen ist es nach Gesetzen methodisch beweisendes Erfahren.*
4. *Die Rechtsgesetze sind als Gesetze des notwendigen Zusammenhangs zwischen Rechtswirkung und Tatbestand Kausalgesetze und damit Sachgesetze besonderer Art. Die Gesetze der Logik sind als allgemeinste Gesetze des Erkennens methodische Gesetze.*
5. *Die Rechtswissenschaft hat wie jede Wissenschaft ihre Grundlage in einer empirischen realistischen Ontologie.*"

„Recht sind die rechtlichen Verhältnisse." „Ein rechtliches Verhältnis ist ein personenhaftes Ordnungsverhältnis zwischen Menschen." Ein Ordnungsverhältnis ist ein Verhältnis „mit dem Inhalt, das Entstehen, Erhalten, Entfalten oder Vermehren eines Seienden zu bedingen." Ein „personenhaftes" Ordnungsverhältnis ist ein „der Eigenschaft des Menschen als Person inhaltlich entsprechendes Ordnungsverhältnis" (Wolf, AT, S. 6).

Ein Mensch verhält sich daher einem anderen gegenüber nur rechtmäßig, wenn er „die für diesen personenhaft ordnungsgemäß bestehenden objektiven Entscheidungsmöglichkeiten" und damit dessen „Möglichkeiten personenhaften Existierens" wahrt und „sich entsprechend dessen Eigenschaften als Mensch verhält". Rechtswidrig dagegen verhält er sich ihm gegenüber, wenn er ihm „die ihm personenhaft zustehenden Entscheidungsmöglichkeiten entzieht" und „damit dessen Möglichkeiten" beeinträchtigt, „als Person zu existieren" (Wolf, AT, S. 9).

Recht gegenüber einer Person ist also, was ihrer Existenz als solcher entspricht. Recht kann überhaupt nur im Verhältnis zwischen Personen existieren, so daß es kein Verhalten gibt, das ohne Bezug zu einer anderen Person rechtmäßig oder rechtswidrig wäre. Damit hebt sich die Reale Rechtslehre von dem Postulat eines „objektiven"

Rechts ab, das – genau betrachtet – jedoch selbst auf das Hilfskonstrukt eines Unrechts gegenüber Gott oder (verschleiert) dem allgemeinen Gerechtigkeitsgedanken angewiesen ist. Nach Wolf ist rechtswidriges Verhalten nicht der Verstoß gegen Regeln, sondern gegen die Eigenschaft anderer Menschen als Menschen. Recht ist lediglich ein Sammelname für rechtliche Verhältnisse und für die Unterteilung menschlicher Verhaltensweisen in rechtmäßig und rechtswidrig. Recht zwingt oder gebietet daher nicht; es besitzt keine Eigendynamik, im Gegensatz zu den das Recht er- oder verkennenden Menschen. Dessen ungeachtet existiert ein rechtliches Verhältnis nach Wolf real, d.h. „unabhängig davon, ob sich ein Mensch dessen bewußt ist" (Wolf, AT, S. 17).

II. Der Begriff „Gesetz"

Klarzustellen ist, welchen Inhalt in diesem Zusammenhang Gesetze haben. Ernst Wolf bestimmt den Begriff „Gesetz" anders als die übrige Lehre und die Rechtsprechung: „Ein Gesetz ist ein methodisch bewiesenes allgemeines Urteil über notwendige Zusammenhänge. Da jedes Erkennen und somit auch jedes Beweisen unmittelbar oder mittelbar wahrnehmungsbedingtes Beurteilen von Gegenständen (Erfahrung) ist, sind alle Gesetze unmittelbar oder mittelbar durch Erfahrung gewonnen und auf Erfahrung bezogen, also Erfahrungsgesetze" (Wolf, FS vLübtow, S. 132). Es gibt Sachgesetze und Verfahrensgesetze, wobei erstere sich auf notwendige Zusammenhänge zwischen realen Geschehen beziehen, letztere auf notwendige Zusammenhänge zwischen den Bedingungen des Bewirkens oder Herbeiführens von Erfolgen durch Handlungen. „Kausalgesetze sind Naturgesetze, logische Gesetze sind Verfahrensgesetze des objektiven Denkens" (Wolf, FS vLübtow, S. 132). Gesetze des Kausalzusammenhangs von Tatbestand und Rechtswirkung sind juristische Naturgesetze (vgl. Wolf, FS vLübtow, S. 134). Rechtliche Kausalzusammenhänge, deren Gesetzmäßigkeiten erkennbar sind, unterscheiden sich also nicht von anderen Kausalzusammenhängen, die den Naturgesetzen unterliegen. Wie ein Stein aufgrund der Schwerkraft zu Boden fällt, tritt mit der Erfüllung eines Tatbestandes die Rechtswirkung ein. Die Rechtswirkung beinhaltet, daß ein bestimmtes Verhalten rechtswidrig oder rechtmäßig ist.

Ein Rechtsgesetz ist selbst ebensowenig Recht, wie ein Naturgesetz die Natur ist. Der Staat schafft keine Gesetze, sondern rechtliche Kausalzusammenhänge (Tatbestand – Rechtswirkung), hinsichtlich derer sich Menschen Urteile über notwendige Zusammenhänge bilden, also Gesetze denken und so die Kausalzusammenhänge erkennen können (vgl. Wolf, FS vLübtow, S. 135). Daher gibt es auch kein geschriebenes Gesetz, weil das Geschriebene ebensowenig das Gesetz ist wie der Bericht über ein Ereignis das Ereignis selbst ist (vgl. Wolf, Krise des Rechtsstaates, S. 43). Im Gegensatz zu den Naturgesetzen im engeren Sinne können die Rechtsgesetze jedoch in begrenztem Maße verändert, wenn auch nicht beseitigt werden. Das Gesetz bzw. das geschriebene Recht i.S.d. Terminologie der herrschenden Meinung dagegen ist nach Wolf eine Unterart der rechtlichen Verhältnisse.

III. Arten und Entstehen der rechtlichen Verhältnisse

Wolf differenziert zwischen natürlichen und hergestellten rechtlichen Verhältnissen.

1. Natürliche rechtliche Verhältnisse

Nach Wolf gibt es zunächst „natürliche rechtliche Verhältnisse", die „ihren Grund ... in der natürlichen Eigenschaft des realen Menschen als Personen" haben. Die einzelnen natürlichen rechtlichen Verhältnisse entstehen dadurch, daß ein Mensch die „objektive Möglichkeit hat, durch Handeln in einem anderen oder in äußeren Bedingungen dessen Existierens einen Erfolg zu verursachen", wobei Existieren als „Erhalten, Entfalten und Fortpflanzen" zu verstehen ist (Wolf, AT, S. 10). Aus dieser objektiven Möglichkeit der Beeinflussung fremder Existenz ergibt sich zudem die Möglichkeit, diese Existenz entweder als personenhaft zu wahren oder sie so zu beeinträchtigen, daß eine personenhafte Existenz nicht mehr gegeben ist, also die Einteilung der beeinflussenden Verhaltensweisen in rechtmäßig und rechtswidrig. Zu diesen natürlichen rechtlichen Verhältnissen gehören insbesondere die Menschenrechte. Aus der Personenhaftigkeit von Menschen ergeben sich also auch bei Abwesenheit jeder Gesellschaft oder jeder historischen Überlieferung natürliche rechtliche Verhältnisse, sobald Menschen in Kontakt miteinander treten, so daß es z.B. rechtswidrig ist, andere zu verletzen, und daß es rechtmäßig ist, wenn Eltern für ihre Kinder sorgen.

2. Hergestellte rechtliche Verhältnisse

Neben den natürlichen rechtlichen Verhältnissen gibt es „hergestellte rechtliche Verhältnisse". Wolf nennt sie auch die „positiven" rechtlichen Verhältnisse (lat. ponere = setzen). Mit dem Rechtspositivismus hat diese Bezeichnung – wie Wolf im persönlichen Gespräch betonte – allerdings nichts zu tun. Die hergestellten rechtlichen Verhältnisse entstehen infolge von Abänderung bzw. Umschaffung der natürlichen rechtlichen Verhältnisse durch menschliches Verhalten und zwar sowohl durch das Verhalten einzelner als auch durch das Verhalten von Gesetzgebungsorganen (vgl. Wolf, AT, S. 11).

Bereits Individuen stellen rechtliche Verhältnisse her, indem sie sich etwa versprechen, miteinander Sachen zu tauschen, auch wenn kein Staat und keine andere Gemeinschaft damit in Berührung kommt. Durch das Versprechen, das seinerseits durch die Personenhaftigkeit, insbesondere durch die persönliche Freiheit der Beteiligten ermöglicht wird, die eigenen Ressourcen zu verteilen und sich an eine geplante Verteilung zu binden, wird das rechtliche Verhältnis zwischen den Beteiligten derart umgeschaffen, daß in bezug auf die zu tauschenden Dinge nur noch die wechselseitige Übergabe rechtmäßig ist, nicht aber das Vorenthalten.

Hergestellte rechtliche Verhältnisse entstehen aber auch durch Akte von Gesetzgebungsorganen: „Gesetzgeberische Erklärungen dafür zuständiger Staatsorgane haben den Inhalt, allgemein zu bewirken, daß bei Vorliegen von Tatbeständen bestimmter Art Rechtswirkungen bestimmter Art eintreten. Die Erklärung eines Entschlusses, mit dieser Erklärung eine Rechtswirkung zu bewirken, ist eine rechtsgeschäftliche Erklärung. Gesetzgeberische Erklärungen sind also rechtsgeschäftliche Erklärungen allgemeinen Inhalts. Sie können deshalb wirksam abgegeben werden, weil es natürliche rechtliche Verhältnisse gibt, deren Inhalt es zuläßt, staatliche Zuständigkeiten zu derartigen Erklärungen gegenüber solchen Menschen zu begründen, die zum Staat in einem entsprechenden rechtlichen Verhältnis stehen" (Wolf, FS vLübtow, S. 134).

Diese allgemeine Änderung der natürlichen rechtlichen Verhältnisse gilt im Unterschied zum Versprechen einzelner für eine unbestimmte Zahl von Fällen, genauer für alle Fälle, die im Wirkungsbereich der Erklärung den beschriebenen Sachverhalt erfüllen. Jedes natürliche rechtliche Verhältnis zwischen Personen wird in genau dem Moment in einer bestimmten Weise umgeschaffen, die in der Erklärung als Rechtswirkung beschrieben ist, in dem die Situation zwischen diesen Personen der im Tatbestand beschriebenen entspricht. Während also zuvor nach dem Inhalt eines natürlichen rechtlichen Verhältnisses Personen einander nur keinen Schaden zufügen durften, um rechtmäßig zu handeln, ist nach Erfüllung des Tatbestandes dazu ein bestimmtes anderes Verhalten erforderlich, z.B. im Straßenverkehr Vorfahrt zu gewähren.

Anhand dieser hergestellten rechtlichen Verhältnisse ist es möglich, deren Gesetzmäßigkeiten zu erkennen, also die Rechtsgesetze im Wolfschen Sinne. Viele Figuren und Institute, die teils diskutiert werden, teils zum Standard juristischer Argumentation zählen, lehnt Wolf ab, weil es an einer entsprechenden gesetzgeberischen Erklärung fehlt: faktische Vertragsverhältnisse, die Anscheinsvollmacht, das Geschäft für den, den es angeht, die Risikosphäre, die ergänzende Vertragsauslegung, die teleologische Gesetzesauslegung, richterliche Rechtsfortbildung, Gewohnheitsrecht, die weite Auslegung von § 242 BGB, die unzulässige Rechtsausübung, das allgemeine Persönlichkeitsrecht, das Recht am eingerichteten und ausgeübten Gewerbebetrieb, das Anwartschaftsrecht, die Lehre von der Geschäftsgrundlage und die culpa in contrahendo. Sogar die Analogie hält er für unzulässig (Wolf in einer handschriftlichen Notiz vom April 1997, S. 8; aber: „Streng entsprechende Anwendung ist nicht Analogie", Wolf in einer handschriftlichen Notiz vom Juni 1998).

3. Verhältnis natürlicher und hergestellter rechtlicher Verhältnisse zueinander

Nach dem Gesagten scheint sich die Reale Rechtslehre zunächst kaum von einer durch Positivismus ergänzten Naturrechtslehre zu unterscheiden (obwohl dies ein Widerspruch in sich wäre). Grundlegend für die Reale Rechtslehre ist aber, daß die natürlichen rechtlichen Verhältnisse ursprünglich realen Inhalt haben und daher nicht unbeschränkt „verboten" werden können, ohne ihre Eigenschaft als rechtliche Verhältnisse zu verlieren und zu „Unrechtsverhältnissen" zu werden. Sie können nämlich nur insoweit umgeschaffen werden, als dies nicht gegen die Personenhaftigkeit der Menschen verstößt, auf der die natürlichen rechtlichen Verhältnisse beruhen. Wird diese Grenze überschritten, handelt es sich nicht mehr um rechtliche Verhältnisse i.S. personenhafter Ordnungsverhältnisse (vgl. Wolf, AT, S. 11). Gesetzgeberische Erklärungen, die auf die Herstellung von „Unrechtsverhältnissen" gerichtet sind, wirken sich auf rechtliche Verhältnisse nicht aus, auch wenn Staaten oder Einzelpersonen so tun, als ob dies der Fall wäre. Eine allgemeine Erklärung oder eine individuelle Vereinbarung kann also kein Verhalten rechtmäßig machen, das schon nach den natürlichen rechtlichen Verhältnissen rechtswidrig ist. Es kann aber den Bereich der rechtmäßigen Verhaltensweisen verengen.

Ein Vertrag zwischen Menschen muß z.B. immer die Qualität der Beteiligten als Personen berücksichtigen. Tut er dies nicht, etwa weil eine Person sich an eine andere verkauft, so ist er unwirksam, weil

Menschen keine Sachen sind und sie auch nicht über ihre Eigenschaft als Menschen disponieren können. Anders liegt der Fall, wenn eine Person einer anderen eine Leistung verspricht, also die Verschaffung eines Gegenstandes oder die Vollführung einer Tätigkeit, die als Verhalten die personenhafte Existenz unberührt läßt bzw. diese gerade in der Verteilung von Gütern und in Handlungen erfüllt. Gleiches gilt für staatliche Gesetze. Nach Wolf ist kein wörtlicher Widerspruch zu anderem positiven Recht, etwa dem Grundgesetz, erforderlich, damit der Versuch, ein Rechtsgesetz zu schaffen, mißlingt, also nach der herrschenden Terminologie nichtig ist und keine Rechtswirkungen auslöst; es ist auch keine förmliche Verwerfung durch ein Gericht notwendig, die nur der Rechtssicherheit dient. Vielmehr ist es unmöglich, ein Rechtsgesetz zu schaffen, das die Personenhaftigkeit der Beteiligten nicht wahrt (vgl. Wolf, AT, S. 31), weil ein solches Rechtsgesetz per definitionem keines mehr ist. Demnach war beispielsweise die Sklaverei nie rechtens, und Frauen waren immer Menschen, unabhängig davon, was in früheren „Rechtsordnungen" angeordnet wurde.

IV. Aufgaben der Gesetzgebung und der Rechtsprechung

Wolfs Rechtslehre schränkt den Gestaltungsspielraum der Gesetzgebung im Vergleich zur herrschenden Lehre erheblich ein und verneint darüber hinaus jede Gestaltungsmacht der Rechtsprechung. Staatliche Rechtsetzungsakte verändern mit ihrem Entstehen die rechtlichen Verhältnisse unmittelbar und eindeutig, ohne daß ein vermittelnder Akt der Rechtsanwendung erforderlich ist. Damit dies möglich ist, müssen die staatlichen Rechtsetzungsakte deutlich machen, inwieweit sie die rechtlichen Verhältnisse ändern. Da rechtliche Verhältnisse zwischen Menschen und bezüglich Gegenständen bestehen, muß der Rechtsetzungsakt diese unmißverständlich bezeichnen, um seinen Geltungsbereich erkennbar zu machen. Das muß mit Begriffen geschehen, die den Gegenständen entsprechen. Demnach kann – nach Wolf – ein staatliches Organ keine neuen Begriffe schaffen, sondern muß die vorhandenen Begriffe verwenden und bezeichnen.

Die Rechtsprechung hat lediglich die Rechtslage im konkreten Fall zu erkennen. Solche Rechtserkenntnis kann nicht gleichzeitig Rechtsschöpfung sein (vgl. Wolf, Krise des Rechtsstaates, S. 73), weil nur das erkannt werden kann, was existiert; was gerade erst geschaffen wird, existiert noch nicht. Außerdem kann Rechtserkenntnis nicht gleichzeitig Bewertung sein, sondern beides ist voneinander zu trennen (vgl. Wolf, Krise des Rechtsstaates, S. 50). Was der Rechtsanwendung und damit auch der Rechtswissenschaft also zu tun bleibt, ist zu erkennen, welchen Inhalt die natürlichen rechtlichen Verhältnisse haben und ob sich ein Akt der Umschaffung der natürlichen rechtlichen Verhältnisse auf einen konkreten Sachverhalt auswirkt.

V. Abgrenzung zu anderen Verhältnissen

Die rechtlichen Verhältnisse, die in der Summe das Recht ausmachen, sind von anderen Verhältnissen abzugrenzen, da Erwägungen, die auf andere Verhältnisse zugeschnitten sind, für die Begründung und Erkenntnis von rechtlichen Verhältnissen – nach Wolf – unbeachtlich sind. Das klingt einleuchtend, wird bei näherer Betrachtung jedoch erschrecken, weil bei einer solchen Anschauung nicht mehr viel zu argumentieren bleibt.

„Ein sittliches Verhältnis ist ein metaphysisches Wertverhältnis" (Wolf, AT, S. 40). Werte sind beliebige Gegenstände oder Vorstellungen, die für Menschen nützlich sind. Was dem einem jedoch nützt, kann für den anderen schädlich sein. Aus dieser banalen Feststellung folgt, daß Recht als Gegenstand einer Wissenschaft nicht von Wertschätzungen abhängen kann, die notwendig individuell bleiben. Metaphysisch ist der Bereich des nicht Erfahrbaren und nicht Begründbaren, dem Glauben einzelner überlassen, wenn auch scheinbar dem Konsens zugänglich. Recht kann aber nicht davon abhängen, was einzelne glauben. Daran ändert sich auch nichts, wenn Massen von einzelnen dasselbe glauben.

„Ein Herrschaftsverhältnis ist ein Verhältnis zwischen einer Person und einem Gegenstand mit dem Inhalt, über diesen dauernd ausschließliche Macht ausüben zu können" (Wolf, AT, S. 51). Bei einem Herrschaftsverhältnis eines Menschen über einen anderen Menschen wird letzterer zur Sache herabgestuft, was seiner Eigenschaft als Person widerspricht. Für ein Herrschaftsverhältnis reicht schon die tatsächliche Möglichkeit aus, den eigenen Willen mit Gewalt durchzusetzen. Solche Zustände können allerdings auch rechtswidrig sein. Ein Geiselnehmer schafft kein Recht, indem er sein Opfer gefangen hält.

„Ein gesellschaftliches Verhältnis ist ein einverständliches persönlichkeitliches Verhältnis zwischen Menschen" (Wolf, AT, S. 55). Wegen der notwendigen Einverständlichkeit kann es jederzeit abgebrochen oder geändert werden und unterliegt auch in seinem Inhalt keinen Gesetzen. So kann ein gesellschaftliches Verhältnis auch zwischen Mitgliedern einer kriminellen Vereinigung bestehen. Im Gegensatz zu den rechtlichen Verhältnissen werden im gesellschaftlichen Verhältnis nur die Maßstäbe „höflich – unhöflich" bzw. „sozial – unsozial" angelegt, nicht aber rechtmäßig oder rechtswidrig. Wird auf den Händedruck zur Begrüßung verzichtet, liegt kein Rechtsverstoß vor, und zur Ganovenehre kann auch gehören, der übrigen Bande nicht auf Dauer auf der Tasche zu liegen, sondern möglichst bald wieder gegen § 242 StGB zu verstoßen.

„Ein politisches Verhältnis ist ein persönlichkeitliches Verhältnis, das eine organschaftliche staatliche Entscheidung oder die Gründung oder Auflösung eines Staates betrifft" (Wolf, AT, S. 62). Ein Verhalten kann rechtswidrig sein, auch wenn es politischen Erwägungen entspricht. Ferner ist zu berücksichtigen, daß staatliches Handeln nur den Interessen des jeweiligen Staates dient, anderen Staaten dagegen durchaus schaden kann. Wer die richtige Politik für den eigenen Staat betrieben hat, zeigt sich im Zweifel spätestens, wenn ein Staat den anderen annektiert oder ihm – moderner – seine eigene Ordnung aufzwingt. Das sagt aber nichts darüber aus, welcher Staat das „richtige" Recht hat oder auch nur (völker)rechtmäßig handelte.

„Ein geschichtliches Verhältnis ist ein Verhältnis, das ein gegenwärtiges Seiendes oder mehrere miteinander zusammenhängende Seiende bedingt" (Wolf, AT, S. 81). Es gibt aber nicht nur eine Rechtsgeschichte, sondern auch eine Verbrechensgeschichte. Daß etwas lange Zeit für richtig oder rechtmäßig gehalten wurde, bedeutet nicht, daß diese Ansicht auch zutrifft, wie es die Geschichte der Rassen- und Geschlechtsdiskriminierung zeigt. Auch kann durch lange Übung kein Recht entstehen. Daß ein rechtswidriges Verhalten lange Zeit durchgesetzt wird, macht es nicht rechtmäßig.

Rechtliche Verhältnisse sind also – nach Wolf – weder politische noch sittliche, weder gesellschaftliche noch historische Verhältnisse oder Machtverhältnisse. Erwägungen dieser Art können daher kein Recht begründen. Recht konstituiert sich darüber hinaus auch nicht aus der Schnittmenge solcher Verhältnisse, die sowohl (politisch) nützlich als auch sittlich vertretbar und den Mächtigen der Gesellschaft genehm sind sowie seit einiger Zeit praktiziert werden.

VI. Kollektivismus

Wolf bestreitet die Wirkung der vereinten Kräfte beim kollektiven Glauben an die Rechtmäßigkeit eines bestimmten Zustandes, der zur Entstehung von Gewohnheitsrecht führen soll (vgl. Wolf, AT, S. 70). Die Konstruktion eines „Kollektiven" (vgl. Wolf, AT, S. 175 ff.) und Auffassungen, die ein solches stillschweigend voraussetzen, werden generell von ihm angegriffen (vgl. Wolf, AT, S. 39 f., Wolf, AcP 170 (1970) S. 192, 197, 202, jeweils zu verschiedenen Handlungslehren). Das Begrüßenswerte an einer solchen Auffassung, nach der das „Ganze" eines Volkes oder der Menschheit nicht mehr sein kann als die Summe der Individuen, liegt in der Verhinderung des Mißbrauchs einer vermeintlichen Einheit der vielen durch wenige. Es kann niemand behaupten, der Volksgeist habe zu ihm gesprochen und ein anderer verfehle ihn. Wenn es kein als Wesenheit imaginiertes Volk gibt, dann kann es auch nicht Alles sein, vor dem das Individuum nichts ist. Mit der Weigerung, eine Anzahl von Personen als neue Person zu akzeptieren, die gegenüber dem einzelnen verselbständigt ist, wird immer nur Person gegen Person gestellt und werden Begründungen in diesem Verhältnis gefordert. Folgerichtig lehnt Wolf juristische Personen als „Gespenster" (vgl. Wolf, in: Die Welt v. 10.5.1994) oder „Hokuspokus" (Gespräch mit Ernst Wolf vom 13.3.1997) ab – eine sympathische Auffassung vor allem für Studierende, die zum ersten Mal eine Geisterstunde im Gesellschaftsrecht erleben.

Darüber hinaus ist für Wolf auch nicht das Recht ein Instrument des Staates, sondern der Staat, wenn er denn ein Rechtsstaat ist, ein rechtliches Gebilde unter vielen: § 89 BGB regelt auch die Verfassung. Ein Staat ist – nach Wolf – nicht mehr als „eine Körperschaft mit der Aufgabe, Erfolge herbeizuführen, deren Herbeiführung für die Erhaltung, Entfaltung und Fortpflanzung aller Einwohner eines Gebietes als Personen notwendig ist und die nur gemeinschaftlich herbeigeführt werden können" (Wolf, AT, S. 31).

VII. Abgrenzung zum Naturrecht

Die Reale Rechtslehre ist keine Naturrechtslehre, die jeden einzelnen Rechtssatz ausnahmslos aus der „Natur" des Menschen herleiten will. Vielmehr haben Menschen – wenn dies auch auf ihrer „Natur" beruht – die Möglichkeit, das Recht zu verändern, soweit es nicht gegen diese „Natur" verstößt. Diese Veränderungen sind keine Spielregeln niederen Ranges im Vergleich zum „eigentlichen" Recht, sondern gelten mit gleicher Stärke für die jeweils beteiligten Personen, bei Gesetzen für alle in deren Geltungsbereich. Außerdem bleiben die natürlichen rechtlichen Verhältnisse nicht als „eigentliches" Recht unsichtbar hinter dem positiven Recht erhalten, sondern werden durch dieses ersetzt. Das Wesen der Menschen sorgt dafür, daß kein Recht der Personenhaftigkeit der Menschen widerspricht, weil es dann schlicht aufhört, Recht zu sein. Ein Vorbild der „natürlichen Ordnung" dagegen ist nicht erforderlich.

VIII. Abgrenzung zur Begriffsjurisprudenz

Die Reale Rechtslehre ist trotz der Betonung der Begriffe keine Begriffsjurisprudenz, in der sich „Begriffe begatten und Junge werfen" (Jhering, Geist des römischen Rechts auf den verschiedenen Stufen seiner Verwirklichung, S. 40), sondern besteht auf klaren, nüchternen Definitionen für Begriffe und auf der Ordnung in der Begriffspyramide, wo es weder Raum noch Atmosphäre für derlei Begattungsakte gibt. Gerade diese exakten Definitionen der Begriffe sollen verhindern, daß aus der Verwendung eines Wortes für einen Gegenstand Folgerungen gezogen werden, die nicht aus den Eigenschaften des Gegenstandes ableitbar sind, sondern auf unausgesprochenen Assoziationen mit dem Wort und nicht verdeutlichten Prämissen beruhen.

G. Kritik

I. Diederichsen

An Wolfs Lehre ist so gut wie keine inhaltliche Kritik geübt worden. Lediglich Uwe Diederichsen hat sich in der Festschrift für Ernst Wolf, „Recht und Rechtserkenntnis", mit der Realen Rechtslehre auseinandergesetzt. Die Autorin hatte die Gelegenheit, Ernst Wolf um eine Stellungnahme zu diesen Ausführungen zu bitten, die in die folgende Darstellung eingeflossen ist.

1. Wahrnehmbarkeit

Diederichsen greift zunächst die von Wolf angenommene „Realität der rechtlichen Verhältnisse" und „Wirklichkeit der Rechtsgesetze" an, weil eine Rechtswirkung nicht sinnlich wahrnehmbar ist. Die Vergleiche des Eintritts von Rechtswirkungen mit naturgesetzlichen Kausalverläufen durch Wolf haben für ihn nur metaphorische Bedeutung (vgl. Diederichsen, FS Wolf, S. 54). In der Tat sieht niemand, daß ein Vertrag existiert und wird nicht einmal etwas davon ahnen, wenn die Parteien ihn nicht abwickeln, sondern etwa stillschweigend aufheben oder beiderseitig nicht erfüllen – ihn auf sich beruhen lassen. Andererseits ist fraglich, ob die Durchführung eines Vertrages – bzw. allgemeiner: überhaupt rechtmäßiges Verhalten – erforderlich ist, damit Recht existiert. Schließlich können sich Personen auch irrtümlich für verpflichtet halten, und trotzdem tritt nicht etwa Erfüllung ein, sondern es entsteht ein Bereicherungsanspruch.

Nach Wolf besteht die gesetzliche Rechtswirkung auch nicht darin, daß sich körperlich etwas ändert, beispielsweise der Mörder eingesperrt wird oder jemand Schadensersatz erhält. Vielmehr bewirkt die Erfüllung des Tatbestandes, daß entsprechend der gesetzmäßig eintretenden Rechtswirkung ein bestimmtes Verhalten eines Menschen rechtmäßig ist, etwa bei Entstehen einer Schadensersatzpflicht die Zahlung. Die Existenz von Rechtsgesetzen, die – nach Wolf – wie die übrigen Naturgesetze strukturiert sind, kann ebensowenig mit dem Argument ihrer mangelnden sinnlichen Wahrnehmbarkeit bestritten werden wie das Gesetz der Schwerkraft. Ein Gesetz selbst ist nicht sinnlich erfahrbar, sondern nur die Abläufe, die ihm entsprechen.

Nun ist aber auch die Änderung der Rechtslage nicht direkt erfahrbar, also nicht einmal der einem Rechtsgesetz entsprechende Ablauf der Wahrnehmung unmittelbar zugänglich. Demgegenüber ist es deutlich sicht- und fühlbar, daß beliebige körperliche Gegenstände stets nach unten fallen. Für Wolf stellt dies jedoch kein Problem dar, da es nicht nur körperliche Seiende, sondern auch geistige und geistigkörperliche Seiende gibt (vgl. Wolf, AT, S. 6). Rechtliche Verhältnisse gehören zur letzteren Gruppe. Daß ein Seiendes nicht sinnlich erfahrbar ist, bedeutet demnach also keineswegs, dessen Existenz verneinen zu müssen. Darüber hinaus gibt es – nach Wolf – natürliche rechtliche Verhältnisse, die aus Beschaffenheiten von Menschen und Sachen resultieren. Diese Beschaffenheiten sind jedoch sinnlich erfahrbar. Andere rechtliche Verhältnisse entstehen durch Abänderung der natürlichen rechtlichen Verhältnisse. Solche Änderungstatbestände sind ebenfalls sinnlich erfahrbar. Die rechtlichen Verhältnisse lassen sich also aus sinnlich erfahrbaren Zuständen und Prozessen erschließen.

Diederichsen nimmt allerdings an, daß Wolf allein körperlich Seiendes anerkennt, da er auch geistig Seiendes nur als Bestandteil körperlichgeistig Seiender für möglich hält. Folgerichtig wirft er Wolf vor, mit der Annahme real – also unabhängig vom menschlichen Bewußtsein – existierender rechtlicher Verhältnisse verlasse er den „Boden bloßer Empirie" (Diederichsen, FS Wolf, S. 49). Wolf wendet dagegen ein: „Diederichsen schreibt: ‚Ist das aber richtig, so gibt es doch (!!!) etwas wie eine vom Bewußtsein unabhängige Realität des Rechts …' (S. 53). – Diederichsen führt hier die Grundthese meiner Realen Rechtslehre gegen mich (!) an! Anschließend beruft er sich auf einen ‚Boden bloßer Empirie', den er aus der entgegengesetzten, von mir abgelehnten Auffassung nimmt, die die genannte Definition nicht kennt und ihr zuwider ist" (Handschriftliche Notiz April 1997, S. 9a). Demnach weist Diederichsen also Wolf zunächst eine Ansicht zu und führt gegen dessen vermeintliche Folgerungen daraus an, daß er dieser Auffassung nicht konsequent folge. Wolf fühlt sich jedoch hier von Diederichsen mißverstanden.

2. Sein und Sollen

Diederichsen behauptet weiter, Wolf ignoriere den Unterschied zwischen Sein und Sollen und zwischen Gelten und Existieren (vgl. Diederichsen, FS Wolf, S. 54). Nach der Realen Rechtslehre enthält Recht keine Sollensaussagen, und Gesetze gebieten nicht. Vielmehr ist das dem rechtlichen Verhältnis entsprechende Verhalten rechtmäßig und das ihm nicht entsprechende rechtswidrig: „Der Verletzer kann sich nur rechtmäßig verhalten, indem er Schadensersatz leistet, es besteht also eine Schadensersatzpflicht" (Wolf, FS vLübtow, S. 134). Eine bestimmte Pflicht zu haben, bedeutet demnach nichts anderes, als daß ein bestimmtes Verhalten in einer bestimmten Situation die einzig rechtmäßige Verhaltensweise ist und daß demgegenüber das Gegenteil dieses Verhaltens (bei Pflicht zur Handlung das Unterlassen) rechtswidrig ist.

Mit Blick auf die Trennung von Sein und Sollen bliebe auch bei vorausgesetzter realer Existenz von Recht, nach dem menschliche Verhaltensweisen in rechtmäßig und rechtswidrig unterteilt werden können, die Frage zu beantworten: Warum soll eine Person sich überhaupt rechtmäßig verhalten, außer, um nicht bestraft zu werden, was der Staat aber auch bei rechtmäßigem Verhalten tun kann (wenn auch nicht darf)? Es gibt keine Begründung dafür, daß eine Handlung nur deshalb unterlassen werden sollte, weil sie rechtswidrig ist, oder auf der anderen Seite nur deshalb vorgenommen werden sollte, weil sie rechtmäßig ist. Auch wenn die Rechtmäßigkeit bzw. -widrigkeit der Personenhaftigkeit der Menschen entspricht, also aus ihrem Sein folgt, vermag sie die menschliche Freiheit aus sich selbst heraus nicht zu beeinflussen. Es besteht ja auch keine Notwendigkeit, ein Kleid zu tragen, das paßt, und nicht jenes zu tragen, das nicht paßt, allein aus der Tatsache des „Passens" oder aus der Existenz des Kleides heraus. Um eine Bindung menschlichen Verhaltens an das Recht zu begründen, ist vielmehr der Satz nötig: „Du sollst dich nur rechtmäßig verhalten." Für diesen Satz gibt es wiederum keine Begründung. Rechtstreue bleibt also sogar bei erkanntem Recht eine Glaubensfrage, die auch die Reale Rechtslehre nicht beantworten kann. Die Überzeugung, „Recht ist das, was getan werden soll", und die daraus folgende Frage nach dem Recht münden insoweit in einer Leerstelle. Nach Wolfs Ansicht ist diese Leerstelle auch wissenschaftlich nicht zu füllen (Handschriftliche Notiz Juni 1998).

Bei alledem ist vorausgesetzt, daß es ein „Sollen" gibt, das als eigene Existenzform vom „Sein" verschieden ist. Wolf definiert jedoch „Sollen" nicht in dieser Weise. Vielmehr gibt es – nach Wolf – kein Sollen als Gegensatz zum Sein, sondern nur ein Sollen als Artbegriff des Begriffs Sein. Denn was nicht zum Sein gehört, existiert nicht, und ein Sollen, das Gegensatz des Seins wäre, hieße Nicht-Sein, also Nichts (vgl. Wolf, FS vLübtow, S. 127). Das Sollen ist – laut Wolf – die Beschreibung für die Besonderheit des begrifflichen Inhalts eines Satzes, der ein Gebot enthält; unter Gebot versteht Wolf dabei „absolute Aufforderungen Gottes oder eines Menschen mit geoffenbartem göttlichem Wissen an die Menschen zu vor Gott guten Handlungen" (Wolf, FS vLübtow, S. 127). Davon ist noch das Müssen zu unterscheiden, mit dem beschrieben wird, daß jemand einen Befehl erhalten hat und der Zwang zu dem Verhalten, das von ihm erwartet wird, als Rechtswirkung des Befehls rechtmäßig ist. „Ein Befehl ist eine Aufforderung eines Menschen gegenüber einem anderen, die dem Inhalt eines zwischen beiden bestehenden persönlichen rechtlichen Verhältnisses entspricht und deren Befolgung zu erreichen der Auffordernde nach dem Inhalt des rechtlichen Verhältnisses Zwangsrechte hat" (Wolf, FS vLübtow, S. 127). Zusammenfassend ist also – nach Wolf – das Sollen ein Teil des Seins. Seiner eigenen Definition zufolge ignoriert er den Unterschied zwischen Sein und Sollen daher nicht deshalb, weil es einen solchen Unterschied nicht gibt, sondern weil er keine rechtliche Bedeutung hat. Der Vorwurf Diederichsens geht also an seiner Theorie vorbei.

Diederichsen verweist darüber hinaus auch auf die deontische Logik, die eigene Urteilsformen für Sollenssätze beinhaltet (vgl. Diederichsen, FS Wolf, S. 55). Solche Urteile folgen dem Muster „es ist erlaubt, A zu tun", „es ist geboten, A zu tun" und deren Negationen, also „es ist nicht erlaubt etc. = es ist verboten etc." und „es ist nicht geboten etc. = es ist erlaubt, das nicht zu tun etc." „Es ist verboten, den Rasen zu betreten" ist danach eine formal (deontisch) logische Aussage ebenso wie „es ist wahr, daß es regnet" eine formal (normal) logische ist (vgl. etwa Klug, Juristische Logik, S. 196 ff.). Nach Wolf gibt es dagegen keine Urteile, die ein Sollen oder Müssen beinhalten. Ein Befehl oder ein Gebot, also Aufforderungen, führen zu einem Müssen oder einem Sollen, sind aber kein Müssen oder Sollen. Das Urteil, ein Verhalten sei gemußt oder gesollt, stellt dies nur fest, ist daher ebenfalls selbst kein Müssen oder Sollen. Ein Urteil und eine Aufforderung sind somit verschieden und schließen einander aus (vgl. Wolf, FS vLübtow, S. 128). Zur Erläuterung lassen sich Aufforderungen mit Gefühlen vergleichen: Ein Gefühl ist ein seelisches Geschehen in einem Menschen. Es kann ein Verhalten bewirken, und es läßt sich beschreiben. Weder die Reaktion eines Menschen auf sein Gefühl noch ein Urteil darüber, ob ein Gefühl vorhanden ist, sind aber das Gefühl selbst. Es ist unmöglich, Urteilsarten wie „schlechtes Gefühl" zu schaffen, die sich nicht in der Feststellung erschöpfen, daß ein solches Gefühl existiert, sondern selbst eine fühlende Dynamik beinhalten. In gleicher Weise ist es – nach Wolf – nicht möglich, Sollensurteile zu fällen statt Urteile über Sollen. Die deontische Logik ermöglicht also Urteile, die es Wolf zufolge nicht gibt. Wolf hat sich zwar mit dieser Thematik nicht ausdrücklich auseinandergesetzt, was Diederichsen ihm auch vorwirft. Dies ist aber von seinem Standpunkt aus auch nicht erforderlich.

3. Begriffspyramide

Diederichsen wendet sich weiter gegen das System der Begriffe, da die Welt – im Gegensatz zu den Begriffen – nicht systematisch „vorgeschichtet" sei (vgl. Diederichsen, FS Wolf, S. 56). Wolf führt zu dieser Argumentation Diederichsens aus: „Nach Diederichsen ist es ‚geradezu das Vergnügen eines guten Juristen, schöpferisch die völlig ungeordnete Wirklichkeit in juristischen Begriffen zu strukturieren. Dabei ergeben sich allenthalben durch Wertungswidersprüche zu lösende (!) Begriffsüberschneidungen, für deren Auflösung (!) Anhaltspunkte oft weder im Recht noch in der Wirklichkeit zu finden sind' (Diederichsen S. 56). – Die von Diederichsen ‚völlig ungeordnete Wirklichkeit' genannte Chaotik ‚durch Wertungswidersprüche', d.h. durch Chaotik ‚zu lösen' heißt, darin ‚schöpferische' Kapriolen vollführen, ‚für deren Auflösung Anhaltspunkte' ausgeschlossen sind. Mit ‚Begriffsüberschneidungen' wird das System der Begriffe verneint. Diese Chaotik ist nach Diederichsen ‚geradezu das Vergnügen eines guten Juristen'. Dem entspricht ‚die entscheidende Erkenntnis, in der Geschichte des menschlichen Geistes, daß man mit Hilfe je verschiedener Kategorien auch zu anderen wissenschaftlichen Erkenntnissen gelangt' (Diederichsen S. 48). – D.h.: Die wissenschaftliche Erkenntnis wird chaotisiert" (Handschriftliche Notiz April 1997, S. 9). Damit steht Behauptung gegen Behauptung: Wie läßt sich feststellen, ob „die Welt" so strukturiert ist, wie sie erkannt wird, wenn sie gar nicht anders erkannt werden kann? Wolfs Lehre ist insoweit weder beweis- noch widerlegbar.

4. Wahrheit

Wahr ist nach Wolf ein Urteil, wenn es dem Gegenstand entspricht, auf den es sich bezieht (vgl. Wolf, AT, S. 26). Diederichsen wendet dagegen ein, der modernen Aussagelogik fehle jeder Wirklichkeitsbezug (vgl. Diederichsen, FS Wolf, S. 52). Auch dieser Einwand trifft jedoch Wolfs Lehre nicht. Wolf begreift die Logik als Verfahrensgesetz für den Umgang mit Urteilen. Er betrachtet sie dagegen nicht als dafür zuständig, die Wahrheit allein zu finden, sondern hält sie nur für geeignet, aus bereits als wahr erkannten Urteilen weitere Urteile abzuleiten. Der Wirklichkeitsbezug letzterer ist durch die vorherigen Urteile gewährleistet. Es ist nach den Gesetzen der Logik zudem ausgeschlossen, daß zwei widersprüchliche Urteile gleichzeitig wahr sind. Welches von beiden der Wahrheit entspricht, darüber sagt die Logik nichts aus. Der einzig zwingende Realitätsbezug besteht darin, daß etwas nicht zugleich sein und nicht sein kann. So weit geht aber auch die moderne Aussagelogik, die für eine Aussagevariable innerhalb ein und desselben Ausdrucks auch nur einen einzigen Wahrheitswert akzeptiert.

5. Inkonsequenz

Diederichsens schwerwiegendster Kritikpunkt ist der der Inkonsequenz, wonach Wolf seine eigene Lehre nicht durchhalte, sondern wie die herrschende Lehre auf Wertungen zurückgreife. Dies ist jedoch keine ausreichende Kritik an der Realen Rechtslehre selbst, sondern betrifft lediglich ihre Anwendung. Im übrigen bestreitet Wolf, daß er werte. „Wenn man ‚statt auf den etwas farblosen

Ausdruck ‚tatbestandsmäßiger Grund' auf den herkömmlichen ‚Gesetzeszweck' abstellt' (so Diederichsen S. 58 [wo er Wolfs Vorgehen mit dem der herrschenden Lehre vergleicht]), wird die grundlegende Verschiedenheit von realer Kausalität und idealer Teleologie verneint und überspielt"(Handschriftliche Notiz vom April 1997, S. 8), wobei Wolf von ersterem ausgeht, die herrschende Lehre von letzterem.

II. Gödelsches Theorem

Ein weiterer möglicher Angriffspunkt der Realen Rechtslehre liegt in der Betonung der Logik und des grundlegenden Satzes vom Widerspruch, nach dem eine Behauptung entweder wahr oder falsch, aber nicht gleichzeitig beides sein kann. Das „Gödelsche Theorem" greift die praktische Durchhaltbarkeit des Satzes vom Widerspruch an.

Um dem Leser zu ersparen, sich näher mit der komplizierten mathematischen Herleitung von Gödel (vgl. Gödel, Monatshefte für Mathematik und Physik 1931, S. 175 ff.) zu befassen, die im wesentlichen aus eckigen Klammern, großen und kleinen griechischen Buchstaben und Definitionen von Definitionen von Mengen von Mengen besteht, soll das Gödelsche Theorem kurz sprachlich erläutert werden. Nach dem Gödelschen Theorem gibt es innerhalb eines jeden Systems von Axiomen (unbeweisbaren und als wahr anerkannten Aussagen), den festgelegten Relationen zwischen ihnen und daraus abgeleiteten Folgerungen – sei dieses System auch noch so formalisiert – mindestens eine Behauptung, von der sich nicht beweisen läßt, daß sie wahr bzw. falsch ist, obwohl sie den formalen Anforderungen dieses Systems genügt. Es läßt sich (formal-)sprachlich also auch in solchen Systemen ein Drittes beschreiben, das weder wahr noch falsch ist. Das Gödelsche Theorem basiert zum einen auf der Möglichkeit von „Meta-Aussagen", d.h. von Aussagen, die über Aussagen gemacht werden, und zum anderen auf der Bedeutungsunschärfe jeder, auch der formelhaftesten Sprache. In jedes

System, das aus Aussagen besteht, läßt sich eine Aussage aus dem Meta-System integrieren, so daß die Grenze zwischen beiden Systemen unkenntlich wird und dadurch kein eindeutiger Wahrheitswert mehr zuzuordnen ist.

Zur Verdeutlichung kann ein bekanntes Beispiel dienen, nämlich der Satz: „Ich lüge". Wenn ich sage, daß ich (in der Vergangenheit) gelogen habe, mache ich eine Aussage über meine vorhergehende Aussage. Ist die Aussage „ich habe gelogen" richtig, so war die vergangene Aussage geschwindelt, also falsch. Ist aber die Aussage „ich habe gelogen" falsch, dann entsprach die vergangene Aussage der Wahrheit. Gleiches gilt für die Aussage, „ich werde (in Zukunft) lügen". Beide Ebenen, also die Aussageebene und die Meta-Ebene, erhalten abhängig voneinander widerspruchslose Wahrheitswerte. Ich kann feststellen, ob und mit welcher Aussage ich lüge oder nicht. Dies ist aber nicht mehr der Fall, wenn ich sage „ich lüge (in diesem Moment)". Die Meta-Aussage fällt mit der Aussage zusammen und negiert ihren eigenen Wahrheitswert. Lüge ich, so lüge ich, wenn ich sage, daß ich lüge – also sage ich die Wahrheit, wenn ich sage, daß ich lüge – also lüge ich. Es gibt keine Möglichkeit, festzustellen, ob ich lüge oder nicht. Die Aussage, daß ich in diesem Moment lüge, ist weder wahr noch unwahr, sie ist ein drittes – paradox.

Eine Sprachspielerei, scheint es. Schließlich gibt es kein feststellbares Faktum, das zugleich nicht und doch existiert. Wenn indes die reale Welt auch nicht paradox ist, so ist das Paradoxon doch Möglichkeit und Gefahr jeder Sprache, die die Welt zu beschreiben versucht. Auch Wolfs Begriffe, auf deren Eindeutigkeit die Reale Rechtslehre grundlegend angewiesen ist, gelangen erst durch die Sprache in den Bereich der zwischenmenschlichen Verwendbarkeit. Ein Wort ohne Begriff ist ein Leerwort, aber ein Begriff ohne Wort ist nicht zu gebrauchen. Und auch Aussagen, gebildet mit Wörtern, die Begriffen entsprechen, können paradox sein. Wolf räumt jedoch ein, daß bei Anwendung der wissenschaftlichen Methode der Begriffsdefinition die Gefahr besteht, daß sich sprachlich bedingte Denkfehler einschleichen können (vgl. Wolf, AT, S. 23), wie es ja auch Eindeutigkeit in sprachlichen Aussagen im Gegensatz zur Eindeutigkeit im begrifflichen Denken nicht geben kann (vgl. Wolf, Krise des Rechtsstaates, S. 37). Die Eindeutigkeit der Begriffe wird also nicht berührt, sondern lediglich die Kommunizierbarkeit der Realen Rechtslehre.

H. Resonanz

Die Resonanz, die die Reale Rechtslehre gefunden hat, läßt sich kurz schildern: Es gibt so gut wie keine. Wolf hat zwar einige Schüler, die von der Realen Rechtslehre überzeugt sind. Von ihnen ist jedoch Günther Bernert bereits gestorben, Dietrich Bickel emeritiert, und Horst Hammen hat einen Lehrstuhl für Bürgerliches Recht, Handels- und Wirtschaftsrecht an der Universität Gießen inne. Zu Wolfs Schülern gehören ferner zwei Bundesrichter und zahlreiche Richter, Rechtsanwälte und Notare; eine bescheidene Ausgangsposition, um Grundlagen der Rechtswissenschaft und damit die Reale Rechtslehre zu verbreiten.

In einer Besprechung zur Festschrift für Ernst Wolf „Recht und Rechtserkenntnis" wurde die Entwicklung der Realen Rechtslehre zwar von Manfred Harder wegen ihrer strengen ethischen Ansprüche an das Recht als „wissenschaftliche Großtat" bezeichnet (vgl. NJW 1986, S. 2484). Harders Rezension von Wolfs Lehrbuch „Allgemeiner Teil des bürgerlichen Gesetzbuches" (vgl. NJW 1984, S. 2809 f.) zeigt aber, daß er selbst der Realen Rechtslehre nicht folgt. Die Reale Rechtslehre hat also kaum zustimmende Reaktionen hervorgerufen. Außer Ernst Wolf vertritt niemand die Reale Rechtslehre ausdrücklich und schriftlich.

Aber auch die Kritik an der Realen Rechtslehre ist – wie erwähnt – gering geblieben. Andere Mindermeinungen werden im allgemeinen diskutiert und anschließend unmißverständlich abgelehnt – und sei es wegen „inakzeptabler Ergebnisse". Sie finden häufig deshalb keinen Zuspruch, weil sie schlicht abwegig sind und es daher auch einfach ist, ihnen argumentativ zu begegnen. Der Realen Rechtslehre dagegen ist bis auf Uwe Diederichsen niemand entgegengetreten. Wolfs Ausführungen zu verschiedenen Rechtsgebieten werden aufgenommen, diskutiert, teilweise mit dem Ergebnis geflügelter Worte – wie dem Rücktritt als Umwandlung eines Schuldverhältnisses in ein Rückgewährschuldverhältnis, eine Lehre, die Ernst Wolf in seinem Aufsatz „Rücktritt, Vertretenmüssen und Verschulden" (vgl. Archiv für die civilistische Praxis Bd. 153 (1954), S. 97 ff.) begründet hat. Die Reale Rechtslehre selbst wurde so gut wie ignoriert.

Die Reale Rechtslehre scheint – wie Wolf selbst formuliert – totgeschwiegen zu werden. Es dürfte deutlich geworden sein, warum: Sie läßt keinen Raum für Interessenabwägungen, Wertungen, schöpferisches Gestalten etc. – und nur wenig Platz für Diskussionen und politische Erwägungen. Daß die Rechtsprechung sich nicht mit ihr befaßt, ist nahezu selbstverständlich, da Wolf die richterliche Rechtsschöpfung als kreative Tätigkeit der Gerichte ablehnt. Auch die Literatur hält es für überflüssig, eine Rechtslehre anzugreifen, die durch die faktische Entwicklung insbesondere im Rahmen anerkannter Rechtsfortbildungen überrollt wird (z.B. das Allgemeine Persönlichkeitsrecht: vgl. Wolf, AT, S. 149 Fn. 155). Harder kritisiert allerdings Wolfs häufige Vergleiche der heutigen Rechtspraxis mit der Willkür im Dritten Reich und im Kommunismus (vgl. NJW 1984, S. 2810). Dabei muß aber klar sein, daß Wolf die drei Systeme nicht hinsichtlich ihrer ethischen (Un-)Werte gleichsetzt. Es kommt ihm vielmehr darauf an herauszustellen, daß jede Willkür Unrecht, weil mit der Eigenschaft der ihr Unterworfenen als Personen nicht vereinbar ist. Dies gilt unabhängig davon, ob die Willkür durch richterliche Rechtsfortbildung im Ergebnis teilweise zu Folgen führt, die auch der Gesetzgeber durch die Herstellung von rechtlichen Verhältnissen herbeiführen könnte. Schon die Behauptung eines Gerichts, Grundrechte und andere Rechte würden vom Staat „gewährt", rückt es für Wolf in die Nähe eines Nazi-Richters, der erklärt: „Du bist nichts, dein Volk ist alles". Nach beiden Auffassungen kann das Kollektiv, d.h. der Staat zu Recht alles nehmen, wenn es/er mag, statt es zu gewähren (vgl. Wolf, AT, S. 111, 113). Nur seine Freigiebigkeit ist unterschiedlich groß. Es ist für Wolf nicht wichtig, ob der Usurpator ein guter Mensch ist, sondern ob er ein Usurpator ist.

Im übrigen ist es möglicherweise auch schlicht zu anstrengend, sich mit der Realen Rechtslehre näher zu befassen. Der ihr zugrundeliegende Anspruch an Genauigkeit ist so hoch, daß unscharfes Denken und Formulieren unzulässig ist. Es ist schwierig, Wolfs Bücher zu lesen, viel schwieriger als andere juristische Literatur, und es ist einfach, sie zu ignorieren. Darüber hinaus schreckt auch die Verbindung von Wolfs Lehre mit einer eigenen Ontologie und seiner realen Erfahrungswissenschaft davon ab, fundiert Gegenposition zu beziehen, da sie nicht nur rechts-, sondern auch erkenntnisphilosophisch widerlegt werden müßte. Erschwerend für die Verbreitung der Realen Rechtslehre kommt schließlich hinzu, daß Wolfs „Allgemeiner Teil des BGB", also das für das Studium noch am ehesten geeignete Grundwerk, in dem die Reale Rechtslehre dargestellt ist, 1982 zum bisher letzten Mal aufgelegt wurde. Selbst wenn Studierende sich also schon zu Beginn des Studiums anstrengendere Literatur zumuten wollten, würden sie durch die mangelnde Aktualität abgeschreckt.

Ernst Wolf hat keinen neuen Gegenstand, kein neues Institut entdeckt, das andere Rechtswissenschaftler, in ihrem eigenen Ansatz unangefochten, würdigen könnten. Vielmehr widerlegt Wolf mit seiner Rechtstheorie die gesamten Grundlagen der herrschenden Meinung. Seine Entdeckung beinhaltet also nicht die Behauptung einer Leerstelle, die nun ausgefüllt wird, sondern einen Angriff auf das bestehende System. Daß seine Lehre nicht angenommen wurde, ist vor diesem Hintergrund unabhängig von ihrem Inhalt naheliegend. Daher nimmt die fehlende Akzeptanz ihr nicht die Eigenschaft als Entdeckung. Es kann auch verkannte Entdeckungen geben. Die Reale Rechtslehre ist nicht widerlegt worden. Es gibt keinen Beweis, daß Wolfs Folgerungen falsch sind. Die Wahrheit, die es nach Ernst Wolf gibt, ist von Anerkennung unabhängig. Abschließend läßt sich sagen, daß die Reale Rechtslehre eine Entdeckung ist, die erst noch (wieder-)entdeckt werden müßte.

Literatur

I. Werke Wolfs

Der Begriff Familienrecht, in: Zeitschrift für das gesamte Familienrecht (FamRZ) 1968, S. 493 ff.
Die Lehre von der Handlung, in: Archiv für die civilistische Praxis (AcP) Band 170 (1970), S. 181 ff.
Der Begriff Gesetz, in: *Walter G. Becker, Ludwig Schnorr von Carolsfeld* (Hrsg.), Sein und Werden im Recht, Festgabe für Ulrich von Lübtow, Berlin 1970, S. 109 ff. (zitiert: Wolf, FS vLübtow).
Gibt es eine marxistische Wissenschaft? Kritik der Grundlagen des dialektischen Materialismus, München 1980 (zitiert: Marxistische Wissenschaft?).
Allgemeiner Teil des Bürgerlichen Allgemeiner Teil des bürgerlichen Rechts, Lehrbuch, 3. Aufl., Köln, Berlin, Bonn, München 1982 (zitiert: Wolf, AT).
Die Krise des Rechtsstaats, in: *Gerhard Lüke* (Hrsg.), Die Krise des Rechtsstaats, Symposium aus Anlaß des 80. Geburtstags von Ernst Wolf, Marburg 1995 (zitiert: Wolf, Krise des Rechtsstaates).

II. Zur Person Wolfs

Dietrich Bickel, Walther Hadding, Gerhard Lücke, in: *D. Bickel* (Hrsg.), Recht und Rechtserkenntnis, Festschrift Ernst Wolf zum 70. Geburtstag, Köln, Berlin, Bonn, München 1985, S. V. ff.

III. Zur Entdeckung, ihrer Entwicklung und Rezeption

Uwe Diederichsen, Zur Bedeutung der Logik und Ontologie für das Recht – Eine Auseinandersetzung mit dem Rechtsdenken Ernst Wolfs, in: *D. Bickel* (Hrsg.), Recht und Rechtserkenntnis, Festschrift Ernst Wolf zum 70. Geburtstag, Köln, Berlin, Bonn, München 1985, S. 47 ff. (zitiert: Diederichsen, FS Wolf).
Kurt Gödel, Über formal unentscheidbare Sätze der Principia Mathematica und verwandter Systeme, in: Monatshefte für Mathematik und Physik 1931, S. 175 ff.

Manfred Harder, Buchbesprechung: Festschrift für Ernst Wolf zum 70. Geburtstag, in: Neue Juristische Wochenschrift (NJW) 1986, S. 2484.

ders., Buchbesprechung: Allgemeiner Teil des Bürgerlichen Rechts – Ein Lehrbuch von Ernst Wolf, in: Neue Juristische Wochenschrift (NJW) 1984, S. 2809 ff.

Rudolf von Jhering, Geist des römischen Rechts auf den verschiedenen Stufen seiner Verwirklichung, 1. Band, 2. Aufl., 1886 (zitiert: Jhering, Geist des römischen Rechts).

Arthur Kaufmann, Problemgeschichte der Rechtsphilosophie, in: *Kaufmann/Hassemer* (Hrsg.), Einführung in die Rechtsphilosophie und Rechtstheorie der Gegenwart, 6. Aufl., 1994, S. 30 ff.

Ulrich Klug, Juristische Logik, 4. Aufl., 1982, (zitiert: Klug, Juristische Logik).

Prof. Dr. Bernd Rüthers

Bernd Rüthers – Die „Unbegrenzte Auslegung"

(Sebastian Seedorf)

A. Der Entdecker

Sie kamen wohl nach neun Uhr abends, obwohl es um diese Jahreszeit schon früh dunkel war. Den ganzen Abend waren sie grölend und schreiend durch die Straßen von Dortmund gezogen, jetzt kamen sie in die Holzhofstraße. Im Haus Nummer 34, oben im vierten Stock unter der Mansarde, wohnten der Industrieschlosser Ferdinand Rüthers, seine Frau und seine drei Söhne. Der achtjährige Bernd Rüthers lag bereits im Bett, als er das splitternde Holz der Wohnungstür im ersten Stock unter ihm hörte. Diese Nacht sollte als die „Reichskristallnacht" in die Deutsche Geschichte eingehen.

Bernd Rüthers, der jüngste von drei Brüdern, wurde am 12. Juli 1930 in Dortmund geboren. Die Familie Rüthers wohnte seit 1920 im Haus des jüdischen Kaufmanns Sternberg in Dortmund. Eigentlich war die Gegend fast zu gutbürgerlich für das kleine Einkommen des Vaters, aber da sie mit fünf Personen in einer kleinen Mansardenwohnung lebten, konnten sie sich die gehobene Wohnlage leisten.

Gut nachbarlich war das Verhältnis von Familie Rüthers zu ihren Vermietern. Die Sternbergs hatten eine Tochter im gleichen Alter wie Bernd Rüthers, und die Kinder spielten oft miteinander. An jenem Abend hörte er mit an, wie der SA-Mob in die Wohnung des Vermieters eindrang und alles verwüstete. Die Bewohner wurden unter Schlägen auf die Straße getrieben. Er hörte, wie das Porzellan zerschlagen und die gesamte Einrichtung zertrümmert wurde, unterbrochen vom Gebrüll der Braunhemden auf der Straße. „Diese Geräuschkulisse," sagt Bernd Rüthers heute, „ist mir nie wieder aus dem Kopf gegangen! Ich erlebte erstmals brutale Gewalt gegen Menschen und Sachen." Die Erinnerung daran, davon ist er heute überzeugt, war immer ein innerer Motor. Sie brachte ihn dazu, sich später wissenschaftlich mit dem Nationalsozialismus zu beschäftigen.

Die Erfahrungen der Kindheit, die ersten Erinnerungen, sie bleiben bestimmend für den Rest des Lebens. „Strickmuster werden da festgelegt", sagt Rüthers, „davon kommt man nicht weg." Was man auch tut, für welchen Weg man sich auch entscheidet, es bleibt eine Reaktion auf diese ersten Jahre. Das soziale Weltbild des Elternhauses prägt sich jedem Menschen als Kind ein. Es bestimmt nicht nur das Handeln, sondern auch Empfindungen und Maßstäbe. Seine Eltern prägten Bernd Rüthers durch ihren katholischen Glauben. Seine Konfession hat Rüthers nie verleugnet; auch in arbeitsrechtlichen Konflikten der Kirchen hat er häufig die Loyalität der kirchlichen Mitarbeiter eingefordert.

Auch die Rüthers-Kinder gingen in die Hitlerjugend, galten dort als religiös gebunden und wurden entsprechend kritisch beäugt. Sie spürten bald den Unterschied zwischen dem Weltbild dort und den Überzeugungen zuhause. Die Eltern wiederum wußten, welchen Schaden es in dieser Zeit anrichten konnte, sich offen von den Nationalsozialisten abzugrenzen. So lernten die Kinder von klein auf, daß sie „draußen" andere Dinge sagen mußten, als sie „drinnen" gehört hatten, „verschiedene Sprachebenen" nennt Bernd Rüthers diese Erfahrung heute.

Ein Bewußtsein für Unterscheidungen bestimmte die Jugend von Bernd Rüthers. Wachsamkeit in der Öffentlichkeit und Rückzug ins Private. Fahnenappell und Führerkult in der Hitlerjugend, kritische Stimmen und ausländische Radiosendungen zuhause. „Meine Eltern waren keine Widerständler oder Helden. Aber sie hatten ein Bewußtsein dafür, was richtig und was falsch war. Und sie legten Wert darauf, daß wir es auch erfuhren."

Viel Geld konnte die Familie in die Schulausbildung der Kinder nicht investieren. Diese waren deshalb in der Oberschule auf eine Freistelle angewiesen – Stipendien, bei denen Schülern aus sozial schwachen Verhältnissen das Schulgeld erlassen wurde. An eigener Leistung durfte es dabei nie fehlen, sonst wäre diese Finanzierung gefährdet gewesen.

Ab 1940 ging Bernd Rüthers auf die Ludendorf-Oberschule. Wohl fühlte er sich da jedoch nicht. Der fanatische Direktor mochte keine Schüler, die erkennbar christlich erzogen waren und machte diese vor der Klasse verächtlich. Als die Bombenangriffe auf das Ruhrgebiet ab 1943 immer heftiger wurden, ging die Klasse von Bernd Rüthers in die Kinderlandverschickung. Zunächst auf die Frische Nehrung, dann nach Baden, in den Schwarzwald und schließlich nach Osterberg, zwischen Memmingen und Ulm in Bayern. Dort erlebte der fast fünfzehnjährige Bernd Rüthers auch das Kriegsende im April 1945. Im Juli war er wieder zurück in Dortmund. Die Eltern waren wohlauf, aber der älteste Bruder Helmut war im Januar 1945 als Bordfunker mit seinem Flugzeug bei Berlin abgeschossen worden und ums Leben gekommen.

Den Eltern kam es nun vor allem auf eine vernünftige Ausbildung der beiden Söhne an. Der ältere Bruder Franz war mittlerweile 19 Jahre alt, hatte aber in den letzten Jahren als Soldat nur noch unregelmäßig am Schulunterricht teilnehmen können. Er sollte nach der Rückkehr aus der Gefangenschaft in einem Sonderkurs sein Abitur machen. Aus ihm sollte einmal „etwas werden". Für das Nesthäkchen Bernd hatte die Familie andere Pläne. Ein kinderloser Onkel betrieb in Dortmund ein Uhrengeschäft. Bernd sollte – so die Idee der Familie – eine solide handwerkliche Ausbildung als Uhrmacher erhalten und dann vielleicht später einmal das Geschäft übernehmen.

Im Herbst 1945 hätte Bernd Rüthers seine Ausbildung als Uhrmacher angefangen, wenn er nicht kurz zuvor mit seinem Bruder Franz „getauscht" hätte. Dieser hatte keinen Studienplatz bekommen und wollte lieber eine Lehrstelle haben. Bernd war dagegen noch jung genug, ganz regulär weiter die Schule zu besuchen, Abitur zu machen, vielleicht sogar auf die Universität zu gehen. Einige Wochen später begann Franz seine Ausbildung als Uhrmacher und

Bernd besuchte wieder die Schule. „Wenn ich damals nicht wieder auf die Schule gegangen wäre, dann hätte ich es nie wieder geschafft. Dann hätte ich auch nie Abitur gemacht." Dieses bestand er 1949 am staatlichen Gymnasium in Dortmund.

Im Sommersemester 1950 schrieb er sich an der Westfälischen Wilhelms-Universität in Münster ein – für Volkswirtschaftslehre. Vorbild war hier Bruder Franz, der schon ein Jahr zuvor mit der Ausbildung fertig geworden war und mit diesem Studium begonnen hatte. Bernd betrieb ein Semester lang VWL und wechselte dann auf die andere Seite der Aa, zu den Juristen. Der Umgang der Volkswirtschaftler mit wirtschaftlichen Prozessen und normativen Vorgaben erschien ihm zu wenig wissenschaftlich, zu einseitig empirisch und zu wenig strukturiert – eine Ansicht, schmunzelt Bernd Rüthers heute, die er selbstverständlich später revidiert habe. Jedenfalls hatte er in diesem Semester bereits ein wenig Kontakt zur Rechtswissenschaft gehabt, sein Interesse war geweckt, und so widmete er sich ab dem Wintersemester 1950/51 vollständig der Jurisprudenz.

Nach acht Semestern absolvierte Bernd Rüthers sein erstes Staatsexamen am Oberlandesgericht in Hamm. Für die sechswöchige Hausarbeit, die im Referendarexamen geschrieben werden mußte, ließ sich damals auch das Thema Bergrecht wählen. Rüthers kannte den Professor gut, der eine bergrechtliche Arbeit stellen würde und den Ruf eines sympathischen Prüfers genoß. Dieser würde nicht nur die Arbeit korrigieren, sondern den Kandidaten auch mündlich prüfen. Das wollte Rüthers nutzen und meldete sich deshalb für eine Hausarbeit aus diesem Themengebiet.

Bei der Bearbeitung der Aufgabe stellte er fest, daß der Fall genau einem Paragraphen des geltenden Preußischen Berggesetzes entsprach. Wendete man die Norm jedoch an, kam man damit zu einem völlig interessenwidrigen Ergebnis. Das konnte der Gesetzgeber so nicht gewollt haben. Rüthers war auf eine Anschauungslücke gestoßen, wie es in der Methodik heißt: Der Gesetzgeber hatte den betreffenden Fall geregelt, aber nicht bedacht. Rüthers verwarf die fragliche Norm und fand darin die Zustimmung seiner Korrektoren.

Dieses Erlebnis weckte den Wunsch, sich weiter mit Methodik und den technischen Möglichkeiten der Rechtsgewinnung zu beschäftigen; die Methodenlehre hatte im Studium keine Rolle gespielt.

Nach dem Examen begann er nicht sofort mit dem Referendariat, sondern arbeitete einige Zeit als Tutor im katholischen Münsteraner Studentenwohnheim Collegium Marianum. Das Engagement in der katholischen Studentengemeinde brachte Bernd Rüthers mit Zeitzeugen des Nationalsozialismus zusammen, die in Vorträgen und Diskussionen von ihren Schicksalen berichteten – damals noch ein ungewöhnlicher Vorgang im universitären Umfeld. In den folgenden Jahren fuhr Bernd Rüthers auch einige Male in die DDR, wo die Studentengemeinde Münster eine Patenschaft mit der Gemeinde der Universität Rostock hatte. Aus diesen Besuchen ergaben sich nicht nur intensive Freundschaften, sondern sie regten auch sein Interesse an Recht unter verschiedenen Systembedingungen an.

Die angestrebte Promotion im Bereich des Arbeitsrechts verlief nicht problemlos. Das erst seit fünf Jahren geltende Bonner Grundgesetz war nun Grundlage des neuen Arbeitsrechts und noch weitgehend unerforscht. „Streik und Verfassung" – diese Verankerung des wichtigsten Gestaltungsmittels der organisierten Arbeitnehmer im Normen- und Wertesystem der Bundesrepublik faszinierte ihn. Mit der Dissertation ging es auch bald gut voran, nur mit seinem Doktorvater in Münster gab es Schwierigkeiten: „Der ließ erst Teile der Arbeit und dann die gesamte Dissertationsschrift mehr als ein Jahr herumliegen, kam zu nichts, bearbeitete sie nicht, und ich saß nur herum."

Noch während der Arbeit an der Dissertation fing Rüthers mit dem Referendariatsdienst in Dortmund an, der damals noch über drei Jahre dauerte. Dieses Pflichtprogramm auf dem Weg zum Volljuristen hatte für ihn eine einschneidende Konsequenz: Er entwickelte eine tiefe Abneigung gegen das „klassische" Zivilrecht. „Meine Ausbilder in den zivilrechtlichen Stationen waren so hundsmiserabel, daß ich jede Lust am Zivilrecht für immer verloren zu haben glaubte." Mit einigen Ausbildern gab es Ärger, er fühlte sich ungerecht und rüde behandelt. Für Rüthers stand bald fest: Dieses Feld wollte er auf gar keinen Fall beackern. Statt dessen wandte er sich wieder dem Arbeitsrecht zu. In der Verwaltungsstation arbeitete er an der Sozialakademie in Dortmund, einem Bildungsinstitut des Deutschen Gewerkschaftsbundes.

Parallel dazu entwickelte sich seine Dissertation: 1958 übernahm Rolf Dietz, Professor für Zivilrecht in Münster, als neuer Doktorvater das Projekt „Streik und Verfassung". Ein Jahr nach der Assessorenprüfung 1958 in Düsseldorf promovierte er in Münster. Dabei stellte er gegen die damals vorherrschende Lehre in der deutschen Rechtswissenschaft die These von der Verfassungsgarantie des Streiks auf. Mit der Promotion beendete er schließlich 1959 diese unruhigen, aber abwechslungsreichen Jahre nach dem Studium und kehrte zurück an die Sozialakademie nach Dortmund, als wissenschaftlicher Assistent und Lehrbeauftragter für Arbeitsrecht.

Während eines Urlaubs in den Dolomiten im Jahre 1960 las Rüthers in der Tageszeitung eine Stellenausschreibung der Daimler-Benz AG. Der Perspektivenwechsel reizte ihn – nach der Betrachtung des Arbeitsrechts aus Sicht der Gewerkschaften nun der Blick von der Arbeitgeberseite. Doch wie sollte man von einer abgelegenen Berghütte aus rechtzeitig eine überzeugende Bewerbung zusammenstellen? Übrig blieb allein ein Brief, in dem Rüthers sich handschriftlich auf die Stelle als Direktionsassistent im Zentralen Personalwesen von Daimler bewarb. Der damalige Personalchef des Konzerns, Richard Osswald, hatte 140 zusammengestellte Bewerbungsmappen auf dem Schreibtisch – und einen Schmierzettel. Da aber auch Osswald ein begeisterter Bergwanderer war, gab dies den Ausschlag, den unorthodoxen Bewerber zumindest einzuladen.

In dem Gespräch – erinnert sich Rüthers heute – sei er auch auf seine Erfahrungen in der Sozialakademie des DGB angesprochen worden. Daimler wollte sich schließlich seine Personalabteilung nicht von Gewerkschaftern unterwandern lassen. Überzeugen konnte Rüthers letztlich mit dem Argument, daß Konflikte im Arbeitsrecht immer noch von den Gerichten entschieden würden und nicht von den Gewerkschaften. Auch gelte für Arbeitnehmer und Arbeitgeber dasselbe Recht, das er auch in seiner neuen Stelle vertreten wolle und nicht allein die Auffassung einer Partei davon. Bis 1963 blieb Rüthers bei Daimler-Benz. Er bearbeitete Rechtsgutachten für seine Abteilung und nahm an Verhandlungen mit Arbeitnehmervertretern teil. In dieser Zeit gab es auch in der Bundesrepublik die ersten großen Arbeitskämpfe mit Streiks und Aussperrungen.

Den Kontakt zur Universität Münster hatte Rüthers unterdessen stets gehalten. Von Harry Westermann und Hans Brox wurde er 1963 zu einem arbeitsrechtlichen Seminar nach Münster eingeladen. Hans Brox, selbst nur zehn Jahre älter als Rüthers, hatte sich in den 50er Jahren in Münster unter Westermanns Ägide habilitiert. Vorher hatte er am OLG Hamm gearbeitet und war dort der Mentor von Rüthers während dessen Referendarzeit gewesen. Der Kontakt hatte sich ab 1961 verdichtet, als Brox seine erste Professur in Mainz innehatte, bevor er 1962 nach Westfalen wechselte. Harry Westermann hatte Rüthers schon während seines Studiums kennengelernt.

Brox war von Rüthers Fähigkeiten sehr angetan und bot ihm an, als sein Assistent an die Universität zurückzukehren, um sich dort unter Westermanns und seiner Mentorenschaft zu habilitieren. Blieb die Frage nach einem Thema für die Habilitation. Promotion zum Arbeitsrecht und Verfassungsrecht, mehrjährige Betrachtungen der Arbeitsrechtsentwicklung vom Arbeitnehmer- und Arbeitgeberlager aus: Da lag es auf der Hand, sich in dieser Hinsicht weiterzuqualifizieren.

Die Zusammenarbeit mit Hans Brox war auch in dieser Richtung zunächst fruchtbar. Als Co-Autor gab er zusammen mit Brox 1965 ein Praxishandbuch zum Arbeitskampfrecht heraus, gedacht für Betriebsräte, Gewerkschaftsfunktionäre, Personalchefs und Verbandsvertreter. Aber auch die wissenschaftliche Seite wurde nicht vernachlässigt. Das Handbuch wurde vor allem in den 70er Jahren zu einem Standardwerk und erlebte mehrere Auflagen.

Als Habilitationsthema wählte Rüthers „Die Lehre von der Sozialadäquanz im Zivilrecht". Untersucht werden sollte, wann und inwiefern im Zivilrecht nach außerrechtlichen – d.h. sozialen – Maßstäben nach der Angemessenheit eines bestimmten Verhaltens gefragt wird. Im Arbeitsrecht ist die Sozialadäquanz noch heute Voraussetzung für die Rechtmäßigkeit eines Streiks.

Das Thema war gefunden und die Deutsche Forschungsgemeinschaft sagte ein Stipendium zu. Nach einigen Wochen war ein erstes Exposé vorhanden. Doch Rüthers kamen Zweifel, ob das Thema nicht vielleicht schon „ausgeschrieben" sei und darüber hinaus so sehr seinen Interessen entsprach, daß er sich die nächsten Jahre vertieft damit auseinandersetzen wollte. Gab es für die Rechtswissenschaft nicht dringendere Fragen? Auch war gerade eine Schrift zu diesem Thema erschienen, der bereits vorgeworfen wurde, keine wirklich neuen Gedanken zu präsentieren. Hans Brox war nicht begeistert über Rüthers' Entschluß, die Sozialadäquanz nun doch nicht zu bearbeiten, ließ sich aber auf einen Kompromiß ein: Nach zwei Wochen müsse ein Thema gefunden sein und auch zu Ende gebracht werden.

Bernd Rüthers entschied sich für die Aufarbeitung der jüngsten deutschen Vergangenheit durch eine wissenschaftliche Abhandlung: NS-Rechtsgeschichte unter dem Blickwinkel des Zivilrechts. Wie war es möglich, daß ohne wesentliche Gesetzgebung der braune Geist Einzug in die zivilrechtliche Wissenschaft und die Rechtspraxis halten konnte? Wie ließ sich die seit der Jahrhundertwende nahezu unveränderte Privatrechtsordnung im Nationalsozialismus offensichtlich ohne große Mühe umwerten? Wie wurde die menschenverachtende NS-Ideologie scheinbar so harmonisch in die deutsche Rechtswissenschaft und Rechtsprechung integriert?

Aus heutiger Sicht ist für Rüthers diese damals spontane Themenwahl auch eine Folge seiner Kindheitserfahrungen in NS-Zeit und Krieg. Darüber hinaus bahnte sich aber auch ein Umbruch an: Noch in seiner eigenen Ausbildung war jeglicher Bezug zwischen Nationalsozialismus und Rechtswissenschaft völlig ausgeblendet worden, fanden Auseinandersetzung und kritisches Fragen nicht statt. Studentischen Initiativen war vielerorts allein zu verdanken, daß sich an den Universitäten kleine Zirkel mit dem Dritten Reich beschäftigten. Ringvorlesungen und Gastredner gaben erste Anregungen. Rüthers hatte in seiner Studentengemeinde solche Veranstaltungen miterlebt und mitorganisiert.

In der Zeit der deutschen KZ-Prozesse (1961–1963) wurde erstmals auch eine breite Öffentlichkeit minutiös mit den Greueltaten des Nationalsozialismus konfrontiert, in denen Folter und Massenmord unter politischem Deckmantel eine juristische Dimension bekamen. Diese Erkenntnisse wirkten sich auch auf die Universitäten aus; Studentenbewegungen begannen sich Mitte der 60er Jahre zu formieren, u.a. mit dem Anliegen nach mehr Offenheit bezüglich der eigenen Geschichte.

Eine Bestandsaufnahme der dunklen Seiten der eigenen Zunft – das war das Interesse von Bernd Rüthers, bis dahin ein Unthema und in der juristischen Forschung gemieden. Arbeiten zu diesen Fragen waren an vielen juristischen Fakultäten unerwünscht und stießen teilweise auf heftige Aggressionen. Allgemein herrschte unter den Juristen – gerade auch des Zivilrechts – die Überzeugung, sich weit genug von Bluthunden wie Roland Freisler und seinem Volksgerichtshof abgegrenzt zu haben. Einige besonders exponierte Vertreter der NS-Juristenschaft mußten zwar abtreten wie beispielsweise die Staatsrechtler Carl Schmitt, E. R. Huber oder Reinhard Höhn sowie der Rechtshistoriker Karl August Eckhardt. Doch meistens war man irgendwie untergekommen und tolerierte die Kollegen in dem Bewußtsein, selbst immer „sauber" geblieben zu sein. An welchem Tabu Rüthers mit seinem Vorhaben rütteln würde, beweist schon die erste Reaktion von Hans Brox, als dieser von dem neuen Habilitationsthema seines Schützlings erfuhr. „Aber Herr Rüthers," so Brox völlig entgeistert, „die leben doch noch alle!" Auch Harry Westermann zeigte sich skeptisch. Beide meinten, daß Rüthers Mut brauchen würde, um die Arbeit trotz der zu erwartenden Widerstände durchzuhalten und später seine berufliche Zukunft damit zu gestalten. Letztlich ließen sich aber beide von dem Projekt überzeugen und versprachen, die Habilitationsschrift gegenüber der Fakultät vor allen Angriffen und Schwierigkeiten zu verteidigen.

Münster bot schließlich eher gute Voraussetzungen für das Gelingen dieses Vorhabens. Die Westfälische Wilhelms-Universität verfügte damals noch über eine Rechts- und Staatswissenschaftliche Fakultät, die Juristen, Wirtschaftswissenschaftler und Soziologen unter ihrem Dach vereinte. Der liberale und aufgeschlossene Geist dieser Fakultät, an der ein gutes interdisziplinäres Klima herrschte, ermöglichte – laut Rüthers – die Beschäftigung mit einem so heiklen Thema, als so etwas in München, Köln oder Göttingen noch völlig undenkbar gewesen sei. Auch gab es hier kaum in den Nationalsozialismus verstrickte Professoren, und die wenigen Ausnahmen hielten sich bedeckt. Ein einziger Kollege versuchte 1967 gegen die Annahme der Arbeit als Habilitationsschrift zu opponieren – jedoch ohne Erfolg. Harry Westermann, der sich für Rüthers einsetzte, war ohnehin einer der führenden deutschen Zivilrechtswissenschaftler mit gewichtiger Stimme, und Hans Brox war gerade Richter am Bundesverfassungsgericht geworden und damit praktisch unangreifbar. Darüber hinaus stellte sich vor allem Helmut Schelsky, später einer der bedeutendsten Soziologen der Bundesrepublik, massiv auf die Seite von Bernd Rüthers.

Die Arbeit mit dem Titel „Die unbegrenzte Auslegung – Zum Wandel der Privatrechtsordnung im Nationalsozialismus" wurde schließlich ohne Gegenstimme als Habilitationsschrift angenommen und Rüthers erhielt die Lehrbefugnis für Bürgerliches Recht, Handelsrecht, Arbeitsrecht und Rechtsphilosophie. Noch im Jahr 1967 erhielt er Rufe nach Darmstadt, Bielefeld und Berlin. Er wurde schließlich Ordinarius für Bürgerliches Recht, Handels- und Arbeitsrecht an der Freien Universität Berlin und kurz darauf Direktor des Instituts für Rechtssoziologie und Rechtstatsachenforschung.

Es war eine ereignisreiche Zeit. Die Studentenrevolten begannen und die Freie Universität bildete ein Zentrum der Auseinandersetzungen zwischen aufgebrachten Studierenden und einer wenig liberalen Gesellschaft, die immer noch die Strukturen der 50er Jahre konservierte. Außerhalb der Universitäten wurde gegen die Springer-Presse und den Vietnamkrieg demonstriert, innerhalb der Hochschulen sollte endlich der „Muff von tausend Jahren" verschwinden. Überall brodelte es. Protestkundgebungen, Demonstrationen auf dem Campusgelände und Störungen von Vorlesungen und Tutorien waren an der Tagesordnung. In dieses Klima kam Bernd Rüthers, der die ersten Vorläufer der „68er-Ereignisse" auch schon in Münster gespürt hatte. Der Hexenkessel der Freien Universität ängstigte ihn nicht; er war ein junger, engagierter Hochschullehrer, kein Vertreter von Reaktion oder Establishment.

Eine der Hauptforderungen der Studenten war eine offene Auseinandersetzung mit dem Nationalsozialismus und der deutschen Vergangenheit. Da kam Rüthers gerade richtig: Er hatte schließlich als erster seiner Zunft die Zusammenhänge von vermeintlich sachlicher, ideologiefreier Wissenschaft und Justiz und dem Ungeist der Diktatur erforscht und dabei auch persönliche Verstrickungen aufgedeckt, die viele gern verschwiegen und vergessen hätten. Dieses Thema war daher nicht dazu angetan, sich unter den Kollegen beliebt zu machen. Zu Fachkongressen, die von der konservativen Professorenschaft dominiert wurden, lud man ihn entweder nicht ein, oder er wurde auf den Versammlungen gemieden. Persönliche Angriffe waren zwar selten, doch herrschte Eiszeit. Rüthers erinnert sich an eine Begegnung mit Karl Larenz, einem der Hauptvertreter der völkischen Rechtserneuerung. Als sie sich während einer Veranstaltung allein in einem Seitengang trafen, behandelte ihn Larenz „wie Luft".

Rüthers bot seiner Meinung nach also wirklich kein Angriffsziel für studentische Attacken, geschweige denn für politische Vorwürfe. Darüber hinaus hatte er für viele Vorstellungen der Studenten durchaus Sympathie. Mehr Offenheit und Selbstkritik sowie weniger hierarchisches Denken konnten der Institution Hochschule nur gut tun. Um so schockierender waren für Rüthers die Erfahrungen, die er in Berlin machte. Ein Großteil der Aktivistenschar war zu sachlichen und persönlichen Differenzierungen nicht bereit. Ihm wurde seine Zugehörigkeit zur Professorenschaft genauso vorgeworfen wie allen anderen Dozenten auch. Seine Vorlesungen wurden ebenfalls boykottiert oder gestört. Wenn er sich gegen dieses Vorgehen verwahrte, wurden ihm faschistisches Denken und Handeln vorgeworfen. Diese Anschuldigungen und Anfeindungen, die auch vor körperlichen Angriffen nicht haltmachten, waren jedoch nicht alltäglich. Die große Mehrzahl der Studenten verstand sehr wohl, daß sie hier einen noch jungen und liberalen Dozenten hören konnte, für den die jüngste deutsche Vergangenheit kein Tabu war.

Dennoch haben Rüthers die Erfahrungen in Berlin enttäuscht. Dieser teilweise maßlose Haß auf alles Bestehende, diese sinnlose Zerstörungswut und reine Destruktivität – oft in politischen Forderungen und scheinbaren Programmen verpackt – waren ihm unverständlich. Darüber hinaus wurden immer wieder Kollegen das Ziel von persönlichen Attacken, denen wirklich kein Vorwurf gemacht werden konnte.

Es waren die Mittel, mit denen die Studenten ihre Forderungen durchsetzen wollten, die ihn am meisten abstießen. An einem Abend im Herbst 1968 drang eine Gruppe von etwa 40 Studenten in das Rektorat der Freien Universität in der Ihnestraße ein. In den Diensträumen des Rektors zerstörten sie das Mobiliar und das Geschirr, mit dem Gäste der Universität bewirtet wurden. Die Besetzer aßen und tranken die Lebensmittelvorräte bzw. warfen sie aus dem Fenster. Die Polizei schaute tatenlos zu. Der Schaden belief sich auf mehr als 100.000 DM.

Dieses Ereignis ist Bernd Rüthers einschneidend in Erinnerung geblieben. Er sieht die Parallelen zum Terror des SA-Mobs in der Pogromnacht 1938. Das Bild der Zerstörung, das die Räume nach dem Abzug der Studenten boten, erinnerte ihn an die Wohn- und Geschäftsräume der jüdischen Familie in Dortmund. Wieder waren unter dem Deckmantel einer Ideologie, einer politischen Einstellung, Gewalttaten verübt worden. Er hatte das Gefühl eines déjà-vu. In dieser Zeit war Rüthers Mitglied des Kuratoriums der Freien Universität; er empfand die Haltung der Stadtregierung als Kapitulation vor offenen Rechtsbrüchen. Der Senat hatte – in seinen Augen – die Universität aufgegeben und beschränkte sich auf Maßnahmen außerhalb des Campus.

Diese Vorfälle trugen dazu bei, daß Bernd Rüthers 1971 gern die Bitte annahm, vom „wilden" Berlin ins beschauliche Konstanz am Bodensee zu wechseln, um dort beim Aufbau der neuen Juristischen Fakultät mitzuarbeiten. Er wollte sich von dem Berliner Klima distanzieren. In den folgenden Jahren blieb Rüthers seinem eingeschlagenen Weg treu. Er forschte und publizierte zu den verschiedensten Themen des Arbeitsrechts und des Zivilrechts. Sein Lehrbuch zum Allgemeinen Teil des Bürgerlichen Gesetzbuches, erstmals 1976 erschienen, ist mittlerweile in der zehnten Auflage erhältlich.

Die Verbindung von Recht und politischer Weltanschauung ließ Rüthers jedoch nicht mehr los. Nach seiner Habilitationsschrift (1997 zum fünften Mal aufgelegt) hatte er auch seine Einführungsvorlesung in Berlin zu diesem Thema gehalten: „Institutionelles Denken im Wandel der Verfassungsepochen". Darin beschäftigte er sich mit der politischen Funktion von Rechtswissenschaft unter einem allgemeineren Blickwinkel. In den Jahren darauf erschienen Schriften wie „Rechtsordnung und Wertordnung" und „Arbeitsrecht und Politisches System", in denen Rüthers die Arbeitsrechtsordnung der Bundesrepublik mit derjenigen der DDR verglich. Auch mit seinem Ausgangsthema, dem Recht im Nationalsozialismus, hat er sich noch mehrfach beschäftigt, so etwa in dem Buch „Entartetes Recht – Rechtslehren und Kronjuristen im Dritten Reich". Dieses Werk entstand während eines Aufenthaltes als Fellow am Wissenschaftskolleg in Berlin 1986/87. In dieser Reihe erschienen darüber hinaus „Wir denken die Rechtsbegriffe um ... – Weltanschauung als Auslegungsprinzip" (1987) und ein Werk, das sich mit dem prominentesten NS-Rechtswissenschaftler beschäftigt: „Carl Schmitt im Dritten Reich" (1989).

Die Rechtsvergleichung mit der DDR hat ihn ebenfalls immer wieder gereizt. Hier hatte er das Gefühl, sozusagen am lebenden Objekt die unterschiedlichen politischen Vorgaben einer Rechtsordnung zu studieren. Die DDR-Zivilrechtswissenschaft baute schließlich auf den gleichen historischen Wurzeln auf wie die der Bundesrepublik. Bis zum 31.12.1975 galt auch in Ostdeutschland im Zivilrecht das BGB; erst dann trat das neue Zivilgesetzbuch der DDR in Kraft.

Hier konnte man nun unmittelbar erkennen, wie sich dasselbe Ausgangsprodukt unter abweichenden politischen und sozialen Vorgaben ganz unterschiedlich entwickelte. Die soziale Marktwirtschaft in der Bundesrepublik führte in den siebziger Jahren zur Stärkung des Verbraucherschutzgedankens sowie insgesamt zu mehr Schutz des schwächeren Partners in Dauerschuldverhältnissen wie Miete oder Arbeitsvertrag. Gleichwohl blieb die Privatautonomie die Leitidee des Zivilrechtssystems. In der DDR hingegen betonte die Ziviljustiz und die Rechtswissenschaft den marxistischen Grundtenor des Rechts: Vergesellschaftung von Produktionsmitteln und anderen wichtigen Wirtschaftsgütern, Zurückdrängung von Privateigentum und Privatautonomie aus allen Bereichen des Wirtschaftslebens.

Mit den Auswirkungen dieser unterschiedlichen Ideologien auf die Rechtsentwicklung hat Rüthers sich immer wieder auseinandergesetzt. Zusätzlich zu den privaten Kontakten in Rostock und Ostberlin, die er regelmäßig pflegte, entstanden Beziehungen zu den führenden Arbeitsrechtswissenschaftlern der DDR. Im Jahre 1981 wurde Rüthers eingeladen, zwei Vorträge über das Arbeitsrecht der Bundesrepublik an der Ostberliner Humboldt-Universität zu halten. Er war wohl der erste westdeutsche Zivilrechtswissenschaftler, dem die DDR-Führung die Möglichkeit einräumte, vor einem ausgewählten, aber auch studentischen Publikum über die Besonderheiten der westdeutschen Arbeitsverfassung zu referieren. Im Gegenzug kam Wera Thiel, Mitherausgeberin des DDR-Arbeitsrechtshandbuches, für zwei Vorträge nach Konstanz.

In den Mittelpunkt seiner Forschungstätigkeit rückte die DDR noch einmal – nach deren Untergang. Gerade in der Folge der deutschen Einheit schienen sich für Bernd Rüthers manche Erfahrungen aus der Zeit nach dem Ende der NS-Diktatur zu wiederholen: Wieder mußte eine gesamte Rechtsordnung auf neue politische Vorgaben umgestellt werden; wieder gab es Juristen, die sich ganz in den Dienst des alten Systems gestellt und politische Entscheidungen wissenschaftlich legitimiert hatten. Diese Ereignisse führten in den folgenden Jahren zum Erscheinen der Bücher „Das Ungerechte an der Gerechtigkeit" (1991) und „Ideologie und Recht im Systemwechsel" (1992). Das letztere widmete Rüthers seinem Lehrer Hans Brox, der ihn als erster auf die enge Verzahnung von Recht und Ideologie aufmerksam gemacht hatte.

Für kurze Zeit in der Öffentlichkeit stand Bernd Rüthers im Jahre 1984. Gemeinsam mit Georg Leber schlichtete er den Metall-Tarifkonflikt um die Einführung der 35-Stunden-Woche. Bis zu seiner Emeritierung im Sommer 1998 blieb Rüthers an der Universität Konstanz, wo er von 1991 bis 1996 das Amt des Rektors bekleidete. Berufungen an andere Universitäten wie Bielefeld, Augsburg, Trier und zweimal Münster hatte der inzwischen anerkannte Wissenschaftler und Hochschullehrer in all den Jahren stets abgelehnt. Neben seiner Dozententätigkeit war Rüthers von 1976 bis 1989 darüber hinaus Richter am Oberlandesgericht in Stuttgart.

Für seine Forschungstätigkeit im Zusammenhang mit dem Nationalsozialismus und der Politikanfälligkeit der Rechtswissenschaft wurde Bernd Rüthers mit zahlreichen Preisen geehrt wie dem Hans Constantin Paulssen-Preis (1967) als Habilitationspreis für die „Unbegrenzte Auslegung", dem Ludwig Erhard-Preis (1995) und dem Hanns Martin Schleyer-Preis (1997).

Unter Juristen sind seine Verdienste um eine Aufarbeitung der Vergangenheit längst anerkannt, wird er als angesehener Wissenschaftler geachtet. Seit 1988 gehört er zur ständigen Deputation des Deutschen Juristentages. Längst ist er nicht mehr nur der Schüler seiner akademischen Lehrer, sondern Mentor eigener namhafter Nachfolger wie Karl-Georg Loritz, Professor an der Universität Bayreuth, und Martin Henssler, Professor an der Universität zu Köln und dort Direktor des Instituts für Anwaltsrecht.

Bei aller Anerkennung ist Rüthers in Juristenkreisen umstritten geblieben. In zahlreichen Veröffentlichungen zum Arbeitsrecht hat er immer wieder eindeutig Position bezogen. Auch Gutachten für Prozeßvertretungen, etwa vor dem Bundesverfassungsgericht, belegen, daß er nicht den Ausgleich sucht, sondern Interessen vertreten will. Dabei kann er – trotz seiner Lehrerfahrungen an der Sozialakademie des DGB – kaum als Vertreter von Rechtspositionen der Arbeitnehmerschaft bezeichnet werden. In den vergangenen Jahren sprach sich Rüthers leidenschaftlich gegen den „mittlerweile übertriebenen" Schutz von Dauerschuldverhältnissen wie Arbeit und Miete vor der einseitigen Beendigung aus. Keinesfalls eine explizit arbeitnehmerfreundliche These.

In zahlreichen Beiträgen fordert er eine Wende im Arbeitsrecht, die wieder mehr Spielraum für individuelle Gestaltungen ermöglicht, also eine Reduktion der arbeitsrechtlichen Schutzstandards. Vom Arbeitsrecht als Beschäftigungsbremse ist die Rede. Die Hauptverantwortung liegt – nach Rüthers – in einer ungezügelten richterlichen Rechtsfortbildung einseitig zugunsten der Gewerkschaften und Arbeitnehmer. Ideelle Werte ständen im Mittelpunkt, während die ökonomischen Auswirkungen der richterlichen Entscheidungen nicht bedacht würden. Arbeitsrechtler, Praktiker und Wissenschaftler hätten damit zumindest Mitschuld an den Millionen Arbeitslosen. Mit diesen Positionen hat Rüthers sich wenig Freunde gemacht und heftigen Widerspruch herausgefordert.

Seit der „Unbegrenzten Auslegung" ist es auch Rüthers' Anliegen geblieben, die politischen Interessen hinter den scheinbar so logischen juristischen Argumenten aufzudecken. Viele seiner Publikationen beziehen sich auf Veröffentlichungen von Kollegen oder die Spruchpraxis der Gerichte. Immer wieder zeigt er den sorglosen Umgang mit methodisch fragwürdigen Instrumenten auf. Er weist auf Zusammenhänge von dogmatischen Fragestellungen mit totalitären Denkmustern und Ideologien hin, die unbefangenen Lesern häufig so nicht aufgefallen wären. Und gelegentlich hat man den Eindruck, es wurde ein wenig krampfhaft nach derartigen Zusammenhängen gesucht. Eine Kreuzzugsmentalität machen seine fachlichen Kontrahenten bei ihm aus. Rüthers schließt von dogmatischen Positionen nicht selten auf die geistige Nähe ihrer Vertreter zum Totalitarismus und seinen Denkfiguren. Gegen die sich mitunter zeigenden Ansätze von Böswilligkeit setzen sich die so Angegriffenen nicht minder polemisch zur Wehr. Hinter allem und jedem – so etwa Joseph Kaiser 1974 – vermute Rüthers ein Methodenproblem oder er verfälsche Sachprobleme zu Methodenproblemen, denen er aber nicht gewachsen sei.

Seine Gegner werfen ihm vor, mit seiner Einstellung genau die gleichen juristischen Kampagnen zu betreiben, die er bei anderen kritisiere und angreife: mit Rechtswissenschaft Politik zu machen. Diesem Vorwurf weicht Rüthers nicht aus. Rechtswissenschaft habe die Aufgabe, mindestens Politikberatung zu sein – im Unterschied zur Rechtsprechung, die sich an die bestehende Norm zu halten habe. Im übrigen stelle er selbst immer nur Tatsachen dar: engagiert, aber sachlich. Eine Provokation sei nicht beabsichtigt.

Hier steht jemand zu seinem Lebenswerk, zu seiner Weltanschauung und verteidigt sie mit Verve. Selbstverständlich – so Rüthers – bestehe die Gefahr auch für ihn, der wissenschaftlichen Auseinandersetzung Denkmuster zugrunde zu legen. Daher rege er Kritik an ihm selbst auch an. Aber ehrliche Wissenschaft erfordere nun einmal Offenheit und dürfe sich nicht hinter einem Gesetzestext verstecken. Ein wenig Tugend in der Not, ein wenig Selbstbewußtsein aus Lebenserfahrung und ein wenig Koketterie: Der Mann steht nicht ungern im Mittelpunkt.

Rüthers macht es seinen Gegnern nicht leicht. Mit scharfen Worten geht er gegen andere Rechtsauffassungen an. Vor Polemik schreckt er nicht zurück. Süffisanz und Sarkasmus sind bevorzugte Stilmittel. Vor allem jüngere Veröffentlichungen zeigen Tendenzen zur sprachlichen Brutalität. Zurückhaltung und Ausgewogenheit waren noch nie seine Stärke. Viel Feind viel Ehr', und er ist nicht unschuldig an dieser Entwicklung. Schwarz und weiß sind bei Veröffentlichungen von Rüthers oft nicht nur die Farben von Buchstaben und Papier. Seine Kompetenz in rechtshistorischen, rechtsmethodischen und rechtsdogmatischen Fragen spricht ihm niemand ab, höchstens daß er sich selbst nicht an seine eigenen Grundsätze hält. Streitbar, streitlustig, sehr umstritten und eitel genug – auf jeden Fall nicht langweilig.

Bernd Rüthers steht für die „Unbegrenzte Auslegung", längst ein Schlagwort, das Einzug in Stichwortverzeichnisse gefunden hat. Heute lebt er gemeinsam mit seiner Schweizer Frau Theres, mit der er seit 1962 verheiratet ist und eine Tochter hat, in Bottighofen, einen Katzensprung von Konstanz entfernt, in der Schweiz.

B. Die Entdeckung

I. Ein Grundsatzproblem

Warum studieren wir das Recht? Welchen Zweck hat Recht überhaupt? Recht – so wird es heute gelehrt – hat die Aufgabe, die äußeren Beziehungen von Menschen zueinander zu ordnen. Als Recht bezeichnen wir diese Ordnung, wenn sie von einer allumfassenden Macht, nämlich dem Staat, gesetzt wird, der dann selbst für ihre Einhaltung sorgt. Außerdem ist diese Ordnung für jeden Menschen gleichermaßen verbindlich. Im Laufe der Zeit haben wir uns daran gewöhnt, an die Qualität dieser gesellschaftlichen Ordnung besondere Anforderungen zu stellen. So erwarten wir heute ganz selbstverständlich, daß sie die Vorstellungen der Mehrheit der Bevölkerung repräsentiert. Dafür sind wir eine Demokratie: Das Volk entscheidet, wie es sich die allgemein verbindliche Ordnung vorstellt.

Lange umstritten war die Frage, ob die Rechtsordnung nur passiv gesellschaftliche Realitäten abbildet oder ob durch Rechtsgestaltung auch aktiv gesellschaftliche Entwicklungen gesteuert werden. Beide Blickwinkel sind möglich: Zum einen wird Recht von der Gesellschaft geprägt. Recht ist damit ein Abbild der Gesellschaft. Wenn sich die Gesellschaft ändert, so ändert sich auch das Recht. Und wenn sich die Meinung einer Mehrheit in einer Gesellschaft wandelt, dann wird sie dies in ihrer Ordnung zum Ausdruck bringen. Das Familienrecht liefert dafür viele Beispiele. Von einer patriarchalisch geprägten Gesellschaft im 19. Jahrhundert entwickelte sich Deutschland zu immer mehr Individualismus und Gleichberechtigung. Die Gesetzgebung im vierten Buch des BGB folgte dieser Entwicklung. Das Güterstandsrecht, das Unterhaltsrecht oder das Recht der nichtehelichen Kinder wurden den fortschreitenden Ansichten zu diesen Themen angepaßt.

Andererseits wird Recht nicht fortwährend von der gesamten Gesellschaft gemacht. Nicht jeder ist gleichermaßen an der Artikulation der Ordnung beteiligt – sei es in Form von Normen oder in Form von gesprochenem Recht. Gerade in den modernen Menschengemeinschaften, den Staaten, bedarf es eines hohen organisatorischen Aufwandes, die gesellschaftliche Meinung zu formulieren und allgemeinverbindliche abstrakte Normen aufzustellen. Wer aber – so ein Ansatzpunkt der aktiven Rechtsauffassung – an der Formulierung dieser Ordnung beteiligt ist, der kann dem Rest der Gesellschaft Impulse für die weitere Entwicklung in eine bestimmte Richtung geben. Um die gesellschaftliche Ordnung zu ändern, wird ganz gezielt auf das Recht Einfluß genommen. Die Gesellschaft macht nicht nur das Recht, sie wird auch durch das Recht gemacht. Recht ist ein Instrument zur Formierung, zur Gestaltung der Gesellschaft. Diese Formierung baut auf den Ordnungsvorstellungen und auch Gesellschaftsvorstellungen desjenigen auf, der das Recht macht, der es setzt. Rechtssetzung hat rechtspolitische Zwecke.

Lange Zeit gab es keine Übereinstimmung zwischen diesen beiden Ansätzen. Der Streit wird seit über 100 Jahren geführt und noch heute gibt es Juristen, die dem einen oder dem anderen Blickwinkel auf die Verzahnung von Recht und Gesellschaft den Vorzug geben. Dies gilt für alle Teile der Rechtsordnung, aber insbesondere für das Privatrecht, mit dem sich auch Bernd Rüthers beschäftigt.

Im 19. Jahrhundert wurde die Rechtswissenschaft in Deutschland von einer Auffassung geprägt, die das Recht ausschließlich als Ausfluß eines Volkes und seines Willens sah und ihm keine aktive Gestaltungsfunktion zugestand. Diese Strömung war die sog. „Historische Schule" und ihr Bannerträger war Friedrich Carl von Savigny. Die Vertreter der Historischen Schule waren der Meinung, Recht sei im Volk bereits vorhanden und die Aufgabe des Gesetzgebers sei damit rein deklaratorisch. Das Recht wachse aus dem Volk und äußere sich in der Überzeugung aller. Überspitzt ausgedrückt ist Rechtssetzung überhaupt nur möglich, wenn das zu setzende Recht schon vorher vorhanden ist. Nach Savignys Ansicht hat Recht keinen Sinn, keinen Zweck (etwa den, die Gesellschaft in bestimmter Absicht zu formen). Es ist unabhängig von der Entwicklung der Gesellschaft. Der Richter entscheidet den Fall nach der Dogmatik, die sich aus dem vorhandenen Recht ableitet und sich frei von den politischen Vorstellungen des Gesetzgebers ergeben hat. Für jedes Problem gibt es nur eine denkbare Lösung, die gefunden werden muß. Das ist Aufgabe des Juristen.

Um die Jahrhundertwende entstand die Gegenströmung zu dieser Auffassung, die eine soziale Gestaltungsfunktion des Rechts betonte. Sie nannte sich selbstbewußt „Interessensjurisprudenz" und wurde von Juristen wie Philipp Heck und in späteren Jahren auch Rudolf von Jhering vertreten. Für die Repräsentanten dieser Richtung hatte auch der Richter eine andere Funktion. War er nach der Historischen Schule eine Art Sprachrohr des geltenden Rechts, so wurde er von den Vertretern der Interessensjurisprudenz als ein politischer Faktor gesehen. Ebenso wie der formelle Gesetzgeber kann auch der Richter das Recht im Sinne einer gesellschaftlichen Steuerung fortbilden; er ist dabei eingebunden in die politischen Ordnungsvorstellungen.

II. Recht, Gesellschaft und Methodik

Die Anhänger der Historischen Schule einerseits und der Interessensjurisprudenz andererseits vertraten nicht nur unterschiedliche Meinungen zu rechtspolitischen Themen, sie hatten auch Einfluß auf die theoretische Struktur, die wissenschaftliche Bearbeitung von Recht und damit nicht zuletzt auf die Rechtspraxis der Gerichte.

Die Historische Schule betrachtete Recht abstrakt. Recht war allein dogmatisches Phänomen, nicht politisch, nicht abhängig von konkreten sozialen Situationen. Daher erschien es sinnvoll, Recht abstrakt zu strukturieren. Es ließ sich in verschiedene Gruppen einteilen, in Untergruppen, in einzelne Normen; die Normen ließen sich untereinander verbinden. Auf diese Weise entstand das uns vertraute, logisch geschlossene System des deutschen Privatrechts, wie wir es noch heute kennen. Das Volk hat sich dafür entschieden, daß es Regeln für Verträge geben soll, für unerlaubte Handlungen und für Vermögensverschiebungen. Dieses Recht muß dann nur noch auf die soziale Wirklichkeit, auf den Alltag der Menschen, auf ihre Probleme und Konflikte angewendet werden. In der Konsequenz ist es dabei unerheblich, welche individuellen Bedingungen mit jedem Fall einhergehen. Es spielt keine Rolle, ob es sich bei zwei Parteien in einem Rechtsstreit um starke oder schwache Menschen handelt, ob es Menschen betrifft, die in persönlicher Not tätig werden oder die Konsequenzen ihres Handelns weniger überblicken können. Solange das vorhandene Recht nicht ausdrücklich verschiedene Regeln vorsieht, gilt es für alle Beteiligten unterschiedslos.

Die Interessensjurisprudenz lehnte eine solche Gliederung des Rechts nicht ab, betrachtete sie aber auch nicht losgelöst von den tatsächlichen Gegebenheiten. Für ihre Vertreter war entscheidend, daß jede Norm bei ihrem Erlaß auf bestimmte soziale Voraussetzungen Bezug nahm und auf einen Zweck abzielte. Probleme ergaben sich daraus, daß eine einmal kodifizierte Norm statisch bleibt, bis der Gesetzgeber sie ändert. Wenn sich zwischenzeitlich die soziale Wirklichkeit ändert, die der Norm zugrunde liegt, dann geht der Zweck verloren. Das Gesetz soll einen bestimmten Sachverhalt regeln, aber diesen Sachverhalt gibt es nicht mehr. Oder – viel häufiger – es gibt ihn nicht mehr so, wie ihn sich der Gesetzgeber vorstellte. Die Menschen handeln mittlerweile aus anderen Motiven, die Konsequenzen sind für sie andere oder die Rechtsfolge der Norm paßt einfach nicht mehr in das gesellschaftliche und politische Klima. Das Gesetz hat damit seinen ursprünglichen gesellschaftsgestaltenden Sinn verloren.

Geht man von der Prämisse aus, Recht habe eine ordnende Funktion, steht man bei allen Kodifikationen vor einem Dilemma. Die Gesellschaft wandelt sich permanent. Kodifiziertes Recht muß daher stets den Gegebenheiten angepaßt werden, um die sozialen Beziehungen wieder sinnvoll zu ordnen. Deutschland hat vom Ende des 19. Jahrhunderts bis heute politische Systeme vom Kaiserreich über die Weimarer Republik, den Nationalsozialismus und die DDR bis zur Bundesrepublik miterlebt. Trotzdem ist die Grundordnung unseres Privatrechts immer noch das BGB. Hier und da wurde ein Paragraph überarbeitet oder gestrichen, aber im Prinzip hat sich wenig geändert. Welchen Einfluß auf die Dogmatik hat die Tatsache, daß wir dasselbe kodifizierte Recht auf Sachverhalte aus der Zeit der industriellen Revolution ebenso wie auf solche des Atomzeitalters anwenden? Wie konnte eine solche Rechtsordnung, die für die agrarisch-industrielle Gesellschaft des 19. Jahrhunderts konzipiert war, diese Umbrüche überstehen? Wie konnte das vom BGB geprägte Privatrecht im Führerstaat, in der sozialen Marktwirtschaft und bis zum 31.12.1975 sogar in der sozialistischen Planwirtschaft bestehen?

Auslegung wird hier zum entscheidenden Mechanismus. Auch statische Normen können flexibel ausgelegt werden und sich damit wechselnden Bedingungen anpassen. Unterschiedliche Umstände führen zu unterschiedlicher Auslegung und damit zu unterschiedlicher Rechtsprechung. Unterschiedliche Interpretation der Gesetze bewirkt damit einen Inhaltswandel des geltenden Rechts. Die meisten Rechtsnormen lassen Spielraum in der Interpretation zu. Man betrachte beispielsweise § 97 I BGB, die Bestimmung über Zubehör. Im ersten Satz der Norm werden scheinbar objektive Kriterien für Zubehör aufgeführt: eine bewegliche Sache, kein Bestandteil der Hauptsache, aber wirtschaftliche Unterstützungsfunktion und ein gewisses räumliches Verhältnis. Schon bei diesen Kriterien ist ein interpretatorischer Spielraum vorhanden. Im Zeitalter der Dampflokomotive hat man an die räumliche Beziehung zwischen Zubehörstück und Hauptsache andere Bedingungen gestellt als heute. Und selbst wenn zunächst alles für die Zubehörsqualität spricht, kann aufgrund von Satz 2 der Norm, der Verkehrsanschauung, auch gegenteilig entschieden werden. So obliegt es letztlich dem Richter, das Ergebnis zu erzielen, das ihm angemessen erscheint. Durch diese Funktion ergibt sich zu jeder Zeit die Möglichkeit kleiner legislativer Eingriffe. Jede Auslegung ist eine kleine Rechtsschöpfung. Erfolgt sie im großen Stil, so birgt dies die Gefahr einer Umwertung der gesamten Rechtsordnung.

Unter welchen Umständen kann die richterliche Auslegung einer Norm solche rechtsschöpferische Kraft entfalten? In Deutschland mußten rechtlich nicht nur wirtschaftliche und soziologische Veränderungen verarbeitet werden, wie die Inflation in den 20er Jahren, der Zusammenbruch 1945 und die Währungsreform. Die jeweiligen Machthaber verlangten darüber hinaus Rechtsprechung im Sinne des autoritären Nationalstaates des 19. Jahrhunderts, der liberalen Republik, des Nationalsozialismus, des Sozialismus und schließlich der sozialen Marktwirtschaft. Wie war es möglich, daß es der Justiz und Rechtswissenschaft gelang, politische Vorstellungen bis hin zu eigenständigen Wertsystemen in das Privatrecht zu integrieren? Und dies ohne einen einzigen Federstrich des Gesetzgebers. Welche Rechtsmethoden und Rechtsquellenlehren sind geeignet, nach einem politischen Systemwechsel praktisch ohne Zutun des Gesetzgebers neue Wert- und Orientierungsprinzipien in das überkommene, alte Normsystem einzubinden?

Exemplarisch stellt sich diese Frage aus der Praxis der Gerichte einerseits und dem theoretischen Unterbau der Wissenschaft andererseits angesichts der Bemühungen, das Wertesystem und die Gesellschaftsvorstellung des Nationalsozialismus im deutschen Recht zu verankern. Die Methodik dieser Prozesse, die Argumentationsstrukturen, die interpretativen Anpassungstechniken und immer gleichen Vorgehensweisen, die nötig sind, um eine Ideologie über Rechtsfortbildung in kodifiziertes Recht zu implantieren, waren der Inhalt von Bernd Rüthers' Schrift zur „unbegrenzten Auslegung".

Wie hat sich die Auslegung von Verträgen und von Rechtsnormen unter dem Eindruck der veränderten politischen Situation gewandelt und welche Schlußfolgerungen lassen sich daraus für Justiz und Politik ziehen? Mit der „Unbegrenzten Auslegung" wurde in den 60er Jahren erstmals aufgedeckt, wie die vermeintlich politisch neutrale Justiz und Rechtswissenschaft ihren Teil dazu beigetragen haben, den Willen der Nationalsozialisten in die Rechtsordnung einzubinden. Dieser Teil der Entdeckung fungierte als Aufdeckung, als Darstellung und Analyse historischer Fakten. Er soll daher im folgenden als „historische Entdeckung" bezeichnet werden.

Einen Schritt weiter ging die Schlußfolgerung, die Rüthers aus dieser Erkenntnis zog. Die nationalsozialistische „unbegrenzte Auslegung" war kein in jeder Hinsicht einmaliger Vorgang. Jedes politische System, jede Weltanschauung findet sich in der Rechtsordnung wieder. Für die rechtspolitischen Überlegungen des Gesetzgebers ist das nur selbstverständlich. Aber eine Weltanschauung bildet sich eben auch in der Rechtsanwendung und in ihrer Wissenschaft ab. Das ganze Ausmaß dieses Vorgangs wird beispielsweise im Moment des Wechsels einer vorherrschenden Weltanschauung wie in einem Brennglas sichtbar. Jeder grundlegende politische Systemwechsel löst für die Anwendung alter, vorheriger Kodifikationen vergleichbare Fragen und Aktivitäten aus.

Deshalb war es für Bernd Rüthers auch Inhalt der Arbeit, die Lehren aufzuzeigen, die sich allgemein für das Verhältnis von Weltanschauung, von Ideologie und Recht ziehen lassen. Diese enge Verzahnung, die Quintessenz der Arbeit, sollte die überhistorische Entdeckung sein: Wer Recht spricht (Justiz) und Recht analysiert (Wissenschaft), der schafft Recht. Und das immer unter der Prägung seiner Weltanschauung. Rechtsanwendung und Rechtsanalyse ist Rechtssetzung, ob durch faschistische Ideologie oder demokratische Wertordnung motiviert, denn die Auslegung von Normen ist unbegrenzt und unbegrenzbar.

III. Rechtsprechung infolge des Ersten Weltkriegs

Rüthers begann seine Arbeit empirisch. Wie machen sich radikal veränderte gesellschaftliche Beziehungen in der zivilen Rechtsprechung bemerkbar? Das erste einschneidende Ereignis, das unter der Geltung des BGB einen solchen Wandel hervorrufen konnte, war der Erste Weltkrieg. Unvermittelt wurden die Gerichte mit einer Fülle von Verfahren wegen Vertragsstörungen belastet. Mit einem Mal gab es Lieferverbote, Beschlagnahmen, Embargos, Preisveränderungen und Währungsverfall, neuartige und ungewohnte Interessenskonflikte. Weder das Gesetz noch die bisherige Rechtsprechung boten hierzu sichere Lösungen an.

In dieser Situation griffen die Gerichte erstmals in breiter Front auf die Bestimmung des § 242 BGB zurück, den „Notanker", die Verpflichtung zum Handeln nach Treu und Glauben. Sollte nach der bisherigen Rechtslage der Schuldner zahlen und erschien dies Ergebnis nach den derzeitigen Umständen „ungerecht", dann lag das Handeln des Gläubigers eben jenseits von Treu und Glauben. Über diesen Anknüpfungspunkt wurden beispielsweise neue Wege in der Bewertung der Unmöglichkeit der Leistung unter politischen Gesichtspunkten beschritten. Der Begriff „wirtschaftliche Unmöglichkeit" wurde geprägt. Damit konnte die Rechtsprechung an ein bekanntes und eingespieltes Institut anknüpfen, nämlich die Vorschriften der §§ 320 ff. BGB, immer in Verbindung mit § 242 BGB. So ließ sich der veränderten Situation Rechnung tragen.

Schon hierbei handeln die Gerichte – nach Rüthers – eigentlich weit jenseits der vom Gesetzgeber zugrundegelegten Absicht. In den Unmöglichkeitsnormen der §§ 275 und 323 I BGB sollte nur die naturgesetzlich oder rechtlich objektiv unmögliche Leistung behandelt werden. Infolge der Begriffsdehnung werden die Rechtsfolgen der Unmöglichkeit angenommen, obwohl die Voraussetzungen dafür eigentlich nicht vorliegen. Der BGH hat später festgestellt: Die Frage der wirtschaftlichen Unmöglichkeit stellt in Wirklichkeit ein Problem der Zumutbarkeit der Vertragserfüllung dar, das nur aus § 242 BGB gelöst werden kann.

Das prominenteste Beispiel für die Anpassung des Rechts an die Situation der 20er Jahre ist die Lehre vom Wegfall der Geschäftsgrundlage. Diese 1921 von Oertmann entwickelte Theorie besagt, daß zwei Vertragsparteien bei jeder Übereinkunft stillschweigend bestimmte Gegebenheiten zugrunde legen, ohne die sie den Vertrag nicht geschlossen hätten. Liegen diese Gegebenheiten nicht mehr vor, dann fehlt dem Vertrag die Geschäftsgrundlage, und die Vertragspflichten erlöschen. Die griffige „Oertmann-Formel" trat infolge des Ersten Weltkrieges und im Zusammenhang mit der Inflation der frühen 20er Jahre einen wahren Siegeszug im Reichsgericht an.

Für Rüthers erklärt sich ihr Erfolg vor allem dadurch, daß sie den Richtern die Möglichkeit gab, eine Fülle von unterschiedlichen Einzelfällen nach ähnlichen Kriterien zu entscheiden. Durch Rechtsbegriffe wie „Zumutbarkeit", „verständige Würdigung aller Umstände" oder „billiger Ausgleich" ließen sich praktikable Lösungen für alle Probleme finden. Und hierin liegt das Phänomen: Mit dieser Konstruktion verließ die Rechtsprechung den legitimen Boden des Gesetzgebers; der Wegfall der Geschäftsgrundlage war bisher nicht vorgesehen. Trotzdem wird man dem Reichsgericht – ebenso wie später dem BGH – nicht vorwerfen können, gegen die Interessen der Beteiligten entschieden zu haben. Im besten Sinne „gerecht" sind die Lösungen allemal. Nur wurde diese Billigkeit der Lösungen im Einzelfall mit einem Verlust der Rechtssicherheit, also der Vorhersehbarkeit der rechtlichen Konsequenzen des eigenen Tuns – nach Rüthers Meinung – teuer erkauft.

Schon damals waren sich alle Beteiligten über die Rechtfertigung für dieses Vorgehen einig: Die sozialen Bedingungen erforderten eine solche Rechtsentwicklung. Andere Ergebnisse wären ungerecht gewesen. Der Gesetzgeber war nicht rechtzeitig zur Stelle, also mußte die Lücke im Gesetz selbständig durch die Richter geschlossen werden. Die Legitimation dafür lag in den Umständen. Das Reichsgericht beteuerte, der Gesetzgeber des BGB habe seinerzeit „keine

Ahnung gehabt von der Entwicklung der jetzigen Verhältnisse." Keine methodische Kritik hat je etwas an der Lebendigkeit dieser Theorie ändern können. Wir akzeptieren ihre Nichtlegitimation durch den Gesetzgeber, da hier die Ergebnisse des Einzelfalls mehr Rechtsfrieden erzielen, als es die Befolgung des kodifizierten Rechts könnte.

Richterliche Rechtsfortbildung führte nicht nur zu gerechten Ergebnissen im Einzelfall. Sie brachte letztlich auch die Rechtsperversion im Nationalsozialismus hervor. Denn mit der Schaffung der Rechtsfigur des Wegfalls der Geschäftsgrundlage wandelt sich das Verhältnis des Richters zum Gesetz. Bei der Anwendung solcher Generalklauseln ist nicht mehr das Gesetz die Quelle des konkreten Rechts, sondern der Richter selbst. Der Gesetzgeber hat den Wegfall der Geschäftsgrundlage ja gerade nicht als Bestandteil der Norm gesehen. Hierdurch wird der rechtsprechende Akt endgültig ein rechtsschöpferischer.

Ein Ergebnis beruhigt, wenn es alle Parteien zufriedenstellt. Aber von welcher Beständigkeit ist die Entscheidungsgrundlage? Judikatur findet immer im fließenden geistesgeschichtlichen Zusammenhang der Zeit statt. Dabei prägen nicht nur die wirtschaftlich-sozialen Rahmenbedingungen den gesellschaftlichen Kontext der Ziviljudikatur, wie eben kriegsbedingte Handelshemmnisse und Inflation den Anlaß zur Begründung und Ausprägung der Lehre vom Wegfall der Geschäftsgrundlage bildeten. Auch die politisch-weltanschaulichen Voraussetzungen bleiben nicht ohne Auswirkung. Die Wertvorstellungen, auf denen der Richter seine Subsumtion unter die Norm des § 242 BGB aufbaut, waren aber gerade in diesem Jahrhundert dem Einfluß vielfältiger und widersprüchlicher Wertsysteme ausgesetzt.

IV. Rechtstheorie im Nationalsozialismus

Im überragenden Hauptteil seiner Entdeckerarbeit (allein 340 Seiten) belegt Bernd Rüthers, wie der Einfluß der nationalsozialistischen Weltanschauung auf die Gesamtheit der Zivilrichter zu einer tiefgreifenden und vollständigen Veränderung der deutschen Privatrechtsordnung führte: Durch die Richter – jeweils im konkreten Einzelfall – aber flächendeckend und immer umfassender – und ohne einen einzigen Federstrich des nationalsozialistischen Gesetzgebers.

Die Nationalsozialisten sahen in den zwölf Jahren ihrer Herrschaft keinen tatsächlichen Bedarf für eine umfassende Neuordnung des deutschen Privatrechts, um es mit den Zielen und Werten ihrer Politik in Einklang zu bringen. Ausnahmen gab es, wie das Ehegesetz, das Testamentsgesetz oder das Erbhofgesetz. Doch wurden auch diese Gesetze erst einige Jahre nach der nationalsozialistischen Machübernahme erlassen. Bis dahin arbeitete die Rechtsprechung mit den bestehenden Normen.

Einige Rechtswissenschaftler wollten ein „Volksgesetzbuch" schaffen, das das BGB ersetzen sollte; diese Idee stieß jedoch auf kein Interesse bei der Regierung. Daraus zieht Rüthers den Schluß, daß auch den nationalsozialistischen Machthabern das im 19. Jahrhundert konzipierte BGB für die Durchsetzung einer faschistischen Gesellschaftsordnung geeignet erschien. Sie besserten Gesetze nur nach, wenn die Rechtsprechung zu wenig nach faschistischen Vorgaben ausgerichtet war. Sie vertrauten auf die Interpretationskunst der Richter, und dieses Vertrauen wurde nicht enttäuscht.

1. Die völkische Rechtserneuerung

Für die Nationalsozialisten hatte das Recht keinen eigenständigen Nutzen für eine Gesellschaft. Es diente der nationalsozialistischen Weltanschauung ausschließlich als „Kampfinstrument" zur umfassenden Durchdringung von Volk und Staat. Recht war das Mittel, den eigenen Herrschaftsanspruch zu sichern und durchzusetzen.

Die Zeit während und nach dem Ersten Weltkrieg war für die Gerichte durch die außergewöhnlichen politischen und ökonomischen Umstände geprägt, aus denen auch neue juristische Probleme resultierten. Nach der Machtergreifung im Jahre 1933 sahen sich die Gerichte dann nicht mit neuen Sachverhalten konfrontiert, für die es mangels Vorhersehbarkeit keine gesetzlichen Regelungen gab. Statt dessen änderte sich „nur" die ideologische Grundhaltung der Staatsführung. Aber diese Weltanschauung mußte mit Hilfe der Rechtsordnung durchgesetzt werden.

Die nationalsozialistische totalitäre Herrschaft konnte nur Bestand haben, wenn ihre Wertvorstellungen durch die Rechtsprechung als tatsächliche Gesellschaftsordnung angewandt und praktiziert wurden. Dazu galt es, jeden einzelnen Richter davon zu überzeugen, daß die NS-Ideologie für alle seine Entscheidungen tatsächlich die Ausgangslage bildete. Dies verlangte eine Änderung der richterlichen und rechtswissenschaftlichen Maßstäbe; es umfaßte auch die Methoden der Urteilsfindung, soweit sie auf Wertmaßstäbe bezogen waren. Die Nationalsozialisten bezeichneten diese Veränderung als völkische Rechtserneuerung. In ihrem Sinne sollte die gesamte Rechtsordnung umgestaltet werden.

2. Rechtsidee und neue Rechtsquellen

Von zentraler Bedeutung für das Gelingen eines solchen Unterfangens war die Definition einer Zielrichtung, eines Leitstrahls, an dem sich die völkische Rechtserneuerung orientieren konnte. Jeder Rechtsanwender sollte daran seine Bemühungen nach einer systemkonformen Rechtsprechung messen. Diesen Maßstab mußte die nationalsozialistische Weltanschauung bieten, hier unter dem besonderen Blickwinkel des Juristen – vergleichbar den ideologischen Vorgaben für eine nationalsozialistische Philosophie oder Biologie. Nach Carl Schmitt sollte das gesamte Deutsche Recht ausschließlich vom Geist des Nationalsozialismus beherrscht sein. Diese juristische Version der NS-Ideologie war die neue völkische Rechtsidee. Alle Wertmaßstäbe der Nationalsozialisten wurden in diesem Schlagwort zusammengefaßt. Inhaltlich war die neue Rechtsidee geprägt vom Rassegedanken, von einer starken Betonung des „Völkisch-Rassischen" als Ursprung jeder Weltordnung und dem Bezug der Gesellschaftsordnung auf einen allmächtigen Führer. Recht sollte grundsätzlich auf das Volk, die Volksgemeinschaft bezogen sein, auf das Individuum nur als Teil eines Ganzen.

Die ideologische Ausrichtung der Rechtsordnung durch eine neue Rechtsidee war nur eine Säule der nationalsozialistischen Rechtserneuerung. Für die praktische Anwendung war sie noch nicht ausreichend. Dem Richter mußten Mittel an die Hand gegeben werden, mit denen er seine Entscheidungen im Sinne der Ideologie fällen konnte. Die Entscheidungen sollten nicht nur politisch konform sein. Das allein wäre auf eine Form von Willkür hinausgelaufen, die nicht auf die Autorität des Formalen hätte bauen können. Entscheidungen sollten vielmehr auch weiterhin nach dem klassischen juristischen Muster, nach dogmatischen Grundsätzen ergehen können. Um die klassisch juristisch geschulte Justiz auf die Seite des Nationalsozialismus zu ziehen, mußte diese in der Lage sein, weiter so arbeiten zu können wie bisher. Sonst hätte es innerhalb der Juristenschaft an Legitimation gefehlt. Der Verzicht auf jede Form von Rechtskultur hätte letztlich Gerichte überflüssig gemacht. Aber ohne den gut funktionierenden Apparat der Justiz wäre die Masse an Rechtsstreitigkeiten im Alltag nicht zu bewältigen gewesen. Dem Richter mußte daher die Gelegenheit gegeben werden, in seiner vertrauten Umgebung zu bleiben und trotzdem nationalsozialistisch handeln zu können.

Dieses Bestreben zeigt sich vor allem bei der Einrichtung neuer Rechtsquellen. Rechtsquellen sind die Ausgangspunkte der Rechtsanwendung. Bisher entschied der Richter jeden Fall nach den beiden klassischen Rechtsquellen: Gesetz und Gewohnheitsrecht. Diese beiden Rechtsquellen waren aber zur Durchsetzung der neuen Rechtsidee ungeeignet: NS-Gesetze gab es kaum und Gewohnheitsrecht ist gerade nicht von einer neuen Idee geprägt, sondern der Inbegriff dessen, was traditionell gilt. Wenn man dem Richter aber nun neue Rechtsquellen an die Seite stellen würde, dann könnte er bei der Rechtsfindung einfach nach bewährtem Muster auf eine solche Quelle verweisen.

Absolute Instanz für die Ausfüllung dieses neuen Rechtsbegriffes war der Wille von Partei und Führer. Das Parteiprogramm der NSDAP bestimmte den Weg der völkischen Rechtserneuerung, definierte die neue Rechtsidee und diente als Rechtsquelle: gleichbedeutend mit einem Gesetz, das in einem formellen – bis dahin demokratischen – Verfahren zustande gekommen war. Aus diesem Grund fanden das NSDAP-Programm und ähnliche Schriften Einzug in die gebräuchliche „Schönfelder" Gesetzessammlung; die Ordnungsnummern bis zum BGB (Nr. 20) waren damit belegt und sind bis heute noch nicht wieder anders besetzt.

Diese Rechtsquelle war aber immerhin noch ein schriftlich fixierter und daher allgemein zugänglicher Text. Zu einer neuen Rechtsquelle wurde ebenfalls der „Führerbefehl", der wie auch immer geäußerte Wille des Führers Adolf Hitler. „Alles was dem Volk nützt, ist Recht; alles was ihm schadet, ist Unrecht", proklamierte schon 1926 der spätere „Reichsrechtsführer" und Justizminister Heinrich Frank. Diese Definition von Recht ist ebenso obskur wie unpräzise. Auch hatten die neuen Rechtsquellen darüber hinaus den Nachteil, daß sie zu nicht vorhersehbaren Ergebnissen führten. Die Rechtssicherheit blieb auf der Strecke. Das sei gleichgültig, erklärte damals etwa Ernst Wolf den Kritikern der völkischen Rechtserneuerung, denn Recht sei eben etwas Unvorhersehbares: „Recht ist etwas im Blute Lebendes!"

Die Definition der Inhalte nationalsozialistischen Rechtsdenkens wurden damit zum Programm der Rechtspraxis erklärt. Sinn dieser Theorie war einzig, dem Richter ein Legitimationsgerüst an die Hand zu geben, mit dem er im Urteil das geschriebene Gesetz im Interesse eines NS-ideologisch geprägten Rechts auslegen konnte. So erklärt sich auch die Anweisung von Justizminister Heinrich Frank an die Teilnehmer der Schlußveranstaltung des Deutschen Juristentages 1936: Der Richter solle sich nicht an das überkommene Gesetz halten, sondern sich fragen, wie der Führer an seiner Stelle entscheiden würde, und ob die getroffene Entscheidung mit dem nationalsozialistischen Gewissen des deutschen Volkes vereinbar sei. Beabsichtigt war die geistige Verbindung zwischen Richter und Führer und das, obwohl der Diktator selbst Juristen verachtete.

V. Die Korrektur des Privatrechts im nationalsozialistischen Sinne

Zu einer funktionierenden nationalsozialistischen Rechtserneuerung mußten die neuen rechtstheoretischen Grundlagen im Alltag angewendet werden können. Die neuen Rechtsquellen mußten vom Richter „angezapft" werden. Der Richter war es gewohnt, einen Fall nach den Buchstaben des Gesetzes zu entscheiden. Wie sollte eine andere Rechtsquelle in diesen Prozeß integriert werden? Bernd Rüthers hat herausgefunden, wie die Nationalsozialisten dabei vorgingen. Die Analyse dieses technischen Ablaufs bildet die historische Entdeckung. Im wesentlichen wurden drei Methoden angewandt: die richterliche Gesetzesablehnung, die unbegrenzte Auslegung von Generalklauseln und – als Unterfall der Auslegung unbestimmter Rechtsbegriffe – die „institutionelle Auslegung".

1. Richterliche Gesetzesablehnung

Die radikalste Technik zur Umwertung der Zivilrechtsordnung durch den Richter war die Gesetzesablehnung. Ein Gesetz, das eine zwingende Rechtsfolge vorgab, die jedoch nicht im Interesse der nationalsozialistischen Weltanschauung stand, wurde schlicht nicht angewandt. Doch konnte jeder Richter wirklich für sich in Anspruch nehmen, diese Diskrepanz zwischen Führerwillen und Gesetzesentscheidung selbst zu erkennen? Die überwiegende Meinung in der Wissenschaft und führende Vertreter des Reichsjustizministerium waren nicht begeistert von der Idee, dem Richter so weitgehende gesetzgeberische Freiheiten zu lassen. Dieses Privileg wollte man in Berlin doch lieber selbst behalten. Andererseits war die schnelle Reaktion der Gerichte notwendig. Der nationalsozialistische Gesetzgeber war nicht gerade fleißig. Und es fehlte wohl auch am Überblick, welche Bestimmungen der verhaßten bürgerlichen Gesellschaft geändert werden müßten, um dem Rechtsideal der Bewegung auf breiter Basis Geltung zu verschaffen. Es mußte eine Faustformel gefunden werden, die eine solide Spruchpraxis der Gerichte ermöglichte. Diese sollte dann später durch gesetzgeberische Maßnahmen erweitert werden.

Gefunden war diese „Kampfklausel" gegen das alte Recht im Jahre 1936, als ein Expertengremium aus fünf Professoren die „Leitsätze über Stellung und Aufgaben des Richters" verkündete. Dort hieß es: „Gesetzliche Bestimmungen, die vor der nationalsozialistischen Revolution erlassen sind, dürfen nicht angewandt werden, wenn ihre Anwendung dem heutigen gesunden Volksempfinden ins Gesicht schlagen würde." Das war eine griffige Formel, die keinen inhaltlich bestimmten Maßstab vorgab, von dem sich konkrete Ergebnisse ableiten ließen. Statt dessen baute die Kampfklausel auf das anerkannte Prinzip des „ordre public". Der unbestimmte Rechtsbegriff „gesundes Volksempfinden" diente als beliebig austauschbarer Maßstab, der flexible Entscheidungen im Sinne aktueller rechtspolitischer Forderungen der Partei erlaubte. Unter diesen Begriff konnte die Rechtspraxis subsumieren, wie sie es gewohnt war. Und die Ergebnisse ließen sich auf ihre Vereinbarkeit mit dem unbestimmten Rechtsbegriff obergerichtlich überprüfen. So wurde ein unstrukturiertes Phänomen, nämlich die willkürliche richterliche Gesetzesablehnung, durch die Einkleidung in eine bekannte und sicher praktizierte Methode handhabbar gemacht.

In der Praxis taten sich zunächst viele Gerichte schwer, mit dem Verweis auf das „gesunde Volksempfinden" frühere gefestigte Rechtsprechung über Bord zu werfen. Die Kampfklausel wurde vor allem dort zum Rettungsanker nationalsozialistischer Juristen, wo sich der Bruch mit dem geschriebenen Gesetz nicht weginterpretieren ließ. So etwa in eindeutigen Bestimmungen aus dem Arbeitsrecht, die die Gleichberechtigung von Frau und Mann vorsahen. Spätestens seit 1938 verwarfen Gerichte zunehmend gesetzliche Gebote, die die Gleichbehandlung von Juden und Nichtjuden begründeten und zwar unter Berufung auf die Existenz einer übergesetzlichen rassepolitischen Klausel. Auch fünf Jahre nach der Machtergreifung hatte der NS-Gesetzgeber in dieser Hinsicht immer noch nicht reagiert – er konnte sich aber auf seine Juristen verlassen.

Allerdings lehnten viele Richter die plumpe, undogmatische Methode ab. Die Gerichte entschieden selten mit einem offen erklärten Wertungskonflikt. Häufiger lösten sie Fälle mit methodisch weniger auffälligen Techniken wie Auslegung nach nationalsozialistischer Weltanschauung oder Analogie – scheinbar gesetzeskonform, unangreifbar und traditionell zulässig. Rüthers ermittelt eine „gewisse Scheu" der Richter vor der selbstbewußt erklärten Ablehnung eines zwingenden Gebotes. Dasselbe Phänomen erkennt er nach 1945, als die Gerichte ebenfalls zögerten, Gesetzesbestimmungen mit eindeutig nationalsozialistischem Inhalt rundheraus für ungültig zu erklären.

Hier schlägt nach Rüthers' Ansicht das traditionelle Bewußtsein der Bindung des Richters an die Gesetze zu Buche. Die Legitimationskraft einer formell sachlogischen Subsumtion ist nicht zu unterschätzen. Trotzdem bleibt es erstaunlich, daß die Gerichte die Maske des Rechtsstaates wahrten, obwohl sie auf der Seite der totalen Macht standen. Methodik erweckte den Anschein, das Ergebnis sei ein Akt der normativen Erkenntnis und nicht der politischen Vorgabe oder der Willkür. Die beruhigende Wirkung für die Richter vermutet Klaus Luig in einer Rezension der „Unbegrenzten Auslegung" von 1992 als Triebfeder.

Diese Zurückhaltung bedeutet aber nicht, daß es viele Urteile gegeben hätte, die der jeweils neuen politischen Ordnung widersprachen. Richterlicher Widerstand blieb eine Ausnahme. So wenig sich die Justiz mit dem Appell an die politische Vernunft zum radikalen Bruch mit der Vergangenheit bewegen ließ, so sehr wurden doch die jeweils neuen Wertvorstellungen den aktuellen Entscheidungen zugrunde gelegt. Neues Bewußtsein interpretierten die Gerichte nicht als Gegensatz zum bestehenden Gesetz, sondern als seinen Inhalt. Während in der Sache damit eine Änderung des Rechts einherging, stellte sich der Prozeß formell als Auslegungsoperation dar.

2. Auslegung von Generalklauseln

Mit der NS-ideologischen Durchdringung des Rechtssystems wurde auch die Methodik der Auslegung durch Wissenschaft und Praxis im Sinne der neuen Wertordnung revidiert. „Grundlage jeder Auslegung ist die nationalsozialistische Weltanschauung, wie sie insbesondere im Parteiprogramm und in den Äußerungen des Führers ihren Ausdruck findet", heißt es in einem Expertenpapier des Reichsjustizministeriums aus dem Jahr 1936.

Für Rüthers ist der Begriff „Auslegung" eigentlich nicht mehr tragfähig, vielmehr müßte es „Einlegung" heißen. Bestehende Normen hatten mit Verweis auf den „Geist der Gesamtordnung" neu interpretiert und verstanden zu werden. Ein Jurist formulierte bereits 1933: „Die Vorschriften des BGB bestehen noch, aber sie enthalten durch die zentrale Rechtsidee der siegreichen Bewegung eine neue Zielsetzung." Die Rechtsprechung gab nun in diversen Urteilen Richtlinien vor, wie bei der Interpretation von Begriffen wie „Gute Sitten" (§§ 138, 826 BGB) und „Treu und Glauben" (§§ 157, 242 BGB) im Sinne der neuen Zeit zu verfahren sei: nämlich im Wesen des herrschenden gesunden Volksempfindens, der nationalsozialistischen Weltanschauung.

Im Jahr der nationalsozialistischen Machtergreifung 1933 war zum Thema „Generalklauseln" gerade eine Monographie von Justus Wilhelm Hedemann erschienen, die sich sehr kritisch zu den Folgen der Verwendung von solchen unbestimmten Rechtsbegriffen geäußert hatte und vor Willkür und Rechtsunsicherheit warnte. Diese Meinung war damals Stand der Wissenschaft – diskutiert, umstritten, aber beachtet. Jetzt schlug die Auffassung völlig um. Nationalsozialistische Rechtswissenschaftler priesen die Möglichkeiten von Generalklauseln, durch die das neue Recht mit seinem gesunden Volksempfinden ohne große Probleme Eingang in die Rechtsordnung und in den geschlossenen Kreis des gesetzten, strengen Rechts finden konnte. Gerade die Flexibilität von solchen Normen wurde nun als Vorteil betrachtet. Die Nachteile der Rechtsunsicherheit vernachlässigte man dagegen mit der Begründung, wenn Recht im Sinne des nationalsozialistischen Geistes gewertet würde, brauche man sich vor Rechtsunsicherheit nicht mehr zu sorgen. Recht sei etwas im Blute Lebendes.

Methodische Widersprüche blieben nicht aus. Normen aus der Zeit vor 1933 folgten dem Prinzip der „objektiven" Auslegung; man ließ sie durch einen NS-ideologischen Filter laufen. Gesetzesbestimmungen ab 1933 dagegen sollten streng im Sinne des Gesetzgebers ausgelegt werden. „Zweckdeutung nach zeitgenössischer Rechtsanschauung" hieß das dann. Auch der Analogieschluß zum Füllen einer Gesetzeslücke wurde in den Dienst der neuen Zeit gestellt, beispielsweise wenn über Abfindungen von jüdischen Arbeitnehmern entschieden wurde, denen aus rassischen Gründen gekündigt worden war. Auf sie wurden Rechtsnormen analog angewandt, die den völligen Verlust aller Ansprüche auf Abfindungen, Bezüge und auch Ruhegehälter zur Folge hatten. Tatbestand dieser Normen war nicht Volkszugehörigkeit oder Religion, sondern Straftaten oder schwere Verletzungen der Vertrauensbeziehung zum Arbeitgeber.

Neben allen NS-ideologisch ausgerichteten Urteilen begünstigte ausgerechnet das Reichsarbeitsgericht (RAG) in einigen Entscheidungen die jüdischen Kläger und verwarf die Spruchpraxis der Untergerichte. Dies bedeutete aber nicht die berufliche Rehabilitation des Klägers, sondern lediglich die Bewahrung vor dem Verlust sämtlicher im Erwerbsleben erworbenen Forderungen gegen den Arbeitgeber. In den Jahren 1938 bis 1940 verschärfte allerdings auch das RAG seine Entscheidungen. Dies führte zu Urteilen, die die Ablehnung jüdischer Klagebegehren auf die „Wesensart" und die „ganze rassische Veranlagung" des Juden stützten. Das RAG entwickelte schließlich ein Sonderarbeitsrecht für Juden, das wegen seines staats- und rassepolitischen Einschlags eigenen Rechtsregeln folgen sollte.

Mit akribischer Arbeit belegt Rüthers, daß es die normativ-unbestimmten Rechtsbegriffe waren, die bei der Anpassung der überkommenen Kodifikation an die Rechtsvorstellung des Nationalsozialismus überragende Bedeutung erhielten. Die Zahl der Entscheidungen, in denen mit Hinweis auf § 138 oder § 242 BGB vertragliche Ansprüche eingeschränkt oder abgelehnt wurden, zeigt die enorme Bandbreite der Lebensbereiche, in denen nationalsozialistische Rechtsanschauung zum Maßstab der Bewertung von Rechtsbeziehungen wurde. Häufig werden in Urteilen Normen zitiert, die einem bereits feststehenden politischen Ergebnis den Schein einer Begründung aus dem positiven Recht sichern sollen. Tatsächlich aber handelt es sich meistens um richterliche Eingriffe in die Vertragsfreiheit, die mit außervertraglichen, weltanschaulichen Wertungswidersprüchen begründet werden.

Schon allein an dem Beispiel, ob ein vertragliches Ruhegeld für jüdische Arbeitnehmer vollständig, teilweise oder gar nicht gewährt werden muß, zeigte sich das nationalsozialistisch „geläuterte und verfeinerte" Rechtsverständnis eines Gerichts und damit sein aktuelles rassisches Bewußtsein. Der Richter erhält bei solch einer freizügigen Klauselinterpretation eine Macht über den Bestand und die Ausgestaltung von Rechtsansprüchen, die äußerlich – so Rüthers – der eines absoluten Gesetzgebers gleichkommt.

In der Zeit während und nach dem ersten Weltkrieg griffen die Gerichte, flankiert von der Wissenschaft, korrigierend in private Rechtsbeziehungen ein, um geänderte *wirtschaftliche* Verhältnisse zu berücksichtigen. Dafür entwickelten sie Konstruktionen wie die Lehre vom Wegfall der Geschäftsgrundlage. Generalklauseln wurden für die Berücksichtigung neuer *politischer* Verhältnisse genutzt. Darin lag die neue Stufe der Anwendung dieser Normen mit dem Einzug der braunen Weltanschauung in Rechtswissenschaft und Justiz.

Generalklauseln sind – so Rüthers – nicht nur Einfallstore für die faschistische Ideologie in das bestehende Recht gewesen. Sie spielten eine weitaus größere, aktivere Rolle bei der sog. Rechtserneuerung. Diese Normen waren der Dreh- und Angelpunkt, die beherrschenden Bezugselemente zwischen neuem Wertekodex und altem Normensystem. Mit der Verwendung dieser Normen wurde das rechtspolitische Entscheidungsinteresse mit dem formellen Rahmen der bestehenden Gesetze verklammert.

3. Institutionelle Auslegung: „Konkretes Ordnungsdenken" und „konkret-allgemeine" Begriffsbildung

Die unbegrenzte Auslegung von Generalklauseln war ein Kernpunkt der nationalsozialistischen Umwertung der bürgerlichen Rechtsordnung ab 1933. Sie erfolgte jedoch nicht nur über solche „Einfallstore" im geordneten Normsystem. Bernd Rüthers widmet sich in seiner Arbeit auch der Auslegung von institutionellen Rechtsbegriffen. Dabei geht es um die Interpretation von Bezeichnungen für juristische Phänomene, die zunächst schärfere Konturen haben als die Generalklauseln. Dennoch benennen sie keine faßbare Sache, sondern stehen für eine Summe verschiedener rechtlicher Beziehungen. Eigentum und Ehe sind solche Institutionen. Eigentum ist die Bezeichnung für die Rechtsbeziehung zwischen einer Person und einer Sache, die dieser Person zugeordnet wird. Dies scheint eindeutig und nicht vergleichbar mit einer biegsamen Formel wie „gute Sitten". Gleichwohl sind auch juristische Institutionen in hohem Maße interpretationsfähig. Gehört zum Eigentum nur eine körperliche Sache oder auch eine Sachgesamtheit wie beispielsweise ein Betrieb? Auch hier muß ausgelegt werden, ob das Begehren des Klägers dem Eigentumsbegriff oder dem „Wesen des Eigentums" entspricht? Dabei steht der Richter vor genau der gleichen rechtssetzenden Wertungsfrage wie bei der Auslegung unbestimmter Rechtsbegriffe.

Im Nationalsozialismus beherrschte die Weltanschauung nicht nur die Auslegung von Generalklauseln, sondern auch die Begriffsbildung. Keine Rechtsentscheidung sollte ohne Ideologie sein. Es galt ja, der neuen Rechtsidee zum Durchbruch zu verhelfen. Das Wesen des Eigentums mit dem Wertungsplan des bürgerlichen Gesetzgebers des BGB zu definieren, wäre in dieser Hinsicht kontraproduktiv gewesen. Lediglich im Ehegesetz von 1938 hat der nationalsozialistische Gesetzgeber seine Vorstellungen einer Institution in ein Gesetz gegossen. Bis dahin waren jedoch auch schon fünf Jahre der willkürlichen Interpretation vergangen. Darüber hinaus verweist auch dieses Gesetz ausdrücklich auf das „Wesen der Ehe" als Entscheidungsmaßstab.

In der Wissenschaft der 30er Jahre sind zwei Strömungen bekannt geworden, die die Institutionen mit metaphysischen Inhalten nach der Weltanschauung definieren wollten. Von Carl Schmitt stammt die Auslegung aus dem Denken in konkreten Ordnungen. Konkrete Lebensordnungen sollten den Vorrang vor dem abstrakt-allgemeinen Recht haben. Die konkrete Lebensordnung der Zeit war die „Blutgemeinschaft des arischen Volkes". Herkömmliche Gesetzesbegriffe wie die genannten Institutionen wurden auf der Grundlage dieser Lebensordnung ausgelegt. Sie erhielten dadurch zum Teil einen neuen Inhalt. So konnte zum Wesen des entschädigungspflichtigen Eigentums plötzlich die Rasse des Eigentümers gehören. Von Carl Schmitt stammt auch das Zitat, das Rüthers als Titel eines seiner Bücher zu diesem Thema wählte. Es zeigt unverhohlen die Absicht hinter der Methode: „Wir denken die Rechtsbegriffe um. ... Wir sind auf der Seite der kommenden Dinge." Die zweite Strömung kam aus dem Umfeld des Zivilrechtlers Karl Larenz, die Lehre vom konkret-allgemeinen Begriff. Auch hier sollten Rechtsbegriffe aus einem übergeordneten Zusammenhang her ausgelegt werden.

Beide Methoden sollten bestehende gesetzliche Wertungen verändern. Rüthers stellt dar, daß es hier nur äußerlich um Hinweise an den Richter ging, wie er geschriebenes Recht anwenden sollte. Eine Interpretation erscheint zunächst als Vorgang, aus dem bestehenden Allgemeinen etwas Bestimmtes herauszuholen, was noch auf der Grundlage des Vorhandenen steht. In Wirklichkeit ging es jedoch auch hier nur darum, mit elegantem Mittel die Ideologie als neue Rechtsquelle zu erschließen. Eben nicht mehr das geschriebene Recht und seine Leitentscheidungen sollten der Rechtsfindung zugrunde liegen, sondern statt dessen die nationalsozialistische Weltanschauung. Der Inhalt von Rechtsbegriffen jeder Art leitet sich nicht vom Gesetzgeber her, sondern von einem höheren Ordnungsgefüge.

VI. Analyse: Historische und Überhistorische Entdeckung

In seiner Arbeit ging es Bernd Rüthers zunächst darum darzustellen, wie sich die Zivilrechtsprechung den Nationalsozialisten anpaßte, wie faschistische Ideologie ihren Weg in den Rechtsalltag fand. Der richterliche Bruch mit dem geschriebenen Gesetz fand sich in vielfältigen methodischen Verkleidungen – Gesetzesablehnung, Analogie, Zweckdeutung –, aber fast nie ohne Berufung auf eine der zentralen zivilrechtlichen Generalklauseln. Für Rüthers ist das eine wesentliche Erkenntnis der „unbegrenzten Auslegung". In jeder Rechtsgemeinschaft dringt das aktuelle herrschende Gerechtigkeitsideal durch solche Fenster in das Normengebäude der Rechtsordnung ein.

Die Verbindung von Recht und Wertanschauung bei diesen Normen ist aber nichts Neues und keine Entdeckung von Bernd Rüthers. Generalklauseln sind dafür da, neben den starren dogmatischen Leitnormen eine flexible Korrektur im Einzelfall zu ermöglichen; sie sind ein Stück „offengelassene Gesetzgebung". Der Gesetzgeber hat erkannt, daß sich nicht alle möglichen Lebenssachverhalte in Normen erfassen lassen. Im Einzelfall muß eine Korrektur aus einer allgemeinen Gerechtigkeitserwägung möglich sein. Die Rechtssicherheit bleibt dabei zwar auf der Strecke, doch ist Gerechtigkeit im Einzelfall sonst nicht möglich. Die Entscheidung beruht daher auf rechtspolitischem Kalkül und ist nicht ein Unfall der Gesetzgebung. Der Gesetzgeber hat an dieser Stelle bewußt die Entscheidung über Recht und Unrecht auf den Richter delegiert – auch ein Bruch der Gewaltenteilung, aber wieder zugunsten des höheren Ideals der Gerechtigkeit. „Delegationsnormen" nannte Philipp Heck deswegen die Generalklauseln. Notwendig im Sinne einer Justiz und einer Rechtswissenschaft, die die Interessen der Parteien im Einzelfall als Wert anerkennt.

Auch die nationalsozialistische Rechtserneuerung wurde auf die Juristen delegiert. Nicht der Gesetzgeber, nicht die nationalsozialistischen Abgeordneten eines Marionettenparlamentes, keine Rechtsverordnung aus der Reichskanzlei führten zur entscheidenden Änderung der Rechtslage. Die formale Außenstruktur des deutschen Privatrechts blieb unangetastet – das Bürgerliche Gesetzbuch überstand die Diktatur weitgehend unversehrt. Vielmehr wurde die faschistische Ideologie durch eine geänderte Interpretation zum Merkmal der Rechtsordnung. „Gleitklauseln" nennt Rüthers die relevanten Gesetzesbestimmungen auch; sie ermöglichten ein Übergleiten der rechtlichen Wertungen. Benachteiligung jüdischer Arbeitnehmer fand nicht statt, weil der Gesetzgeber etwa die entsprechenden Regelungen getroffen hätte, sondern weil ein Gericht die bestehenden Normen plötzlich anders interpretierte. Die Rechtsbegriffe wurden umgedacht – nicht umgeschrieben. Auch diese „Macht der Methode" war per se keine Entdeckung Rüthers. Max Weber wies schon Anfang des Jahrhunderts auf die Möglichkeit einer vollständigen Uminterpretation des BGB zum Sozialismus hin.

Der Schwerpunkt von Rüthers' Habilitationsschrift liegt auf der Aufdeckung der Uminterpretation im Nationalsozialismus, auf der Darstellung eines bestimmten historischen Phänomens. Kein Jurist konnte sich anschließend noch auf die Position zurückziehen, er habe nicht politisch gehandelt, sondern immer nur „das Recht" angewandt, wie es sich aus den geltenden Gesetzen ergab. Nationalsozialistische Rechtsprechung war viel weniger passive Bindung an faschistische Gesetze als aktive Teilnahme am Prozeß der völkischen Rechtserneuerung. In dieser Erkenntnis lag auch die Brisanz der Arbeit in den sechziger Jahren.

Nicht der juristische Positivismus, also die formale Entscheidung nach den Buchstaben des Gesetzes ohne die Anerkennung übergeordneter Werte, war die Ursache für die Rechtsperversion im Dritten Reich. Vielmehr orientierten sich die Richter in den meisten zivilrechtlichen Entscheidungen sehr wohl an übergeordneten Werten, nämlich an denen des Nationalsozialismus. Naturrechtliche Züge trägt diese Hörigkeit gegenüber einer absoluten Instanz, der Glaube an ein Gesetz jenseits aller Gesetze. Von dieser historischen Entdeckung schlußfolgert Rüthers auf einen allgemeinen Regelsatz. Seine überhistorische Entdeckung: Die anerkannte juristische Methodenlehre ist gegenüber weltanschaulichen Einflüssen neutral.

Für Rüthers liegt die Pointe bei der Analyse des nationalsozialistischen Zivilrechts darin, daß es zu perversen Ergebnissen führte, ohne daß es einer willkürlichen Gesetzesanwendung bedurft hätte. Formell betrachtet sind die Entscheidungen in der Regel nicht zu beanstanden. Sie ergehen objektiv nach den Buchstaben des Gesetzes. Methodisch seien erhebliche Teile der nationalsozialistischen Gerichtspraxis nicht angreifbar: Eine Entscheidung nimmt eine Norm als Ausgangspunkt. Dann folgt eine stringente Subsumtion mit sachlogischen Argumenten. Aus Generalklauseln und unbestimmten Rechtsbegriffen kann jedes gewünschte Ergebnis ausgelegt werden und ergibt sich trotzdem unmittelbar aus den Buchstaben des Gesetzes. Selbst bei der Gesetzesablehnung, die ja nur eine untergeordnete Rolle spielte, wurde über die Klausel des „gesunden Volksempfindens" wieder ein Anknüpfungspunkt für eine methodisch saubere Rechtsprechung gefunden.

Aus alledem folgert Rüthers, daß sich durch juristische Methodik kein Inhalt von Entscheidungen vorgeben läßt. Sie stellt dem Rechtsanwender lediglich Instrumente dafür zur Verfügung, wie er von den Entscheidungsgrundlagen zur konkreten Entscheidung im Einzelfall gelangt. Wie aber diese Entscheidung aussehen mag, das bestimmt sie nicht. Der Inhalt des Rechts orientiert sich an Wertkategorien, die außerhalb des juristischen Instrumentariums liegen: Weltanschauung, Gerechtigkeitsvorstellungen, Gesellschaftsvorstellungen. Auch der Jurist legt diese bei seiner Arbeit zugrunde. Er zieht sie nicht nur unmittelbar aus dem Gesetz, er nimmt sie auch aus dem gesellschaftlichen Umfeld, wenn eine gesetzliche Lücke zu füllen ist. Sein juristisches Handwerkszeug kann er jederzeit anwenden, es gibt jedoch den Inhalt seiner Entscheidung nicht vor. Jeder Akt der Rechtsanwendung ist anfällig gegenüber weltanschaulicher Prägung gleichgültig welcher Art – und so ist es auch jeder Jurist.

C. Die Rezeption der Entdeckung

Die „Unbegrenzte Auslegung" von Bernd Rüthers beschreibt die historischen Abläufe. Sie schildert, wie sich durch die tägliche Praxis der Gerichte die Zivilrechtsordnung im Sinne des Nationalsozialismus änderte. Darüber hinaus aber stellt Rüthers hier weiterhin die allgemeine These zur Ideologieanfälligkeit von Rechtsanwendung überhaupt auf.

Auch das Echo auf die Habilitationsschrift unterscheidet zwischen diesen beiden Schwerpunkten. Es gab Reaktionen auf die historische Entdeckung und auch Bewertungen von Rüthers' überhistorischen Schlußfolgerungen. Allerdings bestimmte zumindest in den ersten Jahren noch die Beziehung zum Nationalsozialismus den Blickwinkel der Kritiker, auch bei der Bewertung der nicht historischen Thesen. Ein besonderes Spannungsfeld entstand durch die Betroffenheit vieler Zeitgenossen, die sich von Rüthers' Thesen persönlich angegriffen fühlten, weil sie selbst an der völkischen Rechtserneuerung beteiligt waren oder diese wissenschaftlich begleitet hatten.

I. Rezeption der historischen Entdeckung

Der erste Teil von Rüthers' Arbeit ruft heute weniger Emotionen hervor als bei seiner Veröffentlichung 1967. Längst ist die Rolle der Justiz im Dritten Reich in unzähligen juristischen, politologischen oder soziologischen Monographien und Aufsätzen analysiert und aufgearbeitet worden. Unzählige Seminare, Symposien und Workshops haben sich mit den Auswirkungen der damaligen Rechtspraxis und Rechtswissenschaft beschäftigt. Es gibt keine Universität, an der sich der interessierte Student nicht mit diesen Themen im Studium beschäftigen kann, keine Vorlesung zur deutschen Rechtsgeschichte, die heute noch den Nationalsozialismus völlig ausklammern könnte.

Ende der sechziger Jahre herrschte dagegen noch vielfach die Auffassung, man solle die Vergangenheit „ruhen" lassen. Verstrickungen von Justiz und Rechtswissenschaft mit dem Nationalsozialismus wurden geleugnet. Diese Geisteshaltung lag auch der wissenschaftlichen Auseinandersetzung mit der „Unbegrenzten Auslegung" zugrunde. Bis dahin fehlten Darstellungen des Zusammenhangs von rechtswissenschaftlicher Entwicklung und politischer Ideologie, so daß die im Nationalsozialismus praktizierten juristischen Denkfiguren und Auslegungskriterien häufig im Licht der „reinen Wissenschaftlichkeit" erschienen. Auch über die Rolle der Justiz und ihre Verstrickung in die Greueltaten des Nationalsozialismus wurde nur in Ansätzen berichtet. Für die zivilrechtlich orientierten Praktiker und Wissenschaftler ergab sich überdies noch die Besonderheit, daß sich das öffentliche Interesse primär auf die Rolle der Strafjustiz, vor allem des Volksgerichtshofes, richtete und dadurch die Aufarbeitung der Vergangenheit für andere Rechtsbereiche unterblieb.

Schon bei ihrem Erscheinen fand die Arbeit Rüthers' in weiten Kreisen der Wissenschaft breite Zustimmung. Vor allem junge Rechtswissenschaftler wollten dieses Kapitel der jüngsten Vergangenheit nicht länger verschweigen. Gelobt wurde der Mut, so kritisch über die Vergangenheit der eigenen Zunft zu berichten. „Bitternotwendig" sei diese Arbeit gewesen, endlich werde dieses Kapitel der deutschen Gegenwartsgeschichte aufbereitet. So erschienen nun im Umfeld der „Unbegrenzten Auslegung" eine Reihe von Monographien und Beiträgen anderer Rechtswissenschaftler, die sich mit der Rolle ihres Fachs während der NS-Diktatur beschäftigten.

Kritik erfuhr die Arbeit von Rüthers zur Rolle der Ziviljuristen im Dritten Reich vor allem hinsichtlich zweier Punkte: Zunächst wurde bezweifelt, daß die von Rüthers ausgewerteten Quellen für die gesamte zivile Rechtspraxis des Dritten Reiches repräsentativ seien. Die etwa 350 Urteile, die er in seiner Arbeit analysierte, seien schließlich nur ein sehr kleiner Teil aller Entscheidungen in den zwölf Jahren der nationalsozialistischen Herrschaft. Diese Form der Verharmlosung war eine typische Reaktion von Fachkollegen, die die Zeit des Nationalsozialismus selbst aktiv miterlebt hatten. Wissenschaftler und Praktiker hoben noch 30 Jahre nach Kriegsende gern hervor, rassistisch motivierte Urteile gegen Juden oder politische Gegner seien „nur" ein Bruchteil der gesamten Rechtsprechung aus den Jahren 1933–1945 gewesen.

Eine ausführliche Rezension veröffentlichte 1971 der Göttinger Zivilrechtsordinarius Karl Michaelis in der renommierten Zeitschrift „Der Staat". Michaelis war in den 30er Jahren zusammen mit Karl Larenz und Franz Wieacker Professor an der Universität Kiel, wo sich besonders viele Vorreiter der völkischen Rechtserneuerung einfanden. Er schrieb zahlreiche Beiträge zur Auslegung durch „konkret-allgemeine Begriffe" und beschäftigte sich mit der Frage, wie man die Rechtsfähigkeit des Menschen (§ 1 BGB) an die Rassenzugehörigkeit anbinden könnte. Vierzig Jahre später bestritt Michaelis vor allem die Grundtendenz, die sich im Laufe der NS-Herrschaft in allen Bereichen der Zivilrechtsprechung eingestellt hatte. Er übersah, daß es gerade die wissenschaftlichen Ausführungen von ihm und seinen Kollegen waren, die das theoretische Rüstzeug für die praktische Abkehr von der bürgerlichen Rechtsordnung lieferten. Nun warf er Rüthers ein „beschränktes Blickfeld" vor.

Die Reaktion von Michaelis verkennt völlig, wie willfährig sich der Justizapparat in den Dienst der Diktatur stellte und wie weitgehend die Wissenschaft von der totalitären Ideologie durchsetzt war. Die Justiz war ein Herrschaftsinstrument des Unrechtsstaates. Vor diesem Hintergrund konnte der Versuch der Quantifizierung von Unrecht nur mißlingen. Mit der fortschreitenden historischen Analyse des Verhältnisses von Justiz und Staat im Dritten Reich treten diese Verstrickungen immer deutlicher zutage. Die von Rüthers ausgewerteten Quellen stellen daher keine Ausnahmen dar, sondern stellen exemplarisch für Tendenzen in der Rechtsprechung und Literatur im Dritten Reich. Dementsprechend ist die Kritik mittlerweile verstummt.

Auch die Urteile zeigen die ideologischen Verschiebungen im großen Stil auf, die infolge der Machtergreifung 1933 stattgefunden haben. Die Protagonisten der völkischen Rechtserneuerung haben auf allen Gebieten ganze Arbeit geleistet. Rüthers zeigt jedoch auch immer wieder Abweichungen von den politischen Vorgaben, also Urteile und Publikationen von standhaften Juristen, die sich nicht vor den nationalsozialistischen Karren spannen lassen wollten. Der Aussage, alles sei doch so schlimm nicht gewesen, die Justiz habe schließlich in tausenden Urteilen der Zeit ganz normal die geltenden Gesetze angewandt, begegnet Bernd Rüthers daher pointiert: Wenn eine Speise Zyankali enthalte, sei es müßig, die Frische der übrigen Zutaten hervorzuheben.

Der zweite Vorwurf bezog sich auf die Methode, mit der Bernd Rüthers seine Untersuchungen geführt hatte. Ihm ging es ausschließlich um die Beschreibung, wie durch Justiz und Rechtswissenschaft die deutsche Privatrechtsordnung mittels Uminterpretation der bestehenden Gesetze die Weltanschauung der Nationalsozialisten zum Entscheidungsmaßstab machte. Eine Bewertung des Nationalsozialismus und seiner Ideologie beabsichtigte er in dieser Arbeit nicht. Schließlich war die „Unbegrenzte Auslegung" in erster Linie eine rechtswissenschaftliche Abhandlung, eine Habilitationsschrift. Ihr Gegenstand war die Rechtsmethodik. Genau das wurde ihm jedoch nun vorgeworfen. Seine Ausführungen seien viel zu technisch, zu unpolitisch. Er klebe an den Fragen von Rechtsquelle, Generalklausel und Analogie und setze sich nicht mit dem Inhalt der Urteile auseinander. Mit einem „Gespräch von Scharfrichtern über die Technik von Hinrichtungen" verglich Udo Reifner die Arbeit.

Viele Wissenschaftler erwarteten, daß Rüthers die Kontinuität vom Rechtssystem des Nationalsozialismus zu dem der Bundesrepublik aufzeigen würde. Es gebe Parallelen zwischen den Systemen, die in Rüthers Arbeit gar nicht vorkämen. Sein „unkritischer Faschismusbegriff" führe dazu, daß er die faschistische Organisation des bestehenden Kapitalismus verkenne. Diese Kritik stammte von Autoren, die – wie Bernd Rüthers es ausdrückt – die Auseinandersetzung mit dem Recht des Nationalsozialismus zu einem politisch-ideologischen Kampf nutzten.

In der Rechtswissenschaft der DDR wurde die Arbeit positiv aufgenommen. Endlich werde die faschistische Vergangenheit prominenter bürgerlicher Juristen aufgedeckt. Aber auch hier kritisierte man, daß Rüthers sich nicht mit dem sozial-ökonomischen Hintergrund der Rechtsprechung im Nationalsozialismus beschäftigte.

Auch Ignoranz war eine Reaktion auf die Thesen Rüthers. Kaum ein prominenter Rechtswissenschaftler, der sich so direkt wie Karl Michaelis gegen die „Unbegrenzte Auslegung" zur Wehr gesetzt hätte. Viele persönlich betroffene Juristen schwiegen weiterhin zu ihrer Rolle während des Nationalsozialismus. Andere wiederum zogen nach dem Erscheinen der „Unbegrenzten Auslegung" und infolge der beginnenden breiteren wissenschaftlichen Beschäftigung mit diesem Thema Konsequenzen: Wer im Nationalsozialismus publiziert hatte, arbeitete nun seine Lehr- und Handbücher um. Wo vorher mehr als zwanzig Jahre Thesen über das Wesen der Dinge und über konkret-allgemeine Begriffe zu finden waren, fehlten diese belastenden Passagen plötzlich oder sukzessive in den Neuauflagen. Karl Larenz beispielsweise hatte in der ersten Auflage seines Lehrbuches „Allgemeiner Teil des deutschen Bürgerlichen Rechts" (1967) noch auf sechs Seiten einen metaphysisch begründeten Begriff vom „Wesen der Ehe" dargestellt. Seit der zweiten Auflage (1972) fehlt dieser Abschnitt. Genauso wurde in der ersten Auflage seines Standardwerkes zur „Methodenlehre" (1960) der Personenbegriff des Rechts noch konkret-allgemein gedeutet. In der dritten Auflage des Buches ist dieser Abschnitt weggefallen, der bis dahin immerhin 17 Seiten umfaßte.

Über das eigene Verhalten in der Vergangenheit wurde dagegen Stillschweigen bewahrt. Eine Auseinandersetzung mit den zugrundeliegenden Denkfiguren unterblieb. Die Gründe für Streichungen in den eigenen Werken wurden nicht offen gelegt und auch nicht die Anfälligkeit der dargestellten Methodik für Mißbrauch. Erst seit der fünften Auflage der Larenz'schen „Methodenlehre" (1995), die inzwischen von Claus-Wilhelm Canaris betreut wird, findet sich überhaupt ein Hinweis auf die „Unbegrenzte Auslegung" im Literaturverzeichnis. Die Vorwürfe gegen die historischen Erkenntnisse in der „Unbegrenzten Auslegung" sind in den vergangenen Jahren weitgehend verstummt. Der Strategie des Verschweigens und Relativierens ist es aber gelungen, die wissenschaftliche Aufarbeitung jener Epoche zu hemmen und erheblich zu verzögern.

Nach Auffassung von Bernd Rüthers hatten Wissenschaftler noch in den siebziger Jahren an zahlreichen Juristenfakultäten keine Berufschance, wenn sie Untersuchungen über Rechtsprechung und Lehre im Nationalsozialismus betrieben. Mit einer Arbeit zur Rechtsgeschichte im Dritten Reich wurde man dort weder habilitiert noch berufen. Zu viele unmittelbar Betroffene hatten nicht nur Stimmrecht, sondern verhielten sich untereinander auch solidarisch. Dadurch wurde die Verarbeitung der Erfahrungen methodisch betriebener Rechtsperversion im Nationalsozialismus für die Juristenausbildung über viele Jahre hinweg verhindert oder erschwert. Gleichwohl konnten sich in dieser Zeit jedoch auch viele Juristen an den Hochschulen, in der Justiz oder im öffentlichen Dienst beruflich etablieren, die keine Angst vor der Auseinandersetzung mit der Vergangenheit hatten, die den Ausführungen ihrer akademischen Lehrer in dieser Hinsicht kritisch gegenüber standen und die für die Auswirkungen von Faschismus auch in der eigenen Berufsgruppe sensibilisiert waren.

Daneben stand – nicht nur nach Auffassung Rüthers' – der wissenschaftlichen Auseinandersetzung mit dem Recht im Nationalsozialismus in den vergangenen 30 Jahren noch eine andere Strömung im Weg. Während einerseits belastete Juristen mit Verdrängung oder Verklärung ihres angeblichen inneren Widerstandes reagierten, fanden sich auf der anderen Seite Rechtswissenschaftler, die nun unreflektiert alle Zeitgenossen zu bedingungslosen Anhängern des Unrechtsregimes deklarierten. Die Strukturen und Rahmenbedingungen juristischer Berufe wurden dabei nicht beachtet. Dem Dritten Reich sollte nachträglich besonders viel Widerstand entgegengestellt werden. Dazu wurde die Justiz und die Rechtswissenschaft der heutigen Bundesrepublik Deutschland als „faschistisch" oder „faschistoid" diffamiert. So gab es einerseits Rechtfertigungs- und Glorifizierungsliteratur in Festschriften und Jubiläumsaufsätzen, in denen alle dunklen Vorgänge, alle Zweifelsfragen und Unrechtseinflüsse verschwiegen und verklärt wurden wie auch andererseits Anklagen und moralische Verdammungsurteile, ohne den Beschuldigten eine Chance zur Rechtfertigung zu lassen.

Ein Nachhall der Diskussionen über die Justiz im Nationalsozialismus ist geblieben: Rüthers' Arbeit impliziert, daß es nicht der Gesetzespositivismus war, sondern im Gegenteil eine eher naturrechtliche Interpretation der Gesetze, die zur Rechtsperversion führte und derartige Verbrechen zuließ. Heute noch wird die Erfahrung des Nationalsozialismus als Argument für und auch gegen die Anwendung naturrechtlicher Bestimmungen zur Vermeidung von Menschenrechtsverletzungen auf der ganzen Welt angeführt.

II. Die Rezeption der überhistorischen Entdeckung

Die Diskussion über die allgemeine These der Arbeit von Bernd Rüthers dauert dagegen noch heute an. Umstritten bleibt, ob sich alle erdenklichen Ideologien methodisch korrekt zu Recht formen lassen. Rüthers formuliert prägnanter: Recht ist immer Ideologie, und die Rechtsmethodik stellt keine Wertmaßstäbe auf. Diese Debatte wurde jedoch längst nicht so emotional oder politisch geführt wie die zum Nationalsozialismus. Dafür sind es Kritikpunkte, die die „Unbegrenzte Auslegung" nachhaltig begleiten.

Eine Reihe von Wissenschaftlern hatte den Eindruck, Rüthers' These impliziere eine reduzierte Verantwortung des Richters bei der Rechtsanwendung. Wenn die Methodik, also das Handwerkszeug des Richters, wertfrei sei, dann könne sich der Richter auf sein Handwerk zurückziehen und müsse für den Inhalt seiner Entscheidungen nicht einstehen. Dies meinte Rüthers aber nicht. Gerade weil der Weg zum Urteil kein bestimmtes Ergebnis vorgibt, ist der Richter allen möglichen weltanschaulichen und ideologischen Einflüssen ausgesetzt. Er bedient sich – nach Rüthers – auch außerjuristischer

Wertungen, um seine Urteile zu fällen. Wertneutralität der Methodik bedeutet nicht Wertfreiheit der Rechtsanwendung, des Ergebnisses, sondern lediglich keine Vorgabe des Ergebnisses durch die Methode selbst. Dieser Tatsache und damit seiner hohen persönlichen Verantwortung muß sich jeder Rechtsanwender bewußt sein.

Rüthers zieht seine These von der Ideologiefreiheit der klassischen Rechtsmethodik aus der Analyse der Urteile im Nationalsozialismus. Er folgert aus den praktischen Erfahrungen, daß es möglich war, allein durch die Anwendung der bekannten methodischen Instrumente (Auslegung, Analogieschluß, Generalklauseln) die gesamte Rechtsordnung faschistisch umzuändern. Daraus leitet sich der Schluß ab, ein Jurist könne in sauberer Handwerkstechnik jedes gewünschte Subsumtionsergebnis erzielen. Bestärkt sieht sich Bernd Rüthers in dieser These durch die Rechtspraxis im totalitären System der DDR. Nach der Wiedervereinigung war die Frage nach dem Einfluß politischer Wertvorstellungen auf die Rechtsanwendung brennend aktuell, wie Rüthers in seinem Buch „Ideologie und Recht im Systemwechsel" (1992) darstellt. Für ihn gehört das Thema dauerhaft auf die Tagesordnung.

Ist aber die Verwendung von Generalklauseln zur Wertungskorrektur im großen Stil, die Auslegung von Rechtsbegriffen nach einer politischen Einstellung oder der Gebrauch von neuen Leitlinien der Rechtsfindung wirklich die „saubere" Anwendung der Rechtsmethodik oder nicht vielmehr selbst eine Verletzung der methodischen Vorgaben an die Rechtsanwendung? Viele Kritiker Rüthers' sind der Auffassung, daß dieser selbst zu sehr den Beteuerungen der NS-Juristen geglaubt habe, sie hätten immer methodisch korrekt gearbeitet. Tatsächlich herrschte jedoch nur nackte Brutalität. Rüthers hätte hinterfragen müssen, ob nach heutigem Verständnis wirklich methodisch einwandfrei Recht gesprochen wurde.

Der Rechtsbegriff „gesundes Volksempfinden" erlaubte eine scheinbar rein technische Subsumtion. Die Spielregeln der Methodik wurden eingehalten. Tatsächlich war die Subsumtion jedoch rein ergebnisorientiert; schon dies allein ist methodisch unzulässig. Darüber hinaus erscheint die Verwendung eines solchen zusätzlichen qualitativen Kriteriums bedenklich.

Das „Wesen der Ehe" läßt sich methodisch korrekt so definieren, daß nur Ehen unter „arischen" Menschen Rechtsschutz genießen. Aber ist die Hinzuziehung des Merkmals „Rasse" bei der Definition von Ehe zulässig oder stellt dies nicht vielmehr einen Verstoß gegen juristische Handwerksregeln dar? Darf ein Gericht neben die bis dahin bekannten Fallgruppen zur Verletzung einer Vertragspflicht aus wichtigem Grund noch eine weitere stellen wie etwa die Rasse des Vertragspartners oder ist dies nicht eher ein methodenwidriges Vorgehen, weil hier aus dem Sein (der Rasse) ein Tun (die Pflichtverletzung) gemacht wird? Hinter diesen Fragen steht die Überlegung, daß die Unrechtsurteile im Nationalsozialismus eben nicht methodisch sauber getroffen wurden. Richter und Wissenschaftler gingen nicht *lege artis* vor, sondern unter Verwendung methodisch unzulässiger Hilfsmittel.

Das ist zunächst eine Kritik an der These Rüthers', die analysierten Urteile in der NS-Diktatur seien unter Verwendung der anerkannten Grundzüge der Rechtsmethodik zustande gekommen. Statt dessen – so die Gegenposition – seien etablierte methodische Prinzipien über Bord geworfen worden; die gravierenden Unrechtsurteile spotteten jeder Methode. Und wenn auch in manchen Urteilen nicht gegen jede juristische Handwerkskunst verstoßen wurde: Die Methode wurde ignoriert, sobald sie begann, lästig zu werden.

Der eigentliche Vorwurf geht jedoch noch darüber hinaus. Wenn diese Urteile von vornherein auf Prämissen beruhten, die nach den Regeln der juristischen Kunst so nie hätten angenommen werden dürfen, dann führt die richtige Methodik eben doch zu richtigen Ergebnissen. Dieser Vorwurf trifft die These Rüthers' bis ins Mark. Die gesamte völkische Rechtserneuerung erscheint als großer Betrug von überzeugten Nationalsozialisten. Alles wurde pervertiert: die bestehenden Gesetze, die Prinzipien des bürgerlichen Rechtsstaates, das Recht selbst und somit auch die Rechtsmethodik. Konsequenterweise spiegelt bei handwerklich sauberer Arbeit, bei in jeder Hinsicht methodisch korrektem Vorgehen bei der Urteilsfindung schließlich auch das Ergebnis den allgemeinen Wert der Gerechtigkeit wider. Methodik ist dann eben nicht wertneutral, sondern führt – bei strikter Einhaltung ihrer Regeln – lediglich zu Ergebnissen, die allen inhaltlichen Kriterien genügen. Richtige Methode schafft richtiges Recht – keine Rechtsperversion. Etwas anderes ist nicht möglich!

Andererseits ist die Verwendung neuer zusätzlicher qualitativer Kriterien bei der Sachverhaltsbewertung – eben neue Tatbestandsmerkmale – keine spezifisch totalitäre Rechtspraxis. Fallgruppen für Entscheidungsergebnisse werden regelmäßig verändert, erweitert bzw. reduziert. Die Verwendung von Generalklauseln zur Umdeutung von Gesetzesvorgaben ist immer noch und zu jeder Zeit üblich. Wenn sie im großen Stil erfolgt, ändert das nichts am sauberen Vorgehen im Einzelfall.

In einer jüngeren Kritik bemißt Klaus Luig reine Methodik an der Verwendung von abstrakten Prinzipien. Er verkennt jedoch dabei, daß sich über den Grad der notwendigen Abstraktion trefflich streiten läßt. Es kann unterschiedliche abstrakte Regelungen für die Ehe und für Schuldverträge geben. Darüber hinaus läßt sich die abstrakte Regel auch verschieden formulieren. Daneben erscheint es zwar unehrlich, aber nicht unbedingt methodisch fragwürdig, wenn ein Gericht bei der Urteilsfindung nach einer bestimmten Methode vorgeht, gleichzeitig aber behauptet, gerade das nicht zu tun.

Manche Kritiker verfangen sich auch in ihren eigenen Argumenten. Sie machen den „ordre public" des Grundgesetzes oder die vorherrschende Auffassung von individualistischer Gerechtigkeit zum Ausgangspunkt des Maßstabs der Rechtsfindung. Damit setzen sie jedoch wieder eine Weltanschauung, eine Ideologie voraus, die bei Anwendung der methodischen Grundsätze zu weltanschauungskonformen Ergebnissen führt. Der mögliche Rückzug des Juristen aus dem Alltag schmutziger politischer Ideologien in den Elfenbeinturm formallogischer Subsumtionskunst ist und bleibt eine grobe Selbsttäuschung. Sie führt in der Realität praktisch zu blinder Hingabe an die jeweils vorherrschende Ideologie, wie es Franz-Jürgen

Säcker 1971 in einer Rezension der „Unbegrenzten Auslegung" formulierte.

Gleichwohl wird sich jedoch eine analytisch ausgerichtete Rechtstheorie, die sich an den – weltumfassenden – Gesetzen der Logik und Wissenschaftlichkeit orientiert, letztlich gegen irrationale Entscheidungsvorgaben sperren. Die „wissenschaftlichen" Grundlagen des Nationalsozialismus sind als Nonsens entlarvt. Der Fortschritt der vergangenen 50 Jahre hat zu immer mehr Verständnis des Individuums und der Gesellschaft geführt. Das geht auch am Verständnis von Recht nicht spurlos vorüber. Eine Rechtsinterpretation gegen Denkgesetze erscheint nicht mehr möglich.

Ist die „Unbegrenzte Auslegung" also das Ergebnis nüchterner Wissenschaftlichkeit oder doch nur der Ausfluß politischer Willensakte? Eine verbindliche Lösung ist nicht in Sicht. An dieser Frage scheiden sich nach wie vor die Gegner und Befürworter von Rüthers' Thesen. Auch die Diskussion, was zum methodisch sauberen Vorgehen gehört und wo bereits Elementarregeln verletzt werden, läßt sich auf keinen gemeinsamen Nenner bringen. Diese Auseinandersetzung hat bis heute kein Ende gefunden und wird auch in Zukunft weitergehen. Leicht können sich Weltanschauungen zu allgemeinen Überzeugungen verdichten, zu denen sich dann tausendfach Argumente finden lassen. Es bleibt die Frage, ob diese Überzeugungen trotzdem einer sachlogischen Überprüfung standhalten würden. Im zeitgeschichtlichen Kontext wahrscheinlich leider schon.

Schließlich wurde noch nach dem Nutzen gefragt, der sich aus der Rüthers'schen Entdeckung ziehen läßt, nach der Moral von der Geschichte. Anerkannt wird hier uneingeschränkt der Verdienst von Bernd Rüthers um die Aufarbeitung der Verstrickung von Justiz und Rechtswissenschaft im Nationalsozialismus. Unumstritten ist auch die These, Rechtsanwendung und Rechtsinterpretation in der Wissenschaft sei immer mit weltanschaulichen, außerrechtlichen Denkmustern verbunden. Wie aber wirkt sich diese Erkenntnis heute aus, wie hilft sie im juristischen Alltag, welche Konsequenz hat sie für Richter, Beamte, Wissenschaftler und Studenten?

Kann es nach den Erfahrungen von Nationalsozialismus und auch der DDR ein theoretisches System der Rechtsfindung geben, das der ideologischen Beeinflussung widersteht? Es gibt keine Methodenlehre, die außerrechtliche Einwirkungen ausschließt, die verhindert, daß die Auslegung durch Einlegung unbegrenzt wird. Bernd Rüthers ist am Ende der „Unbegrenzten Auslegung" skeptisch gegenüber jedem Versuch, eine „Supermethode" zu entwickeln. Eine normative Methodenlehre, die sich an den Rechtsanwender richtet, kann nicht über alle Zeitläufe hinweg bestehen.

Nicht diese negative Konsequenz, aber 24 Lehren aus der Rechtsperversion im Nationalsozialismus formuliert Bernd Rüthers in seinem Buch „Entartetes Recht – Rechtslehren und Kronjuristen im Dritten Reich" (1988). Er bekräftigt seine Kernthese zur Methodik, daß ihre Instrumente politisch vielfältig verwendbar und nicht an die Durchsetzung bestimmter Werte gebunden sind. Gleichwohl hebt er die typischen Erscheinungsbilder und Argumentationsmuster hervor, die im Nationalsozialismus vorwiegend eingesetzt wurden, um der neuen Ideologie zum Durchbruch im Rechtssystem zu verhelfen.

Damit aber relativiert Rüthers seine These. Der Einfall der Ideologie ins Recht zeigte sich besonders bei der Argumentation mit dem „Wesen der Dinge", ihren „Ordnungen", dem „Geist des Gesetzes" und der Kreation neuer Rechtsideen. Hier lassen sich Situationen festmachen, in denen eine neue Ideologie besonders massiv in ein Rechtsgebäude eindringt. So muß es aber auch den gegenteiligen Effekt geben, d.h. daß sich der Einfluß einer Weltanschauung auf die Rechtsanwendung also ohne diese Elemente reduziert. Es gibt folglich stärker und schwächer weltanschaulich anfällige Methodeninstrumente.

Rüthers bestreitet, daß es Methodik ganz ohne Werte gibt. Und letztlich werden Mechanismen wie die Generalklausel des § 242 BGB oder die Sozialadäquanz ja auch heute noch vielfach verwendet. Qualitative Unterschiede zwischen verschiedenen Methodenfiguren lassen sich jedoch nicht leugnen. Man kann daher mit Rüthers die Schlußfolgerung ziehen, daß bei Rechtsfindung, die sich auf die besonders fragwürdigen Instrumente stützt, allemal Vorsicht geboten ist.

Genau diese Vorsicht steht für Rüthers im Mittelpunkt seines Fazits, durchaus auch im Mittelpunkt seines Selbstverständnisses als Jurist. Das Bewußtsein für die aufgezeigten Zusammenhänge von Recht und Weltanschauung kann als „Umdeutungsbremse" fungieren. Juristen sollten sich immer darüber im klaren sein, daß sie nicht abgehoben von allen politischen und sozialen Gegebenheiten handeln. Weltanschauung und Werte sind notwendige Bestandteile juristischer Arbeit. Das Verhältnis zum Wertesystem, das der Rechtsordnung zugrunde liegt – so die Meinung Rüthers –, ist ein Kernproblem des juristischen Berufes.

Rüthers fordert Sensibilität gegenüber allen Regelmäßigkeiten und Begründungen, die aus sich selbst heraus Geltung beanspruchen. Skepsis gegenüber angelernten Formeln und Kritik an Auslegungsmaximen, die von Gerichten ungeprüft nachgebetet werden. Von einer Entscheidungsbegründung durch formaljuristische Argumentation geht eine extreme Legitimationswirkung aus. Daher muß sich jeder Rechtsanwender seiner hohen sozialen Verantwortung voll bewußt sein. Gerade weil durch Rechtsanwendung und – legitime – richterliche Rechtsfortbildung so viele außerrechtliche Einflüsse auf die Rechtsordnung einwirken, muß der Richter seine Entscheidungswege transparent halten, seine Argumente offen legen und sich nicht hinter Worthülsen verschanzen.

III. Gesamtwertung

Hat Rüthers' Entdeckung einen nachhaltigen Erkenntniswert gehabt, Licht ins Dunkle getragen, Zusammenhänge erhellt? Die „Unbegrenzte Auslegung" ist auch heute noch das Standardwerk zur Zivilrechtswissenschaft im Nationalsozialismus. Es gibt keine wissenschaftliche Auseinandersetzung mit dieser Thematik, die auf die Zitierung verzichten könnte.

Die nüchterne Auswertung der Rechtsperversion im Nationalsozialismus ist eine Voraussetzung für die Lösung der künftigen Aufgaben der Rechtswissenschaft und Justiz. Unrechtsregime mit einer Staatsideologie gibt es noch heute und wird es auch weiterhin geben. Was das juristisch bedeutet, können und sollen Juristen an dem historischen Beispiel des Nationalsozialismus lernen. In dieser Hinsicht ist die „Unbegrenzte Auslegung" ein Meilenstein der rechtswissenschaftlichen Forschung. Sie hat nicht unbedingt hervorgebracht, was vorher unbekannt war – eher im Gegenteil. Aber sie hat die Decke weggezogen, Licht ins selbstverordnete Dunkel gebracht. Danach war nichts mehr wie vorher, die Tagesordnung hatte sich geändert.

Die beiden Komplexe der „Unbegrenzten Auslegung", historische Tatsachenbeschreibung und dauerhafte Schlußfolgerung, haben sich in der Rezeption immer weiter voneinander entfernt. Die Rolle der Justiz im Nationalsozialismus ist aufgeklärt, ihre Methoden dargestellt. Konsens beherrscht im allgemeinen die wissenschaftliche Auseinandersetzung. Dagegen ist die Frage nach dem Zweck und den Möglichkeiten der Rechtsmethodik umstrittener denn je. Die Erforschung der Rechtsordnung der DDR wird diesen Trend verstärken.

Die „Unbegrenzte Auslegung" ist vielleicht keine Entdeckung, in jedem Fall aber eine Aufdeckung gewesen. Bernd Rüthers hat mit dieser Arbeit den richtigen Schritt zur richtigen Zeit gemacht – das haben nicht viele getan. Er hat damit großen persönlichen Mut bewiesen und eigenes Risiko nicht gescheut – das haben noch weniger getan.

Alles Recht ist Ideologie, es gibt kein Recht ohne ideologischen Wertmaßstab, Recht als geronnene Weltanschauung. Diese von Bernd Rüthers vertretene enge Verbindung von Recht und Weltanschauung bleibt umstritten. Zwar ist die mittelbare Grundrechtsdrittwirkung über die Generalklauseln des Bürgerlichen Gesetzbuches längst ein höchstrichterlich abgesegneter Allgemeinplatz. Auch das hintergründige Weltbild unserer Verfassungsordnung, das Menschenbild des Grundgesetzes, ist Thema wissenschaftlicher Abhandlungen geworden. Rüthers erklärt jedoch jede Rechtshandlung ohne Ausnahme zur wertgeprägten Aktion. Noch hinter der letzten Subsumtion in „technischen" Materien, wie der Grundbuchordnung, steckt ein ideologisches Konzept. Auf diesem Weg folgen ihm nicht viele.

Als Erkenntnis bleibt die Forderung nach Wachsamkeit, der mahnende Zeigefinger vor der Gefahr, nur zu leicht in Denkmuster zu verfallen, an deren Ende das legalisierte Verbrechen stehen kann. Das leuchtet ein, aber erscheint als Ertrag auch recht wenig. Zu wenig? Rechtsanwendung ist immer auch Rechtsgestaltung – gleichgültig, ob sich mit der anerkannten Rechtsmethodik nun wirklich jedes Ergebnis erzielen läßt. Vielleicht ist nach zwei deutschen Diktaturen die Mahnung zur Achtsamkeit, zur Skepsis und zum kritischen Methodenbewußtsein keine Entdeckung, aber nötig scheint sie allemal.

Literatur

I. Werke Rüthers'

Die Unbegrenzte Auslegung – Zum Wandel der Privatrechtsordnung im Nationalsozialismus, 5. Aufl., Heidelberg 1997.
Entartetes Recht – Rechtslehren und Kronjuristen im Dritten Reich, 2. Aul., München 1989.
Ideologie und Recht im Systemwechsel München 1992.
Das Ungerechte an der Gerechtigkeit, 2. Aufl. Zürich 1993.

II. Zur Entdeckung, ihrer Entwicklung und Rezeption

Klaus Luig, Macht und Ohnmacht der Methode, in: Neue juristische Wochenschrift (NJW) 1992, 2537ff.
Uwe Wesel, Geschichte des Rechts, München 1998.

Claus-Wilhelm Canaris

Claus-Wilhelm Canaris – Die Vertrauenshaftung im deutschen Privatrecht

(Ulrich Florian)

A. Der Entdecker

Unter den in diesem Buch vorgestellten Entdeckern zählt Claus-Wilhelm Canaris zu den jüngsten. Geboren wurde er am 1. Juli 1937 in Liegnitz/Schlesien.

An einem kalten Wintertag im Dezember 1997 hatte ich Gelegenheit, ihn persönlich kennenzulernen. Ein nicht gerade groß gewachsener Mann betritt einen vollbesetzten Hörsaal der Münchener Universität, vom äußeren Erscheinungsbild – ich gebe die Beschreibung eines Kommilitonen wieder – ein „netter, älterer Herr". Schnell stellt sich aber heraus: Der da spricht, ist „auf Draht", energie- und – vielmehr noch – wissensgeladen. Wäre ich eine Woche früher gekommen, hätte ich seine Reaktion auf die damaligen Studentenproteste miterleben können. Es wurde berichtet, daß es zu „handfesten" Auseinandersetzungen gekommen sei zwischen Studenten, die seine Vorlesung hören, und solchen, die dies verhindern wollten. Entgegen Zeitungsberichten, die er heftig dementierte, konnte Canaris die Situation ohne Unterstützung der Polizei meistern. Auch bei einem so gelagerten Zwischenfall, den er im nachhinein aus dem Stegreif strafrechtlich analysierte, zeigt sich seine beeindruckende Persönlichkeit als Jurist und Lehrer.

Canaris blickt auf eine wechselvolle Kindheit und Jugend zurück. Nachdem er von 1943 bis 1957 Schulen in Königsberg, Miesbach (Oberbayern) und Düsseldorf besuchte, legte er 1957 das Abitur am humanistischen Humboldt-Gymnasium in Düsseldorf ab. Dorthin war seine Familie letztlich übergesiedelt. Dabei hatte sie die ehemaligen Ostgebiete des Deutschen Reiches schon früh verlassen. Die furchtbaren Erfahrungen der Flucht nach dem Zusammenbruch Nazideutschlands blieben ihr damit erspart.

Bereits Canaris' Vater war Jurist. Liegt daher der Schluß nahe, ihm sei die Berufung zur Juristerei gleichsam „in die Wiege gelegt worden", so beteuert Canaris jedoch, dies habe für die Wahl seines Studienfachs keine Rolle gespielt. Er sei vielmehr „ex negativo" auf den Pfad der Rechtswissenschaft gelangt. Während der Abiturphase hatte er viele Interessen. Seine eigentliche Liebe aber galt der Philosophie und Germanistik. Doch recht bald stellte sich für ihn die Frage nach der beruflichen Perspektive. Ein ernüchterndes Schlüsselerlebnis hatte er bei einem Vorstellungsgespräch beim Dortmund Hörder Hüttenverein, als ihn der Vorstandsvorsitzende fragte: „Ja, ich habe auch einmal Philosophie studiert. Aber haben Sie sich wirklich überlegt, was sie damit eigentlich machen können?" Die Warnung überzeugte den Abiturienten, und er entschied sich schließlich für ein juristisches Studium. Diese Ausbildung ermöglichte ihm den Zutritt zu einem potentiell breiten Tätigkeitsfeld, so daß er seinen endgültigen Berufsweg erst spät festzulegen brauchte.

Gleichwohl hat Canaris seine philosophischen Interessen stets weiterverfolgt. Tatsächlich studierte er in den ersten vier Semestern vorwiegend Philosophie und Germanistik. Das Fach Jura beschäftigte ihn nur insoweit, als er testete, ob es ihm lag. Er wurde nicht enttäuscht. Ihn habe die besondere Art juristischer Rationalität fasziniert – auch wenn sich die Juristen schwer täten, genau zu sagen, worin diese nun bestehe: „Was ist das eigentlich, was die Juristen da machen, und warum ist das rational?" Denn die wesentlichen oder spektakulärsten Kriterien von Wissenschaftlichkeit seien ja nicht erfüllt. Juristen würden weder mathematisch noch empirisch arbeiten. Vielmehr sei die Vorgehensweise weitgehend hermeneutisch. Darüber hinaus beeindruckte Canaris die in weiten Teilen hohe Argumentationskultur des Fachs.

Vielleicht hätte Canaris, der in die Studienstiftung des Deutschen Volkes aufgenommen wurde, auch an der Heinrich-Heine-Universität Düsseldorf Jura studiert, wenn diese Möglichkeit damals schon bestanden hätte. Für ihn gab es zu jener Zeit aber nur die Alternative Berlin oder München; beide Städte lockten ihn vor allem wegen ihrer kulturellen Lebendigkeit. Ein Studium in Berlin scheiterte schließlich daran, daß hierfür der Transitweg durch die DDR hätte zurückgelegt werden müssen. Für jemanden mit dem Namen Canaris kein leichtes Unterfangen, war doch der Patenonkel unseres Entdeckers, Admiral Wilhelm Canaris, bis 1944 der Leiter der Abwehr-Abteilung im Kriegsministerium, bevor er wegen seiner Zugehörigkeit zur Widerstandsbewegung gegen Hitler 1945 hingerichtet wurde. So fiel die Wahl auf München. Teile seiner Studienzeit, die von 1957 bis 1961 dauerte, verbrachte er in Genf und Paris.

Nur wenige Jahre nach seinem ersten Staatsexamen vollendete Canaris seine Entdeckung, die „Vertrauenshaftung im Deutschen Privatrecht" – auch insoweit also ein „junger" Entdecker. Gleich nach der Prüfung übernahm er eine Stelle als wissenschaftlicher Assistent bei Karl Larenz. Unter Larenz als akademischem Lehrer promovierte Canaris 1963 in München („Die Feststellung von Lücken im Gesetz"). Nach dem zweiten juristischen Staatsexamen 1965 habilitierte sich Canaris 1967, ebenfalls bei Karl Larenz. Sein Habilitationsvortrag galt dem „Systemdenken und Systembegriff in der Jurisprudenz, entwickelt am Beispiel des deutschen Privatrechts" und wurde als Buch noch vor der „Vertrauenshaftung" veröffentlicht, wenngleich letztere zuerst geschrieben wurde. Seine Arbeit über das Systemdenken bezeichnet Canaris als methodologisches Pendant zur „Vertrauenshaftung". Trotz ihrer parallelen Entwicklung und wechselseitigen Beeinflussung verzichtete Canaris jedoch darauf, methodisches Konzept und dogmatische Überlegungen zusammen darzustellen.

In einem Gespräch, das ich an besagtem kalten Dezembertag 1997 mit Canaris führen konnte, beschreibt er die beiden Ansätze, die ihn zur Vertrauenshaftung führten. Der erste Ansatz reichte tatsächlich bis in seine Studienzeit zurück. Im Rahmen einer Hausarbeit wurde er mit dem Problemkreis um die positive Forderungsverletzung (pVV) und die Schutzwirkung zugunsten Dritter bei nichtigen Verträgen konfrontiert: Der Käufer einer mangelhaften Sache hatte sowohl die Wandelung als auch einen Anspruch aus pVV wegen eines Begleitschadens geltend gemacht. Es galt damals noch, daß die Wandelung „ex tunc" wirkte und damit den Vertrag beseitigte. Daher sah sich der Käufer vor die Alternative gestellt, entweder zu wandeln oder den Anspruch aus pVV, der das Bestehen eines Schuldverhältnisses voraussetzt, geltend zu machen. Um sich diesem Dilemma zu entziehen, schloß sich Canaris der damals neueren Meinung an, daß die Wandelung nur „ex nunc" wirke und es insofern keine Schwierigkeiten gebe, beides nebeneinander geltend zu machen. Aber schon als Student empfand Canaris diese Lösung als unbefriedigend, weil sie mit der Unterscheidung zwischen „ex nunc" und „ex tunc" rein begrifflicher Natur war.

Für Canaris lag es nahe, einen Fall zu konstruieren, bei dem die „ex-tunc"-Wirkung unausweichlich ist wie beispielsweise bei der Anfechtung, deren Rückwirkung im Gesetz geregelt wird. Sollte sich der Käufer zwischen Anfechtung und Schadensersatz aus pVV entscheiden müssen? Ansprüche aus pVV könnten – so Canaris – in bestimmten Konstellationen unabhängig von der Wirksamkeit des Vertrages sein. Dabei spielt der Vertrauensgedanke eine gewisse, wenn auch vielleicht nicht die ausschlaggebende Rolle. Canaris fand seine Lösung schließlich in einer gedanklichen Anleihe bei der „culpa in contrahendo" (c.i.c.). Dieses Institut war seit einer Arbeit von Ballerstedt weitgehend als Fall der Vertrauenshaftung anerkannt. Wenn sich die Haftung aus der Inanspruchnahme von Vertrauen, einem nicht rechtsgeschäftlichem Moment, rechtfertigt, dann – so ist Canaris überzeugt – könne „nicht anders entschieden werden, je nachdem, ob die Verletzung vor oder nach Vertragsschluß erfolgt." Es lag daher nahe, das Vertrauenskriterium auf die pVV zu übertragen und beide Institute in Teilen zusammenzufassen. Larenz schlug ihm vor, diese Thematik zum Gegenstand seiner Habilitationsschrift zu machen, doch Canaris lehnte ab. Den Kern seiner Gedanken hatte er bereits 1965 in der Juristenzeitung veröffentlicht (vgl. JZ 1965,

475 ff.). Diese nur auf ein breiteres Fundament zu stellen, erschien ihm für eine Habilitation zu wenig.

Was folgt, kann man als das für eine Entdeckung erforderliche „Schlüsselerlebnis" bezeichnen. Hans Dölle charakterisiert dieses Moment einer Entdeckung in seinem Festvortrag „Juristische Entdeckungen" zum 42. Deutschen Juristentag 1958 als „ein gewisses Maß von Spontaneität, das es gestattet, die konkrete Leistung des Entdeckers als selbständigen erkenntnisfördernden Akt zu bestimmen". Aus der Sicht von Canaris klingt das so: „Mir kam in dieser Situation mit Larenz ein glücklicher Zufall, einfach ein Einfall zur Hilfe." Für sein Rigorosum mußte er sich u.a. mit Familienrecht befassen. Dieses Gebiet hatte er bis dahin stark vernachlässigt. Er begann, sich so schnell wie möglich in das Familienrecht einzuarbeiten. Bei Verlöbnisauflösungen angelangt, erkannte er den direkten Zusammenhang zum Abbruch von Vertragsverhandlungen. „Warum gestaltet sich die Konstruktion eines Vertrages so krampfhaft im Familienrecht, obwohl es doch evidentermaßen keinen Anspruch auf den Abschluß eines Ehevertrages gibt?" Hinzu kam, daß der Inhalt des Ersatzanspruchs eigentlich das Vertrauensinteresse sei und mehr nicht. Aus diesem Gedankengang heraus habe er versucht, die Fallkonstellation in Anlehnung an die c.i.c. mit dem Vertrauensgedanken zu lösen. Im Gespräch versäumt Canaris nicht, auf sein rein wissenschaftliches Interesse an diesem Problem hinzuweisen. Sein Eheversprechen hatte er bereits 1963 eingelöst.

Sein damaliger Mitassistent und Freund Diederichsen war skeptisch. Er riet davon ab, den c.i.c.-Gedanken zu sehr zu betonen, „... sonst sagen die Familienrechtler, das ist schuldrechtlich gedacht und hat im Familienrecht nichts zu suchen." Dies leuchtete Canaris auch ein, änderte für ihn jedoch nichts daran, daß sich das Problem gleichwohl mit dem Gedanken der Vertrauenshaftung recht gut verstehen ließ. Er führte dann diese beiden Ansätze zusammen. „Das wäre doch nun wirklich lohnend, nicht – wie Larenz vorschlägt – die Theorie vom einheitlichen Schutzverhältnis zum Gegenstand der Habilitationsschrift zu machen, sondern statt dessen einfach einmal zu sammeln, was die einzelnen Felder sind, auf denen der Vertrauensgedanke als eigene Haftungsgrundlage in Erscheinung tritt." Weiterhin war für ihn zu prüfen, ob sich da eine Ordnung hineinbringen ließ. So kam er zur Vertrauenshaftung.

Sein primäres Ziel war, zu klären, wann der Anspruch auf Erfüllung und wann nur auf das negative Interesse geht. Es lag nahe, mit den Ansprüchen zu beginnen, die auf Erfüllung gerichtet sind. Er setzte sich sehr intensiv mit der Rechtsscheinhaftung auseinander und schrieb sie auch als einen in sich geschlossenen Block fertig. Dabei stellte er zu seiner eigenen Überraschung fest, daß es sich hier nicht um ein Feld von heterogenen Einzelerscheinungen handelt, die mehr oder weniger zufällig gewachsen sind und unverbunden nebeneinander stehen, sondern daß man durchaus einheitliche Leitlinien herausarbeiten konnte. Im Vorwort der „Vertrauenshaftung" spricht Canaris vom „Wirken einer geheimen Vernunft".

Als er den Block über die Rechtsscheinhaftung fertiggestellt hatte, sprach er mit Larenz darüber, ob das nicht als Habilitationsschrift ausreiche. Larenz hatte andere Vorstellungen: „Ich nehme keinen Torso entgegen!" Für Canaris war das jedoch kein Torso. Außerdem lag ihm daran, die Arbeit zügig fertigzustellen. Er hatte ein Buch, das erstens dick genug für eine Habilitationsschrift und – noch wichtiger – zweitens sehr geschlossen war. Larenz lenkte schließlich ein, so daß der Titel der Habilitationsschrift lautete: „Die Rechtsscheinhaftung im deutschen Privatrecht".

Dieses Ergebnis reichte dem Ehrgeiz unseres Entdeckers nicht, weil er das alte Thema doch gründlicher entfalten wollte. Besonderes Anliegen waren ihm die Fälle der Vertrauenshaftung kraft rechtsethischer Notwendigkeit, auf die er schon bei der Ausarbeitung seiner Rechtsscheinhaftung gestoßen war. Canaris beendete seine Arbeit in Hamburg, wo er 1969 ordentlicher Professor geworden war. Zuvor hatte er nach seiner Habilitation (1967) Lehrstuhlvertretungen in Erlangen/Nürnberg und Regensburg in den Jahren 1967/68 übernommen. Es folgte eine Professur in Graz 1968 für österreichisches Arbeitsrecht und deutsches Privatrecht. Seit 1972 ist er ordentlicher Professor für Bürgerliches Recht, Handels- und Arbeitsrecht sowie Rechtsphilosophie als Nachfolger von Karl Larenz in München.

Weitere Punkte aus seinem Lebenslauf mögen dazu beitragen, das Bild unseres Entdeckers abzurunden: 1976/77 war Canaris Dekan der Juristischen Fakultät und Mitglied des Akademischen Senats in München. Ehrenamtlich vertrat er als Mitglied des Vorstands der Bayerischen Börse von 1983 bis 1995 die Interessen der Anleger. Eine Fachgutachtertätigkeit der Deutschen Forschungsgemeinschaft für Bürgerliches Recht übte er von 1984 bis 1992 aus. 1988 wurde ihm der Leibnitz-Preis der Deutschen Forschungsgemeinschaft verliehen. An Mitgliedschaften sind zu nennen: 1987 bis 1993 Vorstand der Zivilrechtslehrervereinigung, philosophisch-historische Klasse der Bayerischen Akademie der Wissenschaften (seit 1990), Europäische Akademie der Wissenschaften und Künste, Salzburg (seit 1991), Akademia dei Iusprivatisti Europei, Pavia (seit 1994). Seit 1995 ist Canaris korrespondierendes Mitglied der Österreichischen Akademie der Wissenschaften, Wien (philosophisch-historische Klasse). Die Ehrendoktorwürde wurde ihm verliehen von den Universitäten Lissabon (1990), Madrid, Graz (1993) und Athen (1994). Den einflußreichen Ämtern und Ehren zum Trotz: Münchener Studenten berichten nicht ohne Stolz, daß man „ihren" Professor noch immer beim Einkaufen im Supermarkt treffen könne.

Ein ins Auge springender Aspekt aus dem familiären Bereich seiner Vita sind die Namen seiner Kinder: Leander und Afra. Darauf angesprochen, verneinte Canaris allerdings, daß seine literarischen Interessen, die bei ihm ebenso wie die kunsthistorischen eine große Rolle spielen, für die Namensgebung ausschlaggebend gewesen seien. Seine Frau und er hätten die Namen ausgesucht, weil sie klanglich zu Canaris paßten, selten gewesen und geblieben seien sowie einen poetischen Reiz hätten. Diesen fand er für Leander in Grillparzers „Des Meeres und der Liebe Wellen" und für Afra in deren Heiligenlegende.

B. Die Entdeckung

Angedeutet wurden Inhalt und Umfang der Entdeckung der „Vertrauenshaftung im deutschen Privatrecht" schon im ersten Teil dieses Kapitels bei der Porträtierung des Entdeckers. Jetzt soll die Entdeckung einmal eingehender beleuchtet werden. Vorweggeschickt sei noch, daß Erfüllungsansprüche grundsätzlich auf einem Rechtsgeschäft, in der Regel einem Vertrag, beruhen. Jemand kann z.B. als Käufer von seinem Verkäufer die Lieferung der Kaufsache als Erfüllung des Kaufvertrages verlangen, den beide geschlossen haben. Dieser Erfüllungsanspruch wird als Rechtsfolge des zugrundeliegenden Vertrages bezeichnet.

I. Das Konzept

Canaris mußte genau bei den Erfüllungsansprüchen ansetzen. Er wollte ja herausfinden, nachdem ihm die Rolle des Vertrauensgedankens beim Verlöbnis ins Auge gefallen war, wo der Vertrauensgedanke überhaupt noch eine Rolle spielt. Primär war für ihn dabei zu klären, wann der Vertrauende einen Anspruch auf „Vertrauensentsprechung" (also Erfüllung) und wann lediglich einen Schadensersatzanspruch hat. Von der Terminologie her wird der Schadensersatzanspruch auch als Anspruch auf Ersatz des Vertrauensschadens oder als das negative Interesse, der Anspruch auf Erfüllung als das positive Interesse bezeichnet. Canaris nennt diese Aufteilung „Zweispurigkeit". Die Frage nach den Schadensersatzansprüchen tritt jedoch im Rahmen der „Vertrauenshaftung" in den Hintergrund. Dazu sind aber auch Schriften unseres Entdeckers im Literaturverzeichnis zu finden (s. dortiger Hinweis). Allerdings werden die Schadensersatzansprüche, wie sich noch zeigen wird, in das System der Vertrauenshaftung integriert. Hier soll es aber vorrangig um Erfüllungsansprüche gehen.

Dabei war Canaris nicht der erste, der sich mit dem Gedanken der Vertrauenshaftung auseinandersetzte. Allerdings fehlte bis dahin eine Theorie, die die „dritte Spur" zwischen Vertrag und Delikt zufriedenstellend erklären konnte. Alle bisherigen Lösungsversuche, insbesondere im Bereich der Rechtsscheinhaftung, hatten in Canaris' Augen zu stark vereinheitlicht. Vor allem vermißte er den Gedanken, daß ein pauschaler Erfüllungsanspruch u.U. unangemessen harte Resultate zur Folge haben könne. Im Gegensatz dazu entspreche ein Schadensersatzanspruch der „Billigkeit" wesentlich mehr, da er den Vertrauenden nur insoweit schütze, als ihm durch seine „Vertrauensinvestition" auch ein Schaden entstanden sei (vgl. Vertrauenshaftung, S. 6).

Canaris setzt daher auf das Zusammenspiel mehrerer Prinzipien. Daß noch ein „gehöriger Brocken" Arbeit dahintersteckte, eine flexible aber durchgängige Theorie der Vertrauenshaftung aufzustellen, zeigt schon der Umfang des Buches über die „Vertrauenshaftung". Auf den ersten knapp 400 Seiten untersucht unser Entdecker akribisch die einzelnen Tatbestände der Vertrauenshaftung. Die Mühe war notwendig. Canaris war darauf angewiesen, induktiv zu arbeiten, weil er dogmatisch vorgehen wollte. Seine Arbeit mußte also auf das geltende Recht bezogen sein. Die induktive Methode erklärt auch den auf den ersten Blick ungewöhnlich anmutenden Aufbau, bei dem auf den „Besonderen Teil" der „Allgemeine Teil" folgt, ganz im Gegensatz z.B. zum BGB, bei dem der Allgemeine Teil vorangestellt ist. Allerdings wird auch schon in dieser Titulierung die Ähnlichkeit zu einem Gesetz oder Gesetzbuch deutlich. Canaris will das allgemeine Rechtsprinzip des Vertrauensschutzes auf Normen bringen, unter die man subsumieren kann. Dabei mag ihm die vorgefundene Fülle und „Unordnung" des Materials gerade recht gewesen sein. So konnte er sein Faible für methodologische Grundfragen unter Beweis stellen. Dies war auch deshalb erforderlich, weil die Vertrauenshaftung von den Vätern des BGB eher als Ausnahme empfunden wurde. Somit galt es, zahlreiche Analogien zu den vorhandenen anerkannten Tatbeständen der Vertrauenshaftung zu bilden. Der Leser kann sich über das abstrakte Vorgehen ebenfalls bei Canaris, in dem Werk über „Systemdenken und Systembegriff in der Jurisprudenz, entwickelt am Beispiel des deutschen Privatrechts", informieren.

Bevor wir jetzt das allgemeine System der Vertrauenshaftung nachvollziehen können, müssen noch einige Begrifflichkeiten geklärt werden. Dazu nimmt unser Entdecker den Begriff Vertrauenshaftung ganz genau unter die Lupe. Unter Vertrauen versteht er nur *tatsächliches* Vertrauen. Tatbestände des absoluten Verkehrsschutzes, wie etwa die Figur des Scheinkaufmanns gemäß § 5 HGB, auf dessen Eintragung sich jedermann berufen kann – gleichgültig, ob er auf die Richtigkeit der Eintragung vertraut hat oder diese überhaupt kannte –, scheiden aus seiner Betrachtung aus. Der zweite Bestandteil des Begriffs Vertrauenshaftung kennzeichnet nach Canaris die Begründung einer Pflicht. Abzugrenzen ist dies vom Rechtsverlust, wie er z.b. beim gutgläubigen Erwerb auf seiten des ursprünglichen Eigentümers eintritt.

II. Die Tatbestände der Rechtsscheinhaftung

Nehmen wir zunächst den „Besonderen Teil" seiner Arbeit ins Visier. Dort ergibt sich eine Aufteilung in zwei Blöcke: Den ersten Block bildet die frühzeitig fertiggestellte *Rechtsscheinhaftung*. Nach Canaris ist Rechtsscheinhaftung dann anzunehmen, wenn die Rechtsordnung einen eigentlich nicht gegebenen Anspruch gewährt, weil der Schein seines Bestehens entstanden war. Eine weitere Differenzierung innerhalb der Rechtsscheinhaftung erfolgt zwischen der Rechtsscheinhaftung im bürgerlichen Recht und der in den übrigen Gebieten des Zivilrechts.

Innerhalb des bürgerlichen Rechts stellt Canaris das Zusammenspiel mehrerer Prinzipien fest. Um den von ihm erkannten Fehler der älteren Rechtsscheintheorien, die zu starke Vereinheitlichung, zu vermeiden, formuliert er zunächst einen Minimaltatbestand: Wer wissentlich einen Rechtsschein schafft oder nicht beseitigt, muß sich zugunsten gutgläubiger Dritter so behandeln lassen, als entspräche der Schein der Wirklichkeit. Darunter fallen etwa die Tatbestände der Scheinvollmacht gemäß §§ 171 Abs. 1, 172 BGB und der Duldungsvollmacht. Letztere ist zwar nicht gesetzlich fixiert, wird aber angenommen, wenn der Vertretene weiß, daß ein anderer für ihn handelt, aber zurechenbarerweise nichts dagegen unternimmt. Weiterhin sind z.B. die Blankettausfüllung und sogar Fälle des Familienrechts vom Minimaltatbestand erfaßt. Nach Rechtsscheingrundsätzen haftet auch derjenige, der eine Rechtstatsache, die typischerweise zur Grundlage von Rechtsgeschäften Dritter bestimmt ist, bewußt nach außen kundgibt, selbst wenn er die Unrichtigkeit seiner Kundgabe nicht kennt. Gleiches gilt für das nachträgliche Erlöschen von Rechtstatsachen, auch wenn dem Betreffenden das Unterbleiben einer Erlöschensanzeige nicht zurechenbar ist.

Die Untersuchung der Rechtsscheinhaftung in den übrigen Gebieten des Zivilrechts reicht vom Handelsrecht über das Wertpapierrecht bis ins Arbeitsrecht. Dabei ergeben sich u.a. wegen des erhöhten Verkehrsschutzes im Handelsrecht erhebliche Unterschiede zum bürgerlichen Recht. Paradebeispiel ist die sehr umstrittene Anscheinsvollmacht. Wie die Duldungsvollmacht ist auch sie nicht im Gesetz zu finden. Verstanden wird darunter die Konstellation, daß der Vertretene das Verhalten des für ihn Handelnden nicht kennt, es aber bei pflichtgemäßer Sorgfalt hätte erkennen und verhindern können. Für Canaris gibt es die Anscheinsvollmacht im bürgerlichen Recht nicht, da sonst untragbare Wertungswidersprüche zur Situation des fehlenden Erklärungsbewußtseins entstünden (vgl. Vertrauenshaftung, S. 50f.). Beim Erklärungsbewußtsein handelt es sich um ein Element einer Willenserklärung, nämlich das Bewußtsein des Erklärenden, etwas rechtlich Erhebliches erklärt zu haben. Die Rechtsfolgen bei seinem Fehlen sind umstritten; es werden Nichtigkeit der Willenserklärung analog § 118 BGB oder Anfechtbarkeit gemäß § 119 I BGB vertreten. So oder so – eine dauerhafte Bindung an die Erklärung besteht nicht. Im Vergleich dazu wäre eine Haftung des „Vertretenen" bei der Anscheinsvollmacht eine zu scharfe Rechtsfolge. Für das Handelsrecht entscheidet Canaris anders. Die Notwendigkeit eines erhöhten Verkehrsschutzes rechtfertige die Anscheinsvollmacht (vgl. Vertrauenshaftung, S. 191 ff.).

III. Die Tatbestände der Vertrauenshaftung kraft rechtsethischer Notwendigkeit

Den anderen großen Block im „Besonderen Teil" stellt die *Vertrauenshaftung kraft rechtsethischer Notwendigkeit* gemäß § 242 BGB dar. Canaris zeigt auf, daß der Vertrauensgedanke in bestimmten Fällen nach „Treu und Glauben" nicht – wie sonst im Rahmen des § 242 BGB – nur als Einrede oder Einwendung wirke, sondern vielmehr auch Erfüllungsansprüche begründe. So ermöglicht etwa die Vertrauenshaftung kraft „dolosen" Verhaltens bei formnichtigen Rechtsgeschäften, vergangene Arglist als anspruchsbegründendes Merkmal einzusetzen. Gleiches gilt für den Fall des widersprüchlichen Verhaltens (venire contra factum proprium). Als letzter Tatbestand ist parallel zur Verwirkung die Erwirkung zu nennen, deren Hauptmerkmal ein mehr oder weniger langer Zeitablauf ist. Zu den gerade genannten Merkmalen der Vertrauenstatbestände müssen jeweils noch weitere Voraussetzungen hinzukommen. Dem Haftenden muß der Vertrauenstatbestand zurechenbar sein. Weiterhin ist Gutgläubigkeit des Vertrauenden erforderlich. Für einen Erfüllungsanspruch als Rechtsfolge ist aber ausschlaggebend, daß der Vertrauende sich so irreversibel auf die Lage eingerichtet hat, daß ein Schadensersatzanspruch nicht ausreichend wäre. Der entscheidende Punkt bei diesen Voraussetzungen besteht darin, daß sie sich innerhalb eines „beweglichen Systems" gegenseitig beeinflussen.

Gerade letzteres Erfordernis zeigt sich in dem spektakulären Fall der „formlosen Hoferbenbestimmung" (vgl. Vertrauenshaftung, S. 358). Der Eigentümer eines Bauernhofes verspricht einem Verwandten, er werde ihn als Erben einsetzen, wenn dieser den Hof bewirtschafte. Natürlich fehlt es an der notwendigen notariellen Beurkundung des Erbvertrages. Der arme Verwandte scheint nach jahrelanger mühevoller Arbeit leer auszugehen. Der BGH läßt hier entgegen der beinahe einstimmigen Gegenmeinung der Literatur die formlose Hoferbenbestimmung zu, die den dinglichen Rechtsübergang des Hofes bewirken soll. Auch Canaris wendet sich entschieden gegen die Konstruktion des BGH, der das Formerfordernis gemäß § 125 BGB mit der Arglisteinrede zunichte macht. Denn – so Canaris – es weiß natürlich auch der Bauernstand um die Formerfordernisse. Allerdings nimmt unser Entdecker dann Rückgriff auf die Vertrauenshaftung kraft widersprüchlichen Verhaltens bei Vertrauen auf freiwillige Leistungen. Der Bauer schaffe durch sein Versprechen einen Vertrauenstatbestand, und der Verwandte richte sich in irreversibler Weise darauf ein. Der Bauernhof bilde seine Existenzgrundlage. Entscheidend sei, daß dem Verwandten mit einem Schadensersatzanspruch nicht geholfen werde. Allerdings fragt man sich dann: Hätte der Verwandte nicht auf einen Vertragsschluß drängen können und müssen? Nein, so sagt Canaris, innerhalb des beweglichen Systems bewirkten das Verwandtschaftsverhältnis und das bäuerliche Rechtsempfinden, daß der Verwandte auf das Versprechen bauen konnte. Für den Verwandten sei die Privatautonomie insofern außer Kraft.

Schon dieser kurze Aufriß der Tatbestände der Vertrauenshaftung deutet auf ihre jeweilige Funktion hin. Canaris kann dies natürlich anhand zahlreicher weiterer Tatbestände belegen. Die Rechtsscheinhaftung dient dem Verkehrsschutz. Betont werden muß noch einmal, daß es Canaris gelingt, ein System zu entwickeln. Im Gegensatz dazu standen die einzelnen Tatbestände früher unverbunden nebeneinander. Dagegen geht es bei der Vertrauenshaftung kraft rechtsethischer Notwendigkeit um den Gedanken von Treu und Glauben. Dies ergibt sich schon aus ihrer Herleitung aus § 242 BGB. Allerdings sind hier die Voraussetzungen der einzelnen Tatbestände nicht so konturiert festgelegt. Kennzeichnend ist vielmehr das Zusammenspiel in einem beweglichen System.

IV. Die allgemeinen Merkmale der Vertrauenshaftung

Nachdem bei der Beschreibung des „Besonderen Teils" einzelne Tatbestände aufgezeigt wurden, stellt sich nun die Frage: Wie lauten die allgemeinen Merkmale der Vertrauenshaftung? Zunächst muß der Vertrauenstatbestand vorliegen. „Blindes" Vertrauen genügt nicht. Weiterhin verdient der leichtfertig Vertrauende keinen Schutz. Gutgläubigkeit wird von ihm verlangt. Sein Vertrauen darf andererseits aber auch nicht nur eine innere Gefühlsregung sein. Vielmehr ist eine Disposition oder Vertrauensinvestition erforderlich, d.h. eine äußerlich erkennbare Reaktion in irgendeiner Form auf den Vertrauenstatbestand. Schließlich muß dem Gegenüber des Vertrauenden der Vertrauenstatbestand auch zugerechnet werden können.

Setzen wir zunächst beim *Vertrauenstatbestand* an. Die erste Definition im „Allgemeinen Teil", den Vertrauenstatbestand anzusehen als „jeden Sachverhalt, der geeignet ist, in bestimmter Richtung Vertrauen zu erwecken", sieht Canaris selbst als zu weit an. Er differenziert zunächst zwischen „künstlichen" und „natürlichen äußeren Tatbeständen" (vgl. Vertrauenshaftung, S. 492). Künstliche äußere Tatbestände sind solche, die durch das Gesetz begründet und zum Ausgangspunkt für Vertrauensschutz erklärt werden, wie z.B. die Register und der Erbschein. Natürliche äußere Tatbestände sind mündliche Erklärungen, Urkunden und konkludentes Verhalten. Innerhalb dieser Kategorie sind Tatbestände wie die Duldungsvollmacht, die wir bei der Beschreibung des „Besonderen Teils" schon gestreift haben, schwächer als eine ausdrückliche Erklärung oder eine Urkunde, weil sie nur auf konkludentem Verhalten beruhen. Es müssen dann an die Schlüssigkeit des Tatbestandes erhöhte Anforderungen gestellt werden, z.B. mehrmaliges Dulden bei der Duldungsvollmacht. So kann auch das bloße Schweigen Vertrauenstatbestand sein. Für alle Vertrauenstatbestände gilt, daß sie sich nicht unbedingt direkt an den Vertrauenden richten müssen.

Die Differenzierung zwischen künstlichen und natürlichen äußeren Tatbeständen spielt weiterhin bei der genauen Festlegung eines

Vertrauenstatbestandes eine Rolle. Für künstliche äußere Tatbestände ist das Gesetz heranzuziehen; bei den natürlichen kommen die Regeln über die Auslegung von Willenserklärungen zum Zuge. Dafür spricht aus der Sicht von Canaris insbesondere, daß gerade auch bei der objektiven Auslegung nach dem Empfängerhorizont zu fragen ist, wie der Erklärungsempfänger die Erklärung nach Treu und Glauben verstehen durfte. Gewichtige Unterschiede zwischen den einzelnen Vertrauenstatbeständen bestehen auch in inhaltlicher Hinsicht. Es leuchtet z.B. ohne weiteres ein, daß bei einem Vertrauenstatbestand, der nur auf eine zukünftige Entwicklung gerichtet ist, das Vertrauen in der Regel – der Hoferbenfall stellt insoweit eine Ausnahme dar – nicht schutzwürdig ist. Hier muß derjenige, der die Rechtsfolge herbeiführen möchte, grundsätzlich einen Vertrag abschließen. Rechtsscheinhaftung kommt schon gar nicht in Betracht. Canaris formuliert das so: „Hinsichtlich des Eintritts eines in der Zukunft liegenden Umstandes kann kein ‚Schein', sondern allenfalls eine ‚Wahrscheinlichkeit' bestehen" (Vertrauenshaftung, S. 495). Richtet sich das Vertrauen auf eine Fallkonstellation, in der sich die rechtliche Unmöglichkeit aus dem Vertrauenstatbestand ergibt, kann es auch nur ganz ausnahmsweise, nämlich in den Fällen der Vertrauenshaftung kraft rechtsethischer Notwendigkeit, zu einem Erfüllungsanspruch kommen. Dagegen kann beim Vertrauen auf eine rechtlich mögliche Lage, wie z.B. bei der Erklärung, Vollmacht erteilt zu haben, die Rechtsscheinhaftung mit der Konsequenz, erfüllen zu müssen, eintreten. Die Rechtsscheinhaftung kann aber wiederum nur dann eingreifen, wenn der Schein einer bestimmten Rechtslage besteht. Immer muß sich der Scheintatbestand auf ein Verhalten desjenigen beziehen, dessen Einstandspflicht begründet werden soll.

Auf die Unterscheidung zwischen natürlichen und künstlichen äußeren Tatbeständen greift Canaris auch bei der Dauer und Zerstörung des Vertrauenstatbestandes zurück. Erklärungen schaffen einen Vertrauenstatbestand grundsätzlich nur im Augenblick ihrer Abgabe. Ganz anders bei Urkunden: Hier reicht in der Regel schon der bloße Besitz aus, um den Vertrauenstatbestand fortdauern zu lassen. Sonst muß eine Kraftloserklärung, u.U. sogar ein Aufgebotsverfahren eingeleitet werden. Bei Registereintragungen hingegen – jetzt sind wir bei den künstlichen äußeren Tatbeständen angelangt – kann der Vertrauenstatbestand nur durch eine Änderung des Registers aufgehoben werden. Canaris betont, daß es sich dabei nur um eine tatsächliche Anspruchsvoraussetzung handelt. Es liegt eben keine irgendwie geartete Ermächtigung vor, sondern die Rechtsfolge tritt aus seiner Sicht nur aufgrund des Gesetzes ein.

Wie sehen nun die *Voraussetzungen auf seiten des Vertrauenden* aus? Zunächst stellt unser Entdecker fest, daß für das Vertrauen auch oder gerade unbewußte seelische Vorgänge ausreichen. Vertraue doch niemand stärker als der, dem sein Vertrauen nicht einmal zu Bewußtsein komme (vgl. Vertrauenshaftung, S. 504). Unter juristischen Aspekten sind folgende Merkmale für das Vertrauen zu nennen: Derjenige, der weiß, daß der Vertrauenstatbestand nicht richtig ist, ist bösgläubig, vertraut demnach nicht und muß daher auch nicht geschützt werden. Bei den künstlichen äußeren Tatbeständen des Registerschutzes heißt es z.B. bei § 15 Abs. 1 HGB, daß nur positive Kenntnis der Unrichtigkeit schadet. Hingegen kann in anderen Fällen der Rechtsscheinhaftung, vor allem bei einem evidenten Mangel, auch schon fahrlässige Unkenntnis den Anspruchsverlust bedeuten. Da für die Rechtsscheinhaftung aber hauptsächlich Verkehrsschutzaspekte ins Feld geführt werden, müssen in diesem Fall schon besondere Umstände vorliegen, die Anlaß zu Mißtrauen geben. Anders ist die Situation hingegen in Fällen der Vertrauenshaftung kraft rechtsethischer Notwendigkeit, da hier ein fester Tatbestand fehlt und vielmehr ein bewegliches System vorliegt. Positive Kenntnis vom Mangel des Vertrauenstatbestandes schadet in der Regel auch hier. Bei der Vertrauenshaftung kraft „dolosen" Verhaltens ist dies zwingend, da der Arglistige nicht schutzwürdiger ist als der Leichtgläubige.

Als weitere Voraussetzung beim Vertrauenden ist die *Kenntnis des Vertrauenstatbestandes* erforderlich. Es darf sich also nicht um blindes Vertrauen handeln. Ausgesprochen wichtig ist dabei, daß sich das Vertrauen auch nach außen niederschlägt. Canaris spricht dabei von „Disposition" oder „Vertrauensinvestition". Bei der Rechtsscheinhaftung ist dies das Rechtsgeschäft, das im Vertrauen auf den Rechtsschein abgeschlossen wird, etwa der Vertrag mit einem Scheinbevollmächtigten. Ebenso ist die Lage bei der Vertrauenshaftung kraft „dolosen" Verhaltens. In den Fällen der Vertrauenshaftung kraft widersprüchlichen Verhaltens und kraft Erwirkung kommt es dagegen auf das Ausmaß der Vertrauensinvestition an. Man denke nur wieder an den Hoferben. Normalerweise reichen hier Schadensersatzansprüche aus. Nur wenn sich der Vertrauende in existentieller Weise auf die vermeintliche Lage „eingerichtet" hat, kann davon abgegangen werden. Hierfür soll zugunsten des Vertrauenden schon die hohe Wahrscheinlichkeit ausreichen, daß die Vertrauensinvestition durch den Vertrauenstatbestand hervorgerufen worden ist. Allerdings mildert Canaris die Konsequenzen, indem er demjenigen, der in Anspruch genommen wird, den Gegenbeweis gestattet, daß der Vertrauende doch nicht durch den Vertrauenstatbestand bestimmt worden ist. Ausnahmen vom Erfordernis der Disposition können nur bei einseitigen Rechtsgeschäften angenommen werden, da hier die Mitwirkung des Vertrauenden fehlt.

Die vierte Voraussetzung bildet der *Kausalzusammenhang zwischen Vertrauen und Disposition*. Da dem Vertrauenden der Beweis dieser inneren Tatsache schwerfallen könnte, läßt Canaris an dieser Stelle eine Beweislastumkehr zu. Schließlich kommt es nur bei Beziehungen zwischen den Parteien im rechtsgeschäftlichen Bereich zur Vertrauenshaftung, da es z.B. bei unerlaubten Handlungen an einem Verkehrsgeschäft fehlt.

Ein ganz maßgebliches Kriterium ist für Canaris noch das Merkmal der *Zurechenbarkeit* des Vertrauenstatbestandes zur Person desjenigen, der in Anspruch genommen wird. Wie die einzelnen Zurechnungsprinzipien aussehen, kann hier nur angedeutet werden. Die Zuordnungsproblematik reicht auch weit über die Vertrauenshaftung hinaus. Bei der Rechtsscheinhaftung kommt – bis auf die

Ausnahmen des reinen Rechtsscheins, bei denen auf das Zurechnungserfordernis ausnahmsweise ganz verzichtet wird – das Risikoprinzip zum Tragen. Im Gegensatz zum beispielsweise aus § 276 BGB bekannten Verschuldensprinzip, das Haftung für Vorsatz und Fahrlässigkeit vorsieht, geht es hierbei um die Risikoverteilung nach Sphären. Das Hauptargument hierfür bildet nach Canaris der Schutz des Dritten aufgrund der Verkehrsfreundlichkeit der Rechtsscheinhaftung. Allerdings nimmt er eine Abstufung beim Risikoprinzip vor. So haftet das Gegenüber des Vertrauenden immer, wenn er positive Kenntnis vom Charakter des Scheintatbestandes hat. Bei der Vertrauenshaftung kraft rechtsethischer Notwendigkeit spielt dann wieder das Verschuldensprinzip die entscheidende Rolle. Bei ihr kommt es ja nicht so sehr auf Verkehrsschutzgesichtspunkte an, sondern auf den Einzelfall. Allerdings ist das Zurechnungsprinzip immer als Teil des beweglichen Systems aufzufassen.

Noch einmal sei ausdrücklich auf die Rechtsfolgenseite hingewiesen. Der Vertrauende hat Anspruch auf Vertrauensentsprechung, d.h. einen vollwertigen Erfüllungsanspruch. Da der Vertrauende aber auch nicht besser gestellt werden soll, als wenn die Rechtslage tatsächlich so wäre, wie er sie sich vorstellt, müssen seinem Gegenüber z.B. auch die üblichen Gegenrechte bleiben.

V. Vertrauenshaftung und Rechtsgeschäftslehre

Nachdem wir uns die allgemeinen Merkmale der Vertrauenshaftung vor Augen geführt haben, drängt sich die Frage geradezu auf, wie sich die *Vertrauenshaftung zur Privatautonomie* bzw. zur Rechtsgeschäftslehre verhält. Schließlich läuft es bei der Vertrauenshaftung ebenfalls auf Erfüllungsansprüche hinaus. Auch haben die Ansprüche aus der Vertrauenshaftung ihren Ursprung im rechtsgeschäftlichen Raum.

Canaris stellt zunächst fest, daß der Geltungsgrund für Rechtsgeschäfte auf keinen Fall mit der Vertrauenshaftung begründet werden kann. Geltungsgrund für ein Rechtsgeschäft sei vielmehr das Prinzip der Privatautonomie. Dieses beruht darauf, daß dem einzelnen vom Staat das Rechtsgeschäft zur Gestaltung seiner rechtlichen Verhältnisse an die Hand gegeben worden ist. Dies wäre funktionslos, könnte man nicht die rechtliche Geltung selbst hervorrufen. Somit läßt sich die Geltung des Rechtsgeschäfts unmittelbar mit der Privatautonomie erklären. Ein Rückgriff auf die Vertrauenshaftung ist nach Canaris ausgeschlossen, da auch die Privatautonomie insgesamt nicht auf die Vertrauenshaftung zurückgeführt werden kann.

Weiterhin hat Canaris noch eine Vielzahl von Einwänden dagegen, die Rechtsgeschäftslehre mit der Vertrauenshaftung zu erklären, z.B. die Geltung eines Rechtsgeschäfts, obwohl keinerlei Vertrauen vorliegt. Zwar spielt der Vertrauensgedanke bei von Willensmangel beeinflußten Rechtsgeschäften oder bei anfänglich objektiver oder subjektiver Unmöglichkeit eine Rolle. Aber auch hierfür ist der Grundsatz der Selbstbestimmung maßgeblich.

Der entscheidende Punkt bei dem Verhältnis von Vertrauenshaftung und Rechtsgeschäftslehre ist jedoch, ob die Vertrauenshaftung überhaupt mit dem Grundsatz der Privatautonomie vereinbar ist. Wie eingangs erwähnt, werden auch Erfüllungsansprüche gewährt, die zunächst einmal nur aus einem Rechtsgeschäft resultieren können. Teilweise wird daher immer noch versucht, diese Rechtsfolge im Fall der Vertrauenshaftung rechtsgeschäftlich zu erklären. Ein ganz wesentliches Argument dagegen bildet für Canaris die Unterscheidung zwischen konstitutiven und deklaratorischen Erklärungen. Eine konstitutive Erklärung ist für das Vorliegen eines Rechtsgeschäfts die entscheidende Voraussetzung. Es wird eine Regelung in Geltung gesetzt. Dagegen wird bei einer deklaratorischen Erklärung nur auf eine solche Regelung verwiesen. Beispiele hierfür sind die Kundgabe einer bereits erteilten Vollmacht gem. § 171 I BGB oder die Duldungsvollmacht. Auch lassen sich als weiteres Argument beispielsweise die Fälle der Vertrauenshaftung kraft rechtsethischer Notwendigkeit, in denen eine Rechtsfolge lediglich für die Zukunft in Aussicht gestellt wird (Beispiel wieder der Hoferbenfall), nicht rechtsgeschäftlich erklären. Dasselbe gilt in den Fällen des fehlenden

Erklärungsbewußtseins, in denen nicht in Selbstbestimmung ein Rechtsverhältnis gestaltet wird. Canaris weist damit darauf hin, daß hier also nicht eine Haftung statuiert wird, die sich „ex voluntate", also aus der Selbstbestimmung heraus, ergibt. Für ihn handelt es sich dabei vielmehr um eine gesetzliche Haftung, ein gesetzliches Schuldverhältnis. Inwiefern es andere Meinungen ablehnen, an andere Tatbestände dieselben Rechtsfolgen zu knüpfen wie an Rechtsgeschäfte, soll im weiteren Verlauf dieses Beitrags beschrieben werden. Aus der Sicht unseres Entdeckers verbietet es der Grundsatz der Privatautonomie jedenfalls nicht.

Canaris stellt fest, daß sich eine absolute Verallgemeinerung des Prinzips der Selbstbestimmung vor dem geltenden Recht nicht behaupten lasse (vgl. Vertrauenshaftung, S. 429). Der besondere Grund, gesetzliche Pflichten aufzuerlegen, ergibt sich aus dem Zurechnungsgedanken und damit aus dem Prinzip der Selbstverantwortung. Aus der Sicht der Methodenlehre zeigt Canaris auf, daß allgemeine Rechtsprinzipien, wie das Prinzip der Selbstbestimmung, keinen Ausschließlichkeitscharakter beanspruchen können (vgl. Vertrauenshaftung, S. 433). Auch treten keine Wertungswidersprüche zur Rechtsgeschäftslehre auf. So ist z.B. für die Haftung auf Erfüllung bei der ersten Variante der Rechtsscheinhaftung die wissentliche Schaffung des Scheintatbestandes erforderlich. Derjenige, der dies tut, weiß, was auf ihn zukommt. Dieses Argument läßt sich auch verwenden, um zu begründen, warum keine Kontrolle stattfinden soll, ob eine Äquivalenz zwischen Leistung und Gegenleistung besteht. Denn es fehlt bei der Vertrauenshaftung generell das Aushandeln von Konditionen, das bei Verträgen eine gewisse „Vertragsgerechtigkeit" gewährleistet. Insgesamt bezeichnet Canaris die Vertrauenshaftung als „Korrelat der privatautonomen Gestaltungsfreiheit" (Vertrauenshaftung, S. 440).

Ein Randaspekt sei in diesem Zusammenhang noch erwähnt. Ein Vertragsschluß durch sozialtypisches Verhalten könnte auf keinen Fall mit der Vertrauenshaftung erklärt werden, da es hierbei am vertrauenden Partner fehlt.

Interessant ist auch ein letzter Aspekt im Spannungsfeld zwischen Vertrauenshaftung und Rechtsgeschäftslehre: Sind die Vorschriften über Rechtsgeschäfte auf die Vertrauenshaftung anwendbar? In Betracht kommt nach Ansicht von Canaris nur eine Analogie, da die Vertrauenshaftung Haftung kraft Gesetz ist. Für die Zurechnungsfähigkeit bejaht er eine Analogie zu §§ 104 ff. BGB, da es bei der Vertrauenshaftung auch um Teilnahme am rechtsgeschäftlichen Verkehr geht.

Auch will er grundsätzlich die Vorschriften über Willensmängel der §§ 116 ff. BGB mit dem Argument anwenden, daß eine Willenserklärung keinen schwächeren Vertrauenstatbestand darstellt als eine deklaratorische Erklärung. Eine Ausnahme besteht nur, wenn das Rechtsgeschäft als Grundlage von Rechtsgeschäften mit einer unbestimmten Vielzahl von Personen dienen soll (Verkehrsschutz). Bei der Vertrauenshaftung kraft rechtsethischer Notwendigkeit wird der Willensmangel im Rahmen des beweglichen Systems in die Gesamtabwägung miteinbezogen.

Was die Zurechnung des Handelns Dritter zur Person desjenigen, der in Anspruch genommen werden soll, anbelangt, kann auf die Regeln über die Stellvertretung in §§ 164 ff. BGB zurückgegriffen werden. Eine Anwendung der §§ 134, 138 BGB, die die Nichtigkeit eines Rechtsgeschäfts wegen des Verstoßes gegen ein gesetzliches Verbot bzw. wegen Sittenwidrigkeit bestimmen, ist nur bei der Vertrauenshaftung kraft rechtsethischer Notwendigkeit denkbar. Dabei wird der Schutzzweck der fraglichen Norm auch wieder im Rahmen des beweglichen Systems bei der Gesamtabwägung berücksichtigt. Zu beachten ist, daß insbesondere im Hinblick auf die Vertrauenshaftung kraft rechtsethischer Notwendigkeit keine Formvorschriften beeinträchtigt werden dürfen (vgl. den Hoferbenfall).

Läßt der Leser die Entdeckung nun noch einmal vor seinem geistigen Auge vorbeiziehen, so bleibt zu hoffen, aufgezeigt zu haben, wie es Canaris gelungen ist, eine flexible, aber durchgängige Theorie der Vertrauenshaftung zu finden. Die Tatbestände der Vertrauenshaftung sind durchweg so spannend wie praxisrelevant, so daß die bisherigen Ausführungen hinreichend Anregung für eigene Auseinandersetzungen mit dieser Thematik sein sollten. Vor allem kann man sich dann ein noch besseres Bild von der Methodik unseres Entdeckers machen.

C. Die Rezeption

Wie ist nun die Vertrauenshaftung von Rechtsprechung und Literatur aufgenommen worden? Was den „Besonderen Teil" der Vertrauenshaftung mit den einzelnen Tatbeständen anbelangt, soll hier nur ein ganz kleiner Eindruck vermittelt werden, geht Canaris doch, wie in Teil B. beschrieben, auf den ersten gut 400 Seiten der „Vertrauenshaftung" anhand unzähliger Tatbestände induktiv vor. Im Vordergrund stehen damit auch hier die Gedanken des Allgemeinen Teils.

Eine weitere Schwierigkeit ergibt sich im Hinblick auf die *Vertrauenshaftung kraft rechtsethischer Notwendigkeit*. Damit gehen wir in medias res. Canaris selbst hält auch diese – wie die Rechtsscheinhaftung, auf die noch einzugehen ist – für gefestigt. Was er allerdings bedauert: Der BGH erkenne nicht, daß damit eine eigene Anspruchsgrundlage vorliege. Er verhalte sich fälschlicherweise so, als existiere da eine ganz andere Anspruchsgrundlage, deren notwendige Voraussetzungen zwar nicht alle erfüllt seien, worauf sich aber der Schuldner nicht berufen dürfe (zur Konstruktion vgl. Vertrauenshaftung, S. 267). Ein besonders anschauliches Beispiel hierfür bietet eine BGH-Entscheidung aus dem Jahr 1970 (BGH LM Nr. 33 zu § 164 BGB, Urt. v. 09.02.1970 – II ZR 137/69). Dort wird einem Unternehmen, das ein Jahrzehnt lang als Schuldner der geltend gemachten Forderung aufgetreten war, der Einwand mangelnder Passivlegitimation versagt. Dies ist genau die Konstellation einer Vertrauenshaftung kraft widersprüchlichen Verhaltens. Intensiv beschäftigt sich der BGH in dieser Entscheidung auch mit dem Problem, warum nur ein Erfüllungsanspruch weiterhelfen könne. Denn grundsätzlich reiche ein Schadensersatzanspruch aus. Hier kam aber der lange Zeitablauf hinzu, ein Moment, das sich ganz zwanglos in Canaris' beweglichem System berücksichtigen läßt. Auch in weiteren Entscheidungen bleibt der BGH indes bei seinem Konzept (vgl. WM 1987, 110 (111), Urt. v. 23.10.1986 – VII ZR 195/85; WM 1990, 852 (853), Urt. v. 07.12.1989 – VII ZR 130/88).

Größere Zustimmung in Karlsruhe hat die *schadensersatzrechtliche Seite der Vertrauenshaftung* gefunden. So hat der BGH die Vertrauenshaftung eines Dritten bei Vertragsdurchführung ausdrücklich unter Hinweis auf Canaris' Lehre vom einheitlichen Schuldverhältnis angenommen (BGHZ 70, 337 (342 ff.), Urt. v. 19.12.1977 – II ZR 167/76). Diese Lehre (vgl. dazu Canaris, 2. FS Larenz, S. 27, 102) hat auch sonst ein sehr positives Echo erfahren. Die Verbindung zur Vertrauenshaftung besteht darin, daß es auch bei dieser, die auf einen Erfüllungsanspruch zielt, um die Begründung eines Rechtsverhältnisses kraft gesetzlicher Anordnung geht (vgl. Vertrauenshaftung, S. 432). Gewürdigt wird beim gesetzlichen Schuldverhältnis besonders, daß die einheitliche Rechtsfigur der Schutzpflichtverletzung den geglückten Abschluß eines aus Bruchstücken entstandenen Gedankengebäudes darstelle. Karsten Schmidt bezeichnet dies als „Institutionenbildung wie ich sie mir vorstelle" (K. Schmidt, Rechtsdogmatik und Rechtspolitik, S. 24). Kritisch angemerkt wird allerdings, daß der Inhalt der Pflichten zum Schutz bloßer Vermögensinteressen vor und nach Vertragsschluß weithin verschieden sein könne (vgl. Medicus, BR, Rn. 203). Gernhuber meint, es sei nicht eben sinnvoll, zwei Schuldverhältnisse – ein vertragliches und ein gesetzliches – anzuerkennen, von denen eines das andere überlagere (vgl. Gernhuber, BR, § 14 III 5, S. 134).

Doch zurück zum Kern der Entdeckung, der *Vertrauenshaftung, die auf einen Erfüllungsanspruch zielt*. Teilweise wird sie völlig abgelehnt. „Es gibt kein eigenständiges Rechtsinstitut der Vertrauenshaftung", bringt Flume vor, da es für die rechtliche Bewältigung des rechtlich relevanten Verhaltens keine Einheitslösung gebe (vgl. Flume, AT II, § 105, S. 132 f.). Er ordnet die Tatbestände des rechtlich relevanten Verhaltens im Rechtsverkehr in die Lehre vom

Rechtsgeschäft ein (vgl. Flume, AcP 161 (1962), S. 59). Der falsche Anschein ersetze kein Rechtsgeschäft und rechtfertige allenfalls einen Anspruch auf das negative Interesse (vgl. Flume, AT II, a.a.O., S. 133). Schon in der „Vertrauenshaftung" kann Canaris auf die Argumentation Flumes, die dieser bereits vorher vertreten hatte, eingehen. Sie sei nicht nur für die einzelnen Tatbestände der Vertrauenshaftung, sondern auch im Grundsätzlichen abzulehnen, da sie auf einer ungerechtfertigten Verabsolutierung des Gedankens der Privatautonomie beruhe (vgl. Vertrauenshaftung, S. 429).

Einiges Unbehagen bereitet auch die vom Entdecker selbst betonte *Beweglichkeit* seines Systems. Vom Standpunkt seiner „Realen Rechtslehre" kritisiert Ernst Wolf, daß es bereits ihrer Grundlage, dem Prinzip von Treu und Glauben in § 242 BGB, an jeder inhaltlichen Bestimmtheit fehle (vgl. Wolf, AT, S. 584). Auch Picker sieht die Gefahr, daß die Vertrauenshaftung dank der Vagheit ihrer Entscheidungsgesichtspunkte jedes beliebige „Überspringen" der sonst anerkannten Haftungsgrenzen erlaube (vgl. Picker, JZ 1987, S. 1057). Canaris nimmt die Warnungen ernst, ist jedoch um eine besonders starke „rechtstheoretische Präzisierung" und um eine sorgfältige Abstimmung mit der Rechtsgeschäftslehre bemüht (vgl. Vertrauenshaftung, S. 270).

Im Gegensatz zum letztgenannten Aspekt der Eigenständigkeit der Vertrauenshaftung entwickelt Bydlinski ein kombinatorisches System der Rechtsgeschäftslehre. In dieses ordnet er die Vertrauenshaftung ein, die er damit nicht als eigenständige, aber grundsätzlich als Kategorie anerkennt (vgl. Bydlinski, Privatautonomie, S. 174).

Auf quasivertraglichen Beziehungen basiert die Lösung von Köndgen, der eine Ergänzung des BGB um eine „dritte Spur" mit der Vertrauenshaftung als inadäquat ansieht (vgl. Köndgen, Selbstbindung, S. 420). Das Fallgruppenspektrum in Canaris' System der Vertrauenshaftung umfasse allzu Vieles und Heterogenes (a.a.O., S. 102). Auch paßten quasi-vertragliche Selbstbindungen, die in Freiheit eingegangen worden seien, ohne andererseits den Anforderungen an Rechtsgeschäfte zu genügen, nicht mehr in das Schema (a.a.O., S. 103).

Ein weiterer prominenter Kritiker der Vertrauenshaftung ist Stoll. Auch er hat mit dem umfassenden Anspruch der Entdeckung seine Schwierigkeiten. Canaris greife so weit, daß es dem kritischen Beobachter schwerfalle, für alle behandelten Problemlagen einen gemeinsamen Nenner zu finden über den überall im Privatrecht vorhandenen Gedanken einer angemessenen Bewertung berechtigten Vertrauens hinaus (vgl. Stoll, FS Flume I, S. 741, 752). Stoll begrenzt die Vertrauenshaftung auf das einseitige Leistungsversprechen (a.a.O., S. 753). Sie sei mehr als ein bewegliches System, nämlich ein konkretes Rechtsinstitut (a.a.O., S. 773).

Andere wiederum folgen Canaris bis auf das Problem des fehlenden Erklärungsbewußtseins (vgl. MünchKomm-Kramer, Vor § 116, Rn. 39). Kramer baut die Argumentation dabei darauf auf, daß Selbstbestimmung ohne das Korrelat der Selbstverantwortung nicht gesehen werden könne (vgl. MünchKomm-Kramer, a.a.O., Rn. 37). Dies hebt auch Hübner hervor. Er fordert, daß im Interesse schutzwürdiger Beteiligter die Verantwortlichkeit des Individuums für sein Verhalten nicht auf die deliktische Haftung begrenzt sein könne, sondern eine eigenständige Institutionalisierung erfahren müsse (vgl. Hübner, AT, Rn. 584). Diese nimmt er anhand eines objektiv zu bewertenden Vertrauenstatbestandes, der Verantwortlichkeit des Betroffenen und der Schutzwürdigkeit des Begünstigten vor (a.a.O., Rn. 587ff.).

Gehen wir nun genauer auf die *Rechtsscheinhaftung* ein. Diese hält Canaris selbst – wie schon angesprochen – für gefestigt: Der Gedanke, daß die Rechtsscheinhaftung ein eigenständiges Institut unserer Rechtsordnung sei, also nicht in die Rechtsgeschäftslehre integriert, andererseits aber auch nicht völlig durch Schadensersatzansprüche abgelost werden könne, habe sich praktisch allgemein durchgesetzt. Anzuführen wäre dafür z.B. Larenz, der – wir erinnern uns – anfänglich recht schroff reagierte („Ich nehme keinen Torso entgegen"), als Canaris ihm „nur" die Rechtsscheinhaftung als Habilitationsschrift vorschlug. Denn Larenz vollzieht die Konstruktion seines Schülers weitestgehend nach (vgl. Larenz, AT, S. 634ff.).

Vor allem greift auch er auf die für Canaris so wichtige Unterscheidung zwischen konstitutiven und deklaratorischen Erklärungen zurück (vgl. Larenz, AT, S. 636 zu § 171 Abs. 1 BGB, S. 639 für die Duldungsvollmacht).

Wenn man sich jedoch die einzelnen Tatbestände der Rechtsscheinhaftung ansieht, stößt man z.T. auch noch auf die herkömmlichen Ansichten, d.h. diejenigen, die Canaris schon in der „Vertrauenshaftung" kritisiert. Dies gilt nicht so sehr für die Tatbestände der *Scheinvollmacht* gemäß §§ 171 Abs. 1, 172 Abs. 1 BGB. Hier wird ganz überwiegend anerkannt, daß es sich dabei um Rechtsscheintatbestände handelt. Dies gilt für die Kommentarliteratur, für die nur Jauernig anzuführen ist (vgl. Jauernig, BGB, § 173, Rn. 4, 8). Aber auch der BGH bezieht sich ausdrücklich auf Canaris (BGHZ 102, 60 (64), Urt. v. 15.10.1987 – III ZR 235/86). Vereinzelt wird aber versucht, die Scheinvollmacht durch eine rechtsgeschäftliche Vollmachtserteilung zu erklären, wie Flume es tut (vgl. Flume, AT II, § 49 2 c, S. 825). Die Vertreter dieser Lösung, zu denen auch Medicus zählt, können ohne weiteres die Vorschriften über Willensmängel anwenden (vgl. Medicus, BR, Rn. 97). Ein großer Teil der Befürworter der Lösung von Canaris – wie etwa Kramer (vgl. MünchKomm-Kramer, Vor § 116, Rn. 35a) – nimmt die analoge Anwendbarkeit an.

Eine ähnliche Konstellation ist bei der *Duldungsvollmacht* anzutreffen. Auch hier wird größtenteils die Einordnung unter die Rechtsscheintatbestände vorgenommen, sei es durch die Literatur (vgl. MünchKomm-Schramm, § 167, Rn. 38) oder die Rechtsprechung (BGH WM 1996, 2230 (2232), Urt. v. 22.10.1996 – XI ZR 249/95). Eine rechtsgeschäftliche Konstruktion kann man bei Schilken aber auch für die Duldungsvollmacht finden (vgl. Staudinger-Schilken, § 167, Rn. 29a). Flume argumentiert dafür so, daß derjenige, der bewußt einen anderen als Vertreter agieren lasse, damit kundgebe, daß er ihn als seinen Vertreter anerkenne, daß der als Vertreter Handelnde Vertretungsmacht habe (vgl. Flume, AT II, § 49 3, S. 828). Zu Recht weist Larenz aber darauf hin, daß die Fälle, in denen das Dulden nicht bereits eine interne Vollmachtserteilung bedeutet, in die Rechtsscheinlehre eingeordnet werden müssen (vgl. Larenz, AT, S. 639). Dies wird vom BGH auch für *Blanketturkunden* angenommen (BGH NJW 1996, 1467 (1469), Urt. v. 29.02.1996 – IX ZR 153/95).

Sehr umstritten ist dagegen die rechtliche Einordnung der *Anscheinsvollmacht*. Neben der Konstruktion unseres Entdeckers, der eine Erfüllungshaftung bei der Anscheinsvollmacht im Gegensatz zum bürgerlichen Recht nur im Handelsrecht annimmt, gibt es zwei weitere Lager. Vor allem in der Rechtsprechung (BGH NJW 1991, 1225 (1226), Urt. v. 24.01.1991 – IX ZR 121/90), aber auch in der Literatur wie bei Leptien (vgl. Soergel-Leptien, § 167, Rn. 17) wird die Anscheinsvollmacht auch für das bürgerliche Recht als Rechtsscheinvollmacht mit der Konsequenz der Erfüllungshaftung angesehen. Canaris macht dagegen in der Rechtsprechung Unstimmigkeiten aus, insbesondere was das Wahlrecht des Geschäftsgegners des „Vertretenen" im Hinblick auf § 179 Abs. 1 BGB, also die Inanspruchnahme des falschen Vertreters oder des „Vertretenen" anbelangt (vgl. Canaris, NJW 1991, 2628). Darzustellen ist aber noch eine weitere Meinung: Nach Flume ist die Nichterfüllung pflichtgemäßer Sorgfalt, um die es bei der Anscheinsvollmacht geht, im bürgerlichen Recht nur Ansatzpunkt für eine Haftung auf Schadensersatz, da nicht in Selbstbestimmung ein Rechtsverhältnis gestaltet werde (vgl. Flume, AT II, § 49 4, S. 834). Jedoch wird auch von dieser Ansicht – wie bei Canaris – im Handelsrecht ein Erfüllungsanspruch angenommen (vgl. Medicus, BR, Rn. 106). Insgesamt geht man von einem auf den Handels- und Berufsverkehr beschränkten, reinen Rechtsscheintatbestand aus (vgl. etwa Baumbach/Hopt, HGB, Überbl. v. § 48, Rn. 6).

Auf dem Gebiet des *Handelsrechts* ist die Rechtsscheinhaftung im übrigen ganz überwiegend anerkannt. Als Beispiele finden sich in Canaris' „Handelsrecht" u.a. die Rechtsscheinhaftung wegen unrichtiger Firmenführung und die Rechtsfolgen des Scheins einer Handelsgesellschaft und der Mitgliedschaft in einer solchen (vgl. Canaris, HaR, § 6). Der Entdecker kann auf eine Vielzahl zustimmender Gerichtsentscheidungen hinweisen (a.a.O. § 6 III 2, 3, Fn. 21, 22, 30). Ganz herrschend ist die Rechtsscheinlehre auch im *Wertpapierrecht*; der Gedanke des Verkehrsschutzes hat dort überragende Bedeutung (vgl. Baumbach/Hefermehl, WG u. SchG, Rn. 29 f.; Einl. WG, Rn. 30).

Im folgenden soll nun noch einmal auf die in diesem Teil bereits angesprochene *Vertrauenshaftung kraft rechtsethischer Notwendigkeit* gemäß § 242 BGB eingegangen werden. In dem bereits erwähnten Gespräch betonte Canaris mir gegenüber noch einmal die zwei Zentralkriterien. Zum einen müsse derjenige, der vertraue, sich in existentieller Weise auf die angenommene Lage eingerichtet haben. Weiterhin spiele der Gedanke des nicht rückgabefähigen Vorteils eine Rolle. Daß es recht schwierig ist, aus der „Trickkiste" § 242 BGB direkt Ansprüche abzuleiten, dürfte jedem schmerzlich in Erinnerung sein, der einmal vorschnell hineingegriffen hat. In der Tat wird zwar vom BGH auch vertreten, daß Billigkeitserwägungen gemäß § 242 BGB dazu führen könnten, Ansprüche zu mindern oder gar zu versagen (BGH NJW 1981, 1779, Urt. v. 23.04.1981 – VII ZR 196/80). Sie könnten jedoch nicht Ansprüche begründen, die nach Gesetz oder Vertrag nicht gegeben seien. Teichmann wiederum weist darauf hin, daß sich das Prinzip der Vertrauenshaftung auch im Bereich des § 242 BGB angesichts des im Recht auch sonst weithin verbreiteten Vertrauensschutzes als tragfähig erweise (vgl. Soergel-Teichmann, § 242, Rn. 312). Auch wird die Erfüllungshaftung bei den Einzeltatbeständen der Vertrauenshaftung z.T. ähnlich wie bei Canaris begründet, z.B. in den Fällen des „venire contra factum proprium" durch Roth (vgl. MünchKomm-Roth, § 242, Rn. 261 ff.) oder der *Erwirkung* durch J. Schmidt (vgl. Staudinger-J. Schmidt, § 242, Rn. 581). Gefolgt wird Canaris auch, wenn es darum geht, einer Partei bei einem formmangelhaften Rechtsgeschäft (Hoferbenfall!) einen Erfüllungsanspruch zuzubilligen. Nach Hefermehl kann es sich dabei nur um einen gesetzlichen Anspruch handeln (vgl. Soergel-Hefermehl, § 125, Rn. 41). Meistens wird jedoch für die Überwindung des Formmangels eine Fallgruppenbildung vorgenommen, die nicht systematisiert. So verfährt z.B. Medicus (vgl. Medicus, BR, Rn. 180 ff.).

Singer, ein Schüler von Canaris, erweitert die Vertrauenshaftung um die Kategorie der Haftung für den Abbruch von Vertragsverhandlungen (vgl. Singer, Widersprüchliches Verhalten, § 11, S. 268 ff.). Anknüpfungspunkt sei nicht das Verbot des „venire contra factum proprium" als solches, sondern das bei den Vertragsverhandlungen erweckte und später enttäuschte Vertrauen auf den Vertragsschluß (vgl. Singer, a.a.O., S. 280 f.). Hier (vgl. Singer, a.a.O., § 5 II 4, S. 112 ff.) und an anderer Stelle (vgl. Singer, Selbstbestimmung, § 8 III, S. 111) weist auch Singer darauf hin, daß eine Erfüllungshaftung nur bei irreversiblen Verhältnissen zu begründen ist.

Ganz zum Schluß soll noch einmal das *Verlöbnis* in Augenschein genommen werden. Wir erinnern uns – so schließt sich der Kreis –, das Verlöbnis war Ausgangspunkt für die Entdeckung der Vertrauenshaftung. Auch wenn Singer die Position unseres Entdeckers entschieden in seinem Tatbestand der Vertrauenshaftung bei Abbruch von Vertragsverhandlungen untermauert (vgl. Singer, Widersprüchliches Verhalten, § 11 II 2b, S. 206), die herrschende Meinung ist Canaris in diesem Punkt bislang nicht gefolgt. Hier wird nach wie vor die Vertragstheorie vertreten, da sie das bürgerliche Recht nicht mit einer Irregularität belaste (vgl. Gernhuber/Coester-Waltjen, FamR, § 8 I 4, S. 66 f.). Einen Erfolg, über den Canaris seine stille Freude in unserem Gespräch zum Ausdruck brachte, kann er aber dennoch verzeichnen: Lüderitz hat bei der Fortführung des familienrechtlichen Lehrbuchs von Beitzke die vertrauensrechtliche Theorie zum Verlöbnis übernommen (vgl. Beitzke/Lüderitz, FamR, § 6 I, S. 40). Gerade in dieser Frage war Beitzke – wie Canaris sagte – sein dezidiertester Widersacher.

Es bleibt die deutliche Feststellung, daß dem System der Vertrauenshaftung, wie es von Canaris entwickelt worden ist, bislang keine andere, gleich stimmige und vor allem so umfassende Konstruktion entgegengesetzt wurde. Vielmehr konnte auch bei den einzelnen Tatbeständen festgestellt werden, daß der Vertrauenshaftung in weiten Teilen gefolgt wird. Gefragt, ob er die „Vertrauenshaftung" genauso noch einmal schreiben würde, antwortete Canaris denn auch:

Ja, das würde er in der Tat tun. Optimal wäre natürlich, noch einen dritten Abschnitt im „Besonderen Teil" hinzuzufügen, in dem das ganze Spektrum der schadensersatzrechtlichen Vertrauenshaftung aufgenommen werden könnte.

Literatur

I. Werke Canaris'

Die Feststellung von Lücken im Gesetz (Diss.), Berlin 1964, 2. Aufl., 1983.

Haftung Dritter aus positiver Forderungsverletzung, in: Versicherungsrecht (VersR) 1965, S. 114 ff.

Ansprüche wegen „positiver Vertragsverletzung" und „Schutzwirkung für Dritte" bei nichtigen Verträgen, in: Juristenzeitung (JZ) 1965, S. 475 ff.

Systemdenken und Systembegriff in der Jurisprudenz. Entwickelt am Beispiel des deutschen Privatrechts, Berlin 1969, 2. Aufl., 1983.

Die Vertrauenshaftung im deutschen Privatrecht, München 1971 (zitiert: Vertrauenshaftung).

Schutzgesetze – Verkehrspflichten – Schutzpflichten, in: *Claus-Wilhelm Canaris* (Hrsg.), Festschrift für Karl Larenz zum 80. Geburtstag, München 1983, S. 27 ff. (zitiert: Canaris, 2. FS Larenz).

Täterschaft und Teilnahme bei culpa in contrahendo, Festschrift für Hans Giger zum 60. Geburtstag, Bern 1989, S. 91 ff.

Handelsrecht, ein Studienbuch, 22. Aufl., München 1995 (zitiert: Canaris, HaR).

II. Zur Entdeckung, ihrer Entwicklung und Rezeption

Adolf Baumbach/Wolfgang Hefermehl, Wechselgesetz und Scheckgesetz, 20. Aufl., München 1997 (zitiert: Baumbach/Hefermehl, WG u. SchG).

Adolf Baumbach/Klaus Hopt, Handelsgesetzbuch, 29. Aufl., München 1995 (zitiert: Baumbach/Hopt, HGB).

Günther Beitzke/Alexander Lüderitz, Familienrecht, ein Studienbuch, 26. Aufl., München 1992 (zitiert: Beitzke/Lüderitz, FamR).

Franz Bydlinski, Privatautonomie und objektive Grundlagen des verpflichtenden Rechtsgeschäfts, Wien 1967 (zitiert: Bydlinski, Privatautonomie).

Werner Flume, Allgemeiner Teil des Bürgerlichen Rechts, 2. Band, Das Rechtsgeschäft, 4. Aufl., Berlin 1992 (zitiert: Flume, AT II).
ders., Das Rechtsgeschäft und das rechtlich relevante Verhalten, in: Archiv für die civilistische Praxis (AcP) 161 (1962), S. 52 ff.
Joachim Gernhuber, Bürgerliches Recht, 3. Aufl., München 1991 (zitiert: Gernhuber, BR).
Joachim Gernhuber/Dagmar Coester-Waltjen, Lehrbuch des Familienrechts, 4. Aufl., München 1994 (zitiert: Gernhuber/Coester-Waltjen, FamR).
Heinz Hübner, Allgemeiner Teil des Bürgerlichen Gesetzbuches, 2. Aufl., Berlin 1996 (zitiert: Hübner, AT).
Othmar Jauernig, Bürgerliches Gesetzbuch, 8. Aufl., München 1997 (zitiert: Jauernig, BGB).
Johannes Köndgen, Selbstbindung ohne Vertrag, Tübingen 1981 (zitiert: Köndgen, Selbstbindung).
Karl Larenz, Allgemeiner Teil des deutschen bürgerlichen Rechts, 7. Aufl., München 1989 (zitiert: Larenz, AT).
Dieter Medicus, Bürgerliches Recht, 17. Aufl., Köln 1996 (zitiert: Medicus, BR).
ders., Allgemeiner Teil des BGB, 7. Aufl., Heidelberg 1997 (zitiert: Medicus, AT).
Eduard Picker, Vertragliche und deliktische Schadenshaftung, in: Juristenzeitung (JZ) 1987, S. 1041 ff.
Kurt Rebman (Hrsg.), Münchener Kommentar zum Bürgerlichen Gesetzbuch, Band 1, Allgemeiner Teil (§§ 1–240), AGB-Gesetz, 3. Aufl., München 1993 Band 2, Schuldrecht, Allgemeiner Teil, (§§ 241–432), 3. Aufl., München 1994 (zitiert: MünchKomm-*Bearbeiter*).
Karsten Schmidt, Zivilistische Rechtsfiguren zwischen Rechtsdogmatik und Rechtspolitik, in: *Karsten Schmidt* (Hrsg.), Rechtsdogmatik und Rechtspolitik, S. 9 ff., Berlin 1990 (zitiert: K. Schmidt, Rechtsdogmatik und Rechtspolitik).
Reinhard Singer, Das Verbot widersprüchlichen Verhaltens (Diss.), München 1992 (zitiert: Singer, Widersprüchliches Verhalten).
ders., Selbstbestimmung und Verkehrsschutz im Recht der Willenserklärung (Habil.), München 1995 (zitiert: Singer, Selbstbestimmung).

Hans Theodor Soergel (Begr.), Bürgerliches Gesetzbuch, Band 1, Allgemeiner Teil (§§ 1–240), 12. Aufl., Stuttgart 1987, Band 2, Schuldrecht I (§§ 241–432), 12. Aufl., Stuttgart 1990 (zitiert: Soergel-*Bearbeiter*).

Julius von Staudinger (Begr.), Kommentar zum Bürgerlichen Gesetzbuch mit Einführungsgesetz und Nebengesetzen, Erstes Buch, Allgemeiner Teil, §§ 164–240, 13. Bearbeitung, Berlin 1995, Zweites Buch, Recht der Schuldverhältnisse, Einleitung zu §§ 241 ff, §§ 241–243, 13. Bearbeitung, Berlin 1995 (zitiert: Staudinger-*Bearbeiter*).

Hans Stoll, Vertrauensschutz bei einseitigen Leistungsversprechen, Festschrift für Werner Flume zum 70. Geburtstag, Band 1, Köln 1978, S. 741 ff. (zitiert: Stoll, FS Flume I).

Ernst Wolf, Allgemeiner Teil des Bürgerlichen Rechts, Lehrbuch, 3. Aufl., Köln 1982.

Reinhard Zimmermann

Reinhard Zimmermann und das römisch-kanonische Recht als Grundlage einer europäischen Zivilrechtsordnung

(Stephan Mittelsten Scheid)

*„‚Heard melodies are sweet, but unheard are sweeter …‘
Die Szene wird in Erinnerung bleiben: Beim Kölner Rechtshistorikertag 1992 spendet das Auditorium enthusiastisch Beifall. … Was war geschehen? Reinhard Zimmermann hatte einen nachlesens- und nachdenkenswerten Vortrag gehalten.
… Und in der Tat war es eine süße Melodie, die die Begeisterungsstürme auslöste" (Wiegand, Back to the Future?, Rechtshistorisches Journal 12 (1993), S. 277).*

„Wir stehen heute vor der ehrgeizigen Aufgabe der Herstellung übernationaler, europäischer Rechtseinheit. Und auch wir tun gut daran, diese Aufgabe zunächst einmal einer Rechtswissenschaft anzuvertrauen, die sich, pointiert gesagt, als eine erneuerte Historische Rechtsschule zu begreifen hätte: die also, von den gemeinsamen Wurzeln der modernen europäischen Rechtsordnungen aus, den im Grunde unzeitgemäßen Zustand des juristischen Nationalismus überwindet und vereinheitlichender Gesetzgebung damit den Boden bereitet" (Zimmermann, ZEuP 1993, S. 4).

Wer ist der Mann, der das sagt? Wer spricht hier für eine Wissenschaft, die sich Kritik wegen mangelhafter Ausbildung ihrer Studenten ausgesetzt sehen muß? Wer eröffnet diese geradezu prophetisch anmutende Perspektive für die Rechtswissenschaft? Es ist Reinhard Zimmermann, Professor für Zivilrecht, Römisches Recht und Rechtsvergleichung an der Universität Regensburg.

A. Der Entdecker

I. Zwischen Konvention und „hermetischem Bildungserlebnis" – Jugend und Studium in Hamburg

Reinhard Zimmermann wird am 10. Oktober 1952 in Hamburg geboren, das auch lange Zeit sein Zuhause bleiben wird. Er wächst in der Elbmetropole auf und besucht dort das humanistische Wilhelm-Gymnasium. Schon damals zeigt er großes Interesse an Sprachen und Geschichte. Nach seinem Abitur nimmt er zunächst ein „studium generale" auf, um sich dann der Juristerei zuzuwenden. Während seines Studiums an der Hamburger Universität führt ihn sein Interesse an der Geschichte bereits an das Fach heran, das ihn später ganz besonders beschäftigen wird: das römische Recht. Er nimmt an einer Digestenexegese teil und kommt so in Kontakt mit seinem späteren akademischen Lehrer und Doktorvater Hans Herrmann Seiler. Seine Promotion beschreibt er als „Arbeit auf der Grenzlinie zwischen geltendem Recht und Rechtsgeschichte". Dort ist angelegt, was ihn fortan immer wieder treibt: der Nutzen der Rechtsgeschichte, der Wert der Historie im Recht, Rechtsvergleichung nicht nur zwischen Geltungsterritorien, sondern auch zwischen Geltungsepochen.

Als Stipendiat der Studienstiftung des Deutschen Volkes nimmt er deren Förderung intensiv wahr. Sie führt ihn zu einem Studienaufenthalt nach Cambridge und auf zahlreiche Sommerakademien. Er genießt die dortige Atmosphäre. Später schreibt er von „hermetischen Bildungserlebnissen". Trotz all dieser Unternehmungen während seines Studiums klingt gleichwohl immer wieder Bescheidenheit in seinen Worten an. Er nennt seinen Werdegang in dieser Zeit „konventionell, vielleicht zu konventionell".

II. Der Römisch-Rechtler in der Zeitmaschine – Die sieben Jahre in Kapstadt

„Der ungewöhnlichste Aspekt meines juristischen Werdegangs liegt sicherlich darin, daß er mich zunächst sieben Jahre lang auf einen Lehrstuhl an der Universität Kapstadt führte" (Zimmermann, Jahresbericht 1992, S. 42).

Zimmermann sieht sich nach seiner Promotion zunächst einer an der weiteren Förderung seines Forschungsbereichs desinteressierten Rechtswissenschaft gegenüber. Gleichwohl möchte er der wissenschaftlichen Laufbahn treu bleiben, die ihn von der Hansestadt Hamburg wegführen wird. Zimmermann nimmt im Jahre 1980 eine Stelle als Assistent am Institut für Römisches Recht, Privatrecht und Steuerrecht der Universität zu Köln an. Dies bleibt jedoch nur eine Zwischenstation. Schon nach einem Jahr verläßt der Hanseat Köln, um in das Land aufzubrechen, das seine Biographie wie wenig anderes prägen wird: Er folgt einem Ruf nach Südafrika an die Universität Kapstadt und hat dort fortan den W. P. Schreiner-Lehrstuhl für Römisches Recht und Rechtsvergleichung inne. Ist es nur hanseatischer Entdeckergeist, der den jungen Hochschulassistenten nach Kapstadt lockt?

Es war wohl tatsächlich ein wenig in ihm angelegt, und so realisierte sich ein Traum in einer Weise, die Zimmermann später „wie von langer Hand geplant" nennt. Er war nämlich bereits während seiner Wahlstation innerhalb der Referendarzeit in Südafrika. Über die Verbindungen der Universität Hamburg nach Südafrika war er an den Universitäten Johannesburg und Stellenbosch beschäftigt. Zimmermann genoß diese Zeit. Er nennt sie einen „kurzen Traum", zumal ihn nicht nur die juristischen Forschungen faszinierten, sondern auch das Land Südafrika mitsamt seinen Chancen und Problemen.

Gleichwohl bleibt die Frage, was ihn begeisterte. Zimmermann hatte sich in die juristische Geschichte Südafrikas eingearbeitet. In die Geschichte eines Landes, in dem die Tradition des „ius commune" noch ein lebendiges Zeugnis des römischen Rechts abgab und das gleichwohl durch seine Kolonialgeschichte mit den europäischen Rechtskulturen nach dem 19. Jahrhundert in lebendigen Dialog getreten war. Insbesondere die Verbindung zum englischen „common law" stellte damals einen noch relativ unerforschten Erfahrungsschatz dar. Aber Zimmermanns Motivation war nie die des schlichten Forschens zur Aufklärung der Geschichte. Gerade in diesem Abschnitt seiner Biographie äußert sich, wie gegenwarts-, ja zukunftsbezogen sein Bestreben ist. Längst hat er Interesse an der Wiederbelebung einer gemeinsamen europäischen Rechtstradition. Doch muß er dazu die Wurzeln freilegen, gemeinsame Linien suchen. Südafrika stellt dafür ein ideales „Biotop" dar, dort sind die Elemente seiner Forschung lebendig und greifbar.

So befindet sich der damals 29-jährige am 22. Januar 1980 auf dem Flughafen in Kapstadt. Er steht vor Herausforderungen, die ihn damals schon ein wenig ängstigen. Noch nie zuvor hat er Vorlesungen im römischen Recht oder Rechtsvergleichung gehalten, schon gar nicht in englischer Sprache. Zimmermann wird mit einem Universitätsalltag konfrontiert, der kaum dem einer deutschen Universität gleicht. Vielmehr spürt er hier den Einfluß des anglo-amerikanischen Rechts. Gleichzeitig vollzieht sich in Südafrika die schwierige Entwicklung, an deren Ende die Botha-Reformen scheitern werden.

Reinhard Zimmermann muß in dieser Zeit nicht nur für den Erhalt seines Fächerkanons kämpfen, sondern zusätzlich die Fakultät als Dekan und die südafrikanische Rechtslehrervereinigung als ihr Präsident führen. Hierbei hat er sich mit den durch die politische Entwicklung in Südafrika ausgelösten Gefährdungen für die Universitäten auseinanderzusetzen. Immer wieder ist er mit der Wahl zwischen „opportunistischer Anpassung, verantwortungsscheuer Flucht in den akademischen Elfenbeinturm ... oder selbstzerstörerischem Protest konfrontiert" (Zimmermann, Jahresbericht 1992, S. 46).

III. „Er verkündet seine Botschaft fast messianisch" – Die Rückkehr nach Deutschland

„Also besteht meine Aufgabe darin, meine Fächer in Forschung und Lehre so gut zu vertreten, wie ich dies vermag. Wie problematisch wird eine derart triviale Feststellung jedoch für den, der vom Fenster seines Arbeitszimmers aus die squatter camps auf den Cape Flats brennen sieht. ... Ist es richtig oder auch überhaupt nur vertretbar, angesichts dessen in alten römisch-holländischen Folianten weiterzublättern?" (Zimmermann, Tuning and Turning the Widening Gyre, S. 1021).

Zimmermann erlebt, wie er sich später erinnert, lehrreiche, stimulierende und erfüllte Jahre in Kapstadt. Er lehrt, forscht, publiziert und genießt großes Ansehen. Es ist wohl auch diese Zeit gewesen, die ihn zu seiner heutigen Rolle in der europäischen Rechtswissenschaft geführt hat. Zimmermann untersucht in Kapstadt die Wirkungszusammenhänge von holländisch-römischem und englischem Recht. Er spürt die dogmatischen Parallelen auf und erstellt sein vielleicht bedeutendstes Werk: „The Law of Obligations – Roman Foundations of the Civilian Tradition". Hier legt er die tiefe historische und strukturelle Verwandtschaft der kontinentaleuropäischen, aber auch der anglo-amerikanischen Rechtskultur mit dem römischen Recht dar. Wieder forscht er nicht aus reinem Erkenntnisinteresse. Die Historie ist sein Programm für die Zukunft. Zimmermann erkennt die Relevanz seiner Forschung.

Gleichzeitig ist es der Hochschullehrer Zimmermann, der den weiteren Weg schon vor sich zu sehen scheint: „I have tried to write the type of book that I would have liked my students to have; or, which is essentially the same, the type of book that I would have enjoyed to read when I studied for my law degree at the University of Hamburg" (Zimmermann, Law of Obligations, S. XI). So ist es zweierlei, was ihn wieder nach Deutschland zurückkehren läßt, diesmal nach Regensburg, wo er bis heute den Lehrstuhl für Zivilrecht, Römisches Recht und Rechtsvergleichung innehat. Zimmermann hat den südafrikanischen Erfahrungsschatz erforscht. Sein „Law of Obligations" steht für die Begründung einer europäischen Rechtskultur. „Roman Foundations" und „Civil Tradition" sind sein Kapital, die Methode seine Entdeckung. Zugleich realisiert er wohl auch, daß Südafrika in dieser Zeit nicht mehr der Ort für eine derart tiefgreifende Forschung ist. Letztlich setzt er auf seine Zukunft in Europa und entscheidet sich so gegen ein Verbleiben in Kapstadt. Geprägt ist er dennoch von seiner Erfahrung als Rechtslehrer in einem krisengeschüttelten Südafrika. Und so schreibt er später, er habe auch wehmütig auf die Zeit in Kapstadt zurückgeschaut. Als er in Regensburg seine Lehrtätigkeit beginnt, muß er sich erneut umstellen. Dieses Mal ist die deutsche Universität fremd, er vermißt den Dialog zwischen den Professoren. Die ethnische Vielfalt unter den Studenten ist einer fast ausschließlich deutschen Kommilitonenschaft gewichen. Aber schon bald ist es wiederum die Zukunftsrelevanz der Geschichte, die ihn vorantreibt zu neuen Aufgaben. Zimmermann lebt in den Folgejahren zutiefst als Europäer. Seine im südafrikanischen „Mischrecht" gewonnenen Erfahrungen prädestinieren ihn zur Aufgabe der Reeuropäisierung der Rechtswissenschaft.

Zimmermann unternimmt in dieser Regensburger Zeit viele Auslandsreisen. Er ist Gastprofessor in New Orleans, bekommt für seine Verdienste den LL. D. an der Universität Kapstadt verliehen und lehrt im Jahre 1993 als Gastprofessor an der University Chicago School of Law. Weitere Lehraufenthalte führen ihn nach Berkeley; seit Juli 1994 ist er Mitglied der Académie Internationale de Droit Comparé, darüber hinaus Mitglied der Lando-Kommission. Im Januar 1996 wird er mit dem Leibniz-Preis der Deutschen Forschungsgemeinschaft ausgezeichnet. Hierbei findet nicht zuletzt sein Engagement für die Wiederbegründung einer europäischen Rechtskultur Berücksichtigung. Das Preisgeld stiftet er für die Förderung der Arbeit in der Lando-Kommission.

Eine weitere Gastprofessur führt ihn nach Edinburgh. Freilich erfolgt die Wahl Schottlands nicht zufällig. Auch Schottland ist ein

Rechtsraum, in dem römisches Recht und das „common law" in besonderer Weise zusammen auf die Rechtsentwicklung eingewirkt haben. Nach weiteren Gastprofessuren in Stellenbosch und an der Yale Law School sowie der Verleihung der Ehrendoktorwürde durch die University of Chicago verbringt er den Winter 1998/99 im Rahmen eines Auslandssemesters auf dem A. L. Goodhart-Lehrstuhl an der University of Cambridge.

B. Von der Renaissance des „ius commune" – Der schroffe Weg zu einem gemeinsamen europäischen Recht

„Wenn dem Abraham befohlen ward aus seines Vaters Hause auszugehen in ein Land, das ihm erst gezeigt werden sollte; meinst du nicht, daß sich sein natürlich Gefühl dagegen gesträubt habe, und daß die Vernunft allerhand gegründete Bedenklichkeiten und stattliche Zweifel dagegen hätte vorzubringen gehabt? Abraham aber glaubte aufs Wort, und zog aus" (Matthias Claudius).

Der Begriff „Europäisches Privatrecht" ist Programm und Perspektive, aber kaum gefestigte Wirklichkeit. So wie die Rechtsmaterie eines gemeinsamen Rechts noch von grundlegender und struktureller Veränderlichkeit geprägt ist, so bestimmt diese materiell-rechtliche Veränderlichkeit auch die begriffliche Entwicklung. Dennoch lassen sich drei Entwicklungsansätze für ein gemeinsames europäisches Privatrecht erkennen. So gibt es ein Einheitsrecht aufgrund internationaler Konventionen, die eine Basis einheitlichen Rechts geschaffen haben. Dazu sind Teile der Europäischen Konvention zum Schutz der Menschenrechte und Grundfreiheiten (EMRK) sowie die auch für europäische Staaten geltenden UN-Kaufrechtsregeln, soweit sie Zivilrecht kodifizieren, zu rechnen. Hierbei handelt es sich folglich um Recht, das nicht durch gemeinsame Organe beschlossen wurde, sondern vielmehr aufgrund gemeinsamer Interessen durch koordinierte Gesetzgebung Geltung erlangt hat.

Die Bemühungen um eine Rechtsvereinheitlichung haben jedoch in Europa noch eine weitere Entwicklung genommen: Es gibt gemeinsames Recht in Form des europäischen Gemeinschaftsprivatrechts. Es ist von gemeinsamen Organen der Mitgliedsstaaten der Europäischen Union geschaffen. Getragen wurden diese Legislativakte gemeinsamer Organe durch politischen Willen. So hat es seinen Regelungsschwerpunkt im Bereich des Wirtschaftsrechts gefunden, was auf die ursprünglich wirtschaftspolititische Ausrichtung der als Montanunion gegründeten Europäischen Union zurückzuführen ist. Gerade in jüngster Vergangenheit ist es aber auch zu allgemeinzivilrechtlicher Rechtsetzung etwa in Form der Regelungen zum Verbraucherschutz gekommen.

Diese beiden Kategorien des gemeinsamen europäischen Rechts sind Ausdruck von Formen der institutionalisierten Zusammenarbeit – sei es auf Regierungsebene bei den Vereinten Nationen oder gar als Einrichtung souveräner Organe auf der Ebene der Europäischen Staatengemeinschaft. Die Rechtsetzung durch gemeinsame Organe ist aber bisweilen wegen der organischen Fremdheit des Rechts innerhalb der nationalen Rechtssysteme kritisiert worden. Ihre Verwurzelung im nationalen Recht ist aufgrund des zugrundeliegenden europäischen Willensbildungsprozesses zu schwach, um eine Strukturübereinstimmung mit dem nationalen Recht zu bejahen; gleichzeitig steht ihr fragmentarischer Charakter der Bildung einer europäisch-einheitlichen Rechtsstruktur entgegen. Zurückzuführen ist dies wohl auf die Art der Rechtsgewinnung, die aus nationaler Rechtsperspektive und hin zu einer europäischen Politikperspektive erfolgt. Hierdurch gelangt man zu einer nur vom einheitlichen politischen Willen getragenen Regelung, die somit nur in ihrer politischen Dimension – gewissermaßen auf der Rechtsfolgenseite – von Einheitlichkeit geprägt ist, während der rechtstechnische Tatbestand der nationalen Regelungsmethode überlassen bleibt.

I. Der Standort von Forschung und Lehre im Gemeinsamen Europa

„*In dem Zweck sind wir einig: wir wollen ... Gemeinschaft
der Nation und Concentration ihrer wissenschaftlichen
Bestrebungen auf dasselbe Object. ... Ich sehe das rechte
Mittel in einer organisch fortschreitenden Rechtswissenschaft,
die der ganzen Nation gemein seyn kann*"
(Friedrich Carl v. Savigny).

Sind also auf diese Weise die hoheitlich tätigen Bereiche der Jurisprudenz an der Schaffung eines gemeinsamen europäischen Zivilrechts interessiert, so beschäftigt den Hochschullehrer Zimmermann die Frage nach der Rolle von Forschung und Lehre im Bemühen um die Entwicklung einer europäischen Rechtseinheit. Zugleich ist der dritte mögliche Entwicklungsansatz für ein gemeinsames Recht unbesetzt geblieben. Betrachtet man andere Prozesse der Rechtsvereinheitlichung in der bisherigen Geschichte, insbesondere im von Kleinstaaterei geprägten Deutschland des 19. Jahrhunderts, so übernahmen Forschung und Lehre die Aufgabe, gemeinsame Linien freizulegen und so im Bewußtsein verwandter Traditionen die zukünftige Entwicklung zu fördern. So könnte Wissenschaft und Forschung auch heute wieder die Aufgabe zuwachsen, diesen gesamteuropäischen Anforderungen zu genügen. Längst ist erkannt, daß Rechtsvereinheitlichung sich nicht durch gemeinsame Gesetzgebung allein, sondern nur unter Mithilfe von Judikatur und Rechtswissenschaft erlangen läßt.

Tatsächlich haben sich Wissenschaft und Lehre im 20. Jahrhundert jedoch derart entwickelt, daß die Bewältigung dieser europäischen Herausforderung besondere Anstrengungen erfordert. Die Situation der Rechtswissenschaft ist von einer nationalen Vereinzelung geprägt. Rudolf von Jhering klagte: „Die Rechtswissenschaft ist zur Landesjurisprudenz degradiert, die wissenschaftlichen Grenzen fallen in der Jurisprudenz mit den politischen zusammen." Dieser Satz, der von der politischen Lage des 19. Jahrhunderts geprägt ist, entspricht der heutigen Perspektive der Rechtswissenschaft. Ging es damals um die Rechtsvereinheitlichung in Deutschland, so sehen sich Forschung und Lehre heute den oben dargelegten Herausforderungen gegenüber. Gleichwohl konzentrieren sich die Rechtswissenschaften auf die Lösung der Binnenprobleme. Wiederum scheinen sich die nationalen Rechtswissenschaften im Sezieren des Details zu verlieren. Dabei laufen sie Gefahr, den sich parallel vollziehenden politischen Wandel vom schlichten Nationalstaat hin zu einer Staatengemeinschaft nicht mitzuverfolgen, wodurch Rechtskultur und Juristen im Rückschritt des Nationalrechts verbleiben.

Und gerade in diesem Punkt stoßen wir wieder auf den europäischen Hochschullehrer Reinhard Zimmermann, der Jherings Worte aufgreift und das auf den Nationalstaat begrenzte Rechtsverständnis beklagt. Im Wissen um die Chancen und die Zwänge der europäischen Einigung kritisiert er die auf nationale Verästelungen ausgerichtete Lehre und Forschung. Die Krise der Rechtswissenschaften, die eigentlich ihrer Aufgabe bei der europäischen Rechtsvereinheitlichung nachkommen müßte, stellt sich Zimmermanns Diagnose zufolge im wesentlichen so dar, daß die Entwicklung im 20. Jahrhundert zu einer fragmentarischen, provinziellen und entwurzelten Rechtsbetrachtung geführt hat.

1. Das nationale Recht zwischen Fortentwicklung und Fragmentierung

Die nationale Rechtsentwicklung hat im vergangenen Jahrhundert eine enorme Ausdifferenzierung hin zu einer möglichst detailorientierten Erfassung von Sachverhalten eingeschlagen. Diese Entwicklung war zu großen Teilen Folge einer Vervielfachung des menschlich verfügbaren Wissens und des damit einhergehenden Regelungsvolumens. Gleichwohl hat sich die Jurisprudenz nicht nur im Sinne einer Spezialisierung, sondern auch und vor allem im Sinne einer Fragmentierung entwickelt. Gleich einem Baum hat sie sich immer weiter verästelt – genährt vom Stamm, wachsend in den Jahresringen und den äußersten Enden.

So sind die Lehrpläne überfüllt mit den verschiedenen dogmatischen Ansätzen zum Bereicherungsrecht. Die Warnungen – etwa Kupischs – vor einem überschwellenden Rechtspositivismus im Bereicherungsrecht gewinnen in Anbetracht einer von Eigendynamik getragenen Verkomplizierung der nationalen Verästelungen einen beruhigenden, aber zugleich beinahe flehenden Charakter. In einer spezialisierten Berufswelt, die auch innerhalb der juristischen Disziplin immer mehr arbeitsteilig verfährt, streiten unverhofft juristische Allgemeinbildung und Detailwissen gegeneinander. Die arbeitsteilige Bewältigung hat sich aber nicht nur in einem ausgeklügelten Spezialwissen niedergeschlagen, sondern auch in einem erheblichen Koordinationsdefizit. Gerade aus dem Blickwinkel des Hochschullehrers ergibt sich daraus die Schwierigkeit, in der Lehre die erforderliche fachliche Tiefe auszuleuchten, ohne freilich die Breite des juristischen Denkens auf pure Rechtstechnik zu begrenzen; sonst endet juristische Kompetenz beim Herrenreiterfall und Donoghue v. Stevenson. Forschung und Lehre stehen angesichts dieser Fragmentierung vor der Aufgabe des Spagats zwischen Vertiefung von Spezialwissen und Erhaltung der Juristerei als Grundlagenfach. Hierbei scheint die Rechtswissenschaft – so Zimmermann – immer mehr zu einem „intellektuellen Glasperlenspiel zu werden, während die Rechtspraxis auf das Niveau eines bloßen Handwerks sinkt" (Zimmermann, Jahresbericht 1995, S. 15).

2. Ohne Herkunft keine Zukunft – Der Verlust der Historie als Verlust der Perspektive

Die Spezialisierung in den sogenannten Kernbereichen hat einen starken Bedeutungsrückgang der Rechtsgeschichte und Rechtssoziologie mit sich gebracht. Sie sind, wie andere Ausformungen der Jurisprudenz, von der Grundlagenwissenschaft zum Spezialgebiet geworden, hierdurch in Hinblick auf die Anwendungsorientierung von untergeordneter Bedeutung. Rechtshistorische Betrachtungen sind heute nur noch eine Luxustätigkeit innerhalb der juristischen

Ausbildung und werden auch in der Lehre kaum mehr honoriert. Abgesehen von den unmittelbar praktischen Konsequenzen dieser Entwicklung ist langfristig eine Entwurzelung der Rechtswissenschaft zu befürchten. Die Konzentration auf die aktuellen Fragen nimmt der Jurisprudenz ihren Erfahrungsschatz und in vielerlei Hinsicht das zukünftige Kapital. In der Beschränkung auf die technische Rechtsanwendung wird die nationale Rechtskultur auf Subsumtion und „distinguishing" verkürzt. Dadurch wiederum nimmt die Dominanz des Jetzt der Rechtswissenschaft die Vergangenheit und somit auch jegliche von Erfahrung getragene Phantasie für die Zukunft. Was in der Gegenwart als schlichte Begriffsjurisprudenz erscheinen mag, ist rechtshistorisch gesehen vielleicht ein Teil gemeinsamer europäischer Rechtskultur und bedarf der organischen Fortentwicklung. Gleich einem Baum ist das Wachstum der Äste nicht ohne die Wurzel denkbar. So schreibt Zimmermann: „Ein von seiner historischen Verankerung losgerissenes Rechtssystem treibt orientierungslos dahin. Es mag glauben, sich im Lichte der reinen Vernunft fortzuentwickeln, doch dieser Glaube erweist sich in der Regel als Irrtum" (Zimmermann, Jahresbericht 1995, S. 13).

3. „Impero ergo sum" – Nationale Rechtsetzungskompetenz als Grenze der Rechtwissenschaft?

„Halt Passagier, wer seit ihr? Wes Standes und Charakters?
Niemand passiert hier durch bis er den Pass mir gezeigt."
„Distichen sind wir. Wir geben uns nicht für mehr noch
für minder.
Sperre Du immer! Wir ziehen über den Schlagbaum hinweg"
(F. Schiller/J. W. Goethe).

Die „Rationalisierung" der nationalen Rechtswissenschaften hat ihren Ausdruck aber nicht nur in der Fragmentierung als Folge der Spezialisierung und der historischen Entwurzelung gefunden, sondern hat die Rechtswissenschaft, entgegen der politischen Entwicklung, auch immer mehr zu einer Nationalwissenschaft abgewertet. Und wieder treffen sich Jhering und Zimmermann: Jhering beklagt – wie oben bereits ausgeführt – die Jurisprudenz sei zur „Landesjurisprudenz degradiert". Zimmermann bemängelt, daß die mittelalterliche Tradition, Recht in einem internationalen Erkenntnis- und Anwendungszusammenhang zu sehen, gegen ein für ein bestimmtes Territorium einsetzbares Regelsystem eingetauscht worden sei.

Es vollzieht sich also nicht nur eine historische Verkürzung, sondern auch eine Begrenzung auf die nationale Sichtweite. Mit dem Nationalstaat zu Beginn des 20. Jahrhunderts, als das Recht zunächst im Volksgeist manifestiert werden sollte, ist neben dem historischen auch der europäische Bezug verloren gegangen. Großfeld stellt dies fest, indem er klagt, die wegfallende historische Dimension sei nicht durch eine internationale Perspektive ersetzt worden. Das Problem liegt aber wohl noch ärger: Mit der historischen Dimension scheint man sich gleichsam auch von der europäischen gelöst zu haben – getragen vom Phänomen der Fragmentierung.

Während der politische Einigungsprozeß dank weitsichtiger Zielorientierung in der zweiten Hälfte des 20. Jahrhunderts mit Erfolg voranschritt, haben sich die nationalen Rechtswissenschaften auf das Detail beschränkt. Der historische Faden einer gemeinsamen europäischen Rechtskultur wurde nicht wieder aufgenommen; er scheint sich vielmehr in nationalen Fasern aufzuspalten, wenn er nicht bald wieder im Bewußtsein einer gemeinsamen Tradition weitergewoben wird. Hierbei haben Forschung und Lehre den unschätzbaren Vorteil der faktischen Grenzenlosigkeit. Ist die Europäische Union auch eine zutiefst politisch bestimmte und begrenzte Institution, so können Forschung und Lehre den gemeinsamen Kulturraum Europa nutzen und zwar in seiner vollständigen, durch den gemeinsamen kulturellen Ursprung bestimmten Form. Die Rechtsvergleichung wird als Perspektive für ein gemeinsames europäisches Recht verkannt. Großfeld fordert ihre Renaissance, um die Juristerei als Grundlagenfach par excellence wiederzuentdecken.

*„Hätte sich Abraham mit seiner Vernunft in Wortwechsel
abgegeben, so wäre er sicherlich in seinem Vaterlande und bei
seiner Freundschaft geblieben; und hätte sichs wohl sein
lassen. Das Gelobte Land hätte nichts dabei verloren, aber er
wäre nicht hineingekommen" (Matthias Claudius).*

Fassen wir also zusammen: Betrachtet man die drei Ansätze für ein gemeinsames europäisches Privatrecht – Einheitsrecht, Gemeinschaftsrecht und das gesamteuropäische Recht –, so wird die Angewiesenheit des letzteren auf eine Fortentwicklung durch Forschung und Lehre deutlich. Bedenkt man nochmals die bemängelte Krise der Jurisprudenz, so drängt sich eine Renaissance der Rechtsgeschichte und der Rechtsvergleichung förmlich auf. Mit Forschung und Lehre als „Landesjurisprudenz", mit einer nationalen Rechtswissenschaft als ein für ein festes Territorium geschaffenes Regelsystem, läßt sich der europäischen Einigung nicht begegnen. Somit trifft sich in Zimmermann erneut der Hochschullehrer, besorgt um die Zukunft der Juristen in Europa, und der europäische Jurist, stets im Bewußtsein der gemeinsamen Wurzeln und ausgerichtet auf eine gemeinsame europäische Zukunft. Hier ist Zimmermann ganz der pragmatische Historiker. Er vergleicht Epochen des Rechts und seine Ausprägungen in Europa. Sein Brennpunkt ist das römisch-kanonische Recht.

II. Die Bedeutung des „ius commune"

*„Dreimal hat Rom der Welt Gesetze diktiert, dreimal die
Völker zur Einheit verbunden, das erstemal, als das römische
Volk noch in der Fülle seiner Kraft stand, zur Einheit des
Staats, das zweitemal, nachdem dasselbe bereits untergegangen, zur Einheit der Kirche, das drittemal infolge der
Rezeption des römischen Rechts, im Mittelalter zur Einheit
des Rechts; das erstemal mit äußerm Zwange durch die
Macht der Waffen, die beiden anderen Male durch die Macht
des Geistes" (Rudolf von Jhering).*

Was ist nun genau Zimmermanns Entdeckung? Beleuchtet haben wir die biographische Konsequenz seiner Ansätze: Zimmermanns Leben spielt sich zwischen den Polen des römischen Rechts und der europäischen Rechtsentwicklung ab. In Südafrika lehrt er lange Zeit ein Rechtssystem, das wie kein anderes zugleich Schnittmenge europäischen Rechts und lebendiges Zeugnis römischen Rechts ist. Er ist Lehrer für Zivilrecht, Römisches Recht und Rechtsvergleichung. Wieder sind die Brennpunkte deutlich. Zimmermann sieht die Herausforderungen an die nationalen Rechtswissenschaften, und er hat längst den Bedarf für eine europäische Rechtswissenschaft erkannt. Was läge näher, als genau die aufgezeigten Herausforderungen anzunehmen?

Zimmermann arbeitet historisch und ist dabei auch Rechtsvergleicher: Er vergleicht nicht nur im Jetzt, sondern er vergleicht Strukturen, Bedürfnisse und Chancen in den unterschiedlichen Epochen. Mit leidenschaftlicher Argumentation beschwört er die Ähnlichkeit der deutschen Rechtsvereinheitlichung im 19. Jahrhundert und der europäischen Rechtsvereinheitlichung im 20. Jahrhundert. Zur Verdeutlichung schaut er auf die Entwicklung des Rechts vor dem 19. Jahrhundert.

1. Der historische Einfluß

Gelten im mittelalterlichen Europa auch unterschiedliche Rechtsordnungen, so sind es die Universitäten, die nach der Renaissance des römischen Rechts dieses in Form des „corpus iuris civilis" weiter lehren und fortentwickeln. Hierdurch kommt es in ganz Europa zu einem im wesentlichen gleichen Lehrstoff. Die Inhalte des „corpus iuris civilis" sind durch die kirchenrechtlichen Regelungen im „corpus iuris canonici" ergänzt worden. Durch diese gemeinsame europäische Bildung gelingt es, erheblichen Einfluß auf die Rechtsentwicklung in den einzelnen Territorien zu nehmen. Die Gerichte pflegen Autoritäten, wie etwa Grotius und Pufendorf, nicht zu überhören; es entsteht eine „communis opinio doctorum". Der ständige

Dialog der Rechtswissenschaft auf europäischer Ebene erlaubt bis zum 19. Jahrhundert einen gemeinsamen europäischen Diskurs über das Recht. Die Rechtswissenschaft versteht sich als Ausformung einer Europäischen Kultur und nicht als Teil einer nationalen Rechtsanwendungspraxis. Hierdurch entstehen zahlreiche Rechtsgrundsätze, die dann im Rahmen der nationalen Rechtskodifizierungen Niederschlag finden. Als Beispiele seien nur „nulla poena sine lege" oder „quod omnes tangit debeat ab omnibus approbari" genannt. Diese europäische Schule der Juristerei hat das Denken der Juristen in der damaligen Zeit bestimmt und setzt sich in den Grundlagen der nationalen Rechtsordnungen fort.

So sind denn die Grundsätze des römischen Rechts wesentliche Voraussetzung der nationalen Kodifikationen. Hier seien nur der „codex maximilianeus bavaricus civilis" (1756) oder der „code civil" (1804) genannt. Auch die Entwürfe zum später entstehenden BGB werden durch den Einfluß der Pandektisten noch in erheblichem Maße durch das römische Recht geprägt. Mag es sich dann tatsächlich auch nur mehr oder weniger im Gesetze niedergeschlagen haben, so werden die Beratungen – vielleicht auch nur in Ermangelung einer anderen gemeinsamen Grundlage – aber doch im Geiste dieser europäischen Rechtskultur geführt.

Zweifelhaft mag zunächst erscheinen, ob auch das englische „common law" an dieser universitären Diskursebene teilgenommen hat. J. H. Baker schreibt in seinem Buch „An Introduction to English Legal History": „And so English law flourished in noble isolation of Europe". In England hat sich viel früher als im kontinentalen Europa eine hochentwickelte Rechtskultur mit einer zentralisierten Gerichtsbarkeit herausgebildet. Diese existiert lange in verhältnismäßig klarer Trennung von der europäischen Rechtskultur. Dennoch findet schon früh eine erhebliche Rezeption kontinentalen Rechts statt.

So wird das angelsächsische Recht in großem Maße durch die Normannen beeinflußt. Die englische Rechtskultur verfügt bis zur Eroberung des Vereinigten Königreiches durch die Normannen im

Jahre 1066 über ein regional sehr unterschiedliches, uneinheitliches Recht. Erst mit Einzug der Normannen – also Kontinentaleuropäern – kommt es zu einer Zentralisierung des Rechtssystems. Aber nicht nur die Zentralisierung folgt aus der Eroberung, sondern vielmehr auch eine Einführung des „continental feudal law". Durch dieses neu eingeführte Recht wird das einheimische englische Recht wesentlich beeinflußt und schließlich durch ein von Anfang an in einer zentralen Gerichtsstruktur praktiziertes Recht, dem heutigen „common law", einer Mischung aus ursprünglichem und kontinentalem Recht, ersetzt. Bezeichnend für die enge Wesensverwandtschaft mit der europäischen Rechtstradition ist die Tatsache, daß im Vereinigten Königreich bis 1731 Latein als einzige Rechtssprache gilt.

Aber auch zur Zeit Heinrichs VIII. wird in erheblichem Maße auf das europäische Recht zugegriffen. Dies geschieht nicht direkt über den „corpus iuris civilis", sondern über den Umweg des Kirchenrechts. Das kanonische Recht ist für die „ecclesiastical courts" nach wie vor verbindlich. Dadurch wirkt es, trotz des starken Antagonismus gegen die römische Kirche, weiter in das „common law" hinein. Insbesondere die Stuart-Herrscher, aber auch zuvor die Tudor-Könige, greifen römisch-rechtliche Prinzipien zur Durchsetzung ihres absolutistischen Herrschaftsanspruches auf (vgl. etwa „princeps legibus solutus", D. 1, 3, 31). Einflußreiche Juristen unter der Führung von Sir Edward Coke begegnen diesen Bestrebungen, wenn auch zunächst nur in ihrer politischen Folge, so doch in bezug auf die Rechtsquellen, indem sie das ursprüngliche Recht propagieren, ohne aber letztlich den kontinentalen Einfluß unterdrücken zu können. So gelangen die Auswirkungen der gemeinsamen europäischen römisch-rechtlichen Kultur in den vom „common law" geprägten Rechtsraum – teils durch Anwendung, teils durch Auseinandersetzung.

Es ist aber nicht nur die Praxis, die den Einfluß des römischen Rechts hinnimmt, sondern vielmehr sind es auch Forschung und Lehre, die ihn offensiv vorantreiben. Obwohl nach der Reformation die Verbreitung des kanonischen Rechts unterdrückt werden soll, bleibt zumindest das römische Recht in den Lehrplänen der damals einzigen englischen Universitäten Oxford und Cambridge verankert. So wird über die Jahrhunderte hinweg ein ständiger Dialog mit der europäischen Rechtskultur geführt und die Tradition des europäischen „ius commune" lebendig gehalten.

2. „Consideration-doctrine" und „causa-Lehre" – Die systematischen Auswirkungen

Nun ist eine Feststellung des Einflusses allein zwar bemerkenswert, aber für Zimmermanns zukunftsorientiertes Streben nicht ausreichend. Nicht nur der Input an römischem Recht, sondern auch der systematische Output in den nationalen Rechtsordnungen ist zumindest an einem Beispiel aufzuzeigen.

Erscheint es auch überaus plausibel, eine Systemverwandtschaft zwischen den kontinentaleuropäischen Rechtsordnungen anzunehmen, so ist es doch in besonderem Maße begründungsbedürftig, eine solche Systemverwandtschaft auch mit dem „common law" zu unterstellen. Um eben diese soll es hier beispielhaft gehen. Freilich soll dies nicht bestehende Gegensätze überblenden; darum geht es Zimmermann auch nicht. Vielmehr sucht er eine „fruchtbare Synthese".

Wie oben ausgeführt, gibt es in der Geschichte einen durchgehenden Dialog auf europäischer Ebene unter den Forschern auf dem Kontinent, aber auch in ganz Europa unter Einbeziehung des Vereinigten Königreichs. So kommt es auch zu einem wesentlichen Einfluß des europäischen Rechts auf die Entwicklung einzelner Rechtsinstitute im englischen Recht. Als Beispiel mag hier die „consideration-doctrine" erläutert werden.

Im englischen Recht genügt grundsätzlich kein einfaches Versprechen zur Begründung einer wirksamen Verpflichtung. Vielmehr bedarf es – wie im einzelnen in Currie v. Misa dargelegt – einer Ausrichtung auf ein Gegenopfer des Erklärungsempfängers. Dieses Erfordernis des „detriment" bzw. „benefit" für die Vertragsparteien wird als „consideration-doctrine" bezeichnet, die bis heute unterschiedliche Verästelungen im englischen Recht erfahren hat. Wie kommt es zu dieser Doktrin?

Das römische Vertragssystem ist auf die „stipulatio" ausgerichtet. Diese ist ein grundsätzlich anwendbares, wenn auch formgebundenes Versprechen zur Begründung eines Vertrages im römischen Recht. Nur in Ausnahmefällen gibt es im römischen Recht den „nudum pactum", einen nicht formgebundenen Vertrag. Die Forderungen aus diesem Vertrag sind jedoch lediglich Naturalobligationen, sind also nicht einklagbar. Diese einfache Form des Versprechens ist nur in Ausnahmen zugelassen und mit dem Nachteil der mangelnden Rechtsbindung versehen. Hintergrund des Formerfordernisses ist, daß man leichtsinnige Versprechungen im Rechtsverkehr ausschließen will. Die geschichtliche Entwicklung läßt nun die Form der Stipulation, die die Anwesenheit beider Parteien erfordert, zunehmend unpraktikabel erscheinen. So wird nach und nach für immer mehr Vertragstypen der „nudum pactum" zugelassen, oft in der durch hellenistische Einflüsse eingebrachten Schriftform, die dann zugleich in immer mehr Ausnahmefällen ein einklagbares Versprechen begründet. Diese Entwicklung wird u.a. durch die Kanonisten gefördert, die im Sinne einer Mildtätigkeit auch die schlichte Abrede einklagbar gestalten wollten. Am Ende dieser Ausnahmetendenzen steht der Grundsatz „ex nudo pacto oritur actio", mithin die vollständige Einklagbarkeit auch formloser Versprechen.

Schon bald zeigt sich, daß diese Entwicklung in ihren Folgen nicht unproblematisch ist; denn im alten römischen Recht stellt die Form der „stipulatio" keinen puren Formalismus dar, sondern dient als Zeichen für die Ernstlichkeit des Versprechens. Hinzu kommt, daß die Form für die Römer bequem einzuhalten war, im Vollzug also keinen übermäßigen Aufwand erforderte. Nun entfällt mit der Form aber auch das Indiz für die Ernstlichkeit des vertraglichen Versprechens. Wie soll der Rechtsverkehr nun ohne diesen Schutz vor leichtsinnigen oder gar sinnlosen Versprechen geschützt werden? Es kommt zur Entwicklung eines neuen Kriteriums, und so beziehen sich die mittelalterlichen Juristen fortan darauf, daß das Versprechen

„serio animo et deliberate" eingegangen worden sein muß. Was aber kennzeichnet den verlangten „serium animum" und die „deliberationem"? Hier greift man wieder auf die alten Prinzipien der Rechtstradition zurück und gelangt so zu einer Doktrin, die nur die Versprechen als bindend betrachtet, die auf einer (zulässigen) „causa" beruhen. Diese „causa-Lehre" hat Eingang in die kontinentaleuropäischen Rechtssysteme gefunden. So ist sie im deutschen Recht zwar bei der Einführung des BGB nicht ausdrücklich kodifiziert worden, hat ihren Niederschlag aber faktisch in dem Verständnis der Willenserklärung und der Auslegung von § 138 I BGB gefunden. Im französischen „code civil" steht sie noch heute in Art. 1131: „L'obligation sans cause, ou sur une fausse cause, ou sur une cause illicite, ne peut avoir aucun effet."

Was aber trennt uns nun noch von der englischen „consideration-doctrine"? Dort heißt es: „... a promise which lacks any adequate motive cannot have been serious, and therefore ought not to be taken seriously ..." (Simpson, History, S. 322) oder „Consideration means something which is of some value in the eyes of the law" (Thomas v. Thomas (1842) 2 QB 851). Was hier wie eine Paraphrasierung der „causa-Lehre" klingt, ist tatsächlich die englische „consideration-doctrine". Auch in England hatte man ursprünglich eine einklagbare Bindung grundsätzlich nur durch im „registrum brevium" eingetragene Versprechen. Aber auch dort erforderte die Dynamik des Handels eine einfachere Form des bindenden Versprechens. So wurde man ebenfalls mit der mangelnden Ernstlichkeit loser Versprechen konfrontiert. A.W.B. Simpson schreibt: „In modern terms one can see the plausibility of the theory – a promise which lacks any adequate motive cannot have been serious, and therefore ought not be taken seriously" (Simpson, History, S. 322).

Doch war die Entwicklung nur Folge gleicher tatsächlicher Bedürfnisse? Motiviert mag sie aus einer tatsächlichen Situation sein, abzuleiten ist sie jedoch aus dem kanonischen Recht. Die „summa rosella" des Franziskaners Baptista de Salis aus Bologna diente wohl als Nährboden für den rechtlichen Ansatz. Weiterhin schließt das eine darüber hinaus gehende Rezeption durch den Court of Chancery nicht aus. Die Lord Chancellors wurden in ihrer Ausbildung u.a. auch so stark vom kanonischen Recht geprägt, daß „as judges in conscience they could not avoid deriving ideas from the canon and civil law" (Simpson, History, S. 400).

Was belegt diese Parallelität aber nun tatsächlich? Sie verweist auf einen – hier natürlich nur schemen- und beispielhaft aufgezeigten – Wirkungszusammenhang der Rechtssysteme in ganz Europa, d.h. sowohl im kontinentalen Europa als auch im Bereich des „common law". Die Rechtsentwicklung hat sich dabei nicht isoliert vollzogen. Sie ist „Holz vom selben Stamm" (Zimmermann, JZ 1992, S. 18). Von einem Stamm, der in gemeinsamer römisch-kanonischer Rechtstradition wurzelt. Gleichwohl sind die nominellen Ausprägungen unterschiedlich. Sie sind Äste dieses Stammes, wachsen also in ihre jeweiligen Richtungen weiter. Vereint sie demnach nur ihre Herkunft? Wohl nicht, vielmehr sind sie nicht nur von der gemeinsamen Vergangenheit genährt, sondern auch von einer gemeinsamen Kultur geprägt, die besonderer Pflege bedarf und die im 20. Jahrhundert kaum beachtet worden ist. Diese Pflege ist es, die Zimmermann betreibt. Sie ist es, die europäischer Gesetzgebung wieder organische Kompatibilität verleihen soll. Hier sieht er den Grundstein für eine europäische Rechtseinheit.

3. Die Vitalität der Wurzel – Von der Bannkraft des römischen Rechts

„So apparent is the equity of that law in its several parts, that it prevails even among those peoples whom the Romans could never conquer by arms, and it does so without any force, triumphing merely by virtue of its innate justice"
(Hugo Grotius).

Das römische Recht ist nicht mehr ein in der Praxis stehendes Recht wie das deutsche Zivilrecht oder das englische „common law". Ist es geeignet, die in den Wirren der Nationalstaaterei verlorengegangene europäische Rechtskultur wieder aufleben zu lassen? Zimmermann beschreibt das römische Recht als ein besonders dynamisches Rechtssystem. Es wird in der Geschichte wie kein anderes Rechtssystem immer wieder für das „ius commune" betrachtet und diskutiert. Hierdurch hat es auch eine Reduktion auf die Grundstrukturen erfahren, die seine Transformationsfähigkeit erweiterten. Diese Struktur, die sich auf das Entstehen, den Übergang und das Erlöschen von Rechten zurückführen läßt, ermöglichte eine derartige Verwendung. Dadurch, daß das römische Recht immer wieder auf die Anforderungen der jeweiligen Zeit angewendet wurde, hat es eine Vitalität gewonnen, die noch heute eine europäische Rechtseinheit tragen kann.

Wieder erreichen wir so einen Blickpunkt, den in dieser Weise vielleicht nur Zimmermann einnehmen kann. Erinnern wir uns an seine Biographie und an seine Zeit in Südafrika. Er forschte in einem Rechtssystem, das von fortlebender Tradition des römischen Rechts geprägt ist, zugleich aber mit den europäischen Rechtssystemen konfrontiert wurde. Genau in diesem System aber, das immer wieder anderen Einflüssen ausgesetzt war, hat sich die Grundstruktur des römischen Rechts erhalten. Noch heute stützt sich das Appellationsgericht gelegentlich auf römische Quellen. Diese Nutzung liefert den deutlichsten Beweis der außerordentlichen Dynamik des römischen Rechts.

Fassen wir also zusammen, was der Entdecker Zimmermann auf seiner biographischen Reise für sich entdeckt: Er betont die Bedeutung des römisch-kanonischen Rechts für die nationalen Zivilrechtsordnungen in Europa. Dabei stellt Zimmermann jedoch nicht nur die Stellung eines geschichtlichen Vorläufers dar, sondern hebt die besondere Auswirkung auf die Grundstruktur der nationalen Rechtsordnungen hervor; hierbei bezieht er auch die „common-law"-Rechtsordnungen mit ein. Er führt die Verwendbarkeit des römischen Rechts auf die ihm innewohnende „innate justice" zurück. Deshalb ordnet er dem römischen Recht eine Grundlagenfunktion bei der weiteren Rechtsvereinheitlichung zu. Profitieren würde hiervon nicht nur das römische Recht im Sinne einer erneuten Renaissance; vielmehr sieht Zimmermann in dieser Instrumentalisierung der römischen Rechtsmaterie den Weg zu einem organisch einheitlichem Recht in Europa.

Wenn es sich bei den Forschungsergebnissen Reinhard Zimmermanns um eine Entdeckung im Sinne der Ausführungen Dölles auf dem 42. Deutschen Juristentag handelt, dann liegt sie in dieser von außerordentlicher Pragmatik motivierten Erkenntnis der Verwendbarkeit der Historie, getragen von Erkenntnisakten über die Wirkungszusammenhänge und Strukturverwandtschaften sowie den speziellen Vitalitätscharakter des römischen Rechts.

III. Von der das geistige Dunkel erhellenden Leuchtkraft

„Was ist das Wesentliche der Entdeckung? Offenbar liegt es nicht in ihrem Objekt, nicht darin, daß sie gerade in einem bestimmten Bereich bisher verborgene Gesetzlichkeiten ans Licht der Erkenntnis bringt, sondern es liegt in dem Wesen des entdeckenden Aktes selbst, eben in ihrer das bisherige geistige Dunkel erhellenden Leuchtkraft"
(Hans Dölle, Juristische Entdeckungen).

Das Objekt der Forschung Zimmermanns ist das Recht zu verschiedenen Zeiten an verschiedenen Orten. Er untersucht das römische Recht, das römisch-kanonische Recht, das holländisch-römische Recht in Südafrika und die europäischen Rechtsordnungen. Hierbei vermag man mit Dölle nicht von einer Entdeckung zu sprechen. Die Analyse bekannter Rechtsmaterien allein liefert kein Entdeckungsmoment.

Zimmermann hat aber über die Analyse hinaus wesentliche Wirkungszusammenhänge aufgezeigt. In seinem Werk „Law of Obligations" leitet er weite Teile der heutigen nationalen Schuldrechtsregeln von den Grundsätzen des römischen Rechts ab. Er erstellt – wie oben an der Verwandtschaft von „causa-Lehre" und „considerationdoctrine" dargelegt – einen Stammbaum der europäischen Rechtsinstitute. Aber ist das eine Entdeckung? Es handelt sich hier um einen Erkenntnisakt, der Grundlagen freilegt. Gleichwohl fehlt noch die juristische Konsequenz – allein die Aufdeckung historischer Zusammenhänge mag in geschichtlichem Sinne eine Entdeckung sein, ihr fehlt aber der juristische Entdeckungswert. Dölle lehnt die juristische Entdeckereigenschaft solcher Erkenntnisakte ab, „weil sie andere rechtswissenschaftliche Erkenntnis lediglich unterstützen, aber nicht selbst unmittelbar bewirken." In der Rechtswissenschaft war auch vor Zimmermann die Existenz dieser Wirkungszusammenhänge bekannt. Mag Zimmermann sich hier auch um die weitere Ausarbeitung verdient gemacht haben, so mangelt es doch noch an der tatsächlichen Aufdeckung einer unbekannten Materie.

Was ist es also, was Zimmermanns Entdeckung ausmacht? Was ist – um mit Dölle zu sprechen – das „Wesen des erkennenden Aktes selber"? Zimmermanns Biographie spiegelt vielleicht am besten das wider, was sein Werk ausmacht: er bricht als junger Mensch nach Südafrika auf und kehrt im Bewußtsein einer europäischen Herausforderung zurück. Hierbei gibt er dem Wort Rechtsvergleichung eine persönliche Note. Er vergleicht historische Entwicklungen und auch Rechtsordnungen im Brennpunkt des römischen Rechts. Hierzu geht er auf Reisen; Biographie und Erkenntnis verknüpfen sich. Die genannten Rechtsordnungen sind Nährboden seiner Forschung. Die Zusammenhänge und Wirkungsmuster sind Mittel zur Erkenntnisverwertung. Aber die Früchte seiner Arbeit liegen in der pragmatischen Note seiner Forschung: „Seit jeher hatten mich stärker die gegenwartsbezogenen als die antiquarischen Aspekte der Rechtsgeschichte interessiert" (Zimmermann, Jahresbericht, S. 44).

Dort liegt sein Entdeckergeist, dort hat er geistiges Dunkel erleuchtet. Er gewinnt der historischen Verwandtschaft der nationalen Rechtsordnungen in Europa und der universellen Verwendbarkeit des römischen Rechts eine praktische Dimension ab. Hierin liegt seine Entdeckertätigkeit. Er treibt seine Entdeckung dabei immer wieder in der doppelten Motivation voran: Einerseits ist er ganz Hochschullehrer, der der Rechtswissenschaft eine neue Perspektive aufzeigt. Es sei nur an seine bereits zitierten Worte aus dem Vorwort zum „Law of Obligations" erinnert: „I have tried to write the type of book that I would have liked my students to have; or, which is essentially the same, the type of book that I would have enjoyed to read when I studied for my law degree at the University of Hamburg" (Zimmermann, Law of obligations, S. XI). Andererseits tritt er immer wieder als Protagonist für eine Vereinheitlichung des europäischen Privatrechts auf und trägt so zur Wiederbelebung einer europäischen Rechtskultur bei. „Zunächst einmal hat die Rechtswissenschaft vereinheitlichender Gesetzgebung den Boden zu bereiten. Ohne ihre Vorarbeit ist eine Gesamtkodifikation undenkbar; und ohne ihre Vorarbeit werden auch die aufgrund von EG-Richtlinien erlassenen Einzelgesetze unorganisch in die nationalen Systeme eingestreute Rechtsfragmente bleiben" (Zimmermann, JZ 1992, S. 9).

IV. Spontaneität und Wirkung?

„Freilich wird man noch zwei Momente als für den Begriff der Entdeckung konstitutiv fordern müssen. Ich meine erstens ein gewisses Maß an Spontaneität, das es gestattet, die konkrete Leistung des Entdeckers als selbständigen erkenntnisfördernden Akt zu bestimmen, und zweitens ein gewisses Maß von Wirkung, dergestalt, daß unser Denken auf Grund der neuen Erkenntnis auf neue Grundlagen gestellt und auf neue Wege gewiesen wird" (Hans Dölle, Juristische Entdeckungen).

Zimmermann hat in seiner Erkenntnis viele Mitstreiter gefunden und freilich ist es hier diskutabel, wem der Kranz des Ersten gebührt. Es gilt jedoch zu beachten, daß gerade Zimmermann die praktische Dimension betont hat. Ihm voraus gingen historische und vergleichende Forschungen, auch die Forderung nach der europäischen Perspektive war vorhanden. Zimmermann aber brachte die Synthese. Hat er hierin auch Zuspruch gefunden und wurden seine Erkenntnisakte sogleich von anderen Rechtswissenschaftlern – man denke nur an Reiner Schulze, Filipo Ranieri oder Helmut Coing – als Fährten zu einer Rechtsvereinheitlichung aufgenommen, so scheint all dies doch weniger ein Wettlauf zur Entdeckung, als vielmehr ein Andrang hin zu dem neu entdeckten Kontinent zu sein. Die inzwischen in Form der Zeitschrift für europäisches Privatrecht gewonnene Kommunikationsbasis ist greifbarstes Dokument der außerordentlichen Zündkraft von Zimmermanns Erkenntnissen.

Was aber unterscheidet Zimmermanns Ansatz der Verwendung römischen Rechts als Grundlage europäischer Rechtseinheit in der Methode von dem hier auch schon zitierten Savigny? Friedrich Carl von Savigny forderte im 19. Jahrhundert einen Dialog der Rechtswissenschaften zur Überwindung des Rechtspartikularismus in Deutschland. Er wehrte sich gegen eine unorganische Kodifikation. Zimmermanns Lehre könnte also bei vordergründiger Betrachtung nur eine Neuauflage des Duells zwischen Thibaut und Savigny sein. Zimmermann selbst schreibt: „Doch zielte Savigny seinerzeit nicht in erster Linie darauf ab, ein Programm für Rechtshistoriker zu entwerfen. Ihm ging es vor allem um Rechtswissenschaft, nicht Rechtsgeschichte." Hier scheinen die beiden Wissenschaftler übereinzustimmen.

Vergleichen wir aber die Arbeitstechnik, so wird deutlich, wie sehr Zimmermann sich von Savigny unterscheidet. Savigny beschränkt sich auf rechtsgeschichtliche Analysen. In seiner Theorie gab es keinen zweiten Schwerpunkt. Darin unterscheidet er sich jedoch erheblich von Zimmermann. In seinem Ziel, die Fragmentierung der Rechtswissenschaft zurückzuführen, kombiniert Zimmermann Rechtsgeschichte und Rechtsvergleichung; seine Methode läßt sich wohl am besten als „comparative legal history" - so auch die Bezeichnung seines Lehrstuhls – bezeichnen. Mit der Schaffung einer Matrix rechtsvergleichenden und rechtshistorischen Arbeitens gelingt ihm eine Fokussierung im jeweils von ihm untersuchten Rechtsproblem, wie er sie nur aus seinen Erfahrungen in Südafrika beziehen konnte. Im dortigen Rechtssystem treffen sich historische und regionale Dimensionen europäischer Rechtskultur. Dort gewann Zimmermann seine Methode zur Vereinheitlichung des europäischen Privatrechts. Dieser zutiefst in der persönlichen Biographie gewachsene Ansatz macht seine Methode in ihrem Ursprung so unverwechselbar. Erinnern wir uns nochmals an seinen Rückblick: „Der ungewöhnlichste Aspekt meines juristischen Werdegangs liegt … sicherlich darin, daß er mich zunächst sieben Jahre lang auf einen Lehrstuhl an der Universität Kapstadt führte."

C. Back to the Future? – Die Rezeption

„Es wird aber … in den Wissenschaften auch zugleich dasjenige als Eigentum angesehen, was man auf Akademien überliefert erhalten und gelernt hat. Kommt nun einer, der etwas Neues bringt, das mit unserem Credo, das wir seit Jahren nachbeten und wiederum anderen überliefern, im Widerspruch steht und es wohl gar zu stürzen droht, so regt man alle Leidenschaften gegen ihn auf und sucht ihn auf alle Weise zu unterdrücken. Man sträubt sich dagegen, wie man nur kann; man tut als höre man nicht, als verstände man nicht; man spricht darüber mit Geringschätzung, als wäre es gar nicht der Mühe wert, es nur anzusehen und zu untersuchen; und so kann eine neue Wahrheit lange warten, bis sie sich Bahn macht"
(J.W. Goethe am 30. Dezember 1823 zu Eckermann).

Wie begegnet man Reinhard Zimmermann? Seine Lehre hat durch viele Autoren der Rechtswissenschaft Zustimmung erfahren. Reiner Schulze, Fillipo Ranieri und Peter Ulmer seien nur stellvertretend für die große Zahl der Förderer einer erneut gegründeten europäischen Rechtskultur genannt. Doch der Argumentation Zimmermanns und des zustimmenden Teils von Forschung und Lehre haben wir uns bereits gewidmet. Wo aber setzen die Kritiker an?

Die Kritik an Zimmermanns Werk läßt sich im wesentlichen in drei Kategorien einteilen: Sie richtet sich gegen seine Ansätze als Hochschullehrer, der eine Betonung der Rechtsgeschichte und Rechtsvergleichung verlangt. Zweitens geht es auch um eine Kritik an Zimmermanns Umgang mit dem materiellen Recht. Schließlich wird seine Methode, die oben erwähnte Matrix der kombinierten Rechtsgeschichts- und Rechtsvergleichungsverwendung, kritisiert.

Dem Versuch Zimmermanns, die Rechtswissenschaft wieder von der Fragmentierung wegzuführen, wird mit einem Bedarfsargument begegnet. Wie soll sich die Ausbildung junger Rechtswissenschaftler ausrichten, wenn nicht an den Erwartungen des späteren Berufsbildes. Dort aber – so insbesondere Rodger – wird von einem jungen Juristen eben nicht eine tiefe Kenntnis des römischen Rechts verlangt, sondern dort fordert die Praxis möglichst am aktuellen Wissensstand orientierte – vielleicht auch schon spezialisierte – Juristen. Ohne an dieser Stelle eine Diskussion um die Reform der Juristenausbildung führen zu wollen, betont Stein doch gerade für den angelsächsischen Raum, daß vor allem das römische Recht das Grundlagenfach *par excellence* sei, um die Studenten an dogmatisches Denken im Recht heranzuführen. Hierbei ist insbesondere zu beachten, daß das römische Recht in hohem Maße geeignet scheint, gerade Juristen aus dem Bereich des „common law" ein Grundverständnis für das kontinentaleuropäische Recht zu vermitteln.

Einer solchen Anforderung liegt aber geradezu zwangsläufig ein Zukunftsverständnis zugrunde, das eine weitere Vereinheitlichung von Recht in Europa vorsieht. Dem begegnet wiederum Rodger mit dem Hinweis darauf, daß sich allein aus dem Grundsatz der Subsidiarität eine weitere Legislativtätigkeit der Europäischen Union auf diesem Gebiet verbiete. Hierzu wird insbesondere angeführt, daß eine Existenz unterschiedlicher Zivilrechtsordnungen der weiteren Einigung Europas nicht entgegenstünden. Das Vereinigte Königreich vereine seit vielen Jahrhunderten die sehr kontinental geprägte schottische Rechtsordnung und die englische Rechtsordnung des „common law" unter dem Dach der Krone. Dort sei es aufgrund dieser unterschiedlichen Rechtssysteme zu keinen Nachteilen gekommen, vielmehr sei auf den fruchtbaren Austausch zu verweisen. Dem ist jedoch zu entgegnen, daß es hier im Detail – auch nach Zimmermann – freilich noch reiflicher Diskussion bedarf. Zimmermanns Überlegungen sehen einen gemeinsamen historisch und rechtsvergleichend inspirierten Diskurs vor, dem möglicherweise, aber nicht zwingend, eine gemeinsame Rechtsordnung folgen wird; diesen Schritt sieht auch Zimmermann als eine politische Entscheidung.

Kübler verweist darauf, daß viele heutige vom Europarecht umfaßte Regelungsbereiche – wie etwa das Subventions- oder Kartellrecht – im römischen Recht noch gar nicht geregelt gewesen seien. Somit hält er die Methode für nur begrenzt geeignet, ein gemeinsames europäisches Zivilrecht zu schaffen. In der Tat gibt es inhaltlich neu gestaltete Gebiete. Gleichwohl geht es bei Zimmermann in erster Linie um die Schaffung gemeinsamer Grundlagen. Diese sind bestimmend für die strukturelle Einheitlichkeit des gemeineuropäischen Rechts. Erreicht man hierüber eine gemeinsame Basis, so können auch die neu geschaffenen Rechtsgebiete möglicherweise einer organischen Angleichung unterzogen werden.

Damit läßt sich auch die Kritik Rodgers zurückweisen, nach der das römische Recht für die Praxis nur schwer anwendbar sei, dagegen die nationalen Methoden für den Praktiker weitaus besser zu handhaben seien. Zimmermann verlangt jedoch keine Anwendung römisch-rechtlicher Institute im europäischen Rechtsraum im Sinne eines direkten Zugriffs durch die Praktiker. Er möchte vielmehr eine wissenschaftliche Diskussion wiederbeleben, die zu lange geruht hat und neuen Antrieb für eine stockende europäische Einigung geben kann. So gewinnt das gemeineuropäische Recht auch nicht den – von Kübler benannten – „regressiven Charakter". Die Herkunft wird nicht zum Himmel, in den der Baum wächst, sondern erlebt als Wurzel und Potential einheitlichen Rechts eine Renaissance.

Wie steht es aber um die tatsächliche generelle Verwertbarkeit des römischen Rechts? Kübler warnt davor, einer historischen Erfahrung eine so hohe praktische Verwertbarkeit zuzuordnen. Diese Kritik wird von Weigand in ähnlicher Weise getragen. Er kritisiert die streckenweise diffuse Begrifflichkeit Zimmermanns. Begriffe wie „ius commune" oder „usus modernus" seien in der Geschichte so unterschiedlich belegt, daß sie nur sehr schwer mit der kasuistischen Vergleichsmethode Zimmermanns eine Methode zur Verwertung des römischen Rechts begründen könnten. Diese Kritiker zielen also darauf, eine Ungenauigkeit der Methode Zimmermanns festzustellen. Dafür ist sie auch tatsächlich anfällig. So sehr ihr Verdienst in einer so komplexen Fokussierung liegt, so sehr bedarf sie präziser Vergleichspunkte.

Kann diese Kritik aber die Entdeckung Zimmermanns in Frage stellen? Zimmermann hat eine neue Methode zur Begründung einer europäischen Rechtskultur geschaffen. Freilich ist diese noch nicht in jeder Hinsicht ein geschliffenes Werk. Sie wird weiterer Übung bedürfen. Dies läßt aber ihre grundsätzliche Geeignetheit unberührt. Man denke nur an eine „Entdeckung" wie die Staubschen Positiven Vertragsverletzungen. Auch hier brachte der Entdecker nur einen Anstoß, der sich dann zu einer umfangreichen Dogmatik über verschiedene Formen der Forderungsverletzungen weiterentwickelte.

Zimmermanns Methode läßt eine Kopplung aller nationaler Rechtsnaturen einschließlich des „common law" zu. Und sucht man nach einer Möglichkeit, das „common law" in die kontinentaleuropäische Tradition einzubringen, so scheint die Rückbesinnung auf dessen Wurzeln im römischen Recht unumgänglich; es finden sich sonst kaum so wichtige Schnittmengen mit den anderen europäischen Rechtskulturen. Aber Zimmermanns Verdienst ist noch ein anderes: Man mag seine Methode der Verwendung des römisch-kanonischen Rechts zur Schaffung eines gemeineuropäischen Rechts für geeignet halten oder nicht, sie hat jedenfalls zur Begründung einer gemeineuropäischen Rechtskultur beigetragen. Finden Zimmermanns Vorschläge heute in ganz Europa ein Echo, so deutet das auf den pragmatischen Charakter seiner Entdeckung hin. Seine Methode wird im europäischen Diskurs fortentwickelt werden. Sein

Verdienst bleibt davon unbeeinträchtigt. Vielleicht kann man schon heute von einer Wiederbelebung der europäischen Rechtskultur auf der Grundlage des römisch-kanonischen Rechts sprechen, mag sie auch immer eine Aufgabe bleiben, die ständiger Fortentwicklung bedarf. Der Protagonist einer solch grundlegenden Methode ist Reinhard Zimmermann.

„Man sucht mich und meine Lehre auf alle Weise anzufeinden und meine Ideen lächerlich zu machen, aber ich habe nichtsdestoweniger über mein vollendetes Werk eine große Freude" (J.W. Goethe am 30. Dezember 1823 zu Eckermann).

Literatur

I. Werke Zimmermanns

Das südafrikanische Privatrecht im Schnittpunkt zwischen common law und civil law, Zeitschrift für Rechtsvergleichung, 1985, S. 111 ff.

The Law of Obligations: Roman Foundations of the Civilian Tradition, Kapstadt 1990 (zitiert: Zimmermann, Law of Obligations).

Tuning and Turning the Widening Gyre, in: *Wilfried Fiedler, Georg Ress* (Hrsg.), Verfassungsrecht und Völkerrecht – Gedächtnisschrift für Wilhelm Karl Geck, Köln 1991, S. 985 ff. (zitiert: Zimmermann, Tuning and Turning).

Das römisch-kanonische Recht als Grundlage europäischer Rechtseinheit, in: Juristenzeitung (JZ) 1992, S. 8 ff.

Der europäische Charakter des englischen Rechts, in: Zeitschrift für Europäisches Privatrecht (ZEuP) 1993, S. 4 ff.

Heard melodies are sweet, but those unheard are sweeter... – Conditio tacita, implied condition und die Fortbildung des europäischen Vertragsrechts, in: Archiv für die civilistische Praxis (AcP) Band 193 (1993), S. 121 ff.

Welche Bildung brauchen Studenten für die Zukunft – Überlegungen eines Juristen, in: Jahresbericht der Studienstiftung des deutschen Volkes 1995 (zitiert: Jahresbericht 1995).

II. Zur Person Zimmermanns

Reinhard Zimmermann, Schon mit 30 Jahren Professor?, in: Jahresbericht der Studienstiftung des deutschen Volkes 1992, S. 42 ff. (zitiert: Jahresbericht 1992).

III. Zur Entdeckung, ihrer Entwicklung und Rezeption

Rolf Knütel, Rechtseinheit und römisches Recht, in: Zeitschrift für Europäisches Privatrecht (ZEuP) 1994, S. 244 ff.

Hein Kötz, Was erwartet die Rechtsvergleichung von der Rechtsgeschichte?, in: Juristenzeitung (JZ) 1992, S. 20 ff.

Friedrich Kübler, Traumpfade oder Holzwege nach Europa?, in: Rechtshistorisches Journal 1992, S. 306 ff.

Filipo Ranieri, Eine Dogmengeschichte des europäischen Zivilrechts?, in: *Rainer Schulze* (Hrsg.), Europäische Rechts- und Verfassungsgeschichte. Ergebnisse und Perspektiven der Forschung, Berlin 1991, S. 3 ff.

Alan Rodger, Roman Law in Practice in Britain, in: Rechtshistorisches Journal 1992, S. 261 ff.

Geoffrey Samuel, System und Systemdenken, in: Zeitschrift für Europäisches Privatrecht (ZEuP) 1995, S. 375 ff.

Spiros Simitis, Für eine europäische Rechtskultur, in: Rechtshistorisches Journal 1992, S. 297 ff.

Alfred W. B. Simpson, History of the Common Law of Contract, 1975 (zitiert: Simpson, History).

Peter Stein, Roman Law in a European Context, in: Rechtshistorisches Journal 1992, S. 271 ff.

ders., Common Law and Civil Law in Historical Perspective, in: Zeitschrift für Europäisches Privatrecht (ZEuP) 1997, 385 ff.

Michael Stolleis, Dienstleistungspflichten?, in: Rechtshistorisches Journal 1992, S. 322 ff.

3i/3